U0930182

2015
昆明调查年鉴
Kunming Survey Yearbook

国家统计局昆明调查队　编

图书在版编目（CIP）数据

昆明调查年鉴. 2015 / 国家统计局昆明调查队编
. -- 北京 : 中国统计出版社, 2015.10
ISBN 978-7-5037-7672-4

Ⅰ. ①昆… Ⅱ. ①国… Ⅲ. ①统计资料－昆明市－2015－年鉴 Ⅳ. ①C832.741-54

中国版本图书馆 CIP 数据核字（2015）第 241692 号

昆明调查年鉴 2015

作　　者/国家统计局昆明调查队
责任编辑/佘竞雄
装帧设计/李雪燕
出版发行/中国统计出版社
通信地址/北京市丰台区西三环南路甲 6 号　邮政编码/100073
电　　话/邮购（010）63376909　书店（010）68783171
网　　址/http://www.zgtjcbs.com/
印　　刷/河北天普润印刷厂
经　　销/新华书店
开　　本/880mm×1230mm　1/16
字　　数/726 千字
印　　张/31.25
版　　别/2015 年 11 月第 1 版
版　　次/2015 年 11 月第 1 次印刷
定　　价/260.00 元

本书附同版本 CD-ROM 一张，光盘内容以书面文字为准。
如有印装差错，由本社发行部调换。

《昆明调查年鉴 2015》

编委会和编辑人员

编者说明

国家统计局昆明调查队（以下简称“昆明调查队”）是2007年根据《国务院办公厅关于印发国家统计局直属调查队管理体制改革方案的通知》和《国家统计局关于云南地区国家统计局市县调查队组建方案的批复》要求成立的国家统计局派出机构，由国家统计局云南调查总队管理。昆明调查队既是政府统计调查机构，也是统计执法机构，依法独立行使统计调查、统计监督的职权，独立向国家统计局和云南调查总队上报调查结果，并对上报的调查资料的真实性负责，同时，承担地方政府委托的各项统计调查任务。

昆明调查队承担着昆明市农村居民和城镇居民家庭收支调查,农村贫困监测,农民工监测,种植及畜牧业等农业生产情况调查,生产、流通、消费、投资等价格调查,部分服务业调查,规模以下工业调查,制造业采购经理调查以及一系列涉及国策社情民意的经济社会重大问题专项调查，如组织工作满意度、领导干部公信度、文明城市测评、党风廉政建设和经济领域突发事件快速反应等调查。

自成立以来，昆明调查队一直秉承“不出假数、真实可信”的调查理念，期间也对历史调查资料做过一定程度的整理，但没有形成制度也没有形成一本工具书，鉴于此，决定将2008年至2014年各个专业调查数据编辑出版《昆明调查年鉴2015》，以记载昆明市城乡居民收入、生活消费支出、居民消费价格、工农产品生产价格、农业调查、企业调查等各项调查数据。《昆明调查年鉴2015》内容分五个部分，分别是住户调查，价格调查，农业调查，规模以下工业调查和附录。为了方便读者使用，还附有简要说明与主要统计指标解释，资料中所使用的度量衡单位均采用国际统一标准的计量单位。

最后，感谢昆明市统计局在《昆明调查年鉴2015》编辑过程中提供的2008年至2012年农村住户调查数据。由于编者水平有限,加之时间仓促,资料的时间跨度较大,本年鉴不当之处,敬请读者批评指正。

目　录

第一部分　住户调查

第二部分　价格调查

第三部分　农业调查

第四部分　规模以下工业调查

第五部分　附　　录

住户调查

简要说明

一、本篇资料的主要内容

本篇资料反映昆明市城乡居民收入、消费及其他生活状况等主要经济指标。

二、居民生活状况资料来源

住户收支与生活状况调查的数据是以住户为单位，在常住地参加调查。调查内容主要包括居民现金和实物收支情况、住户成员及劳动力从业情况、居民家庭食品和能源消费情况、住房和耐用消费品拥有情况、家庭经营和生产投资情况、社区基本情况以及其他民生状况等。

三、调查组织

从2013年起，住户调查由两部分组成。一是分省住户调查，以省为总体进行抽样，主要目的是准确反映全国及分省居民收支水平、结构、增长速度，收入分配格局以及政策对居民生活状况的影响。二是分市县住户调查，以市、县为总体进行抽样，主要目的是准确反映分市县居民收支水平和增长速度，满足政府对市县管理的需要。 国家统计局统一领导住户调查，负责制定调查方案，组织调查实施，监督调查过程，审核、处理、汇总调查数据，发布全国和分省城乡居民收入、消费和生活状况数据。国家统计局各调查总队按照国家调整方案规定，负责组织分省住户调查工作，牵头并会同各省级统计局组织分市县住户调查。分市县住户调查具体实施方案必须按照《国家统计局关于加强和改进分市县住户调查工作的通知》和国家调查方案的要求，由各调查总队会同省级统计局制定后上报国家统计局审批。 各级统计调查部门应按照方案规定，认真组织实施调查，确保调查数据质量。

四、城乡一体化住户调查概况

为满足政府统筹城乡发展、改善收入分配格局、让全体居民共享发展成果等战略需要，国家统计局对城乡住户调查进行了一体化改革，统一了城镇和农村居民收入和支出调查的分类标准、指标名称与口径，并按照统一的抽样方法和程序，在我市抽选了约2270户城乡居民家庭，从2012年四季度起正式开展城乡一体化的住户收支与生活状况调查。

至2013年底，按照国家新制度规定，昆明调查队收集了调查户12个月的记账数据，并于2014年1月底根据全国统一的计算要求，初步汇总计算出2013年城乡可比的全市居民可支配收入，经云南省评估认定后，得到最终的全市居民人均可支配收入。

启用城乡可比的居民可支配收入，一方面可以更加准确地反映全体居民收入分配全貌，为国家制定统筹城乡发展和调整收入分配格局政策提供全面可靠的信息；另一方面，也可以用统一标准监测城乡居民收入增长和差距变化，更加准确地反映不同群体居民对经济发展成果的分享情况；同时，也填补了我国缺少全体居民收入数据的空白。

五、变动情况

城乡住户调查一体化改革后，新口径的城乡居民收入与老口径的城乡居民收入主要有四点不同：一是指标名称不同，新口径的农村居民收入是农村人均可支配收入，老口径是农民人均纯收入，城镇居民不变；二是抽样方法不同，新口径是城乡统一抽样，老口径是城乡各自抽样，同时，具体的抽样过程也有较大差异；三是调查范围不同，新口径是区域内的所有常住居民户，不包括外籍住户，老口径由于城乡分别抽样，调查范围互有重合和遗漏的区域；四是指标口径不同，主要的区别是新口径的城乡居民可支配收入包括实物收入和自有住房折算净租金，老口径城镇居民可支配收入不包括实物收入部分，老口径农民纯收入不包括自有住房折算净租金，另外，收入分项指标的口径也有一些变动。

六、2014年报表说明

2014年起，国家统计局住户调查专业统一使用新的指标体系。根据城乡划分标准，城镇为U+UR，农村为R。U代表城镇居委会住户，UR代表城镇村委会住户，R代表农村村委会住户。

七、农村主要收入指标不同年份的解释

2013年以前（含2013年）农村主要收入指标名称为农村居民人均纯收入，简称纯收入。指农村住户当年从各个来源得到的家庭总收入扣除有关费用性支出后，最终归农村居民所有的收入总和，按照农村住户人口平均的纯收入水平。

2014年起，城镇与农村均统一为可支配收入。

1-1 昆明市调查户基本情况(2014年)

指标名称	单位	城镇住户(U+UR)	农村住户(R)
一、按家庭规模分的住户类型			
(一)一人户	%	7.6	3.2
(二)二人户	%	26.4	14.5
(三)三人户	%	39.8	19.4
(四)四人户	%	16.4	37.4
(五)五人户	%	7.4	14.0
(六)六人及以上户	%	2.3	11.6
二、按世代分的住户类型			
(一)一代户	%	31.5	17.4
(二)二代户	%	54.3	55.4
(三)三代户	%	13.3	24.8
(四)四代及以上户	%	0.9	2.3
三、住户特征			
(一)纯老人户	%	24.1	14.1
(二)家中有未成年子女户	%	63.3	78.2
(三)年轻夫妻无子女户	%	2.5	0.2
(四)无劳动力户	%	10.0	7.5

1-2 昆明市调查人口和就业情况(2014年)

指标名称	单位	城镇住户(U+UR)	农村住户(R)
一、调查人口基本情况			
期内住户成员数	人	2.90	3.78
二、常住成员情况			
(一)年龄			
1.5岁及以下	%	3.4	4.4
2.6-15岁	%	9.4	14.0
3.16-19岁	%	3.8	7.1
4.20-24岁	%	5.4	5.8
5.25-29岁	%	6.1	5.8
6.30-34岁	%	7.4	4.4
7.35-40岁	%	11.4	10.0
8.41-50岁	%	21.1	22.9
9.51-60岁	%	14.4	12.0
10.61-65岁	%	6.2	4.6
11.66岁及以上	%	11.4	9.1
(二)参加医疗保险情况			
1.新型农村合作医疗	%	20.3	87.6
2.城镇职工基本医疗保险	%	28.6	2.1
3.(城镇)居民基本医疗保险	%	41.3	9.0
4.公费医疗	%	3.4	
5.商业医疗保险	%	0.3	0.1
6.其他医疗保险	%	1.6	0.6
7.没有参加任何医疗保险	%	5.0	0.8
(三)6周岁及以上住户成员受教育程度			
1.未上过学	%	3.2	9.5
2.小学	%	19.5	41.1
3.初中	%	30.8	35.0
4.高中	%	19.0	9.5
5.大学专科	%	13.9	2.4
6.大学本科	%	12.7	2.3
7.研究生	%	0.8	0.2
(四)15周岁及以上住户成员婚姻状况			
1.未婚	%	16.1	20.5
2.有配偶	%	76.6	72.8
3.离婚	%	2.5	1.5
4.丧偶	%	4.2	5.2
5.其他	%	0.5	0.0
三、常住劳动力情况(16周岁及以上非在校学生)			
(一)本季度就业类型			
1.雇主	%	3.2	1.1
2.公职人员	%	8.3	0.5
3.事业单位人员	%	10.1	1.6
4.国有企业雇员	%	6.3	0.6
5.其他雇员	%	47.9	19.4
6.农业自营	%	10.5	68.8
7.非农自营	%	13.7	8.0

1-2 续表 1

指标名称	单位	城镇住户(U+UR)	农村住户(R)
(二)本季度从事主要行业			
1.第一产业	%	13.7	70.7
2.第二产业	%	14.4	9.9
(1)采矿业	%	1.2	1.0
(2)制造业	%	5.4	3.6
(3)电力、热力、燃气及水生产供应业	%	1.5	0.5
(4)建筑业	%	6.3	4.8
3.第三产业	%	71.9	19.4
(1)批发和零售业	%	13.4	3.2
(2)交通运输、仓储和邮政业	%	4.8	3.8
(3)住宿和餐饮业	%	4.9	2.4
(4)信息传输、软件业和信息技术服务业	%	2.4	0.1
(5)金融业	%	1.2	0.4
(6)房地产业	%	3.2	0.0
(7)租赁和商务服务业	%	4.9	0.1
(8)科学研究和技术服务业	%	0.7	0.2
(9)水利、环境和公共设施管理业	%	0.9	0.2
(10)居民服务、修理和其他服务业	%	16.6	4.8
(11)教育	%	3.4	1.3
(12)卫生和社会工作	%	4.5	1.0
(13)文化、体育和娱乐业	%	0.8	0.3
(14)公共管理、社会保障和社会组织	%	10.0	1.5
(15)国际组织	%		
(三)本季度从事主要职业			
1.国家机关、党群组织、企业、事业单位负责人	%	4.8	1.6
2.专业技术人员	%	12.6	2.9
3.办事人员和有关人员	%	18.0	2.4
4.商业、服务业人员	%	28.5	7.7
5.农、林、牧、渔、水利业生产人员	%	11.6	69.5
6.生产、运输设备操作人员及有关人员	%	8.1	7.0
7.军人	%	1.0	0.1
8.不便分类的其他从业人员	%	15.3	8.8
四、常住从业人员情况	**%**		
(一)6周岁及以上住户成员受教育程度			
1.未上过学	%	1.4	6.9
2.小学	%	10.6	39.7
3.初中	%	35.1	41.9
4.高中	%	20.2	7.7
5.大学专科	%	16.3	2.2
6.大学本科	%	15.9	1.6
7.研究生	%	0.6	0.0
(二)参加养老保险情况			
1.新型农村社会养老保险	%	19.6	86.2
2.城镇职工基本养老保险	%	28.3	2.2

1-2 续表 2

指标名称	单位	城镇住户(U+UR)	农村住户(R)
3.(城镇)居民社会养老保险	%	31.6	5.8
4.商业养老保险	%	0.6	
5.其他养老保险	%	4.1	1.1
6.没有参加任何养老保险	%	16.8	5.4
(三)本季度就业类型			
1.雇主	%	3.2	1.1
2.公职人员	%	8.2	0.5
3.事业单位人员	%	10.2	1.6
4.国有企业雇员	%	6.4	0.6
5.其他雇员	%	47.8	19.4
6.农业自营	%	10.5	68.8
7.非农自营	%	13.8	8.0
(四)本季度从事主要行业			
1.第一产业	%	13.7	70.7
2.第二产业	%	14.5	9.9
(1)采矿业	%	1.2	1.0
(2)制造业	%	5.4	3.6
(3)电力、热力、燃气及水生产供应业	%	1.5	0.5
(4)建筑业	%	6.3	4.8
3.第三产业	%	71.8	19.4
(1)批发和零售业	%	13.5	3.2
(2)交通运输、仓储和邮政业	%	4.9	3.8
(3)住宿和餐饮业	%	4.9	2.4
(4)信息传输、软件业和信息技术服务业	%	2.4	0.1
(5)金融业	%	1.2	0.4
(6)房地产业	%	3.3	0.0
(7)租赁和商务服务业	%	5.0	0.1
(8)科学研究和技术服务业	%	0.7	0.2
(9)水利、环境和公共设施管理业	%	0.9	0.2
(10)居民服务、修理和其他服务业	%	16.7	4.8
(11)教育	%	3.4	1.3
(12)卫生和社会工作	%	4.3	1.0
(13)文化、体育和娱乐业	%	0.9	0.3
(14)公共管理、社会保障和社会组织	%	9.7	1.5
(15)国际组织	%		
(五)本季度从事主要职业			
1.国家机关、党群组织、企业、事业单位负责人	%	4.8	1.6
2.专业技术人员	%	12.7	2.9
3.办事人员和有关人员	%	17.7	2.4
4.商业、服务业人员	%	28.7	7.7
5.农、林、牧、渔、水利业生产人员	%	11.7	69.5
6.生产、运输设备操作人员及有关人员	%	8.1	7.0
7.军人	%	1.0	0.1
8.不便分类的其他从业人员	%	15.2	8.8

1-3 昆明市住户收支(2014年)

指标名称	单位	城镇住户(U+UR)	农村住户(R)
第十一部分 可支配收入	**元**	**31294.94**	**10365.60**
一、工资性收入	元	15162.65	5192.07
二、经营净收入	元	2358.93	3652.02
三、财产净收入	元	6483.37	705.39
四、转移净收入	元	7289.99	816.11
一、消费支出	元	19879.04	9605.47
(一)食品烟酒	元	5475.80	2554.14
(二)衣着	元	1353.43	536.51
(三)居住	元	4837.88	2465.09
(四)生活用品及服务	元	1249.42	522.68
(五)交通通信	元	2197.59	1555.97
(六)教育文化娱乐	元	3194.77	1086.89
(七)医疗保健	元	1122.17	759.89
(八)其他用品和服务	元	447.98	124.28

1-4　昆明市可支配收入(2014年)

指标名称	单位	城镇住户(U+UR)	农村住户(R)
第十一部分 可支配收入	**元**	**31294.94**	**10365.60**
一、工资性收入	元	15162.65	5192.07
(一)工资	元	14277.35	3885.04
1.按月发放的工资	元	13538.73	3082.68
2.补发工资	元	42.93	51.80
3.不按月发放的奖金、津贴、过节费等	元	695.69	750.56
(二)实物福利	元	24.35	4.16
1.从单位或雇主得到的实物产品折价	元	11.05	0.85
(1)食品	元	6.55	0.50
①谷物、薯类及豆类	元	5.40	0.03
②食用油(植物油)	元	0.90	0.19
③蔬菜及制品	元		
④肉、禽、蛋、奶及制品	元	0.03	0.01
⑤水产品及制品	元		
⑥糖、烟、酒、饮料类	元	0.03	0.11
⑦干鲜瓜果类	元	0.07	0.14
⑧其他类食品	元	0.11	0.03
(2)衣着	元	0.10	0.09
(3)居住	元		
(4)家庭设备和日用品	元	0.12	0.25
(5)交通、通信工具及用品	元	0.22	
(6)教育文化娱乐用品	元		
(7)医疗保健用品	元	3.98	
(8)其他用品	元	0.08	0.01
2.从单位或雇主得到的服务折价	元	13.30	3.31
(1)免费或低价提供的工作餐	元	8.72	2.10
(2)免费或低价提供的住宿	元	3.75	
(3)单位缴纳的水电费、取暖费、物业费等	元		0.21
(4)免费或低价提供的交通和通信服务	元	0.00	
(5)单位缴纳的教育入学赞助费	元		
(6)免费或低价提供的旅游服务	元		
(7)其他服务	元	0.83	1.00
3.单位或雇主实物福利报销所得	元		
(三)其他	元	860.95	1302.87
1.住房公积金	元	443.74	47.52
2.辞退金	元	6.77	3.18
3.自由职业劳动所得(如稿费、翻译费)	元	6.34	14.71
4.安家费	元	42.85	0.90
5.股票期权	元		
6.其他劳动所得	元	361.25	1236.57
二、经营净收入	元	2358.93	3652.02
(一)第一产业经营净收入	元	710.22	2578.57
1.农业	元	596.89	1712.52

1-4 续表 1

指标名称	单位	城镇住户(U+UR)	农村住户(R)
2.林业	元	17.85	309.43
3.牧业	元	96.30	546.65
4.渔业	元	-0.81	9.97
(二)第二产业经营净收入	元	204.06	193.16
1.采矿业	元	-4.96	0.34
2.制造业	元	131.15	5.97
3.电力、热力、燃气及水生产和供应业	元		0.68
4.建筑业	元	77.87	186.16
(三)第三产业经营净收入	元	1444.65	880.29
1.批发和零售业	元	795.52	229.25
2.交通运输、仓储和邮政业	元	176.71	370.02
3.住宿和餐饮业	元	170.10	104.09
4.房地产业	元	27.99	0.85
5.租赁和商务服务业	元	199.99	3.55
6.居民服务、修理和其他服务业	元	68.88	74.46
7.其他	元	-0.92	49.44
8.农林牧渔服务业	元	6.38	48.64
三、财产净收入	元	6483.37	705.39
(一)利息净收入	元	214.69	17.67
(二)红利收入	元	1087.36	191.78
1.集体分配的红利	元	1008.90	179.55
2.其他红利收入	元	78.93	12.23
(三)储蓄性保险净收益	元		10.77
(四)转让承包土地经营权租金净收入	元	55.01	244.12
(五)出租房屋财产性收入	元	2367.28	141.68
(六)出租机械、专利、版权等资产的收入	元	-5.16	26.92
(七)其他财产净收入	元	277.21	72.46
(八)房屋虚拟租金	元	2486.97	
四、转移净收入	元	7289.99	816.11
(一)转移性收入	元	8256.49	1029.51
1.养老金或离退休金	元	7546.99	242.72
(1)离退休金	元	7418.68	135.82
(2)(城镇)居民社会养老保险	元	40.55	4.01
(3)新型农村养老保险	元	59.04	52.29
(4)其他养老金	元	28.72	50.60
2.社会救济和补助	元	31.99	105.44
(1)最低生活保障费	元	18.57	43.12
(2)五保户救助金	元	0.80	
(3)扶贫款	元	1.89	41.81
(4)救灾款	元	0.01	0.69
(5)抚恤金	元	4.64	4.34
(6)其他社会救济收入	元	6.08	15.48
3.政策性生活补贴	元	108.72	30.31
(1)家电补贴	元	0.32	

1-4 续表 2

指标名称	单位	城镇住户(U+UR)	农村住户(R)
(2)能源补贴	元	4.41	5.86
(3)免费或低价提供的住宿(廉租房)	元		
(4)其他生活补贴	元	103.99	24.44
4.报销医疗费	元	57.29	117.88
5.家庭外出从业人员寄回带回收入	元	130.71	194.88
6.赡养收入	元	175.98	67.15
7.其他经常转移收入	元	146.71	91.97
(1)失业保险金	元	2.84	0.06
(2)经常性捐赠收入	元	35.40	7.26
(3)经常性赔偿收入	元		
(4)其他转移性收入	元	108.46	84.66
8.从政府和组织得到的实物产品和服务折价	元	38.48	10.78
(1)食品	元	2.71	6.18
①.谷物、薯类及豆类	元	0.71	3.80
②.食用油(植物油)	元	0.74	1.75
③.蔬菜及制品	元		
④.肉、禽、蛋、奶及制品	元		0.06
⑤.水产品及制品	元		0.00
⑥.糖、烟、酒、饮料类	元	0.65	0.32
⑦.干鲜瓜果类	元	0.15	
⑧.其他类食品	元	0.45	0.25
(2)衣着	元	0.47	
(3)居住	元		
(4)家庭设备和日用品	元	1.15	2.31
(5)交通、通信工具及用品	元	3.22	0.83
(6)教育文化娱乐用品	元	0.01	
(7)医疗保健用品	元	30.56	0.13
(8)其他用品	元	0.27	0.62
(9)其他服务折价(不含廉租房)	元	0.10	0.71
9.现金政策性惠农补贴	元	19.62	168.38
(二)转移性支出	元	966.50	213.40
1.个人所得税	元	42.74	2.72
2.社会保障支出	元	650.98	185.92
(1)个人缴纳的养老保险	元	382.34	100.43
(2)个人缴纳的医疗保险	元	209.95	82.51
(3)个人缴纳的失业保险	元	49.05	2.49
(4)其他社会保障支出	元	9.64	0.49
3.外来从业人员寄给家人的支出	元	51.17	
4.赡养支出	元	107.37	10.94
5.其他转移性支出	元	114.24	13.82
(1)经常性捐赠支出	元	19.35	2.84
(2)经常性赔偿支出	元		0.69
(3)其他经常转移支出	元	94.89	10.29

1-5 昆明市消费支出(2014年)

指标名称	单位	城镇住户(U+UR)	农村住户(R)
一、消费支出	**元**	**19879.04**	**9605.47**
(一)食品烟酒	元	5475.80	2554.14
1.食品	元	3569.81	1897.41
(1)谷物	元	402.75	344.64
(2)薯类	元	49.63	79.54
(3)豆类	元	46.85	26.49
(4)食用油	元	136.19	83.10
(5)蔬菜和食用菌	元	654.91	250.71
(6)肉类	元	905.23	542.01
(7)禽类	元	216.94	145.64
(8)水产品	元	194.92	55.90
(9)蛋类	元	64.49	42.70
(10)奶类	元	177.76	38.83
(11)干鲜瓜果类	元	397.08	141.63
(12)糖果糕点类	元	212.75	86.00
(13)其他食品	元	110.31	60.21
2.烟酒	元	524.91	406.33
(1)烟草	元	374.06	328.06
(2)酒类	元	150.84	78.27
3.饮料	元	117.27	49.37
4.饮食服务	元	1263.82	201.03
(1)食堂用餐	元	51.12	25.39
(2)其他在外饮食	元	1210.18	173.87
(3)食品加工服务费	元	2.52	1.78
(二)衣着	元	1353.43	536.51
1.衣类	元	992.07	410.67
2.鞋类	元	361.37	125.85
(三)居住	元	4837.88	2465.09
1.租赁房房租	元	196.90	22.92
2.住房维修及管理	元	386.67	268.44
3.水电燃料及其他	元	625.27	450.48
4.自有住房折算租金	元	3629.04	1723.25
(四)生活用品及服务	元	1249.42	522.68
1.家具及室内装饰品	元	120.07	134.76
2.家用器具	元	331.56	143.64

1-5 续表

指标名称	单位	城镇住户(U+UR)	农村住户(R)
3.家用纺织品	元	94.72	49.41
4.家庭日用杂品	元	370.17	150.89
5.个人用品	元	239.77	36.30
6.家庭服务	元	93.14	7.67
(五)交通通信	元	2197.59	1555.97
1.交通	元	1342.70	1195.58
(1)交通工具	元	400.90	647.01
(2)交通费	元	127.22	53.21
(3)交通工具用燃料	元	450.03	290.45
(4)交通工具使用及维修	元	364.55	204.91
其中：车辆保险支出	元	72.13	66.52
2.通信	元	854.88	360.39
(1)通信工具	元	212.15	103.03
(2)通信服务	元	642.73	257.36
(六)教育文化娱乐	元	3194.77	1086.89
1.教育	元	793.18	826.18
(1)学前教育	元	127.81	45.11
(2)小学教育	元	98.65	73.03
(3)初中教育	元	150.44	147.41
(4)高中教育	元	81.66	196.19
(5)中专职高教育	元	16.97	96.00
(6)大专及以上教育	元	257.12	196.89
(7)成人教育	元	60.52	71.55
2.文化娱乐	元	2401.59	260.71
(1)文娱耐用消费品	元	154.08	65.13
(2)其他文娱用品	元	158.46	35.78
(3)文化娱乐服务	元	2089.05	159.81
(七)医疗保健	元	1122.17	759.89
1.医疗器具及药品	元	520.71	172.47
2.医疗服务	元	601.47	587.42
(1)门诊总费用	元	296.10	225.61
(2)住院总费用	元	305.37	361.81
(八)其他用品和服务	元	447.98	124.28
1.其他用品	元	303.43	78.27
2.其他服务	元	144.54	46.01

1-6 昆明市住房、生活设施和耐用消费品拥有情况(2014年)

指标名称	单位	城镇住户(U+UR)	农村住户(R)
(一)本住户居住空间样式			
1.单栋楼房	%	26.3	51.9
2.单栋平房	%	2.8	30.4
3.四居室及以上单元房	%	15.2	1.8
4.三居室单元房	%	31.1	0.6
5.二居室单元房	%	16.1	
6.一居室单元房	%	5.8	
7.筒子楼或连片平房	%	1.5	1.4
8.其他	%	1.3	14.0
(二)主要建筑材料			
1.钢筋混凝土	%	39.3	19.2
2.砖混材料	%	56.8	25.9
3.砖瓦砖木	%	1.8	25.7
4.竹草土坯	%	0.7	12.9
5.其他	%	1.5	16.3
(三)现住房房屋来源			
1.租赁公房	%	1.9	
2.租赁私房	%	10.3	0.3
3.自建住房	%	29.4	95.4
4.购买商品房	%	25.4	2.2
5.购买房改住房	%	17.7	0.3
6.购买保障性住房	%	9.6	
7.拆迁安置房	%	1.9	
8.继承或获赠住房	%	0.2	1.3
9.免费借用房	%	0.6	0.2
10.雇主提供免费住房	%	0.3	0.0
11.其他来源	%	2.8	0.4
(四)现住房建筑面积	平方米	40.71	43.41
1.10平方米以内	%	0.3	0.1
2.10-20平方米	%	2.8	0.3
3.20-30平方米	%	1.8	0.6
4.30-60平方米	%	18.3	11.2
5.60-90平方米	%	17.8	17.8
6.90-120平方米	%	24.6	27.2
7.120-200平方米	%	23.7	22.3
8.200平方米以上	%	10.7	20.5

1-6 续表

指标名称	单位	城镇住户(U+UR)	农村住户(R)
(五)住户主要饮用水来源情况			
1.经过净化处理的自来水	%	49.3	39.2
2.受保护的井水和泉水	%	3.7	37.2
3.不受保护的井水和泉水	%	1.3	11.0
4.江河湖泊水	%	0.3	0.6
5.收集雨水	%	0.1	0.2
6.桶装水	%	44.7	1.4
7.其他水源	%	0.6	10.3
(六)住户厕所类型			
1.水冲式卫生厕所	%	88.9	15.9
2.水冲式非卫生厕所	%	1.8	3.5
3.卫生旱厕	%	1.2	9.4
4.普通旱厕	%	5.6	52.6
5.无厕所	%	2.6	18.6
(七)住户洗澡设施情况			
1.统一供热水	%	7.6	1.0
2.家庭自装热水器	%	78.8	55.0
3.其他	%	5.3	6.2
4.无洗澡设施	%	8.3	37.8
(八)主要炊用能源状况			
1.柴草	%	1.0	46.6
2.煤炭	%	0.2	0.5
3.罐装液化石油气	%	19.5	3.0
4.管道液化石油气	%	1.9	0.2
5.管道煤气	%	44.8	1.0
6.管道天然气	%	0.8	
7.电	%	31.5	46.2
8.燃料用油	%		0.2
9.沼气	%	0.3	1.9
10.其他	%		0.2
11.无炊用行为	%		0.2

1-7 昆明市每百户耐用消费品拥有情况(2014年)

指标名称	单位	城镇住户(U+UR)	农村住户(R)
1.家用汽车	辆	47.8	25.5
2.摩托车	辆	12.0	54.2
3.助力车	台	40.9	18.2
4.洗衣机	台	95.6	80.0
5.电冰箱(柜)	台	90.2	53.6
6.微波炉	台	72.9	23.3
7.彩色电视机	台	111.7	107.5
8.其中：接入有线电视	台	96.5	55.9
9.空调	台	2.0	0.5
10.热水器	台	88.8	61.5
11.其中：太阳能热水器	台	67.8	52.3
12.消毒碗柜	台	12.2	2.9
13.洗碗机	台	0.6	0.2
14.排油烟机	台	80.2	15.7
15.固定电话	线	37.2	15.1
16.移动电话	部	223.0	247.5
17.其中：接入互联网	部	94.5	35.7
18.计算机	台	72.8	17.7
19.其中：接入互联网	台	62.6	10.5
20.摄像机	台	13.2	1.6
21.照相机	台	49.0	7.8
22.中高档乐器	架	4.6	1.1
23.健身器材	台	5.0	1.0
24.组合音响	套	22.3	12.4

1-8 昆明市年末粮食结存(2014年)

指标名称	单位	城镇住户(U+UR)	农村住户(R)
1.小麦	公斤	0.49	10.60
2.面粉	公斤	0.35	0.69
3.稻谷	公斤	1.44	22.97
4.大米	公斤	5.72	10.29
5.玉米	公斤	8.41	185.12
6.玉米面	公斤	0.33	4.25
7.其他原粮	公斤	1.26	30.83
8.其他加工粮	公斤	0.02	1.92

1-9 昆明市土地经营和主要农产品产量情况(2014年)

指标名称	单位	城镇住户(U+UR)	农村住户(R)
一、家庭实际经营土地情况			
(一)期初实际经营土地面积	亩	0.23	1.78
1.耕地面积	亩	0.15	1.39
其中：有效灌溉面积	亩	0.06	0.35
2.林地面积	亩	0.01	0.32
3.园地面积	亩	0.07	0.07
4.牧草地面积	亩	0.00	0.00
5.养殖水面面积	亩	0.00	0.00
(二)期末实际经营土地面积	亩	0.22	1.69
1.耕地面积	亩	0.13	1.32
其中：有效灌溉面积	亩	0.06	0.32
2.林地面积	亩	0.01	0.30
3.园地面积	亩	0.07	0.07
4.牧草地面积	亩	0.00	0.00
5.养殖水面面积	亩	0.00	0.00
二、期内土地种植情况			
(一)期内主要粮食播种面积	亩	0.09	1.09
1.小麦播种面积	亩	0.01	0.12
2.水稻播种面积	亩	0.01	0.10
3.玉米播种面积	亩	0.05	0.67
4.大豆播种面积	亩	0.01	0.01
5.薯类播种面积	亩	0.01	0.19
(二)期内主要经济作物播种面积	亩	0.09	0.19
1.棉花播种面积	亩		
2.油料作物播种面积	亩	0.01	0.01
3.糖料作物播种面积	亩	0.00	0.00
4.蔬菜播种面积	亩	0.04	0.13
其中：设施蔬菜播种面积	亩	0.01	0.02
5.水果播种面积	亩	0.04	0.04
其中：设施水果播种面积	亩	0.00	0.00
(三)农业生产技术应用情况	亩	0.12	0.51
1.机耕面积	亩	0.09	0.41
2.机播面积	亩	0.01	0.01
3.机收面积	亩		0.01
4.机电灌溉面积	亩	0.02	0.07
三、主要农产品产量			
(一)谷物产量	公斤	21.27	276.09
面积	亩	0.04	0.66
1.小麦产量	公斤	0.08	21.79
面积	亩	0.00	0.09

1-9 续表

指标名称	单位	城镇住户(U+UR)	农村住户(R)
2.稻谷产量	公斤	2.44	26.35
面积	亩	0.01	0.05
3.玉米产量	公斤	18.42	225.23
面积	亩	0.03	0.50
4.高粱产量	公斤		
面积	亩		
5.谷子产量	公斤		
面积	亩		
6.青稞产量	公斤		
面积	亩		
7.其他谷物产量	公斤	0.33	2.72
面积	亩	0.00	0.01
(二)薯类产量	公斤	2.61	48.36
面积	亩	0.01	0.15
1.红薯产量	公斤		1.25
面积	亩		0.01
2.马铃薯产量	公斤	2.61	47.01
面积	亩	0.01	0.14
3.其他薯类产量	公斤		0.10
面积	亩		0.00
(三)豆类产量	公斤	1.45	9.62
面积	亩	0.01	0.05
1.大豆产量	公斤	0.05	0.88
面积	亩	0.00	0.00
2.其他豆类产量	公斤	1.40	8.75
面积	亩	0.01	0.05
(四)棉花产量	公斤		
面积	亩		
(五)油料产量	公斤	0.12	1.96
面积	亩	0.00	0.11
1.花生产量	公斤		0.29
面积	亩		0.00
2.芝麻产量	公斤		
面积	亩		
3.油菜籽产量	公斤	0.12	1.35
面积	亩	0.00	0.11
4.葵花籽产量	公斤		0.32
面积	亩		0.00
5.其他油料产量	公斤		
面积	亩		

1-10 昆明市食品消费情况(2014年，含自产自用)

指标名称	单位	城镇住户(U+UR)	农村住户(R)
一、粮食消费量	**公斤**	**87.06**	**111.32**
(一)谷物消费量	公斤	77.55	102.44
1.小麦	公斤	10.67	4.41
2.稻谷	公斤	56.57	88.80
3.玉米	公斤	2.00	6.59
4.其他谷物	公斤	8.31	2.65
(二)薯类消费量	公斤	2.16	3.74
1.红薯	公斤	0.17	0.08
2.马铃薯	公斤	1.69	3.59
3.其他薯类	公斤	0.30	0.07
(三)豆类消费量	公斤	7.36	5.14
1.大豆	公斤	0.37	0.80
2.其他豆类	公斤	6.98	4.34
二、油脂类消费量	**公斤**	**8.91**	**5.54**
(一)植物油	公斤	7.96	3.86
(二)动物油	公斤	0.95	1.68
三、蔬菜及菜制品消费量	**公斤**	**102.45**	**69.43**
(一)鲜菜	公斤	98.53	68.47
(二)干菜及菜制品	公斤	1.87	0.56
(三)鲜菌	公斤	1.85	0.34
(四)干菌及菌制品	公斤	0.20	0.07
四、肉类	**公斤**	**25.76**	**25.79**
(一)猪肉	公斤	18.27	23.19
(二)牛肉	公斤	3.14	1.05
(三)羊肉	公斤	0.57	0.61
(四)其他肉类及制品	公斤	3.76	0.94
五、禽类	**公斤**	**7.71**	**6.71**
(一)鸡	公斤	5.91	6.16
(二)鸭	公斤	0.34	0.25
(三)鹅	公斤	0.03	0.02
(四)其他禽类及制品	公斤	1.42	0.28
六、水产品	**公斤**	**7.00**	**3.19**
(一)鱼类	公斤	5.06	3.01
(二)虾、贝、蟹类	公斤	0.87	0.08
(三)藻类	公斤	0.05	0.01
(四)其他	公斤	1.02	0.09
七、蛋类及蛋制品	**公斤**	**5.24**	**3.71**
(一)鲜蛋	公斤	4.98	3.64
(二)蛋制品	公斤	0.27	0.07
八、奶和奶制品	**公斤**	**14.85**	**2.98**
(一)鲜奶	公斤	12.24	2.04
(二)酸奶	公斤	1.68	0.47
(三)奶粉	公斤	0.20	0.08
(四)其他奶制品	公斤	0.73	0.39
九、干鲜瓜果类	**公斤**	**37.86**	**19.01**
(一)鲜瓜果	公斤	33.94	17.16
(二)瓜果制品	公斤	0.55	0.13
(三)坚果类	公斤	3.37	1.72
十、糖果糕点类	**公斤**	**9.19**	**5.39**
(一)食糖	公斤	1.14	1.01
(二)糖果	公斤	0.67	0.64
(三)糕点	公斤	5.93	3.36
(四)其他糖果糕点	公斤	1.46	0.38
十一、饮料	**公斤**	**0.28**	**0.27**
(一)茶叶	公斤	0.28	0.27
十二、烟叶消费量	**公斤**	**25.22**	**37.52**
十三、酒	**公斤**	**4.20**	**8.81**
(一)白酒	公斤	2.56	5.80
(二)啤酒	公斤	1.32	2.95
(三)果酒	公斤	0.33	0.05

1-11 昆明市住户能源消耗情况（2014年）

指标名称	单位	城镇住户(U+UR)	农村住户(R)
一、能源消费数量			
1.天然气	立方米	11.30	0.04
金额	元	17.26	0.29
2.煤气	立方米	55.88	0.82
金额	元	88.21	1.36
3.液化石油气	公斤	7.84	1.97
金额	元	51.51	16.39
4.汽油	升	58.63	32.16
金额	元	450.08	246.07
其中：生产用	升	58.17	31.94
金额	元	446.48	244.22
5.柴油	升	0.68	12.33
金额	元	5.22	91.49
其中：生产用	升	0.67	12.15
金额	元	5.11	89.72
6.电	度	613.48	292.61
金额	元	303.92	147.36
其中：生产用	升	1.22	6.85
金额	元	0.90	4.90
7.沼气	立方米		
金额	元		
8:煤炭	公斤	1.95	49.01
金额	元	1.42	18.74
9.柴	公担	0.00	0.04
金额	元	0.06	2.39
10.草	公担		
金额	元		

1-12 城镇居民收支状况(2013年)

指 标	单位	2013年
一、家庭总收入	**元**	**29645.72**
其中：可支配收入	元	28353.68
(一)工资性收入	元	16939.73
(二)经营净收入	元	2484.14
(三)财产性收入	元	6707.11
(四)转移性收入	元	3514.75
二、家庭总支出	**元**	**19952.72**
消费支出	**元**	**16557.88**
(一)食品	元	5700.00
(二)衣着	元	1572.51
(三)居住	元	1619.86
(四)家庭设备用品及服务	元	1031.38
(五)医疗保健	元	1050.80
(六)交通和通信	元	2370.56
(七)教育文化娱乐服务	元	2533.76
(八)其他商品和服务	元	679.01

1-13 城镇居民每百户耐用消费品(2013年)

指 标	单位	2013年
1.摩托车	辆	7.8
2.助力车	辆	45.0
3.家用汽车	辆	39.6
4.洗衣机	台	95.2
5.电冰箱	台	89.7
6.彩色电视机	台	113.0
7.计算机	台	65.4
8.组合音响	套	22.4
9.摄像机	架	8.2
10.照相机	架	46.9
11.钢琴	架	
12.中高档乐器(含钢琴)	件	3.0
13.微波炉	台	69.9
14.空调器	台	2.2
15.淋浴热水器	台	86.9
16.消毒碗柜	台	11.7
17.洗碗机	台	1.2
18.健身器材	套	2.3
19.固定电话	部	34.3
20.移动电话	部	221.0

1-14 城镇居民住房情况(2013年)

指 标	2013年比重（%）
1.房屋产权	
租赁公房(租赁公房)	1.8
租赁私房(租赁私房)	15.9
原有私房(自建住房+拆迁安置房+继承或获赠住房)	27.8
房改私房(购买房改住房)	17.4
商品房(购买商品房+购买保障性住房)	30.4
借用房(免费借用房)	0.2
其他(雇主提供免费住房 +其他)	6.6
2.住宅建筑式样	
单栋住宅(单栋楼房)	31.9
四居室(四居室及以上单元房)	11.9
三居室(三居室单元房)	35.9
二居室(二居室单元房)	15.3
一居室(一居室单元房)	4.0
普通楼房(筒子楼或连片平房)	0.4
平房及其他(单栋平房+其他)	0.6
3.饮水情况	
自来水(经过净化处理的自来水)	51.6
矿泉水	
纯净水(桶装水)	1.4
井、河水((不)受保护的井水和泉水+江河湖泊水)	0.0
其他(收集雨水+其他水源)	47.0
4.卫生设备	
无卫生设备	2.6
有厕所浴室	88.7
有厕所无浴室	1.6
公用	7.2
5.炊用燃料使用情况	
煤炭	0.6
罐装液化石油气	25.0
管道液化石油气	3.0
管道煤气	42.8
管道天然气	0.0
柴油	0.1
其他燃料	28.4

1-15　城镇居民人口就业情况(2013年)

指　　标	2013年比重（%）
家庭人口数	
1.有收入者人数	65.6
(1)就业人口数	55.5
①国有经济单位职工人数	13.3
②城镇集体经济单位职工人数	
③其他经济类型单位职工人数	
④城镇个体或私营企业主人数	9.6
⑤城镇个体或私营企业被雇者	
⑥离退休再就业人数	0.9
⑦其他就业人数（包括②③⑤）	31.7
(2)离退休人数	6.9
(3)其他有收入者人数	3.1
2.无收入者人数	34.4

1-16　农村居民收支状况(2013年)

指　　标	单位	2013年
一、全年纯收入	**元**	**9273**
(一)工资性收入	元	4334
(二)家庭经营纯收入	元	3861
(三)财产性纯收入	元	509
(四)转移性纯收入	元	568
二、生活消费支出	**元**	**8397**
(一)食品消费支出	元	2750
(二)衣着消费支出	元	514
(三)居住消费支出	元	2070
(四)家庭设备.用品消费支出	元	421
(五)交通和通讯消费支出	元	1141
(六)文化教育.娱乐消费支出	元	612
(七)医疗保健消费支出	元	725
(八)其他商品和服务消费支出	元	165

1-17 农村居民每百户耐用消费品(2013年)

指　　标	单位	2013年
01.洗衣机	台	80.6
02.电冰箱	台	53.1
03.空调机	台	0.8
04.抽油烟机	台	17.5
05.吸尘器	台	
06.微波炉	台	29.4
07.热水器	台	69.5
其中：太阳能热水器	台	57.1
08.自行车	辆	21.3
其中：电动自行车	辆	
09.摩托车	台	49.0
10.汽车(生活用)	台	24.6
11.固定电话机	部	14.7
12.移动电话	部	231.5
其中：接入互联网的	部	38.7
13.彩色电视机	台	106.9
其中：接入有线电视网的	台	68.9
14.黑白电视机	台	
其中：接入有线电视网的	台	
15.摄像机	台	1.8
16.影碟机	台	
17.照相机	架	11.7
18.家用计算机	台	20.6
其中：接入互联网的	台	15.3
19.中高档乐器	件	1.2

1-18 农村居民住房情况(2013年)

指　　标	单位	2013年
四、居住条件		**比重**
(一)住房卫生设备使用情况		
1.使用水冲式厕所的户数	户	21.2
2.使用旱厕的户数	户	55.7
3.无厕所的户数	户	23.0
(二)炊事使用的主要能源		
1.使用沼气的户数	户	2.7
2.使用其他燃气的户数	户	8.4
3.使用燃油的户数	户	
4.使用电的户数	户	52.2
5.使用太阳能的户数	户	
6.使用煤炭的户数	户	1.3
7.使用柴草的户数	户	35.4
(三)饮用水来源情况		
1.饮用自来水的户数	户	57.1
2.饮用深井水的户数	户	26.6
3.饮用浅井水的户数	户	9.7
4.饮用江河湖泊水的户数	户	2.3
5.饮用塘水的户数	户	0.1
6.饮用其他水源的户数	户	4.1

1-19 农村住户农业产量(2013年)

指　　标	单位	2013年
(一)谷物产量	公斤	261.3
1.小麦	公斤	8.3
2.稻谷	公斤	23.0
3.玉米	公斤	223.1
4.高粱	公斤	2.1
5.谷子	公斤	
6.青稞	公斤	0.2
7.其他谷物	公斤	4.7
(二)薯类产量	公斤	34.6
1.红薯产量	公斤	2.1
2.马铃薯产量	公斤	32.3
3.其他薯类产量	公斤	
(三)豆类产量	公斤	3.2
1.大豆产量	公斤	0.8
2.其他豆类产量	公斤	2.4
(四)棉花产量	公斤	
(五)油料产量	公斤	2.1
1.花生产量	公斤	0.9
2.芝麻产量	公斤	0.1
3.油菜籽产量	公斤	0.6
4.葵花籽产量	公斤	0.2
5.其他产量	公斤	0.4

1-20 城镇居民家庭基本情况（2012年）

指　　标	单位	2012年
调查户数	**户**	**1540**
(一)家庭人口数	人	2.84
1.有收入者人数	人	2.07
(1)就业人口数	人	1.48
①国有经济单位职工人数	人	0.55
②城镇集体经济单位职工人数	人	0.06
③其它经济类型单位职工人数	人	0.19
④城镇个体或私营企业主人数	人	0.17
⑤城镇个体或私营企业被雇人数	人	0.25
⑥离退休再就业人数	人	0.01
⑦其它就业人数	人	0.25
(2)离退休人数	人	0.56
(3)其它有收入者人数	人	0.03
2.无收入者人数	人	0.77

1-21 城镇居民家庭人均全年收入来源（2012年）

指　标	单位	2012年
二、家庭总收入	**元**	**27458**
其中：可支配收入	元	25238.67
(一)工资性收入	元	15902.9
1.工资及补贴收入	元	15577.55
2.其他劳动收入	元	325.35
(二)经营净收入	元	3192.63
(三)财产性收入	元	2162.31
1.利息收入	元	59.24
2.股息与红利收入	元	40.6
3.保险收益	元	5.8
4.其他投资收入	元	52.77
5.出租房屋收入	元	1027.04
6.知识产权收入	元	0.01
7.其他财产性收入	元	976.86
(四)转移性收入	元	6200.16
1.养老金或离退休金	元	5005.2
2.社会救济收入	元	18.9
其中：最低生活保障收入	元	13.92
3.辞退金	元	9.05
4.赔偿收入	元	295.07
5.保险收入	元	1.56
其中：失业保险金	元	1.25
6.赡养收入	元	189.85
其中：来自城镇居民的赡养收入	元	55.76
7.捐赠收入	元	195.76
其中：来自城镇居民的捐赠收入	元	62.83
8.提取住房公积金	元	33.78
9.记帐补贴	元	152.24
10.其它转移性收入	元	298.75

1-22 城镇居民家庭人均全年消费性支出（2012年）

指　标	单位	2012年
消费支出	**元**	**16880.5**
一、食品	**元**	**6241.99**
(一)粮油类	元	686.71
1.粮食	元	413.62
数量	千克	67.4
(1)大米.单价	元/千克	6.03
数量	千克	40.13
金额	元	241.98
(2)面粉.单价	元/千克	4.78
数量	千克	1.44
金额	元	6.89
(3)其他粮食及制品	元	164.74
数量	千克	25.83
2.淀粉及薯类	元	74.17
数量	千克	18.49
3.干豆类及豆制品	元	41.83
4.油脂类	元	157.1
数量	千克	10.41
(1)食用植物油.单价	元/千克	14.58
数量	千克	9.72
金额	元	141.76
(2)食用动物油	元	15.34
(二)肉禽蛋水产品类	元	1378.34
1.肉类	元	899.67
数量	千克	27.87
(1)猪肉.单价	元/千克	26.92
数量	千克	20.66
金额	元	556.08
(2)牛肉.单价	元/千克	42.15
数量	千克	3.66
金额	元	154.07
(3)羊肉.单价	元/千克	51.1
数量	千克	0.33
金额	元	17.09
(4)其他肉及制品	元	172.43
数量	千克	3.23
2.禽类	元	247.32
数量	千克	9.43
(1)鸡.单价	元/千克	24.94
数量	千克	7.58
金额	元	188.99

1-22 续表 1

指 标	单位	2012年
(2)鸭.单价	元/千克	19.5
数量	千克	0.25
金额	元	4.93
(3)其他禽类及制品	元	53.4
数量	千克	1.6
3.蛋类	元	67.54
数量	千克	6.18
(1)鲜蛋.单价	元/千克	10.75
数量	千克	5.77
金额	元	62.05
(2)蛋制品	元	5.49
数量	千克	0.4
4.水产品类	元	163.81
(1)鱼.单价	元/千克	18.3
数量	千克	5.84
金额	元	106.95
(2)虾.单价	元/千克	48.94
数量	千克	0.61
金额	元	29.81
(3)其他水产品及制品	元	27.06
数量	千克	1.18
(三)蔬菜类	元	786.84
1.鲜菜.单价	元/千克	5.39
数量	千克	140.85
金额	元	758.86
2.干菜	元	16.01
3.菜制品	元	11.98
(四)调味品	元	75.71
(五)糖烟酒饮料类	元	718.39
1.糖类	元	65.14
2.烟草类	元	483.66
3.酒类	元	98.79
数量	千克	4.07
(1)白酒.单价	元/千克	25.2
数量	千克	2.74
金额	元	69
(2)果酒.单价	元/千克	52.32
数量	千克	0.34
金额	元	17.94
(3)啤酒.单价	元/千克	6.8
数量	千克	0.99
金额	元	6.75

1-22 续表 2

指 标	单位	2012年
(4)其他酒	元	5.11
数量	千克	
4.饮料	元	70.8
(1)碳酸饮料.单价	元/千克	4.77
数量	千克	1.11
金额	元	5.32
(2)瓶装饮用水.单价	元/千克	0.49
数量	千克	56.13
金额	元	27.35
(3)茶叶.单价	元/千克	91.29
数量	千克	0.15
金额	元	14.04
(4)其他饮料	元	24.09
(六)干鲜瓜果类	元	511.7
1.鲜果.单价	元/千克	8.37
数量	千克	46.23
金额	元	386.77
2.鲜瓜.单价	元/千克	5.18
数量	千克	3.69
金额	元	19.09
3.其他干鲜瓜果类及制品	元	105.84
(七)糕点、奶及奶制品	元	476.15
1.糕点.单价	元/千克	24.18
数量	千克	8.21
金额	元	198.36
2.奶及奶制品	元	277.78
(1)鲜乳品.单价	元/千克	9.27
数量	千克	18.97
金额	元	175.93
(2)奶粉.单价	元/千克	148.49
数量	千克	0.25
金额	元	36.77
(3)酸奶.单价	元/千克	10.08
数量	千克	4.42
金额	元	44.53
(4)其他奶制品	元	20.54
(八)其他食品	元	59.32
(九)饮食服务	元	1548.84
1.食品加工服务费	元	1.16
2.在外饮食	元	1547.68

1-22 续表 3

指　标	单位	2012年
二、衣着	**元**	**2282.72**
(一)服装.单价	元/件	193.15
数量	件	8.43
金额	元	1628.68
(二)衣着材料	元	16.6
(三)鞋类.单价	元/双	207.62
数量	双	2.84
金额	元	590.24
(四)其他衣着用品	元	44.22
(五)衣着加工服务费	元	2.98
三、居住	**元**	**988.39**
(一)住房	元	331.83
1.租赁房房租	元	102.9
2.住房装潢支出	元	201.27
3.维修用建筑材料	元	23.5
4.其他住房支出	元	4.17
(二)水电燃料及其他	元	560.44
1.水.单价	元/吨	3.18
数量	吨	43.29
金额	元	137.65
2.电.单价	元/度	0.48
数量	度	601.15
金额	元	290.57
3.燃料	元	130.54
(1)煤炭.单价	元/千克	0.89
数量	千克	0.44
金额	元	0.4
(2)罐装液化石油气.单价	元/千克	8.68
数量	千克	5.09
金额	元	44.19
(3)管道液化石油气.单价	元/立方米	5.23
数量	立方米	0.03
金额	元	0.14
(4)管道煤气.单价	元/立方米	1.05
数量	立方米	80.83
金额	元	85.2
(5)管道天然气.单价	元/立方米	3.03
数量	立方米	0.1
金额	元	0.32
(6)柴油.单价	元/升	7.32
数量	升	
金额	元	0.02
(7)其他燃料	元	0.28

1-22 续表 4

指 标	单位	2012年
4.取暖费	元	
5.其他相关支出	元	1.67
(三)居住服务费	元	96.12
1.物业管理费	元	81.25
2.维修服务费	元	5.84
3.其他居住服务费	元	9.03
四、家庭设备用品及服务	**元**	**772.54**
(一)耐用消费品	元	281.82
1.家具	元	133.3
2.家庭设备	元	148.51
(1)洗衣机.单价	元/台	2157.14
数量	台	2.96
金额	元	22.47
(2)电冰箱.单价	元/台	3854.12
数量	台	1.77
金额	元	24.05
(3)微波炉.单价	元/台	827.96
数量	台	1.95
金额	元	5.67
(4)空调器.单价	元/台	2890
数量	台	0.09
金额	元	0.92
(5)淋浴热水器.单价	元/台	2011.02
数量	台	2.45
金额	元	17.31
(6)消毒碗柜.单价	元/台	489.6
数量	台	0.11
金额	元	0.2
(7)洗碗机.单价	元/台	700
数量	台	0.06
金额	元	0.14
8.其他家庭设备	元	77.76
(二)室内装饰品	元	18.91
(三)床上用品	元	60.28
(四)家庭日用杂品	元	338.96
(五)家具材料	元	0.87
(六)家庭服务	元	71.71
1.家政服务	元	58.35
2.加工维修服务费	元	13.36
五、医疗保健	**元**	**1121.06**
(一)医疗器具	元	24.59
(二)保健器具	元	20.04
(三)药品费	元	471.78
(四)滋补保健品	元	133.47
(五)医疗费	元	464.62
(六)其他医疗保健支出	元	6.57

1-22　续表 5

指　　标	单位	2012年
六、交通和通信	**元**	**2787.34**
(一)交通	元	1849.74
1.家庭交通工具	元	731.18
(1)摩托车.单价	元/辆	10672.48
数量	辆	0.3
金额	元	11.43
(2)助力车.单价	元/辆	3239.65
数量	辆	2.49
金额	元	28.33
(3)家用汽车.单价	元/辆	114647.79
数量	辆	1.69
金额	元	680.48
(4)其他交通工具	元	10.94
2.车辆用燃料及零配件	元	736.65
(1)燃料	元	698.27
其中：汽油.单价	元/升	7.63
数量	升	90.51
金额	元	690.77
其中：柴油.单价	元/升	7.47
数量	升	0.67
金额	元	5.04
(2)零配件	元	31.27
(3)其他	元	7.12
3.交通工具服务支出	元	191.71
(1)维修费	元	42.19
(2)车辆使用税费	元	135.55
(3)其他车辆使用费用	元	13.96
4.交通费	元	190.19
(1)飞机	元	52.5
(2)火车	元	15.22
(3)长途汽车	元	22.11
(4)市内公共交通	元	56.22
(5)出租汽车费	元	42.07
(6)其他交通费	元	2.08
(二)通信	元	937.6
1.通信工具	元	137.92
(1)电话机.单价	元/部	137.59
数量	部	0.83
金额	元	0.4

1-22 续表 6

指 标	单位	2012年
(2)移动电话.单价	元/部	1702.46
数量	部	22.71
金额	元	135.92
(3)其他通信工具	元	1.6
2.通信服务	元	799.68
(1)电信费	元	794.85
其中：上网费	元	206.8
(2)邮费	元	1.72
(3)其他通信服务费	元	3.11
七、教育文化娱乐服务	**元**	**2111.75**
(一)文化娱乐用品	元	386.17
1.彩色电视机.单价	元/台	5216.22
数量	台	4.55
金额	元	83.49
2.计算机	元	92.03
(1)购买整机	元/台	3749.21
数量	台	6.29
金额	元	82.87
(2)计算机外部设备	元	4.64
(3)各种零配件及耗材	元	4.53
3.组合音响.单价	元/台	1931.35
数量	台	0.29
金额	元	1.95
4.摄像机.单价	元/架	7691.27
数量	架	0.11
金额	元	3.07
5.照相机.单价	元/架	3867.26
数量	架	2.25
金额	元	30.61
6.钢琴.单价	元/架	23606.37
数量	架	0.16
金额	元	13.35
7.其他中高档乐器.单价	元/件	1486.09
数量	件	2.37
金额	元	12.39
8.健身器材.单价	元/件	2001.89
数量	件	0.77
金额	元	5.4
9.电子辞典.单价	元/部	1591.78
数量	部	0.65
金额	元	3.62

1-22 续表 7

指　标	单位	2012年
10.音像制品及软件	元	5.03
11.体育用品	元	6.53
12.书报杂志	元	31.58
13.纸张文具	元	16.84
14.其他文娱用品	元	80.28
(二)文化娱乐服务	元	1061.83
1.参观游览	元	94.87
2.健身活动	元	29
3.团体旅游	元	788.48
4.其他文娱活动	元	144.19
5.文娱用品修理服务费	元	5.29
(三)教育	元	663.75
1.教材	元	23.8
(1)课本及参考书	元	18.89
(2)教育软件	元	2.69
(3)其他教材	元	2.23
2.教育费用	元	639.94
(1)非义务教育学杂费	元	96
(2)义务教育学杂费	元	10.42
(3)托幼费	元	89.81
(4)成人教育费	元	93.19
(5)家教费	元	33.59
(6)培训班	元	265.57
(7)学校住宿费	元	10.86
8.其他教育费用	元	40.51
八、其他商品和服务	**元**	**574.72**
(一)其他商品	元	332.51
1.金银珠宝饰品	元	144.17
2.手表.单价	元/只	829.13
数量	只	0.02
金额	元	13.8
3.理发美容用具	元	3.62
4.化妆品	元	152.29
5.其他杂品	元	18.62
(二)服务	元	242.21
1.旅馆住宿费	元	39.11
2.理发洗澡费	元	18.93
3.美容费	元	123.31
4.其他服务	元	60.87

1-23 城镇居民家庭平均每百户年底耐用消费品拥有量（2012年）

指 标	单位	2012年
1.摩托车	辆	10.35
2.助力车	辆	31.14
3.家用汽车	辆	39.58
4.洗衣机	台	100.04
5.电冰箱	台	97.27
6.彩色电视机	台	120.00
7.家用电脑	台	83.22
8.组合音响	套	41.21
9.摄像机	架	12.22
10.照相机	架	59.82
11.钢琴	架	2.81
12.其它中高档乐器	件	7.84
13.微波炉	台	78.34
14.空调器	台	2.13
15.淋浴热水器	台	96.60
16.消毒碗柜	台	15.85
17.洗碗机	台	1.98
18.健身器材	套	5.18
19.固定电话	部	49.88
20.移动电话	部	228.22

1-24 城镇居民家庭人均全年主要食品购买情况（2012年）

指 标	单位	2012年
粮食	千克	67.40
油脂	千克	10.41
猪肉	千克	20.66
牛肉	千克	3.66
羊肉	千克	0.33
鸡	千克	7.58
鸭	千克	0.25
蛋	千克	6.18
鱼	千克	5.84
虾	千克	0.61
鲜菜	千克	140.85
白酒	千克	2.74
果酒	千克	0.34
啤酒	千克	0.99
碳酸饮料	千克	1.11
瓶装饮用水	千克	56.13
茶叶	千克	0.15
鲜果	千克	46.23
鲜瓜	千克	3.69
糕点	千克	8.21
鲜奶	千克	18.97
奶粉	千克	0.25
酸奶	千克	4.42

1-25 城镇低收入居民家庭平均每户基本情况（2012年）

指 标	单位	2012年
调查户数	**户**	**287**
(一)家庭人口数	人	3.16
1.有收入者人数	人	1.93
(1)就业人口数	人	1.35
①国有经济单位职工人数	人	0.28
②城镇集体经济单位职工人数	人	0.06
③其它经济类型单位职工人数	人	0.22
④城镇个体或私营企业主人数	人	0.16
⑤城镇个体或私营企业被雇人数	人	0.35
⑥离退休再就业人数	人	
⑦其它就业人数	人	0.28
(2)离退休人数	人	0.49
(3)其它有收入者人数	人	0.09
2.无收入者人数	人	1.23
(二)在外就学人数	人	0.1
(三)非家庭人口在家用餐	人次	1.66
(四) 家庭人口在外用餐	人次	14.74

1-26 城镇低收入居民家庭人均全年收入来源（2012年）

指　标	单位	2012年
可支配收入	**元**	**11919.42**
总收入	**元**	**13360.83**
(一)工资性收入	元	8095.63
1.工资及补贴收入	元	7859.39
2.其它劳动收入	元	236.24
(二)经营性收入	元	1202.99
(三)财产性收入	元	948.71
1.利息收入	元	19.9
2.股息与红利收入	元	29.41
3.保险收益	元	6.76
4.其它投资收入	元	
5.出租房屋收入	元	717.36
6.知识产权收入	元	
7.其它财产性收入	元	175.29
(四)转移性收入	元	3113.49
1.养老金或离退休金	元	2774
2.社会救济收入	元	66.38
其中：最低生活保障收入	元	58.31
3.辞退金	元	
4.赔偿收入	元	
5.保险收入	元	7.33
其中：失业保险金	元	5.87
6.赡养收入	元	42.23
7.捐赠收入	元	74.08
8.提取住房公积金	元	
9.记帐补贴	元	135.28
10.其它转移性收入	元	14.2

1-27 城镇低收入居民家庭人均全年消费性支出（2012年）

指　　标	单位	2012年
消费性支出	**元**	**986 1.73**
一、食品	**元**	**455 6.66**
(一)粮油类	元	62 5.54
1.粮食	元/千克	38 5.43
(1)大米.单价	千克	5.88
数量	元	40.13
金额	元/千克	23 6.04
(2)面粉.单价	千克	4.66
数量	元	0.92
金额	元	4.28
(3)其它粮食及制品	元	14 5.12
2.淀粉及薯类	元	6 2.8
3.干豆类及豆制品	元	3 5.96
4.油脂类	元/千克	14 1.35
(1)食用植物油.单价	千克	1 3.97
数量	元	9.34
金额	元	130.38
(2)食用动物油	元	10.97
(一)肉禽蛋水产品类	元	112 5.53
1.肉类	元/千克	73 7.16
(1)猪肉.单价	千克	2 6.87
数量	元	1 7.44
金额	元/千克	46 8.66
(2)牛肉.单价	千克	4 3.03
数量	元	3.32
金额	元/千克	14 2.7
(3)羊肉.单价	千克	50.71
数量	元	0.25
金额	元	1 2.79
(4)其它肉及制品	元	11 3.02
2.禽类	元/千克	21 3.84
(1)鸡.单价	千克	2 4.15
数量	元	7.12
金额	元/千克	17 2.02
(2)鸭.单价	千克	1 7.51
数量	元	0.24
金额	元	4.14
(3)其它禽类及制品	元	3 7.67
3.蛋类	元/千克	5 6.02
(1)鲜蛋.单价	千克	10.45
数量	元	5.01
金额	元	5 2.31
(2)蛋制品	元	3.71
4.水产品类	元/千克	11 8.52
(1)鱼.单价	千克	1 7.7
数量	元	4.85
金额	元/千克	8 5.89

1-27 续表 1

指　　标	单位	2012年
(2)虾.单价	千克	4 4.36
数量	元	0.4
金额	元	1 7.95
(3)其它水产品及制品	元	1 4.68
(三)蔬菜类	元/千克	66 3.24
1.鲜菜.单价	千克	5.07
数量	元	12 7.21
金额	元	64 4.86
2.干菜	元	10
3.菜制品	元	8.38
(四)调味品	元	6 1.93
(五)糖烟酒饮料类	元	47 5.23
1.糖类	元	4 9.43
2.烟草类	元	33 6.18
3.酒类	元/千克	4 9.85
(1)白酒.单价	千克	1 3.59
数量	元	2.26
金额	元/千克	30.78
(2)果酒.单价	千克	5 5.84
数量	元	0.09
金额	元/千克	5.27
(3)啤酒.单价	千克	6.63
数量	元	0.46
金额	元	3.04
(4)其它酒	元	10.75
4.饮料	元/千克	3 9.77
(1)碳酸饮料.单价	千克	4.91
数量	元	0.72
金额	元/千克	3.54
(2)瓶装饮用水.单价	千克	0.53
数量	元	2 7.07
金额	元/千克	1 4.22
(3)茶叶.单价	千克	6 5.5
数量	元	0.11
金额	元	7.06
(4)其它饮料	元	1 4.96
(六)干鲜瓜果类	元/千克	36 6.45
1.鲜果.单价	千克	7.65
数量	元	3 7.14
金额	元/千克	28 4.2
2.鲜瓜.单价	千克	5.18
数量	元	2.56
金额	元	1 3.27

1-27 续表 2

指　　标	单位	2012年
3.其它干鲜瓜果类及制品	元	6 8.99
(七)糕点、奶及奶制品	元/千克	33 7.97
1.糕点.单价	千克	2 2.32
数量	元	6.13
金额	元	13 6.95
2.奶及奶制品	元/千克	20 1.02
(1)鲜乳品.单价	千克	9.12
数量	元	1 4.94
金额	元/千克	13 6.21
(2)奶粉.单价	千克	12 8.84
数量	元	0.15
金额	元/千克	1 9.07
(3)酸奶.单价	千克	10.04
数量	元	3.03
金额	元	30.42
(4)其它奶制品	元	1 5.32
(八)其它食品	元	3 6.25
(九)饮食服务	元	86 4.52
1.食品加工服务费	元	0.97
2.在外饮食	元	86 3.54
二、衣着	**元/件**	**128 7.43**
(一)服装.单价	件	15 3.77
数量	元	5.75
金额	元	88 4.39
(一)衣着材料	元/双	7.5
(三)鞋类.单价	双	16 7.71
数量	元	2.25
金额	元	37 6.62
(四)其它衣着用品	元	1 7.92
(五)衣着加工服务费	元	1
三、居住	**元**	**58 2.3**
(一)住房	元	8 1.96
1.租赁房房租	元	4 4.69
2.住房装潢支出	元	2 3.13
3.维修用建筑材料	元	1 3.72
4.其它住房支出	元	0.42
(一)水电燃料及其它	元/吨	46 5.36
1.水.单价	吨	3.19
数量	元	3 7.08
金额	元/度	11 8.34
2.电.单价	度	0.48
数量	元	52 1.12
金额	元	250.14
3.燃料	元/千克	9 6.01
(1)煤炭.单价	千克	0.97
数量	元	0.51
金额	元/千克	0.5

1-27 续表 3

指 标	单位	2012年
(2)罐装液化石油气.单价	千克	8.45
数量	元	5.01
金额	元/立方米	4 2.32
(3)管道液化石油气.单价	立方米	2.43
数量	元	0.03
金额	元/立方米	0.07
(4)管道煤气.单价	立方米	1.09
数量	元	4 8.52
金额	元/立方米	5 2.93
(5)管道天然气.单价	立方米	
数量	元	
金额	元/升	
(6)柴油.单价	升	
数量	元	
金额	元	
(7))其它燃料	元	0.19
4.取暖费	元	
5.其它相关支出	元	0.87
(三)居住服务费	元	3 4.97
1.物业管理费	元	2 5.04
2.维修服务费	元	3.81
3.其它居住服务费	元	6.12
四、家庭设备用品及服务	**元**	**38 9.6**
(一)耐用消费品	元	13 1.13
1.家具	元	7 6.11
2.家庭设备	元/台	5 5.02
(1)洗衣机.单价	台	170 8.28
数量	元	1.33
金额	元/台	7.18
(2)电冰箱.单价	台	240 6.69
数量	元	0.72
金额	元/台	5.46
(3)微波炉.单价	台	65 5.81
数量	元	1.44
金额	元/台	2.97
(4)空调器.单价	台	
数量	元	
金额	元/台	
(5)淋浴热水器.单价	台	168 6.19
数量	元	1.12
金额	元/台	5.99
(6)消毒碗柜.单价	台	
数量	元	
金额	元/台	
(7))洗碗机.单价	台	
数量	元	
金额	元	

1-27 续表 4

指　标	单位	2012年
(8)其它家庭设备	元	33.41
(一)室内装饰品	元	5.17
(三)床上用品	元	29.8
(四)家庭日用杂品	元	189.75
(五)家具材料	元	3.74
(六)家庭服务	元	30.01
1.家政服务	元	17.5
2.加工维修服务费	元	12.52
五、医疗保健	**元**	**763.36**
(一)医疗器具	元	10.2
(一)保健器具	元	11.6
(三)药品费	元	369.14
(四)滋补保健品	元	50.45
(五)医疗费	元	321.52
(六)其它医疗保健支出	元	0.45
六、交通和通讯	**元**	**1088.78**
(一)交通	元	476.04
1.家庭交通工具	元/辆	86.38
(1)摩托车.单价	辆	
数量	元	
金额	元/辆	
(2)助力车.单价	辆	3571.61
数量	元	1.5
金额	元/辆	16.92
(3)家用汽车.单价	辆	62146.64
数量	元	0.29
金额	元	57.65
(3)其它交通工具	元	11.81
2.车辆用燃料及零配件	元	233.93
(1)燃料	元/升	224.16
其中：汽油.单价	升	7.63
数量	元	28.72
金额	元/升	219.22
其中：柴油.单价	升	7.58
数量	元	0.57
金额	元	4.33
(2)零配件	元	9.49
(3)其它	元	0.27
3.交通工具服务支出	元	39.9
(1)维修费	元	8.27
(2)车辆使用税费	元	28.4
(3)其它车辆使用费用	元	3.24
4.交通费	元	115.82
(1)飞机	元	16.77
(2)火车	元	12.69

1-27 续表 5

指　　标	单位	2012年
(3)长途汽车	元	1 9.02
(4)市内公共交通	元	50.94
(5)出租汽车费	元	1 5.06
(6)其它交通费	元	1.35
(一)通信	元	61 2.74
1.通信工具	元/部	40.01
(1)电话机.单价	部	32 4.17
数量	元	1.01
金额	元/部	1.04
(2)移动电话.单价	部	102 2.44
数量	元	1 1.93
金额	元	3 8.56
(4)其它通信工具	元	0.42
2.通信服务	元	57 2.72
(1)电信费	元	570.19
其中：上网费	元	14 4.13
(2)邮费	元	0.42
(3)其它通信服务费	元	2.12
七、教育文化娱乐服务	**元**	**96 1.74**
(一)文化娱乐用品	元/台	21 3.48
1.彩色电视机.单价	台	501 4.78
数量	元	3.14
金额	元	4 9.8
2.家用电脑	元/台	7 3.91
(1)购买整机	台	337 5.28
数量	元	6.38
金额	元	6 8.02
(2)计算机外部设备	元	3.98
(3)各种零配件及耗材	元/台	1.92
3.组合音响.单价	台	1732
数量	元	0.54
金额	元/架	2.93
4.摄像机.单价	架	
数量	元	
金额	元/架	
5.照相机.单价	架	195 3.15
数量	元	0.75
金额	元/架	4.63
6.钢琴.单价	架	
数量	元	
金额	元/件	
7.其它中高档乐器.单价	件	94 5.27
数量	元	2.95
金额	元/件	8.81

1-27 续表 6

指　　标	单位	2012年
8.健身器材.单价	件	
数量	元	
金额	元/部	
9.电子辞典.单价	部	2000
数量	元	0.16
金额	元	1.02
10.音像制品及软件	元	1.33
11.体育用品	元	0.87
12.书报杂志	元	1 9.09
13.纸张文具	元	1 1.43
14.其它文娱用品	元	3 9.64
(一)文化娱乐服务	元	360.75
1.参观游览	元	2 7.91
2.健身活动	元	1 2.07
3.团体旅游	元	26 2.78
4.其它文娱活动	元	5 5.2
5.文娱用品修理服务费	元	2.78
(三)教育	元	38 7.52
1.教材	元	1 6.3
(1)课本及参考书	元	1 4.41
(2)教育软件	元	0.05
(3)其它教材	元	1.84
2.教育费用	元	37 1.22
(1)非义务教育学杂费	元	11 8.11
(2)义务教育学杂费	元	4.38
(3)托幼费	元	70.54
(4)成人教育费	元	4 2.72
(5)家教费	元	5.97
(6)培训班	元	11 2.58
(7))学校住宿费	元	1.53
(8)其它教育费用	元	1 5.39
八、其它商品和服务	**元**	**23 1.87**
(一)其它商品	元	13 3.06
1.金银珠宝饰品	元/只	3 2.68
2.手表.单价	只	59 8.66
数量	元	
金额	元	1.89
3.理发美容用具	元	0.35
4.化妆品	元	8 5.24
5.其它杂品	元	1 2.91
(一)服务	元	9 8.8
1.旅馆住宿费	元	1 5.54
2.理发洗澡费	元	1 2.22
3.美容费	元	4 2.3
4.其它服务	元	2 8.74

1-28 城镇中低收入居民家庭平均每户基本情况（2012年）

指　标	单位	2012年
调查户数	**户**	**289**
(一)家庭人口数	人	2.98
1.有收入者人数	人	2.14
(1)就业人口数	人	1.46
①国有经济单位职工人数	人	0.47
②城镇集体经济单位职工人数	人	0.06
③其它经济类型单位职工人数	人	0.16
④城镇个体或私营企业主人数	人	0.14
⑤城镇个体或私营企业被雇人数	人	0.29
⑥离退休再就业人数	人	0.01
⑦其它就业人数	人	0.32
(2)离退休人数	人	0.67
(3)其它有收入者人数	人	0.02
2.无收入者人数	人	0.84
(二)在外就学人数	人	0.08
(三)非家庭人口在家用餐	人次	2.11
(四) 家庭人口在外用餐	人次	14.2

1-29 城镇中低收入居民家庭人均全年收入来源（2012年）

指　标	单位	2012年
可支配收入	**元**	**18306.73**
总收入	**元**	**20079.95**
(一)工资性收入	元	12289.85
1.工资及补贴收入	元	12017.86
2.其它劳动收入	元	271.99
(二)经营性收入	元	1453.16
(三)财产性收入	元	1125.4
1.利息收入	元	30.18
2.股息与红利收入	元	5.72
3.保险收益	元	3.26
4.其它投资收入	元	
5.出租房屋收入	元	801.69
6.知识产权收入	元	
7.其它财产性收入	元	284.55
(四)转移性收入	元	5211.53
1.养老金或离退休金	元	4692.95
2.社会救济收入	元	0.63
其中：最低生活保障收入	元	
3.辞退金	元	
4.赔偿收入	元	
5.保险收入	元	
其中：失业保险金	元	
6.赡养收入	元	263.82
7.捐赠收入	元	98.93
8.提取住房公积金	元	1.71
9.记帐补贴	元	147.42
10.其它转移性收入	元	6.07

1-30 城镇中低收入居民家庭人均全年消费性支出（2012年）

指　　标	单位	2012年
消费性支出	**元**	**13976.89**
一、食品	**元**	**5656.69**
(一)粮油类	元	673.58
1.粮食	元	404.91
(1)大米.单价	元/千克	5.99
数量	千克	41.32
金额	元	247.32
(2)面粉.单价	元/千克	4.65
数量	千克	1.62
金额	元	7.55
(3)其它粮食及制品	元	150.04
2.淀粉及薯类	元	74.37
3.干豆类及豆制品	元	39.96
4.油脂类	元	154.34
(1)食用植物油.单价	元/千克	14.1
数量	千克	9.85
金额	元	138.84
(2)食用动物油	元	15.5
(二)肉禽蛋水产品类	元	1323.63
1.肉类	元	854.56
(1)猪肉.单价	元/千克	27
数量	千克	20.07
金额	元	541.79
(2)牛肉.单价	元/千克	41.51
数量	千克	3.36
金额	元	139.63
(3)羊肉.单价	元/千克	52.09
数量	千克	0.26
金额	元	13.73
(4)其它肉及制品	元	159.41
2.禽类	元	245.02
(1)鸡.单价	元/千克	24.58
数量	千克	7.56
金额	元	185.83
(2)鸭.单价	元/千克	20.14
数量	千克	0.25
金额	元	5.09
(3)其它禽类及制品	元	54.1
3.蛋类	元	65.61
(1)鲜蛋.单价	元/千克	10.8
数量	千克	5.61
金额	元	60.54
(2)蛋制品	元	5.06
4.水产品类	元	158.45
(1)鱼.单价	元/千克	17.83
数量	千克	5.75
金额	元	102.6

1-30 续表 1

指　　标	单位	2012年
(2)虾.单价	元/千克	47.97
数量	千克	0.56
金额	元	26.95
(3)其它水产品及制品	元	28.9
(三)蔬菜类	元	811.03
1.鲜菜.单价	元/千克	5.36
数量	千克	146.72
金额	元	786.51
2.干菜	元	13.69
3.菜制品	元	10.84
(四)调味品	元	70.61
(五)糖烟酒饮料类	元	613.99
1.糖类	元	57.19
2.烟草类	元	404.08
3.酒类	元	89.01
(1)白酒.单价	元/千克	24.24
数量	千克	2.61
金额	元	63.36
(2)果酒.单价	元/千克	47.88
数量	千克	0.4
金额	元	18.99
(3)啤酒.单价	元/千克	6.06
数量	千克	0.93
金额	元	5.65
(4)其它酒	元	1.02
4.饮料	元	63.71
(1)碳酸饮料.单价	元/千克	4.64
数量	千克	1.37
金额	元	6.38
(2)瓶装饮用水.单价	元/千克	0.5
数量	千克	52.03
金额	元	25.9
(3)茶叶.单价	元/千克	61.14
数量	千克	0.17
金额	元	10.58
(4)其它饮料	元	20.86
(六)干鲜瓜果类	元	458.67
1.鲜果.单价	元/千克	8.06
数量	千克	43.37
金额	元	349.38
2.鲜瓜.单价	元/千克	5.03
数量	千克	3.16
金额	元	15.93

1-30 续表 2

指 标	单位	2012年
3.其它干鲜瓜果类及制品	元	93.37
(七)糕点、奶及奶制品	元	458.16
1.糕点.单价	元/千克	23.5
数量	千克	7.68
金额	元	180.51
2.奶及奶制品	元	277.65
(1)鲜乳品.单价	元/千克	9.18
数量	千克	17.49
金额	元	160.56
(2)奶粉.单价	元/千克	134.43
数量	千克	0.44
金额	元	58.83
(3)酸奶.单价	元/千克	10.15
数量	千克	4.22
金额	元	42.85
(4)其它奶制品	元	15.41
(八)其它食品	元	54.26
(九)饮食服务	元	1192.76
1.食品加工服务费	元	1
2.在外饮食	元	1191.76
二、衣着	**元**	**1812.42**
(一)服装.单价	元/件	166.49
数量	件	7.77
金额	元	1293.45
(二)衣着材料	元	11.6
(三)鞋类.单价	元/双	177.55
数量	双	2.65
金额	元	470.41
(四)其它衣着用品	元	34.82
(五)衣着加工服务费	元	2.15
三、居住	**元**	**867.1**
(一)住房	元	257.57
1.租赁房房租	元	115.31
2.住房装潢支出	元	104.44
3.维修用建筑材料	元	32.64
4.其它住房支出	元	5.19
(二)水电燃料及其它	元	527.89
1.水.单价	元/吨	3.26
数量	吨	36.7
金额	元	119.49
2.电.单价	元/度	0.48
数量	度	583.89
金额	元	280.9
3.燃料	元	125.77
(1)煤炭.单价	元/千克	1.75
数量	千克	0.31
金额	元	0.54

1-30 续表 3

指　　标	单位	2012年
(2)罐装液化石油气.单价	元/千克	8.73
数量	千克	4.65
金额	元	40.55
(3)管道液化石油气.单价	元/立方米	
数量	立方米	
金额	元	
(4)管道煤气.单价	元/立方米	1.06
数量	立方米	78.91
金额	元	83.71
(5)管道天然气.单价	元/立方米	3.77
数量	立方米	0.18
金额	元	0.69
(6)柴油.单价	元/升	7.5
数量	升	0.01
金额	元	0.05
(7)其它燃料	元	0.24
4.取暖费	元	
5.其它相关支出	元	1.72
(三)居住服务费	元	81.64
1.物业管理费	元	63.65
2.维修服务费	元	9.26
3.其它居住服务费	元	8.73
四、家庭设备用品及服务	**元**	**662.28**
(一)耐用消费品	元	262.11
1.家具	元	115.75
2.家庭设备	元	146.36
(1)洗衣机.单价	元/台	1991.44
数量	台	2.75
金额	元	18.39
(2)电冰箱.单价	元/台	2879.45
数量	台	2.58
金额	元	24.92
(3)微波炉.单价	元/台	805.36
数量	台	1.6
金额	元	4.33
(4)空调器.单价	元/台	
数量	台	
金额	元	
(5)淋浴热水器.单价	元/台	2214.6
数量	台	2.27
金额	元	16.91
(6)消毒碗柜.单价	元/台	
数量	台	
金额	元	
(7)洗碗机.单价	元/台	700
数量	台	0.28
金额	元	0.65

1-30 续表 4

指　　标	单位	2012年
(8)其它家庭设备	元	81.16
(二)室内装饰品	元	15.38
(三)床上用品	元	37.71
(四)家庭日用杂品	元	289.47
(五)家具材料	元	
(六)家庭服务	元	57.61
1.家政服务	元	48.13
2.加工维修服务费	元	9.47
五、医疗保健	**元**	**1130.04**
(一)医疗器具	元	16.86
(二)保健器具	元	15.22
(三)药品费	元	498.43
(四)滋补保健品	元	93.97
(五)医疗费	元	499.77
(六)其它医疗保健支出	元	5.79
六、交通和通讯	**元**	**1858.22**
(一)交通	元	1042.52
1.家庭交通工具	元	349.14
(1)摩托车.单价	元/辆	
数量	辆	
金额	元	
(2)助力车.单价	元/辆	3280.08
数量	辆	2.92
金额	元	32.21
(3)家用汽车.单价	元/辆	112197.33
数量	辆	0.82
金额	元	310.46
(3)其它交通工具	元	6.47
2.车辆用燃料及零配件	元	445.5
(1)燃料	元	420.03
其中：汽油.单价	元/升	7.63
数量	升	54.56
金额	元	416.23
其中：柴油.单价	元/升	7.64
数量	升	0.35
金额	元	2.68
(2)零配件	元	22.78
(3)其它	元	2.69
3.交通工具服务支出	元	86.99
(1)维修费	元	26.39
(2)车辆使用税费	元	49.39
(3)其它车辆使用费用	元	11.21
4.交通费	元	160.88
(1)飞机	元	27.35
(2)火车	元	10.14

1-30　续表 5

指　　标	单位	2012年
(3)长途汽车	元	24.01
(4)市内公共交通	元	64.14
(5)出租汽车费	元	34.61
(6)其它交通费	元	0.62
(二)通信	元	815.7
1.通信工具	元	81.21
(1)电话机.单价	元/部	105.33
数量	部	1.03
金额	元	0.37
(2)移动电话.单价	元/部	1160.87
数量	部	20.47
金额	元	79.81
(3)其它通信工具	元	1.03
2.通信服务	元	734.49
(1)电信费	元	731.41
其中：上网费	元	180.2
(2)邮费	元	1.05
(3)其它通信服务费	元	2.03
七、教育文化娱乐服务	**元**	**1658.36**
(一)文化娱乐用品	元	281.31
1.彩色电视机.单价	元/台	4098.19
数量	台	2.72
金额	元	37.49
2.家用电脑	元	59.44
(1)购买整机	元/台	3767.43
数量	台	4.29
金额	元	54.32
(2)计算机外部设备	元	2.84
(3)各种零配件及耗材	元	2.28
3.组合音响.单价	元/台	250
数量	台	0.43
金额	元	0.36
4.摄像机.单价	元/架	
数量	架	
金额	元	
5.照相机.单价	元/架	2406.97
数量	架	1.67
金额	元	13.49
6.钢琴.单价	元/架	37000
数量	架	0.48
金额	元	59.71
7.其它中高档乐器.单价	元/件	479.48
数量	件	1.98
金额	元	3.19

1-30 续表 6

指 标	单位	2012年
8.健身器材.单价	元/件	2020.97
数量	件	0.59
金额	元	3.99
9.电子辞典.单价	元/部	892.1
数量	部	1.12
金额	元	3.35
10.音像制品及软件	元	5.2
11.体育用品	元	3
12.书报杂志	元	30.38
13.纸张文具	元	13.89
14.其它文娱用品	元	47.8
(二)文化娱乐服务	元	782.62
1.参观游览	元	68.47
2.健身活动	元	26.12
3.团体旅游	元	590.18
4.其它文娱活动	元	92.08
5.文娱用品修理服务费	元	5.77
(三)教育	元	594.43
1.教材	元	21.42
(1)课本及参考书	元	14.13
(2)教育软件	元	4.58
(3)其它教材	元	2.72
2.教育费用	元	573.01
(1)非义务教育学杂费	元	49.47
(2)义务教育学杂费	元	12.99
(3)托幼费	元	95.42
(4)成人教育费	元	113.71
(5)家教费	元	32.51
(6)培训班	元	259.57
(7)学校住宿费	元	0.65
(8)其它教育费用	元	8.68
八、其它商品和服务	**元**	**331.78**
(一)其它商品	元	168.52
1.金银珠宝饰品	元	53.83
2.手表.单价	元/只	497.81
数量	只	0.01
金额	元	6.67
3.理发美容用具	元	4.01
4.化妆品	元	98.33
5.其它杂品	元	5.68
(二)服务	元	163.26
1.旅馆住宿费	元	27.9
2.理发洗澡费	元	18.83
3.美容费	元	94.25
4.其它服务	元	22.28

1-31 城镇中等收入居民家庭平均每户基本情况（2012年）

指　　标	单位	2012年
调查户数	**户**	**288**
(一)家庭人口数	人	2.91
1.有收入者人数	人	2.18
(1)就业人口数	人	1.54
①国有经济单位职工人数	人	0.55
②城镇集体经济单位职工人数	人	0.08
③其它经济类型单位职工人数	人	0.22
④城镇个体或私营企业主人数	人	0.17
⑤城镇个体或私营企业被雇人数	人	0.23
⑥离退休再就业人数	人	0.02
⑦其它就业人数	人	0.26
(2)离退休人数	人	0.62
(3)其它有收入者人数	人	0.02
2.无收入者人数	人	0.73
(二)在外就学人数	人	0.07
(三)非家庭人口在家用餐	人次	2.12
(四) 家庭人口在外用餐	人次	17.7

1-32 城镇中等收入居民家庭人均全年收入来源（2012年）

指　　标	单位	2012年
可支配收入	**元**	**23485.81**
总收入	**元**	**25530.24**
(一)工资性收入	元	15970.66
1.工资及补贴收入	元	15506.94
2.其它劳动收入	元	463.72
(二)经营性收入	元	2150.55
(三)财产性收入	元	1510.13
1.利息收入	元	84.78
2.股息与红利收入	元	34.69
3.保险收益	元	0.78
4.其它投资收入	元	33.76
5.出租房屋收入	元	897.52
6.知识产权收入	元	
7.其它财产性收入	元	458.58
(四)转移性收入	元	5898.91
1.养老金或离退休金	元	5272.69
2.社会救济收入	元	7.34
其中：最低生活保障收入	元	7.32
3.辞退金	元	
4.赔偿收入	元	
5.保险收入	元	
其中：失业保险金	元	
6.赡养收入	元	180.39
7.捐赠收入	元	222.72
8.提取住房公积金	元	31.59
9.记帐补贴	元	153.32
10.其它转移性收入	元	30.86

1-33 城镇中等收入居民家庭人均全年消费性支出（2012年）

指　标	单位	2012年
消费性支出	**元**	**16834.95**
一、食品	**元**	**6242.43**
(一)粮油类	元	663.91
1.粮食	元	396.66
(1)大米.单价	元/千克	6.08
数量	千克	37.91
金额	元	230.35
(2)面粉.单价	元/千克	5.08
数量	千克	1.47
金额	元	7.46
(3)其它粮食及制品	元	158.85
2.淀粉及薯类	元	71.19
3.干豆类及豆制品	元	39.5
4.油脂类	元	156.57
(1)食用植物油.单价	元/千克	14.69
数量	千克	9.74
金额	元	143.04
(2)食用动物油	元	13.53
(二)肉禽蛋水产品类	元	1364.6
1.肉类	元	897.79
(1)猪肉.单价	元/千克	26.81
数量	千克	20.94
金额	元	561.36
(2)牛肉.单价	元/千克	41.99
数量	千克	3.67
金额	元	154.22
(3)羊肉.单价	元/千克	51
数量	千克	0.32
金额	元	16.31
(4)其它肉及制品	元	165.89
2.禽类	元	234.58
(1)鸡.单价	元/千克	25.12
数量	千克	7.34
金额	元	184.29
(2)鸭.单价	元/千克	21.75
数量	千克	0.23
金额	元	4.96
(3)其它禽类及制品	元	45.33
3.蛋类	元	66.31
(1)鲜蛋.单价	元/千克	10.66
数量	千克	5.68
金额	元	60.5
(2)蛋制品	元	5.81
4.水产品类	元	165.93
(1)鱼.单价	元/千克	18.83
数量	千克	5.61
金额	元	105.63

1-33 续表 1

指　标	单位	2012年
(2)虾.单价	元/千克	49.67
数量	千克	0.68
金额	元	33.9
(3)其它水产品及制品	元	26.4
(三)蔬菜类	元	747.1
1.鲜菜.单价	元/千克	5.52
数量	千克	130.15
金额	元	719.02
2.干菜	元	17.1
3.菜制品	元	10.98
(四)调味品	元	77.34
(五)糖烟酒饮料类	元	731.56
1.糖类	元	65.95
2.烟草类	元	495.39
3.酒类	元	100.81
(1)白酒.单价	元/千克	27.95
数量	千克	2.75
金额	元	76.74
(2)果酒.单价	元/千克	52.87
数量	千克	0.31
金额	元	16.4
(3)啤酒.单价	元/千克	6.52
数量	千克	0.85
金额	元	5.54
(4)其它酒	元	2.13
4.饮料	元	69.42
(1)碳酸饮料.单价	元/千克	4.48
数量	千克	0.97
金额	元	4.33
(2)瓶装饮用水.单价	元/千克	0.49
数量	千克	52.1
金额	元	25.39
(3)茶叶.单价	元/千克	105.43
数量	千克	0.17
金额	元	17.86
(4)其它饮料	元	21.84
(六)干鲜瓜果类	元	506.68
1.鲜果.单价	元/千克	8.38
数量	千克	45.47
金额	元	380.81
2.鲜瓜.单价	元/千克	5.19
数量	千克	3.82
金额	元	19.8

1-33　续表 2

指　　标	单位	2012年
3.其它干鲜瓜果类及制品	元	106.06
(七)糕点、奶及奶制品	元	488.65
1.糕点.单价	元/千克	24.92
数量	千克	8.25
金额	元	205.47
2.奶及奶制品	元	283.18
(1)鲜乳品.单价	元/千克	9.29
数量	千克	20.73
金额	元	192.58
(2)奶粉.单价	元/千克	173.35
数量	千克	0.15
金额	元	25.3
(3)酸奶.单价	元/千克	9.83
数量	千克	4.96
金额	元	48.79
(4)其它奶制品	元	16.51
(八)其它食品	元	61.22
(九)饮食服务	元	1601.38
1.食品加工服务费	元	1.26
2.在外饮食	元	1600.12
二、衣着	**元**	**2237.13**
(一)服装.单价	元/件	196.16
数量	件	8.24
金额	元	1616.55
(二)衣着材料	元	14.14
(三)鞋类.单价	元/双	206.84
数量	双	2.71
金额	元	561.42
(四)其它衣着用品	元	42.66
(五)衣着加工服务费	元	2.37
三、居住	**元**	**765.73**
(一)住房	元	144.07
1.租赁房房租	元	47.51
2.住房装潢支出	元	88.6
3.维修用建筑材料	元	6.63
4.其它住房支出	元	1.32
(二)水电燃料及其它	元	550.08
1.水.单价	元/吨	3.12
数量	吨	43.23
金额	元	134.97
2.电.单价	元/度	0.48
数量	度	580.39
金额	元	280.06
3.燃料	元	132.95
(1)煤炭.单价	元/千克	0.52
数量	千克	0.06
金额	元	0.03

1-33 续表 3

指　标	单位	2012年
(2)罐装液化石油气.单价	元/千克	8.91
数量	千克	5.44
金额	元	48.5
(3)管道液化石油气.单价	元/立方米	6
数量	立方米	0.01
金额	元	0.04
(4)管道煤气.单价	元/立方米	1.03
数量	立方米	80.64
金额	元	82.85
(5)管道天然气.单价	元/立方米	3.48
数量	立方米	0.17
金额	元	0.6
(6)柴油.单价	元/升	
数量	升	
金额	元	
(7)其它燃料	元	0.93
4.取暖费	元	
5.其它相关支出	元	2.1
(三)居住服务费	元	71.59
1.物业管理费	元	62.4
2.维修服务费	元	1.18
3.其它居住服务费	元	8.01
四、家庭设备用品及服务	**元**	**592.08**
(一)耐用消费品	元	156.33
1.家具	元	52.26
2.家庭设备	元	104.07
(1)洗衣机.单价	元/台	1507.16
数量	台	3.1
金额	元	16.05
(2)电冰箱.单价	元/台	4756.55
数量	台	1.26
金额	元	20.5
(3)微波炉.单价	元/台	840.25
数量	台	1.06
金额	元	3.07
(4)空调器.单价	元/台	
数量	台	
金额	元	
(5)淋浴热水器.单价	元/台	2438.33
数量	台	1.23
金额	元	10.27
(6)消毒碗柜.单价	元/台	1000
数量	台	0.12
金额	元	0.4
(7)洗碗机.单价	元/台	
数量	台	
金额	元	

1-33 续表 4

指　　标	单位	2012年
(8)其它家庭设备	元	53.79
(二)室内装饰品	元	9.14
(三)床上用品	元	57.48
(四)家庭日用杂品	元	318.56
(五)家具材料	元	
(六)家庭服务	元	50.56
1.家政服务	元	40.71
2.加工维修服务费	元	9.86
五、医疗保健	**元**	**1106.03**
(一)医疗器具	元	15.79
(二)保健器具	元	21.78
(三)药品费	元	430.73
(四)滋补保健品	元	122.35
(五)医疗费	元	514.1
(六)其它医疗保健支出	元	1.28
六、交通和通讯	**元**	**3196.85**
(一)交通	元	2246.22
1.家庭交通工具	元	1065.25
(1)摩托车.单价	元/辆	
数量	辆	
金额	元	
(2)助力车.单价	元/辆	2906.82
数量	辆	2.73
金额	元	27.27
(3)家用汽车.单价	元/辆	114318.47
数量	辆	2.61
金额	元	1025.97
(3)其它交通工具	元	12.01
2.车辆用燃料及零配件	元	817.46
(1)燃料	元	783.08
其中：汽油.单价	元/升	7.65
数量	升	101.79
金额	元	779.04
其中：柴油.单价	元/升	7.38
数量	升	0.36
金额	元	2.63
(2)零配件	元	29.05
(3)其它	元	5.33
3.交通工具服务支出	元	191.24
(1)维修费	元	40.17
(2)车辆使用税费	元	134.21
(3)其它车辆使用费用	元	16.85
4.交通费	元	172.28
(1)飞机	元	49.96
(2)火车	元	14

1-33 续表 5

指　标	单位	2012年
(3)长途汽车	元	17.22
(4)市内公共交通	元	47.26
(5)出租汽车费	元	40.98
(6)其它交通费	元	2.85
(二)通信	元	950.62
1.通信工具	元	148.15
(1)电话机.单价	元/部	59
数量	部	0.46
金额	元	0.09
(2)移动电话.单价	元/部	1720.28
数量	部	24.95
金额	元	147.39
(3)其它通信工具	元	0.66
2.通信服务	元	802.47
(1)电信费	元	799.07
其中：上网费	元	216.75
(2)邮费	元	1.16
(3)其它通信服务费	元	2.25
七、教育文化娱乐服务	**元**	**2229.21**
(一)文化娱乐用品	元	332.45
1.彩色电视机.单价	元/台	4125.58
数量	台	4.93
金额	元	69.79
2.家用电脑	元	73.46
(1)购买整机	元/台	3799.74
数量	台	5.09
金额	元	66.4
(2)计算机外部设备	元	4.4
(3)各种零配件及耗材	元	2.66
3.组合音响.单价	元/台	
数量	台	
金额	元	
4.摄像机.单价	元/架	8400
数量	架	0.45
金额	元	13.08
5.照相机.单价	元/架	1596.44
数量	架	2.08
金额	元	11.38
6.钢琴.单价	元/架	
数量	架	
金额	元	
7.其它中高档乐器.单价	元/件	1800
数量	件	0.91
金额	元	5.6

1-33 续表 6

指　标	单位	2012年
8.健身器材.单价	元/件	470
数量	件	0.45
金额	元	0.73
9.电子辞典.单价	元/部	534
数量	部	0.57
金额	元	1.04
10.音像制品及软件	元	6.77
11.体育用品	元	4.6
12.书报杂志	元	35.61
13.纸张文具	元	15.77
14.其它文娱用品	元	94.61
(二)文化娱乐服务	元	1075.95
1.参观游览	元	116.68
2.健身活动	元	14.27
3.团体旅游	元	809.48
4.其它文娱活动	元	130.72
5.文娱用品修理服务费	元	4.8
(三)教育	元	820.81
1.教材	元	27.95
(1)课本及参考书	元	22.64
(2)教育软件	元	1.55
(3)其它教材	元	3.76
2.教育费用	元	792.86
(1)非义务教育学杂费	元	127.49
(2)义务教育学杂费	元	11.62
(3)托幼费	元	156.39
(4)成人教育费	元	115.34
(5)家教费	元	27.64
(6)培训班	元	278.74
(7)学校住宿费	元	18.49
(8)其它教育费用	元	57.14
八、其它商品和服务	**元**	**465.49**
(一)其它商品	元	229.33
1.金银珠宝饰品	元	74.36
2.手表.单价	元/只	1309
数量	只	
金额	元	2.85
3.理发美容用具	元	1.4
4.化妆品	元	138.02
5.其它杂品	元	12.7
(二)服务	元	236.16
1.旅馆住宿费	元	51.15
2.理发洗澡费	元	16.21
3.美容费	元	96.94
4.其它服务	元	71.86

1-34 城镇中高收入居民家庭平均每户基本情况（2012年）

指 标	单位	2012年
调查户数	**户**	**288**
(一)家庭人口数	人	2.74
1.有收入者人数	人	2.14
(1)就业人口数	人	1.55
①国有经济单位职工人数	人	0.77
②城镇集体经济单位职工人数	人	0.04
③其它经济类型单位职工人数	人	0.2
④城镇个体或私营企业主人数	人	0.15
⑤城镇个体或私营企业被雇人数	人	0.18
⑥离退休再就业人数	人	0.01
⑦其它就业人数	人	0.2
(2)离退休人数	人	0.57
(3)其它有收入者人数	人	0.02
2.无收入者人数	人	0.61
(二)在外就学人数	人	0.07
(三)非家庭人口在家用餐	人次	3.9
(四) 家庭人口在外用餐	人次	19.66

1-35 城镇中高收入居民家庭人均全年收入来源（2012年）

指　　标	单位	2012年
可支配收入	**元**	**29065.75**
总收入	**元**	**31989.06**
(一)工资性收入	元	20820.73
1.工资及补贴收入	元	20435.45
2.其它劳动收入	元	385.28
(二)经营性收入	元	2890.26
(三)财产性收入	元	1923.41
1.利息收入	元	35.43
2.股息与红利收入	元	25.39
3.保险收益	元	18.4
4.其它投资收入	元	49.37
5.出租房屋收入	元	1142.55
6.知识产权收入	元	
7.其它财产性收入	元	652.28
(四)转移性收入	元	6354.66
1.养老金或离退休金	元	5622.29
2.社会救济收入	元	12.48
其中：最低生活保障收入	元	
3.辞退金	元	
4.赔偿收入	元	
5.保险收入	元	
其中：失业保险金	元	
6.赡养收入	元	220.94
7.捐赠收入	元	254.64
8.提取住房公积金	元	47.47
9.记帐补贴	元	153.56
10.其它转移性收入	元	43.28

1-36 城镇中高收入居民家庭人均全年消费性支出（2012年）

指　标	单位	2012年
消费性支出	**元**	**20025.96**
一、食品	**元**	**6934.35**
(一)粮油类	元	663.5
1.粮食	元	403.68
(1)大米.单价	元/千克	6.01
数量	千克	36.61
金额	元	219.91
(2)面粉.单价	元/千克	4.64
数量	千克	1.55
金额	元	7.2
(3)其它粮食及制品	元	176.57
2.淀粉及薯类	元	74.34
3.干豆类及豆制品	元	44.68
4.油脂类	元	140.8
(1)食用植物油.单价	元/千克	14.63
数量	千克	8.68
金额	元	126.93
(2)食用动物油	元	13.87
(二)肉禽蛋水产品类	元	1467.09
1.肉类	元	969.5
(1)猪肉.单价	元/千克	26.62
数量	千克	22.18
金额	元	590.5
(2)牛肉.单价	元/千克	42.29
数量	千克	4.12
金额	元	174.1
(3)羊肉.单价	元/千克	51.24
数量	千克	0.37
金额	元	19.03
(4)其它肉及制品	元	185.87
2.禽类	元	261.8
(1)鸡.单价	元/千克	25.53
数量	千克	7.6
金额	元	193.98
(2)鸭.单价	元/千克	17.43
数量	千克	0.32
金额	元	5.65
(3)其它禽类及制品	元	62.17
3.蛋类	元	65.13
(1)鲜蛋.单价	元/千克	10.93
数量	千克	5.46
金额	元	59.71
(2)蛋制品	元	5.42
4.水产品类	元	170.67
(1)鱼.单价	元/千克	17.95
数量	千克	6.16
金额	元	110.64

1-36 续表 1

指　　标	单位	2012年
(2)虾.单价	元/千克	50.01
数量	千克	0.64
金额	元	31.78
(3)其它水产品及制品	元	28.25
(三)蔬菜类	元	818.4
1.鲜菜.单价	元/千克	5.49
数量	千克	142.9
金额	元	784.88
2.干菜	元	20.09
3.菜制品	元	13.43
(四)调味品	元	79.81
(五)糖烟酒饮料类	元	783.99
1.糖类	元	72
2.烟草类	元	535.29
3.酒类	元	89.4
(1)白酒.单价	元/千克	21.46
数量	千克	2.42
金额	元	51.99
(2)果酒.单价	元/千克	46.25
数量	千克	0.46
金额	元	21.46
(3)啤酒.单价	元/千克	6.61
数量	千克	1.24
金额	元	8.22
(4)其它酒	元	7.72
4.饮料	元	87.3
(1)碳酸饮料.单价	元/千克	4.9
数量	千克	1.46
金额	元	7.16
(2)瓶装饮用水.单价	元/千克	0.47
数量	千克	86.23
金额	元	40.63
(3)茶叶.单价	元/千克	97.38
数量	千克	0.11
金额	元	10.55
(4)其它饮料	元	28.96
(六)干鲜瓜果类	元	574.78
1.鲜果.单价	元/千克	8.55
数量	千克	50.72
金额	元	433.85
2.鲜瓜.单价	元/千克	5.04
数量	千克	4.9
金额	元	24.71

1-36 续表 2

指　标	单位	2012年
3.其它干鲜瓜果类及制品	元	116.22
(七)糕点、奶及奶制品	元	519.54
1.糕点.单价	元/千克	23.93
数量	千克	9.29
金额	元	222.38
2.奶及奶制品	元	297.16
(1)鲜乳品.单价	元/千克	9.33
数量	千克	21.93
金额	元	204.57
(2)奶粉.单价	元/千克	152.33
数量	千克	0.14
金额	元	21.25
(3)酸奶.单价	元/千克	10.11
数量	千克	4.99
金额	元	50.45
(4)其它奶制品	元	20.89
(八)其它食品	元	74.06
(九)饮食服务	元	1953.18
1.食品加工服务费	元	1.02
2.在外饮食	元	1952.16
二、衣着	元	2803.21
(一)服装.单价	元/件	206.53
数量	件	9.88
金额	元	2039.72
(二)衣着材料	元	22.71
(三)鞋类.单价	元/双	216.55
数量	双	3.11
金额	元	672.48
(四)其它衣着用品	元	63.83
(五)衣着加工服务费	元	4.47
三、居住	**元**	**890.11**
(一)住房	元	234.73
1.租赁房房租	元	95.77
2.住房装潢支出	元	114.47
3.维修用建筑材料	元	16.36
4.其它住房支出	元	8.13
(二)水电燃料及其它	元	550.6
1.水.单价	元/吨	3.13
数量	吨	43
金额	元	134.38
2.电.单价	元/度	0.48
数量	度	564.34
金额	元	273.61
3.燃料	元	141.47
(1)煤炭.单价	元/千克	0.75
数量	千克	0.45
金额	元	0.34

1-36 续表 3

指　　标	单位	2012年
(2)罐装液化石油气.单价	元/千克	8.58
数量	千克	4.42
金额	元	37.98
(3)管道液化石油气.单价	元/立方米	9.71
数量	立方米	0.06
金额	元	0.57
(4)管道煤气.单价	元/立方米	1.03
数量	立方米	99.28
金额	元	102.38
(5)管道天然气.单价	元/立方米	1.95
数量	立方米	0.1
金额	元	0.19
(6)柴油.单价	元/升	
数量	升	
金额	元	
(7)其它燃料	元	0.01
4.取暖费	元	
5.其它相关支出	元	1.14
(三)居住服务费	元	104.79
1.物业管理费	元	90.17
2.维修服务费	元	5.56
3.其它居住服务费	元	9.07
四、家庭设备用品及服务	**元**	**992.02**
(一)耐用消费品	元	432.03
1.家具	元	215.21
2.家庭设备	元	216.82
(1)洗衣机.单价	元/台	2912.91
数量	台	3.41
金额	元	36.19
(2)电冰箱.单价	元/台	4969.04
数量	台	1.96
金额	元	35.49
(3)微波炉.单价	元/台	960.07
数量	台	1.95
金额	元	6.81
(4)空调器.单价	元/台	2890
数量	台	0.46
金额	元	4.87
(5)淋浴热水器.单价	元/台	1834.85
数量	台	3.17
金额	元	21.22
(6)消毒碗柜.单价	元/台	360
数量	台	0.46
金额	元	0.61
(7)洗碗机.单价	元/台	
数量	台	
金额	元	
(8)其它家庭设备	元	111.62

1-36 续表 4

指　　标	单位	2012年
(二)室内装饰品	元	12.28
(三)床上用品	元	64.35
(四)家庭日用杂品	元	414.67
(五)家具材料	元	.
(六)家庭服务	元	68.69
1.家政服务	元	54.95
2.加工维修服务费	元	13.75
五、医疗保健	**元**	**1105.14**
(一)医疗器具	元	61.64
(二)保健器具	元	19.23
(三)药品费	元	422.94
(四)滋补保健品	元	125.08
(五)医疗费	元	471.56
(六)其它医疗保健支出	元	4.68
六、交通和通讯	**元**	**3747.53**
(一)交通	元	2663.23
1.家庭交通工具	元	1087.64
(1)摩托车.单价	元/辆	4999.91
数量	辆	0.6
金额	元	10.93
(2)助力车.单价	元/辆	3472.64
数量	辆	3.32
金额	元	42.03
(3)家用汽车.单价	元/辆	110574.32
数量	辆	2.54
金额	元	1026.56
(4)其它交通工具	元	8.12
2.车辆用燃料及零配件	元	1044.37
(1)燃料	元	984.98
其中：汽油.单价	元/升	7.66
数量	升	127.05
金额	元	972.85
其中：柴油.单价	元/升	7.36
数量	升	0.44
金额	元	3.28
(2)零配件	元	34.95
(3)其它	元	24.44
3.交通工具服务支出	元	341.37
(1)维修费	元	84.25
(2)车辆使用税费	元	231.01
(3)其它车辆使用费用	元	26.11
4.交通费	元	189.85
(1)飞机	元	50.52
(2)火车	元	11.23

1-36 续表 5

指 标	单位	2012年
(3)长途汽车	元	19.76
(4)市内公共交通	元	52.64
(5)出租汽车费	元	53.74
(6)其它交通费	元	1.97
(二)通信	元	1084.29
1.通信工具	元	199.01
(1)电话机.单价	元/部	71.38
数量	部	1.45
金额	元	0.38
(2)移动电话.单价	元/部	1866.72
数量	部	28.94
金额	元	197.11
(3)其它通信工具	元	1.53
2.通信服务	元	885.28
(1)电信费	元	880.26
其中：上网费	元	243.95
(2)邮费	元	1.68
(3)其它通信服务费	元	3.34
七、教育文化娱乐服务	**元**	**2844.85**
(一)文化娱乐用品	元	490.07
1.彩色电视机.单价	元/台	6879.11
数量	台	6.23
金额	元	156.29
2.家用电脑	元	110.44
(1)购买整机	元/台	4104.86
数量	台	6.65
金额	元	99.55
(2)计算机外部设备	元	5.36
(3)各种零配件及耗材	元	5.53
3.组合音响.单价	元/台	
数量	台	
金额	元	
4.摄像机.单价	元/架	
数量	架	
金额	元	
5.照相机.单价	元/架	2920.17
数量	架	3.04
金额	元	32.38
6.钢琴.单价	元/架	
数量	架	
金额	元	
7.其它中高档乐器.单价	元/件	797.81
数量	件	3.05
金额	元	8.88

1-36 续表 6

指　　标	单位	2012年
8.健身器材.单价	元/件	2543.1
数量	件	0.82
金额	元	7.57
9.电子辞典.单价	元/部	2212.75
数量	部	0.42
金额	元	3.39
10.音像制品及软件	元	2.09
11.体育用品	元	12.04
12.书报杂志	元	33.59
13.纸张文具	元	22.96
14.其它文娱用品	元	100.44
(二)文化娱乐服务	元	1525.78
1.参观游览	元	144.39
2.健身活动	元	45.71
3.团体旅游	元	1184.04
4.其它文娱活动	元	142.51
5.文娱用品修理服务费	元	9.13
(三)教育	元	828.99
1.教材	元	31.14
(1)课本及参考书	元	25.25
(2)教育软件	元	4.09
(3)其它教材	元	1.79
2.教育费用	元	797.86
(1)非义务教育学杂费	元	48.29
(2)义务教育学杂费	元	12.22
(3)托幼费	元	75.06
(4)成人教育费	元	93
(5)家教费	元	51.92
(6)培训班	元	422.51
(7)学校住宿费	元	20.06
(8)其它教育费用	元	74.79
八、其它商品和服务	**元**	**708.75**
(一)其它商品	元	389.14
1.金银珠宝饰品	元	134.95
2.手表.单价	元/只	932.88
数量	只	0.03
金额	元	29.21
3.理发美容用具	元	2.66
4.化妆品	元	205.78
5.其它杂品	元	16.54
(二)服务	元	319.61
1.旅馆住宿费	元	54.33
2.理发洗澡费	元	20
3.美容费	元	188.49
4.其它服务	元	56.79

1-37 城镇高收入居民家庭平均每户基本情况（2012年）

指　　标	单位	2012年
调查户数	**户**	**288**
(一)家庭人口数	人	2.43
1.有收入者人数	人	1.97
(1)就业人口数	人	1.51
①国有经济单位职工人数	人	0.66
②城镇集体经济单位职工人数	人	0.05
③其它经济类型单位职工人数	人	0.15
④城镇个体或私营企业主人数	人	0.25
⑤城镇个体或私营企业被雇人数	人	0.2
⑥离退休再就业人数	人	0.02
⑦其它就业人数	人	0.19
(2)离退休人数	人	0.45
(3)其它有收入者人数	人	0.01
2.无收入者人数	人	0.46
(二)在外就学人数	人	0.11
(三)非家庭人口在家用餐	人次	3.55
(四) 家庭人口在外用餐	人次	20.05

1-38 城镇高收入居民家庭人均全年收入来源（2012年）

指　　标	单位	2012年
可支配收入	**元**	**48681.75**
总收入	**元**	**51880.87**
(一)工资性收入	元	24801.41
1.工资及补贴收入	元	24527.2
2.其它劳动收入	元	274.21
(二)经营性收入	元	9506.69
(三)财产性收入	元	6062.08
1.利息收入	元	141.67
2.股息与红利收入	元	123.76
3.保险收益	元	
4.其它投资收入	元	213.45
5.出租房屋收入	元	1732.4
6.知识产权收入	元	0.07
7.其它财产性收入	元	3850.73
(四)转移性收入	元	11510.68
1.养老金或离退休金	元	7183.23
2.社会救济收入	元	4.62
其中：最低生活保障收入	元	0.16
3.辞退金	元	52.86
4.赔偿收入	元	1723.46
5.保险收入	元	
其中：失业保险金	元	
6.赡养收入	元	253.9
7.捐赠收入	元	375.9
8.提取住房公积金	元	105.01
9.记帐补贴	元	176.85
10.其它转移性收入	元	1634.85

1-39 城镇高收入居民家庭人均全年消费性支出（2012年）

指　　标	单位	2012年
消费性支出	**元**	**25965.35**
一、食品	元	8333.45
(一)粮油类	元	832.61
1.粮食	元	491.17
(1)大米.单价	元/千克	6.22
数量	千克	45.12
金额	元	280.65
(2)面粉.单价	元/千克	4.86
数量	千克	1.7
金额	元	8.26
(3)其它粮食及制品	元	202.26
2.淀粉及薯类	元	91.38
3.干豆类及豆制品	元	51.19
4.油脂类	元	198.86
(1)食用植物油.单价	元/千克	15.62
数量	千克	11.17
金额	元	174.5
(2)食用动物油	元	24.37
(二)肉禽蛋水产品类	元	1682.12
1.肉类	元	1085.49
(1)猪肉.单价	元/千克	27.32
数量	千克	23.39
金额	元	638.99
(2)牛肉.单价	元/千克	41.95
数量	千克	3.93
金额	元	164.76
(3)羊肉.单价	元/千克	50.63
数量	千克	0.51
金额	元	25.59
(4)其它肉及制品	元	256.16
2.禽类	元	291.15
(1)鸡.单价	元/千克	25.4
数量	千克	8.44
金额	元	214.31
(2)鸭.单价	元/千克	21.76
数量	千克	0.22
金额	元	4.85
(3)其它禽类及制品	元	71.99
3.蛋类	元	88.49
(1)鲜蛋.单价	元/千克	10.88
数量	千克	7.4
金额	元	80.51
(2)蛋制品	元	7.97
4.水产品类	元	216.98
(1)鱼.单价	元/千克	19.14
数量	千克	7.12
金额	元	136.29

1-39 续表 1

指 标	单位	2012年
(2)虾.单价	元/千克	50.98
数量	千克	0.81
金额	元	41.19
(3)其它水产品及制品	元	39.5
(三)蔬菜类	元	921.51
1.鲜菜.单价	元/千克	5.5
数量	千克	160.66
金额	元	883.3
2.干菜	元	20.69
3.菜制品	元	17.52
(四)调味品	元	93.01
(五)糖烟酒饮料类	元	1068.28
1.糖类	元	86.48
2.烟草类	元	699.52
3.酒类	元	180.27
(1)白酒.单价	元/千克	34.85
数量	千克	3.83
金额	元	133.31
(2)果酒.单价	元/千克	62.14
数量	千克	0.49
金额	元	30.24
(3)啤酒.单价	元/千克	7.75
数量	千克	1.63
金额	元	12.62
(4)其它酒	元	4.11
4.饮料	元	102.01
(1)碳酸饮料.单价	元/千克	5
数量	千克	1.06
金额	元	5.31
(2)瓶装饮用水.单价	元/千克	0.48
数量	千克	69.21
金额	元	33.26
(3)茶叶.单价	元/千克	121.94
数量	千克	0.22
金额	元	26.5
(4)其它饮料	元	36.93
(六)干鲜瓜果类	元	697.57
1.鲜果.单价	元/千克	9.06
数量	千克	57.21
金额	元	518.04
2.鲜瓜.单价	元/千克	5.48
数量	千克	4.27
金额	元	23.41

1-39 续表 2

指　标	单位	2012年
3.其它干鲜瓜果类及制品	元	156.12
(七)糕点、奶及奶制品	元	608.4
1.糕点.单价	元/千克	25.75
数量	千克	10.21
金额	元	262.91
2.奶及奶制品	元	345.49
(1)鲜乳品.单价	元/千克	9.43
数量	千克	20.55
金额	元	193.83
(2)奶粉.单价	元/千克	166.87
数量	千克	0.36
金额	元	60.86
(3)酸奶.单价	元/千克	10.26
数量	千克	5.13
金额	元	52.66
(4)其它奶制品	元	38.14
(八)其它食品	元	76.05
(九)饮食服务	元	2353.9
1.食品加工服务费	元	1.63
2.在外饮食	元	2352.27
二、衣着	**元**	**3611.88**
(一)服装.单价	元/件	226.51
数量	件	11.26
金额	元	2550.92
(二)衣着材料	元	30.63
(三)鞋类.单价	元/双	258.14
数量	双	3.7
金额	元	955.34
(四)其它衣着用品	元	69.37
(五)衣着加工服务费	元	5.61
三、居住	**元**	**2024.93**
(一)住房	元	1070.14
1.租赁房房租	元	233.01
2.住房装潢支出	元	778.85
3.维修用建筑材料	元	51.76
4.其它住房支出	元	6.52
(二)水电燃料及其它	元	744.13
1.水.单价	元/吨	3.2
数量	吨	59.95
金额	元	192.1
2.电.单价	元/度	0.49
数量	度	788.39
金额	元	384.64
3.燃料	元	164.72
(1)煤炭.单价	元/千克	0.59
数量	千克	0.98
金额	元	0.58

1-39 续表 3

指　　标	单位	2012年
(2)罐装液化石油气.单价	元/千克	8.72
数量	千克	6.07
金额	元	52.94
(3)管道液化石油气.单价	元/立方米	0.7
数量	立方米	0.04
金额	元	0.03
(4)管道煤气.单价	元/立方米	1.07
数量	立方米	103.35
金额	元	111.07
(5)管道天然气.单价	元/立方米	0.55
数量	立方米	0.06
金额	元	0.03
(6)柴油.单价	元/升	7.14
数量	升	0.01
金额	元	0.06
(7)其它燃料	元	
4.取暖费	元	
5.其它相关支出	元	2.67
(三)居住服务费	元	210.65
1.物业管理费	元	186.66
2.维修服务费	元	9.79
3.其它居住服务费	元	14.2
四、家庭设备用品及服务	**元**	**1365.23**
(一)耐用消费品	元	478.84
1.家具	元	233.65
2.家庭设备	元	245.19
(1)洗衣机.单价	元/台	2287.73
数量	台	4.18
金额	元	39.33
(2)电冰箱.单价	元/台	4029.65
数量	台	2.27
金额	元	37.65
(3)微波炉.单价	元/台	830.64
数量	台	3.68
金额	元	12.58
(4)空调器.单价	元/台	
数量	台	
金额	元	
(5)淋浴热水器.单价	元/台	1983.95
数量	台	4.4
金额	元	35.96
(6)消毒碗柜.单价	元/台	
数量	台	
金额	元	
(7)洗碗机.单价	元/台	
数量	台	
金额	元	

1-39 续表 4

指　　标	单位	2012年
(8)其它家庭设备	元	119.67
(二)室内装饰品	元	59.55
(三)床上用品	元	126.38
(四)家庭日用杂品	元	529.59
(五)家具材料	元	0.41
(六)家庭服务	元	170.45
1.家政服务	元	147.21
2.加工维修服务费	元	23.25
五、医疗保健	**元**	**1589.14**
(一)医疗器具	元	22.18
(二)保健器具	元	35.63
(三)药品费	元	667.43
(四)滋补保健品	元	310.51
(五)医疗费	元	529.82
(六)其它医疗保健支出	元	23.56
六、交通和通讯	**元**	**4559.25**
(一)交通	元	3236.73
1.家庭交通工具	元	1237.62
(1)摩托车.单价	元/辆	14231.37
数量	辆	0.93
金额	元	54.69
(2)助力车.单价	元/辆	3003.99
数量	辆	1.91
金额	元	23.61
(3)家用汽车.单价	元/辆	127432.7
数量	辆	2.18
金额	元	1141.78
(3)其它交通工具	元	17.54
2.车辆用燃料及零配件	元	1304.42
(1)燃料	元	1232.06
其中：汽油.单价	元/升	7.6
数量	升	160.28
金额	元	1217.53
其中：柴油.单价	元/升	7.44
数量	升	1.86
金额	元	13.83
(2)零配件	元	67.95
(3)其它	元	4.41
3.交通工具服务支出	元	352.19
(1)维修费	元	60.94
(2)车辆使用税费	元	277.2
(3)其它车辆使用费用	元	14.05
4.交通费	元	342.5
(1)飞机	元	134.81
(2)火车	元	30.82

1-39 续表 5

指 标	单位	2012年
(3)长途汽车	元	31.88
(4)市内公共交通	元	67.09
(5)出租汽车费	元	73.78
(6)其它交通费	元	4.11
(二)通信	元	1322.53
1.通信工具	元	253.82
(1)电话机.单价	元/部	70
数量	部	0.22
金额	元	0.06
(2)移动电话.单价	元/部	2236.5
数量	部	27.02
金额	元	248.74
(3)其它通信工具	元	5.01
2.通信服务	元	1068.71
(1)电信费	元	1057.28
其中：上网费	元	266.42
(2)邮费	元	4.92
(3)其它通信服务费	元	6.51
七、教育文化娱乐服务	**元**	**3181.93**
(一)文化娱乐用品	元	686.79
1.彩色电视机.单价	元/台	5056.93
数量	台	5.83
金额	元	121.34
2.家用电脑	元	158.88
(1)购买整机	元/台	3708.14
数量	台	9.16
金额	元	139.75
(2)计算机外部设备	元	7.29
(3)各种零配件及耗材	元	11.85
3.组合音响.单价	元/台	3800
数量	台	0.46
金额	元	7.26
4.摄像机.单价	元/架	4900
数量	架	0.11
金额	元	2.31
5.照相机.单价	元/架	6962.93
数量	架	3.7
金额	元	106.16
6.钢琴.单价	元/架	180
数量	架	0.29
金额	元	0.22
7.其它中高档乐器.单价	元/件	3274.74
数量	件	3.03
金额	元	40.78

1-39 续表 6

指 标	单位	2012年
8.健身器材.单价	元/件	2129
数量	件	1.96
金额	元	17.13
9.电子辞典.单价	元/部	2824.52
数量	部	0.9
金额	元	10.5
10.音像制品及软件	元	10.56
11.体育用品	元	14.37
12.书报杂志	元	41.63
13.纸张文具	元	21.93
14.其它文娱用品	元	133.71
(二)文化娱乐服务	元	1767.79
1.参观游览	元	131.77
2.健身活动	元	52.96
3.团体旅游	元	1238.39
4.其它文娱活动	元	340.52
5.文娱用品修理服务费	元	4.15
(三)教育	元	727.35
1.教材	元	23.19
(1)课本及参考书	元	19.16
(2)教育软件	元	3.31
(3)其它教材	元	0.71
2.教育费用	元	704.16
(1)非义务教育学杂费	元	144.15
(2)义务教育学杂费	元	11.13
(3)托幼费	元	43.17
(4)成人教育费	元	102.91
(5)家教费	元	56.18
(6)培训班	元	274.63
(7)学校住宿费	元	16.48
(8)其它教育费用	元	55.51
八、其它商品和服务	**元**	**1299.54**
(一)其它商品	元	854.51
1.金银珠宝饰品	元	493.83
2.手表.单价	元/只	877.12
数量	只	0.04
金额	元	33.96
3.理发美容用具	元	10.9
4.化妆品	元	263.9
5.其它杂品	元	51.93
(二)服务	元	445.02
1.旅馆住宿费	元	51.8
2.理发洗澡费	元	29.44
3.美容费	元	221.36
4.其它服务	元	142.43

1-40 农村居民家庭基本情况（2012年）

指　标	单位	2012年
调查户数	**户**	**1290**
调查户从业类型	户	3087
(按总收入比重计算)		
农业户	户	291
农业兼业户	户	416
非农业兼业户	户	368
非农业户	户	215
调查户从业类型	**户**	**2931**
(按从业劳动力比重计算)		
农业户	户	540
农业兼业户	户	139
非农业兼业户	户	331
非农业户	户	280
家庭结构	**户**	**4454**
单身或夫妇	户	130
夫妇与一个孩子	户	331
夫妇与两个孩子	户	425
夫妇与三个以上孩子	户	18
单亲与孩子	户	25
三代同堂	户	337
其　他	户	24
参加专业性合作经济组织的户数	**户**	**2515**
参加新型农村合作医疗的户数	**户**	**1391**
领取最低生活保障的户数	**户**	**2546**

1-41 农村居民家庭人均总收入与总支出（2012年）

指　　标	单位	2012年
总收入	**元**	**12142.00**
工资性收入	元	3243.13
在非企业组织中劳动得到收入	元	245.80
在本乡地域内劳动得到收入	元	2651.78
#在企业中劳动得到收入	元	653.15
外出从业得到收入	元	345.56
家庭经营收入	元	7654.70
第一产业收入	元	6246.01
农业收入	元	4494.50
农产品收入	元	4364.18
农业服务性收入	元	130.32
林业收入	元	125.82
林业产品收入	元	117.38
林业服务性收入	元	8.44
牧业收入	元	1574.72
牧业产品收入	元	1549.92
牧业服务性收入	元	24.79
渔业收入	元	50.97
渔业产品收入	元	50.97
渔业服务性收入	元	
第二产业收入	元	369.09
工业收入	元	159.80
工业产品收入	元	159.80
工业服务性收入	元	
建筑业收入	元	209.30
建筑业产品收入	元	
建筑业服务性收入	元	209.30
第三产业收入	元	1039.60
其他产品收入	元	1.25
第三产业服务性收入	元	1038.36
交通、运输、邮电业收入	元	645.89
批零贸易业、饮食业收入	元	269.73
社会服务业收入	元	28.41
文教卫生业收入	元	21.58
其他行业收入	元	72.75
财产性收入	元	779.23
#利息	元	12.34
集体分配股息和红利	元	199.55
其他股息和红利	元	13.32
租金(包括农业机械)	元	347.21
土地征用补偿收入	元	
转让承包土地经营权收入	元	117.65

1-41 续表

指　标	单位	2012年
转移性收入	元	464.93
#城市亲友赠送收入	元	14.77
农村亲友赠送收入	元	109.00
总支出	**元**	**11508.48**
家庭经营费用支出	元	3434.00
第一产业生产费用支出	元	2863.15
农业生产费用支出	元	1793.18
林业生产费用支出	元	43.30
牧业生产费用支出	元	993.46
渔业生产费用支出	元	33.21
第二产业生产费用支出	元	204.42
工业生产费用支出	元	111.68
建筑业生产费用支出	元	92.74
第三产业生产费用支出	元	366.43
交通运输邮电业生产费用支出	元	196.37
批零贸易餐饮业生产费用支出	元	151.95
社会服务业生产费用支出	元	5.23
文教卫生业生产费用支出	元	8.20
其他行业生产费用支出	元	4.69
购置生产性固定资产支出	元	391.40
建、造生产性固定资产雇工支出	元	12.64
税费支出	元	6.12
生活消费支出	元	6981.45
#服务性支出	元	2150.32
食品消费支出	元	2539.06
衣着消费支出	元	488.38
居住消费支出	元	1235.84
家庭设备、用品消费支出	元	371.08
交通和通讯消费支出	元	944.05
文化教育、娱乐消费支出	元	648.32
医疗保健消费支出	元	599.06
其他商品和服务消费支出	元	155.67
财产性支出	元	9.69
#宅基地有偿使用费	元	6.33
承包其他农户转让费	元	3.36
转移性支出	元	673.17
#赠送农村亲友	元	196.12
赠送城市亲友	元	17.82

1-42 农村居民家庭人均纯收入（2012年）

指　　标	单位	2012年
全年纯收入	**元**	**8039.77**
工资性收入	**元**	**3243.13**
在非企业组织中劳动得到收入	元	245.80
在本乡地域内劳动得到收入	元	2651.78
#在企业中劳动得到收入	元	653.15
外出从业得到收入	元	345.56
家庭经营纯收入	**元**	**3659.06**
第一产业纯收入	元	3001.17
农业收入	元	2405.32
林业收入	元	81.01
牧业收入	元	497.68
渔业收入	元	17.16
非农产业纯收入	元	657.89
第二产业纯收入	元	89.48
工业收入	元	40.38
建筑业收入	元	49.10
第三产业纯收入	元	568.41
交通、运输、邮电业收入	元	375.62
批零贸易业、饮食业收入	元	110.01
社会服务业收入	元	20.31
文教卫生业收入	元	13.20
其他行业收入	元	49.27
财产性纯收入	**元**	**779.23**
#利　息	元	12.34
集体分配股息和红利	元	199.55
其他股息和红利	元	13.32
租金(包括农业机械)	元	347.21
土地征用补偿收入	元	
转让承包土地经营权收入	元	117.65
转移性纯收入	**元**	**358.34**
#城市亲友赠送	元	14.77
离退休金、养老金	元	21.95
城市亲友支付赡养费	元	0.56
农村亲友支付赡养费	元	6.54
救济金、抚恤金	元	2.24
报销医疗费	元	
无偿扶贫或扶持款	元	1.85

注：2011年以后土地征用补偿收入、报销医疗费归入非借贷性收入现金所得。

1-43 农村居民家庭人均现金收支情况（2012年）

指　　标	单位	2012年
期内现金收入	**元**	**11252.97**
工资性收入	元	3195.37
在非企业组织中劳动得到收入	元	242.32
在本乡地域内劳动得到收入	元	2608.74
#在企业中劳动得到收入	元	652.25
外出从业得到收入	元	344.31
家庭经营现金收入	元	6845.02
第一产业现金收入	元	5436.32
农业现金收入	元	3844.10
林业现金收入	元	115.57
牧业现金收入	元	1417.97
渔业现金收入	元	58.68
第二产业现金收入	元	369.09
工业收入	元	159.80
建筑业收入	元	209.30
第三产业现金收入	元	1039.60
出售其他产品收入	元	1.25
第三产业服务性现金收入	元	1038.36
交通、运输、邮电业收入	元	645.89
批零贸易业、饮食业收入	元	269.73
社会服务业收入	元	28.41
文教卫生业收入	元	21.58
其他行业收入	元	72.75
财产性收入	元	750.38
#利　息	元	12.34
集体分配股息和红利	元	199.55
其他股息和红利	元	13.32
租金(包括农业机械)	元	347.21
土地征用补偿收入	元	
转让承包土地经营权收入	元	117.65
转移性收入	元	462.20
#城市亲友赠送	元	14.77
离退休金、养老金	元	107.78
城市亲友支付赡养费	元	0.56
农村亲友支付赡养费	元	6.54
救济金、抚恤费	元	2.12
报销医疗费	元	
无偿扶贫或扶持款	元	1.85

1-43 续表 1

指　　标	单位	2012年
借贷性现金收入	**元**	**2280.95**
银行、信用社贷款	元	223.34
借入款	元	635.50
收回借出款	元	162.18
取回存款	元	1250.53
兑换债券(本金)	元	
出售股票	元	
兑换其他有价证券(本金)	元	
收回其他投资款	元	
其　他	元	9.40
期内现金支出	**元**	**10871.49**
生产费用支出	元	3633.62
家庭经营费用支出	元	3229.57
第一产业生产费用支出	元	2664.04
农业生产费用支出	元	1749.11
林业生产费用支出	元	40.87
牧业生产费用支出	元	841.14
渔业生产费用支出	元	32.91
第二产业生产费用支出	元	204.42
工业生产费用支出	元	111.68
建筑业生产费用支出	元	92.74
第三产业生产费用支出	元	361.12
交通运输邮电业生产费用支出	元	196.37
批零贸易餐饮业生产费用支出	元	146.64
社会服务业生产费用支出	元	5.23
文教卫生业生产费用支出	元	8.20
其他行业生产费用支出	元	4.69
购置生产性固定资产支出	元	391.40
建、造生产性固定资产雇工支出	元	12.64
税费支出	元	5.90
生活消费支出	元	6551.10
#服务性支出	元	2150.32
食品消费支出	元	2150.77
衣　着	元	488.24
居　住	元	1194.06

1-43 续表 2

指　　标	单位	2012年
家庭设备、用品及服务	元	370.94
交通和通讯	元	944.05
文化教育、娱乐用品及服务	元	648.32
医疗保健	元	599.06
其他商品和服务	元	155.67
财产性支出	元	9.69
宅基地有偿使用费	元	6.33
承包其他农户转让	元	
其　他	元	3.36
转移性支出	元	671.18
#赠送农村亲友	元	195.10
赠送城市亲友	元	16.85
交纳医疗保险	元	49.99
赡养费	元	5.97
捐　赠	元	4.13
罚款、赔款	元	4.89
储蓄、借贷性支出	**元**	**1715.76**
归还银行、信用社	元	167.88
借出款	元	141.18
归还借款	元	391.55
存　款	元	981.65
购债券	元	2.08
购买储蓄性保险	元	8.64
购买股票	元	
其　他	元	22.78
期末金融资产余额	**元**	**9821.60**
手存现金	元	1725.41
存款余额	元	8071.31
债券价值款	元	23.00
股票价值金	元	
其他金融资产价值	元	1.87
期末债务余额	**元**	**864.12**
银行、信用社贷款	元	503.57
个人借(欠)款	元	355.80
其　他	元	

注：2011年以后土地征用补偿收入、报销医疗费归入非借贷性收入现金所得。

1-44 农村居民家庭人均总支出（2012年）

指　　标	单位	2012年
总支出	**元**	**11508.48**
其中：家庭经营费用支出	元	3434.00
购置生产性固定资产支出	元	391.40
税费支出	元	6.12
生活消费支出	元	6981.45
财产性支出	元	9.69
转移性支出	元	673.17

1-45 农村居民家庭人均生活消费支出（2012年）

指　　标	单位	2012年
生活消费支出	**元**	**6981.45**
#服务性支出	元	2150.32
食品消费支出	**元**	**2539.06**
食品消费品支出	元	2094.80
谷　物	元	356.60
薯　类	元	13.97
豆　类	元	11.79
食用油	元	108.87
蔬菜及制品	元	216.56
肉、禽、蛋、奶及制品	元	638.70
水产品及制品	元	58.07
烟、酒	元	332.09
茶叶、饮料	元	43.63
其他类食品	元	314.52
食品消费服务性支出	元	444.26
在外饮食	元	434.04
食品加工费	元	3.32
其他服务性支出	元	6.91
衣着消费支出	**元**	**488.38**
衣着消费品支出	元	487.42
服　装	元	337.89
服装材料	元	8.54
鞋　类	元	127.01
其　他	元	13.98
衣着消费服务性支出	元	0.97
衣着加工费	元	0.55
其他服务性支出	元	0.41
居住消费支出	**元**	**1235.84**
居住消费品支出	元	835.57
建筑生活用房材料	元	473.59
维修生活用房材料	元	66.03
装修生活用房材料	元	131.91
生活用房	元	77.45
生活用燃料	元	86.59
居住消费服务性支出	元	400.27
建筑、维修生活用房雇工工资	元	194.42
房　租	元	18.45
生活用水	元	22.30
生活用电	元	138.36
清洁费、卫生费	元	0.64
其他服务性支出	元	26.11

1-45 续表 1

指 标	单位	2012年
家庭设备、用品消费支出	**元**	**371.08**
家庭设备用品消费品支出	元	362.20
日用品	元	118.98
床上用品	元	29.36
室内装饰品	元	11.24
家俱类	元	92.07
机电设备	元	110.56
家庭设备用品服务性消费支出	元	8.88
家庭设备修理费	元	5.07
日杂用品加工修理费	元	1.16
家政服务费	元	0.15
其他服务性支出	元	2.50
交通和通讯消费支出	**元**	**944.05**
交通和通讯用品支出	元	648.45
交通工具	元	371.44
交通工具用燃料	元	183.30
交通工具用零配件	元	13.22
通讯工具	元	79.66
通讯工具用零配件	元	0.83
交通和通讯服务消费支出	元	295.59
交通消费服务支出	元	127.68
交通客运费	元	54.88
生活物品货运费	元	6.42
交通工具修理费	元	31.15
其他服务性支出	元	35.23
通讯消费服务支出	元	167.92
邮寄费	元	0.92
通讯费	元	166.02
通讯工具修理费	元	0.83
其 他	元	0.15
文化教育、娱乐消费支出	**元**	**648.32**
文化教育、娱乐用品消费支出	元	164.75
文教、娱乐用机电消费品	元	108.07
书、报、杂志	元	9.43
纸张、文具	元	17.14
音像制品	元	0.97
电脑软件	元	0.54
体育用品	元	0.79
计算机零配件及耗材	元	0.18
鲜 花	元	1.11
娱乐用品	元	13.23
其他用品	元	13.27

1-45 续表 2

指　　标	单位	2012年
教育服务消费支出	元	274.97
托儿费	元	35.95
幼儿园赞助费	元	6.47
学杂费	元	106.22
入学赞助费	元	1.92
私立学校就读费	元	1.28
成人培训费	元	82.01
教育设备修理费	元	
其他服务性支出	元	41.11
文化、体育、娱乐服务消费支出	元	208.60
旅　游	元	144.43
休闲娱乐费	元	24.41
文化、体育、娱乐用品修理费	元	0.69
其他服务性支出	元	39.07
医疗保健消费支出	**元**	**599.06**
医疗保健用品	元	113.34
医疗卫生用品	元	108.73
药　品	元	107.66
医疗卫生器械	元	0.44
其他医疗卫生用品	元	0.63
保健用品	元	4.61
药品类保健品	元	2.91
保健器材	元	1.70
医疗保健服务消费支出	元	485.73
医疗费	元	477.90
医疗设备修理费	元	0.51
保健费	元	2.66
保健设备修理费	元	0.53
其他服务性支出	元	4.14
其他商品和服务消费支出	**元**	**155.67**
其他商品支出	元	124.62
首　饰	元	45.34
手　表	元	1.08
化妆品	元	19.44
迷信、宗教用品	元	16.50
其　他	元	42.26
其他消费服务支出	元	31.05
旅馆住宿费	元	1.49
美容美发	元	7.01
殡殓费	元	4.99
生活消费借贷利息	元	0.25
其他服务性支出	元	17.31

1-46 农村居民家庭人均食品消费量（2012年）

指　　标	单位	2012年
粮食消费量	千克	124.17
谷物消费量	千克	119.05
#小　麦	千克	4.29
稻　谷	千克	104.50
玉　米	千克	8.74
薯类消费量	千克	2.56
豆类消费量	千克	2.56
油脂类消费量	千克	6.59
植物油	千克	3.85
动物油	千克	2.73
烟叶消费量	千克	0.15
豆制品	千克	1.94
蔬菜及菜制品消费量	千克	86.17
瓜　类	千克	1.91
水果类	千克	18.93
消费茶叶	千克	0.67
坚果消费量	千克	1.79
肉禽及其制品	千克	29.60
猪　肉	千克	21.78
牛　肉	千克	1.14
羊　肉	千克	0.43
家　禽	千克	4.89
其他肉禽及制品	千克	1.35
蛋类及蛋制品	千克	3.29
奶和奶制品	千克	2.49
水产品	千克	3.46
鱼　类	千克	3.29
虾、贝、蟹类	千克	0.09
藻　类	千克	0.01
其　他	千克	0.07
食　糖	千克	0.96
酒	千克	7.19
#白　酒	千克	4.94
啤　酒	千克	1.94
果　酒	千克	0.05

1-47 农村居民家庭人均粮食收支情况（2012年）

指 标	单位	2012年
期内粮食收入合计	**千克**	**543.26**
家庭经营生产粮食	千克	425.97
谷 物	千克	389.13
#小 麦	千克	17.10
水 稻	千克	60.58
玉 米	千克	296.59
薯 类	千克	21.80
豆 类	千克	15.05
购入粮食	千克	116.25
谷 物	千克	114.07
#小 麦	千克	5.07
水 稻	千克	67.42
玉 米	千克	39.26
薯 类	千克	0.78
豆 类	千克	1.41
借入粮食	千克	
收回借出粮	千克	
其他粮食收入	千克	477.19
期内粮食支出合计	**千克**	**47.17**
主食用粮	千克	124.17
谷 物	千克	119.05
#小 麦	千克	4.29
水 稻	千克	104.48
玉 米	千克	8.74
薯 类	千克	2.56
豆 类	千克	2.56
其他生活用粮	千克	
出售粮食	千克	170.38
谷 物	千克	150.08
#小 麦	千克	7.41
水 稻	千克	17.89
玉 米	千克	117.03
薯 类	千克	11.48
豆 类	千克	8.82
种子用粮食	千克	14.53
饲料用粮食	千克	164.43
借出粮食	千克	
归还借粮	千克	
其他粮食支出	千克	3.69
期末粮食结存实际调查数	**千克**	**403.15**
谷 物	千克	360.52
#小 麦	千克	4.96
水 稻	千克	58.52
玉 米	千克	292.80
薯 类	千克	38.46
豆 类	千克	4.17

1-48 农村居民家庭出售农产品情况（2012年）

指　标	单位	2012年
农　业	**元/人**	**3714.19**
谷物数量	千克/人	148.40
金　额	元/人	349.52
#出售小麦数量	千克/人	7.41
出售小麦金额	元/人	16.37
出售玉米数量	千克/人	117.03
出售玉米金额	元/人	262.64
出售薯类数量	千克/人	11.48
出售薯类金额	元/人	60.68
出售豆类数量	千克/人	8.82
出售豆类金额	元/人	38.05
出售油料数量	千克/人	1.45
出售油料金额	元/人	10.30
出售蔬菜数量	千克/人	816.82
出售蔬菜金额	元/人	1494.73
出售瓜类数量	千克/人	2.96
出售瓜类金额	元/人	6.07
出售园林水果数量	千克/人	90.31
出售园林水果金额	元/人	302.33
林　业	**元/人**	**107.13**
#出售采集林产品金额	元/人	80.08
出售竹木金额	元/人	6.75
出售育种、育苗金额	元/人	13.08
牧　业	**元/人**	**1393.25**
#出售肉猪及猪肉总重量	千克/人	35.02
出售肉猪及猪肉总金额	元/人	691.65
出售菜羊及羊肉总重量	千克/人	2.08
出售菜羊及羊肉总金额	元/人	85.28
出售家禽总重量	千克/人	6.24
出售家禽总金额	元/人	83.39
出售蛋类的数量	千克/人	16.73
出售蛋类的金额	元/人	137.96
渔　业	**元/人**	**58.68**
#出售水产品金额	元/人	58.41

1-49 农村居民家庭农业生产结构及生产技术应用情况（2012年）

指　标	单位	2012年
土地经营情况	**亩/人**	
期内增加的经营土地面积	亩/人	0.04
#耕　地	亩/人	0.03
期内减少的经营土地面积	亩/人	0.04
#耕　地	亩/人	0.04
期末实际经营的土地面积	亩/人	2.06
耕　地	亩/人	1.29
#有效灌溉面积	亩/人	0.40
山　地	亩/人	0.63
园　地	亩/人	0.11
牧草地	亩/人	0.00
养殖水面	亩/人	0.02
土地种植情况	**亩/人**	
粮食播种面积	亩/人	1.22
#小麦播种面积	亩/人	0.12
水稻播种面积	亩/人	0.11
玉米播种面积	亩/人	0.65
豆类播种面积	亩/人	0.09
薯类播种面积	亩/人	0.19
经济作物播种面积	亩/人	0.87
#油料播种面积	亩/人	0.03
蔬菜播种面积	亩/人	0.58
瓜类播种面积	亩/人	0.01
农业生产技术应用情况	**亩/人**	
优质粮食品种播种面积	亩/人	
优质小麦面积	亩/人	
优质水稻面积	亩/人	
优质玉米面积	亩/人	
机耕面积	亩/人	0.40
抛秧面积	亩/人	
机播面积	亩/人	
机收面积	亩/人	0.01
机电灌溉面积	亩/人	0.08
薄膜覆盖面积	亩/人	0.35
温室面积	亩/人	0.06

1-50　农村居民家庭农业生产情况（2012年）

指　　标	单位	2012年
农　业	**元/人**	**2645.33**
谷物产量	千克/人	389.13
#粮食产量		
玉米产量	千克/人	296.59
薯类产量	千克/人	21.80
豆类产量	千克/人	15.05
棉花产量	千克/人	
油料产量	千克/人	4.10
蔬菜产量	千克/人	865.03
水果类产量	千克/人	94.44
林　业	**元/人**	**11.89**
核桃产量	千克/人	0.65
木　材	立方米/人	0.01
树　苗	株/人	0.27
牧　业	**元/人**	**117.52**
畜禽肉产量(出售、自宰)	千克/人	58.66
畜肉产量	千克/人	50.72
#肉猪头数	头/人	0.65
肉猪肉产量	千克/人	44.76
菜羊只数	只/人	0.08
菜羊肉产量	千克/人	2.21
肉牛头数	头/人	0.02
肉牛肉产量	千克/人	3.19
家禽肉产量	千克/人	7.93
#鸡只数	只/人	2.69
鸡的肉产量	千克/人	6.96
蛋类产量	千克/人	17.38
奶类产量	千克/人	16.21
渔　业	**千克/人**	**23.72**
鱼类产量	千克/人	1.78

1-51 农村居民家庭平均每户全年主要农业用生产资料购买情况（2012年）

指　　标	单位	2012年
化 肥	千克/户	577.57
饼 肥	千克/户	506.65
农 药	元/户	738.41
农用薄膜	千克/户	14.26
生产用柴油	升/户	19.53
生产用汽油	升/户	30.20
生产用燃料	升/户	49.73

1-52 农村居民家庭平均每百户年末主要生产性固定资产拥有量（2012年）

指　　标	单位	2012年
汽车	辆	12.56
大中型拖拉机	台	2.09
小型和手扶拖拉机	台	16.12
机动脱粒机	台	14.57
收割机	台	0.31
农用动力机械	台	15.50
胶轮大车	辆	10.70
水泵	台	26.67
役畜	头	51.16
产品畜	头	110.31

1-53 农村居民家庭平均每百户年末主要耐用消费品拥有量（2012年）

指　标	单位	2012年
洗衣机	台/百户	87.13
电冰箱	台/百户	55.27
空调机	台/百户	1.40
抽油烟机	台/百户	21.63
吸尘器	台/百户	1.16
微波炉	台/百户	59.53
热水器	台/百户	80.16
#太阳能热水器	台/百户	64.19
自行车	辆/百户	48.60
#电动自行车	台/百户	21.86
摩托车	台/百户	41.63
汽　车(生活用)	台/百户	19.30
固定电话机	部/百户	13.41
移动电话	部/百户	237.60
#接入互联网的	部/百户	16.36
彩色电视机	台/百户	113.33
#接入有线电视网的	台/百户	83.02
黑白电视机	台/百户	0.70
#接入有线电视网的	台/百户	0.23
摄像机	台/百户	3.26
影碟机	台/百户	73.80
照相机	架/百户	13.40
家用计算机	台/百户	22.48
#接入互联网的	台/百户	15.04
中高档乐器	件/百户	1.32

1-54 农村居民家庭平均每户全年主要建筑材料购买情况（2012年）

指　标	单位	2012年
水泥	千克	687.99
木材	立方米	0.05
钢材	千克	78.78
水泥预制件	件	4.17
玻璃	平方米	0.05
砖瓦	块	815.62

1-55 农村居民家庭年内新建(购)住房情况（2012年）

指　标	单位	2012年
新建(购)房屋面积	平方米/人	1.09
#砖木结构	平方米/人	0.03
#钢筋混凝土结构	平方米/人	1.06
新建(购)房屋价值	元/平方米	1254.72

1-56 农村居民家庭年末住房情况（2012年）

指　标	单位	2012年
年末住房面积	平方米/人	54.76
#砖木结构	平方米/人	5.67
#钢筋混凝土结构	平方米/人	32.11
年末住房价值	元/平方米	1190.58

1-57 农村住户人口与劳动力情况（2012年）

指　标	单位	2012年
农村住户人口状况	**人**	
家庭常住人口	人	4817
常住人口与户主关系	人	
户　主	人	1290
配　偶	人	1225
子　女	人	1791
孙子女	人	189
父　母	人	302
祖父母	人	6
兄弟姐妹	人	18
其他亲属	人	7
非亲属	人	
家庭常住人口年龄状况	人	
6岁及以下	人	294
7-15岁	人	643
16-18岁	人	231
19-22岁	人	278
23-25岁	人	203
26-30岁	人	284
31-40岁	人	830
41-50岁	人	1070
51-60岁	人	559
61岁及以上	人	436
在校学生人数	人	910
#7-15岁以下在校学生人数	人	648
7-15岁非在校学生人数	人	
农村住户劳动力素质状况	**人**	
整半劳动力数	人	3313
#男劳动力人数	人	1729
整劳动力人数	人	2340
受过专业培训的人数	人	1098
年龄状况	人	
16-20岁	人	
21-25岁	人	
26-30岁	人	263
31-35岁	人	
36-40岁	人	
41-45岁	人	
46-50岁	人	
51岁及以上	人	673

1-57 续表

指 标	单位	2011年
文化程度	人	
不识字或识字很少	人	145
小学程度	人	852
初中程度	人	1711
高中程度	人	275
中 专	人	125
大专及以上	人	88
农村住户劳动力就业情况	**人**	
就业劳动力人数	人	3196
#男劳动力人数	人	1694
整劳动力人数	人	2250
受专业培训的人数	人	1098
就业地点	人	
乡 内	人	2995
县内乡外	人	70
省内县外	人	124
国内省外	人	6
国 外	人	1
行业分布	人	
一产业就业劳动力	人	2007
#农 业	人	
林 业	人	
牧 业	人	
渔 业	人	
非农产业就业劳动力	人	
二产业就业劳动力	人	
采矿业	人	59
制造业	人	92
电力煤气及水的生产供应业	人	23
建筑业	人	191
三产业就业劳动力	人	
交通运输仓储及邮电通讯业	人	103
批发和零售贸易	人	119
住宿和餐饮业	人	21
居民服务和其他服务业	人	309
教 育	人	16
卫生、社会保障和社会福利业	人	21
文化、体育和娱乐业	人	10
其 他	人	
年内从事各种行业时间（月）	月	30104
从事农业的时间	月	18594
从事非农产业的时间	月	11511

1-58 城镇居民家庭基本情况（2011年）

指　标	单位	2011年
调查户数	**户**	**1540**
(一)家庭人口数	人	2.83
1.有收入者人数	人	2.02
(1)就业人口数	人	1.37
①国有经济单位职工人数	人	0.54
②城镇集体经济单位职工人数	人	0.06
③其它经济类型单位职工人数	人	0.18
④城镇个体或私营企业主人数	人	0.15
⑤城镇个体或私营企业被雇人数	人	0.21
⑥离退休再就业人数	人	0.01
⑦其它就业人数	人	0.22
(2)离退休人数	人	0.6
(3)其它有收入者人数	人	0.05
2.无收入者人数	人	0.8

1-59 城镇居民家庭人均全年收入来源（2011年）

指　标	单位	2011年
二、家庭总收入	**元**	**23788.32**
其中：可支配收入	元	21965.69
(一)工资性收入	元	13411.6
1.工资及补贴收入	元	13204.53
2.其他劳动收入	元	207.07
(二)经营净收入	元	2018.19
(三)财产性收入	元	2684.66
1.利息收入	元	31.28
2.股息与红利收入	元	117.6
3.保险收益	元	2.38
4.其他投资收入	元	112.32
5.出租房屋收入	元	914.25
6.知识产权收入	元	
7.其他财产性收入	元	1506.84
(四)转移性收入	元	5673.87
1.养老金或离退休金	元	4670.22
2.社会救济收入	元	30.31
其中：最低生活保障收入	元	23.69
3.辞退金	元	1.23
4.赔偿收入	元	269.71
5.保险收入	元	3.03
其中：失业保险金	元	0.05
6.赡养收入	元	152.94
其中：来自城镇居民的赡养收入	元	81.81
7.捐赠收入	元	236.74
其中：来自城镇居民的捐赠收入	元	135.43
8.提取住房公积金	元	48.91
9.记帐补贴	元	101.52
10.其它转移性收入	元	159.26

1-60 城镇居民家庭人均全年消费性支出（2011年）

指　标	单位	2011年
消费支出	**元**	**14105.61**
一、食品	**元**	**5288.87**
(一)粮油类	元	652.82
1.粮食	元	396.2
数量	千克	69.66
(1)大米.单价	元/千克	5.57
数量	千克	42.83
金额	元	238.74
(2)面粉.单价	元/千克	4.67
数量	千克	1.21
金额	元	5.66
(3)其他粮食及制品	元	151.8
数量	千克	25.62
2.淀粉及薯类	元	72.28
数量	千克	18.64
3.干豆类及豆制品	元	40.4
4.油脂类	元	143.93
数量	千克	10.11
(1)食用植物油.单价	元/千克	13.6
数量	千克	9.36
金额	元	127.3
(2)食用动物油	元	16.62
(二)肉禽蛋水产品类	元	1204.33
1.肉类	元	796.71
数量	千克	27.25
(1)猪肉.单价	元/千克	26.11
数量	千克	19.69
金额	元	514.18
(2)牛肉.单价	元/千克	33.4
数量	千克	3.91
金额	元	130.5
(3)羊肉.单价	元/千克	39.24
数量	千克	0.37
金额	元	14.5
(4)其他肉及制品	元	137.55
数量	千克	3.28
2.禽类	元	208.82
数量	千克	8.66
(1)鸡.单价	元/千克	23.28
数量	千克	6.89
金额	元	160.35
(2)鸭.单价	元/千克	20.13
数量	千克	0.23
金额	元	4.59
(3)其他禽类及制品	元	43.88
数量	千克	1.54
3.蛋类	元	66.94
数量	千克	6.36

1-60 续表 1

指　　标	单位	2011年
(1)鲜蛋.单价	元/千克	10.4
数量	千克	5.97
金额	元	62.15
(2)蛋制品	元	4.79
数量	千克	0.39
4.水产品类	元	131.86
(1)鱼.单价	元/千克	16.66
数量	千克	5.14
金额	元	85.69
(2)虾.单价	元/千克	45.7
数量	千克	0.53
金额	元	24.03
(3)其他水产品及制品	元	22.14
数量	千克	0.7
(三)蔬菜类	元	651.29
1.鲜菜.单价	元/千克	4.57
数量	千克	137.32
金额	元	627.39
2.干菜	元	14.88
3.菜制品	元	9.03
(四)调味品	元	61.92
(五)糖烟酒饮料类	元	585.46
1.糖类	元	47.39
2.烟草类	元	404.49
3.酒类	元	72.79
数量	千克	3.68
(1)白酒.单价	元/千克	20.06
数量	千克	2.47
金额	元	49.48
(2)果酒.单价	元/千克	46.98
数量	千克	0.29
金额	元	13.41
(3)啤酒.单价	元/千克	6.35
数量	千克	0.93
金额	元	5.92
(4)其他酒	元	3.98
数量	千克	
4.饮料	元	60.78
(1)碳酸饮料.单价	元/千克	4.68
数量	千克	1.37
金额	元	6.41
(4)瓶装饮用水.单价	元/千克	0.47
数量	千克	42.44
金额	元	19.75
(3)茶叶.单价	元/千克	70.31
数量	千克	0.17
金额	元	12.24

1-60 续表 2

指　　标	单位	2011年
(4)其他饮料	元	22.39
(六)干鲜瓜果类	元	415.82
1.鲜果.单价	元/千克	7.55
数量	千克	39.25
金额	元	296.28
2.鲜瓜.单价	元/千克	4.23
数量	千克	4.38
金额	元	18.52
3.其他干鲜瓜果类及制品	元	101.02
(七)糕点、奶及奶制品	元	399.35
1.糕点.单价	元/千克	21.98
数量	千克	7.47
金额	元	164.12
2.奶及奶制品	元	235.24
(1)鲜乳品.单价	元/千克	8.45
数量	千克	17.56
金额	元	148.3
(2)奶粉.单价	元/千克	147.65
数量	千克	0.23
金额	元	33.78
(3)酸奶.单价	元/千克	9.42
数量	千克	4.21
金额	元	39.65
(4)其他奶制品	元	13.51
(八)其他食品	元	67.36
(九)饮食服务	元	1250.51
1.食品加工服务费	元	0.95
2.在外饮食	元	1249.56
二、衣着	**元**	**1966.15**
(一)服装.单价	元/件	170.85
数量	件	8.18
金额	元	1398.18
(二)衣着材料	元	17.11
(三)鞋类.单价	元/双	185.47
数量	双	2.74
金额	元	508.66
(四)其他衣着用品	元	39
(五)衣着加工服务费	元	3.18
三、居住	**元**	**913.03**
(一)住房	元	293.61
1.租赁房房租	元	100.62
2.住房装潢支出	元	159.12
3.维修用建筑材料	元	19.03
4.其他住房支出	元	14.84
(二)水电燃料及其他	元	539.83
1.水.单价	元/吨	3.15
数量	吨	41.53
金额	元	130.78

1-60 续表 3

指　　标	单位	2011年
2.电.单价	元/度	0.48
数量	度	571.68
金额	元	276.68
3.燃料	元	128.52
(1)煤炭.单价	元/千克	0.84
数量	千克	1.3
金额	元	1.09
(2)罐装液化石油气.单价	元/千克	8.29
数量	千克	5.34
金额	元	44.24
(3)管道液化石油气.单价	元/立方米	13.42
数量	立方米	0.05
金额	元	0.64
(4)管道煤气.单价	元/立方米	1.03
数量	立方米	78.3
金额	元	81.02
(5)管道天然气.单价	元/立方米	4.01
数量	立方米	0.03
金额	元	0.13
(6)柴油.单价	元/升	7.05
数量	升	0.13
金额	元	0.91
(7)其他燃料	元	0.5
4.取暖费	元	
5.其他相关支出	元	3.85
(三)居住服务费	元	79.58
1.物业管理费	元	60.12
2.维修服务费	元	8.8
3.其他居住服务费	元	10.65
四、家庭设备用品及服务	**元**	**640.57**
(一)耐用消费品	元	250.11
1.家具	元	88.56
2.家庭设备	元	161.55
(1)洗衣机.单价	元/台	1732.01
数量	台	3.98
金额	元	24.4
(2)电冰箱.单价	元/台	3287.85
数量	台	2.84
金额	元	33.06
(3)微波炉.单价	元/台	794.39
数量	台	2.47
金额	元	6.94
(4)空调器.单价	元/台	
数量	台	
金额	元	
(5)淋浴热水器.单价	元/台	1967.22
数量	台	3.58
金额	元	24.9

1-60 续表 4

指标	单位	2011年
(6)消毒碗柜.单价	元/台	199
数量	台	0.09
金额	元	0.07
(7)洗碗机.单价	元/台	
数量	台	
金额	元	
(8)其他家庭设备	元	72.19
(二)室内装饰品	元	23.62
(三)床上用品	元	43.61
(四)家庭日用杂品	元	266.07
(五)家具材料	元	0.22
(六)家庭服务	元	56.94
1.家政服务	元	48.68
2.加工维修服务费	元	8.26
五、医疗保健	**元**	**987.55**
(一)医疗器具	元	17.63
(二)保健器具	元	15.24
(三)药品费	元	424.58
(四)滋补保健品	元	112.85
(五)医疗费	元	408.91
(六)其他医疗保健支出	元	8.36
六、交通和通信	**元**	**2070.38**
(一)交通	元	1263.36
1.家庭交通工具	元	495.64
(1)摩托车.单价	元/辆	8177.27
数量	辆	0.32
金额	元	9.32
(2)助力车.单价	元/辆	3086.28
数量	辆	2.24
金额	元	24.41
(3)家用汽车.单价	元/辆	91474.88
数量	辆	1.41
金额	元	457.66
(4)其他交通工具	元	4.25
2.车辆用燃料及零配件	元	480.37
(1)燃料	元	457.99
其中：汽油.单价	元/升	7.35
数量	升	60.54
金额	元	444.69
其中：柴油.单价	元/升	7.35
数量	升	1.71
金额	元	12.59
(2)零配件	元	17.95
(3)其他	元	4.43
3.交通工具服务支出	元	130.19
(1)维修费	元	27.78
(2)车辆使用税费	元	92.19
(3)其他车辆使用费用	元	10.22

1-60 续表 5

指 标	单位	2011年
4.交通费	元	157.17
(1)飞机	元	48.52
(2)火车	元	19.29
(3)长途汽车	元	17.83
(4)市内公共交通	元	53.8
(5)出租汽车费	元	16.11
(6)其他交通费	元	1.63
(二)通信	元	807.01
1.通信工具	元	75.4
(1)电话机.单价	元/部	351.01
数量	部	1.11
金额	元	1.38
(2)移动电话.单价	元/部	1255
数量	部	16.29
金额	元	72.31
(3)其他通信工具	元	1.7
2.通信服务	元	731.62
(1)电信费	元	727.41
其中：上网费	元	186.68
(2)邮费	元	0.91
(3)其他通信服务费	元	3.3
七、教育文化娱乐服务	**元**	**1758.4**
(一)文化娱乐用品	元	324.58
1.彩色电视机.单价	元/台	5359.35
数量	台	3.66
金额	元	69.42
2.家用电脑	元	79.75
(1)购买整机	元/台	4394.62
数量	台	4.64
金额	元	72.16
(2)计算机外部设备	元	4.45
(3)各种零配件及耗材	元	3.15
3.组合音响.单价	元/台	1972.4
数量	台	0.39
金额	元	2.75
4.摄像机.单价	元/架	2592.49
数量	架	0.19
金额	元	1.76
5.照相机.单价	元/架	2289.12
数量	架	2.34
金额	元	18.92
6.钢琴.单价	元/架	20107.11
数量	架	0.19
金额	元	13.74

1-60 续表 6

指　　标	单位	2011年
7.其他中高档乐器.单价	元/件	441.19
数量	件	7.33
金额	元	11.44
8.健身器材.单价	元/件	1292.4
数量	件	0.6
金额	元	2.72
9.电子辞典.单价	元/部	1506.86
数量	部	0.15
金额	元	0.79
10.音像制品及软件	元	3.98
11.体育用品	元	9.2
12.书报杂志	元	29.67
13.纸张文具	元	12.95
14.其他文娱用品	元	67.47
(二)文化娱乐服务	元	869.83
1.参观游览	元	63.68
2.健身活动	元	21.08
3.团体旅游	元	668.44
4.其他文娱活动	元	111.63
5.文娱用品修理服务费	元	4.98
(三)教育	元	563.99
1.教材	元	22.18
(1)课本及参考书	元	19.42
(2)教育软件	元	1.02
(3)其他教材	元	1.74
2.教育费用	元	541.81
(1)非义务教育学杂费	元	95.63
(2)义务教育学杂费	元	18.69
(3)托幼费	元	54.2
(4)成人教育费	元	122.77
(5)家教费	元	28.86
(6)培训班	元	183.86
(7)学校住宿费	元	6.9
(8)其他教育费用	元	30.9
八、其他商品和服务	**元**	**480.67**
(一)其他商品	元	294.13
1.金银珠宝饰品	元	124.91
2.手表.单价	元/只	1081.46
数量	只	0.01
金额	元	12.95
3.理发美容用具	元	2.28
4.化妆品	元	120.2
5.其他杂品	元	33.79
(二)服务	元	186.54
1.旅馆住宿费	元	26.16
2.理发洗澡费	元	16.15
3.美容费	元	103.35
4.其他服务	元	40.88

1-61 城镇居民家庭平均每百户年底耐用消费品拥有量（2011年）

指　　标	单位	2011年
1.摩托车	辆	10.83
2.助力车	辆	29.75
3.家用汽车	辆	29.40
4.洗衣机	台	98.40
5.电冰箱	台	94.93
6.彩色电视机	台	116.68
7.家用电脑	台	72.54
8.组合音响	套	37.94
9.摄像机	架	9.81
10.照相机	架	50.75
11.钢琴	架	2.21
12.其它中高档乐器	件	6.16
13.微波炉	台	72.96
14.空调器	台	1.17
15.淋浴热水器	台	93.99
16.消毒碗柜	台	13.74
17.洗碗机	台	1.30
18.健身器材	套	4.20
19.固定电话	部	49.27
20.移动电话	部	214.47

1-62 城镇居民家庭人均全年主要食品购买情况（2011年）

指　标	单位	2011年
粮食	千克	69.66
油脂	千克	10.11
猪肉	千克	19.69
牛肉	千克	3.91
羊肉	千克	0.37
鸡	千克	6.89
鸭	千克	0.23
蛋	千克	6.36
鱼	千克	5.14
虾	千克	0.53
鲜菜	千克	137.32
白酒	千克	2.47
果酒	千克	0.29
啤酒	千克	0.93
碳酸饮料	千克	1.37
瓶装饮用水	千克	42.44
茶叶	千克	0.17
鲜果	千克	39.25
鲜瓜	千克	4.38
糕点	千克	7.47
鲜奶	千克	17.56
奶粉	千克	0.23
酸奶	千克	4.21

1-63 城镇低收入居民家庭平均每户基本情况（2011年）

指　标	单位	2011年
调查户数	**户**	**287**
(一)家庭人口数	人	3.04
1.有收入者人数	人	1.84
(1)就业人口数	人	1.12
①国有经济单位职工人数	人	0.29
②城镇集体经济单位职工人数	人	0.05
③其它经济类型单位职工人数	人	0.12
④城镇个体或私营企业主人数	人	0.11
⑤城镇个体或私营企业被雇人数	人	0.27
⑥离退休再就业人数	人	
⑦其它就业人数	人	0.27
(2)离退休人数	人	0.6
(3)其它有收入者人数	人	0.12
2.无收入者人数	人	1.2
(二)在外就学人数	人	0.07
(三)非家庭人口在家用餐	人次	2.04
(四) 家庭人口在外用餐	人次	12.33

1-64 城镇低收入居民家庭人均全年收入来源（2011年）

指 标	单位	2011年
可支配收入	**元**	**9241.17**
总收入	**元**	**10302.86**
(一)工资性收入	元	5818.99
1.工资及补贴收入	元	5571.34
2.其它劳动收入	元	247.66
(二)经营性收入	元	705.57
(三)财产性收入	元	194.51
1.利息收入	元	11.01
2.股息与红利收入	元	10.61
3.保险收益	元	0.25
4.其它投资收入	元	6.91
5.出租房屋收入	元	86.5
6.知识产权收入	元	
7.其它财产性收入	元	79.22
(四)转移性收入	元	3583.79
1.养老金或离退休金	元	3128.14
2.社会救济收入	元	109.03
其中：最低生活保障收入	元	93.41
3.辞退金	元	
4.赔偿收入	元	0.18
5.保险收入	元	1.83
其中：失业保险金	元	0.25
6.赡养收入	元	88.47
7.捐赠收入	元	139.69
8.提取住房公积金	元	
9.记帐补贴	元	97.38
10.其它转移性收入	元	19.07

1-65 城镇低收入居民家庭人均全年消费性支出（2011年）

指　标	单位	2011年
消费性支出	**元**	**8150.76**
一、食品	**元**	**3837.67**
(一)粮油类	元	604.74
1.粮食	元/千克	365.41
(1)大米.单价	千克	5.46
数量	元	43.37
金额	元/千克	236.88
(2)面粉.单价	千克	4.83
数量	元	0.91
金额	元	4.41
(3)其它粮食及制品	元	124.12
2.淀粉及薯类	元	64.14
3.干豆类及豆制品	元	40.69
4.油脂类	元/千克	134.49
(1)食用植物油.单价	千克	13.2
数量	元	8.92
金额	元	117.83
(2)食用动物油	元	16.66
(二)肉禽蛋水产品类	元	1015.87
1.肉类	元/千克	688.67
(1)猪肉.单价	千克	25.8
数量	元	18.09
金额	元/千克	466.89
(2)牛肉.单价	千克	33.01
数量	元	3.6
金额	元/千克	118.77
(3)羊肉.单价	千克	39.05
数量	元	0.35
金额	元	13.79
(4)其它肉及制品	元	89.21
2.禽类	元/千克	169.87
(1)鸡.单价	千克	22.33
数量	元	6.05
金额	元/千克	135.12
(2)鸭.单价	千克	21.18
数量	元	0.19
金额	元	4.1
(3)其它禽类及制品	元	30.65
3.蛋类	元/千克	59.46
(1)鲜蛋.单价	千克	10.24
数量	元	5.48
金额	元	56.13
(2)蛋制品	元	3.33
4.水产品类	元/千克	97.86
(1)鱼.单价	千克	16.37
数量	元	4.32
金额	元/千克	70.76

1-65 续表 1

指　标	单位	2011年
(2)虾.单价	千克	42.19
数量	元	0.28
金额	元	11.91
(3)其它水产品及制品	元	15.2
(三)蔬菜类	元/千克	556.99
1.鲜菜.单价	千克	4.14
数量	元	129.52
金额	元	535.98
2.干菜	元	13.46
3.菜制品	元	7.54
(四)调味品	元	53.21
(五)糖烟酒饮料类	元	370.47
1.糖类	元	32.75
2.烟草类	元	258.01
3.酒类	元/千克	41.78
(1)白酒.单价	千克	14.48
数量	元	2.09
金额	元/千克	30.2
(2)果酒.单价	千克	49.87
数量	元	0.14
金额	元/千克	6.86
(3)啤酒.单价	千克	6.35
数量	元	0.5
金额	元	3.15
(4)其它酒	元	1.56
4.饮料	元/千克	37.94
(1)碳酸饮料.单价	千克	4.55
数量	元	0.9
金额	元/千克	4.1
(4)瓶装饮用水.单价	千克	0.41
数量	元	32.91
金额	元/千克	13.38
(3)茶叶.单价	千克	46.37
数量	元	0.14
金额	元	6.34
(4)其它饮料	元	14.12
(六)干鲜瓜果类	元/千克	276.16
1.鲜果.单价	千克	6.77
数量	元	29.08
金额	元/千克	196.82
2.鲜瓜.单价	千克	3.95
数量	元	3.32
金额	元	13.13
3.其它干鲜瓜果类及制品	元	66.21

1-65 续表 2

指　　标	单位	2011年
(七)糕点、奶及奶制品	元/千克	275.91
1.糕点.单价	千克	20.37
数量	元	5.13
金额	元	104.42
2.奶及奶制品	元/千克	171.48
(1)鲜乳品.单价	千克	8.1
数量	元	14.82
金额	元/千克	120.04
(2)奶粉.单价	千克	125.01
数量	元	0.15
金额	元/千克	18.15
(3)酸奶.单价	千克	9.08
数量	元	2.81
金额	元	25.49
(4)其它奶制品	元	7.81
(八)其它食品	元	26.1
(九)饮食服务	元	658.23
1.食品加工服务费	元	0.7
2.在外饮食	元	657.53
二、衣着	**元/件**	**998.72**
(一)服装.单价	件	106.8
数量	元	6.19
金额	元	661.36
(二)衣着材料	元/双	11.33
(三)鞋类.单价	双	152.82
数量	元	2.02
金额	元	308.85
(四)其它衣着用品	元	15.78
(五)衣着加工服务费	元	1.4
三、居住	**元**	**490.15**
(一)住房	元	60.52
1.租赁房房租	元	55.76
2.住房装潢支出	元	1.37
3.维修用建筑材料	元	0.48
4.其它住房支出	元	2.92
(二)水电燃料及其它	元/吨	400.03
1.水.单价	吨	3.12
数量	元	28.58
金额	元/度	89.19
2.电.单价	度	0.48
数量	元	432.68
金额	元	208.07
3.燃料	元/千克	102.03
(1)煤炭.单价	千克	0.66
数量	元	1.76
金额	元/千克	1.17

1-65 续表 3

指 标	单位	2011年
(2)罐装液化石油气.单价	千克	8.28
数量	元	4.62
金额	元/立方米	38.24
(3)管道液化石油气.单价	立方米	19.07
数量	元	0.03
金额	元/立方米	0.56
(4)管道煤气.单价	立方米	1.08
数量	元	57.6
金额	元/立方米	61.97
(5)管道天然气.单价	立方米	
数量	元	
金额	元/升	
(6)柴油.单价	升	
数量	元	
金额	元	
(7)其它燃料	元	0.1
4.取暖费	元	
5.其它相关支出	元	0.74
(三)居住服务费	元	29.59
1.物业管理费	元	23.37
2.维修服务费	元	1.74
3.其它居住服务费	元	4.48
四、家庭设备用品及服务	**元**	**272.27**
(一)耐用消费品	元	83.73
1.家具	元	13.21
2.家庭设备	元/台	70.52
(1)洗衣机.单价	台	1168.02
数量	元	3
金额	元/台	11.51
(2)电冰箱.单价	台	2122.83
数量	元	0.63
金额	元/台	4.37
(3)微波炉.单价	台	577.98
数量	元	1.84
金额	元/台	3.51
(4)空调器.单价	台	
数量	元	
金额	元/台	
(5)淋浴热水器.单价	台	2051.02
数量	元	1.91
金额	元/台	12.88
(6)消毒碗柜.单价	台	
数量	元	
金额	元/台	
(7)洗碗机.单价	台	
数量	元	
金额	元	

1-65 续表 4

指　　标	单位	2011年
(8)其它家庭设备	元	38.25
(二)室内装饰品	元	1.02
(三)床上用品	元	20.82
(四)家庭日用杂品	元	147.84
(五)家具材料	元	0.16
(六)家庭服务	元	18.7
1.家政服务	元	10.26
2.加工维修服务费	元	8.44
五、医疗保健	**元**	**606.1**
(一)医疗器具	元	2.22
(二)保健器具	元	2.75
(三)药品费	元	276.38
(四)滋补保健品	元	39.05
(五)医疗费	元	283.26
(六)其它医疗保健支出	元	2.43
六、交通和通讯	**元**	**991.61**
(一)交通	元	478.13
1.家庭交通工具	元/辆	206.53
(1)摩托车.单价	辆	12164.54
数量	元	0.59
金额	元/辆	23.55
(2)助力车.单价	辆	3407.2
数量	元	2
金额	元/辆	22.38
(3)家用汽车.单价	辆	105000
数量	元	0.46
金额	元	159.88
(3)其它交通工具	元	0.72
2.车辆用燃料及零配件	元	148.43
(1)燃料	元/升	144.16
其中：汽油.单价	升	7.31
数量	元	19.43
金额	元/升	142.1
其中：柴油.单价	升	6.96
数量	元	0.27
金额	元	1.85
(2)零配件	元	3.97
(3)其它	元	0.3
3.交通工具服务支出	元	36.78
(1)维修费	元	6.14
(2)车辆使用税费	元	25.96
(3)其它车辆使用费用	元	4.67
4.交通费	元	86.39
(1)飞机	元	22.75

1-65 续表 5

指　　标	单位	2011年
(2)火车	元	3.43
(3)长途汽车	元	9.47
(4)市内公共交通	元	41.87
(5)出租汽车费	元	7.56
(6)其它交通费	元	1.31
(二)通信	元	513.49
1.通信工具	元/部	25.36
(1)电话机.单价	部	780
数量	元	0.46
金额	元/部	1.19
(2)移动电话.单价	部	893.67
数量	元	7.99
金额	元	23.5
(4)其它通信工具	元	0.67
2.通信服务	元	488.12
(1)电信费	元	485.4
其中：上网费	元	111.73
(2)邮费	元	0.22
(3)其它通信服务费	元	2.5
七、教育文化娱乐服务	**元**	**832.7**
(一)文化娱乐用品	元/台	129.86
1.彩色电视机.单价	台	3791.72
数量	元	1.23
金额	元	15.3
2.家用电脑	元/台	37.36
(1)购买整机	台	3294.49
数量	元	2.94
金额	元	31.9
(2)计算机外部设备	元	4.83
(3)各种零配件及耗材	元/台	0.64
3.组合音响.单价	台	360
数量	元	0.52
金额	元/架	0.62
4.摄像机.单价	架	
数量	元	
金额	元/架	
5.照相机.单价	架	4665.51
数量	元	0.98
金额	元/架	15.02
6.钢琴.单价	架	
数量	元	
金额	元/件	
7.其它中高档乐器.单价	件	396.67
数量	元	1.39
金额	元/件	1.81

1-65 续表 6

指　　标	单位	2011年
8.健身器材.单价	件	
数量	元	
金额	元/部	
9.电子辞典.单价	部	
数量	元	
金额	元	
10.音像制品及软件	元	2.3
11.体育用品	元	1.6
12.书报杂志	元	13.69
13.纸张文具	元	9.21
14.其它文娱用品	元	32.95
(二)文化娱乐服务	元	320.75
1.参观游览	元	25.36
2.健身活动	元	13.72
3.团体旅游	元	237.36
4.其它文娱活动	元	42.51
5.文娱用品修理服务费	元	1.8
(三)教育	元	382.09
1.教材	元	16.49
(1)课本及参考书	元	15.93
(2)教育软件	元	0.48
(3)其它教材	元	0.08
2.教育费用	元	365.61
(1)非义务教育学杂费	元	111.01
(2)义务教育学杂费	元	17.47
(3)托幼费	元	63.64
(4)成人教育费	元	40.14
(5)家教费	元	18
(6)培训班	元	92.69
(7)学校住宿费	元	8.39
(8)其它教育费用	元	14.27
八、其它商品和服务	**元**	**121.55**
(一)其它商品	元	68.92
1.金银珠宝饰品	元/只	9.53
2.手表.单价	只	287.53
数量	元	
金额	元	1.23
3.理发美容用具	元	1.85
4.化妆品	元	46.34
5.其它杂品	元	9.98
(二)服务	元	52.63
1.旅馆住宿费	元	4.44
2.理发洗澡费	元	10.29
3.美容费	元	29.99
4.其它服务	元	7.92

1-66 城镇中低收入居民家庭平均每户基本情况（2011年）

指　　标	单位	2011年
调查户数	**户**	**288**
(一)家庭人口数	人	2.98
1.有收入者人数	人	2.06
(1)就业人口数	人	1.34
①国有经济单位职工人数	人	0.4
②城镇集体经济单位职工人数	人	0.09
③其它经济类型单位职工人数	人	0.21
④城镇个体或私营企业主人数	人	0.13
⑤城镇个体或私营企业被雇人数	人	0.21
⑥离退休再就业人数	人	
⑦其它就业人数	人	0.29
(2)离退休人数	人	0.68
(3)其它有收入者人数	人	0.05
2.无收入者人数	人	0.92
(二)在外就学人数	人	0.04
(三)非家庭人口在家用餐	人次	2.83
(四) 家庭人口在外用餐	人次	13.64

1-67 城镇中低收入居民家庭人均全年收入来源（2011年）

指　　标	单位	2011年
可支配收入	**元**	**15081.30**
总收入	**元**	**16488.93**
(一)工资性收入	元	9663
1.工资及补贴收入	元	9481.78
2.其它劳动收入	元	181.22
(二)经营性收入	元	1245.18
(三)财产性收入	元	1251.62
1.利息收入	元	27.82
2.股息与红利收入	元	118.44
3.保险收益	元	
4.其它投资收入	元	0.15
5.出租房屋收入	元	826.27
6.知识产权收入	元	
7.其它财产性收入	元	278.95
(四)转移性收入	元	4329.14
1.养老金或离退休金	元	3938.22
2.社会救济收入	元	25.19
其中：最低生活保障收入	元	18.15
3.辞退金	元	
4.赔偿收入	元	
5.保险收入	元	
其中：失业保险金	元	
6.赡养收入	元	70.59
7.捐赠收入	元	184.99
8.提取住房公积金	元	
9.记帐补贴	元	99.29
10.其它转移性收入	元	10.86

1-68 城镇中低收入居民家庭人均全年消费性支出（2011年）

指　　标	单位	2011年
消费性支出	**元**	**11286.21**
一、食品	**元**	**4854.09**
(一)粮油类	元	673.09
1.粮食	元	414.54
(1)大米.单价	元/千克	5.58
数量	千克	45.43
金额	元	253.55
(2)面粉.单价	元/千克	4.87
数量	千克	1.81
金额	元	8.81
(3)其它粮食及制品	元	152.18
2.淀粉及薯类	元	75.7
3.干豆类及豆制品	元	42.9
4.油脂类	元	139.96
(1)食用植物油.单价	元/千克	13.49
数量	千克	9.17
金额	元	123.7
(2)食用动物油	元	16.25
(二)肉禽蛋水产品类	元	1213.32
1.肉类	元	785.12
(1)猪肉.单价	元/千克	26.05
数量	千克	19.32
金额	元	503.36
(2)牛肉.单价	元/千克	33.64
数量	千克	4.09
金额	元	137.56
(3)羊肉.单价	元/千克	38.35
数量	千克	0.42
金额	元	16.08
(4)其它肉及制品	元	128.12
2.禽类	元	223.95
(1)鸡.单价	元/千克	23.33
数量	千克	7.32
金额	元	170.84
(2)鸭.单价	元/千克	18.88
数量	千克	0.24
金额	元	4.56
(3)其它禽类及制品	元	48.55
3.蛋类	元	64.62
(1)鲜蛋.单价	元/千克	10.56
数量	千克	5.7
金额	元	60.17
(2)蛋制品	元	4.45
4.水产品类	元	139.63
(1)鱼.单价	元/千克	16.62
数量	千克	5.68
金额	元	94.42

1-68　续表 1

指　　标	单位	2011年
(2)虾.单价	元/千克	42.28
数量	千克	0.52
金额	元	21.84
(3)其它水产品及制品	元	23.37
(三)蔬菜类	元	652.23
1.鲜菜.单价	元/千克	4.48
数量	千克	140.21
金额	元	628.13
2.干菜	元	15.54
3.菜制品	元	8.56
(四)调味品	元	56.86
(五)糖烟酒饮料类	元	525.27
1.糖类	元	44.98
2.烟草类	元	365.36
3.酒类	元	61.55
(1)白酒.单价	元/千克	15.93
数量	千克	2.75
金额	元	43.82
(2)果酒.单价	元/千克	39.56
数量	千克	0.3
金额	元	12.05
(3)啤酒.单价	元/千克	6.22
数量	千克	0.74
金额	元	4.6
(4)其它酒	元	1.09
4.饮料	元	53.38
(1)碳酸饮料.单价	元/千克	4.42
数量	千克	1.15
金额	元	5.09
(4)瓶装饮用水.单价	元/千克	0.49
数量	千克	37.98
金额	元	18.77
(3)茶叶.单价	元/千克	61.1
数量	千克	0.13
金额	元	8.04
(4)其它饮料	元	21.47
(六)干鲜瓜果类	元	392.63
1.鲜果.单价	元/千克	7.51
数量	千克	36.8
金额	元	276.52
2.鲜瓜.单价	元/千克	4.25
数量	千克	4.19
金额	元	17.81
3.其它干鲜瓜果类及制品	元	98.3

1-68 续表 2

指　标	单位	2011年
(七)糕点、奶及奶制品	元	360.17
1.糕点.单价	元/千克	21.4
数量	千克	7.24
金额	元	154.96
2.奶及奶制品	元	205.2
(1)鲜乳品.单价	元/千克	8.48
数量	千克	15.89
金额	元	134.71
(2)奶粉.单价	元/千克	113.64
数量	千克	0.21
金额	元	24.1
(3)酸奶.单价	元/千克	9.44
数量	千克	3.49
金额	元	32.98
(4)其它奶制品	元	13.41
(八)其它食品	元	62.59
(九)饮食服务	元	917.93
1.食品加工服务费	元	1.11
2.在外饮食	元	916.83
二、衣着	**元**	**1448.33**
(一)服装.单价	元/件	137.34
数量	件	7.37
金额	元	1012.55
(二)衣着材料	元	14.48
(三)鞋类.单价	元/双	161.09
数量	双	2.43
金额	元	391.25
(四)其它衣着用品	元	28.18
(五)衣着加工服务费	元	1.87
三、居住	**元**	**751.73**
(一)住房	元	155.27
1.租赁房房租	元	62.74
2.住房装潢支出	元	84.92
3.维修用建筑材料	元	7.2
4.其它住房支出	元	0.41
(二)水电燃料及其它	元	552.32
1.水.单价	元/吨	3.19
数量	吨	41.63
金额	元	132.61
2.电.单价	元/度	0.48
数量	度	582.19
金额	元	281.07
3.燃料	元	132.56
(1)煤炭.单价	元/千克	0.72
数量	千克	1.92
金额	元	1.37

1-68 续表 3

指 标	单位	2011年
(2)罐装液化石油气.单价	元/千克	8.23
数量	千克	6.05
金额	元	49.8
(3)管道液化石油气.单价	元/立方米	18.77
数量	立方米	0.11
金额	元	2.1
(4)管道煤气.单价	元/立方米	1.06
数量	立方米	73.29
金额	元	78.04
(5)管道天然气.单价	元/立方米	4.02
数量	立方米	0.02
金额	元	0.08
(6)柴油.单价	元/升	7.38
数量	升	0.09
金额	元	0.68
(7)其它燃料	元	0.48
4.取暖费	元	
5.其它相关支出	元	6.08
(三)居住服务费	元	44.15
1.物业管理费	元	31.78
2.维修服务费	元	6.34
3.其它居住服务费	元	6.03
四、家庭设备用品及服务	**元**	**452.72**
(一)耐用消费品	元	162.91
1.家具	元	60.48
2.家庭设备	元	102.43
(1)洗衣机.单价	元/台	1200.37
数量	台	2.2
金额	元	8.86
(2)电冰箱.单价	元/台	2207.94
数量	台	2.04
金额	元	15.08
(3)微波炉.单价	元/台	587.86
数量	台	1.45
金额	元	2.86
(4)空调器.单价	元/台	
数量	台	
金额	元	
(5)淋浴热水器.单价	元/台	1780.29
数量	台	4.02
金额	元	24.03
(6)消毒碗柜.单价	元/台	
数量	台	
金额	元	
(7)洗碗机.单价	元/台	
数量	台	
金额	元	

1-68 续表 4

指　　标	单位	2011年
(8)其它家庭设备	元	51.6
(二)室内装饰品	元	17.13
(三)床上用品	元	26.31
(四)家庭日用杂品	元	217.25
(五)家具材料	元	0.03
(六)家庭服务	元	29.11
1.家政服务	元	22.54
2.加工维修服务费	元	6.57
五、医疗保健	**元**	**884.75**
(一)医疗器具	元	3.99
(二)保健器具	元	5.64
(三)药品费	元	455.25
(四)滋补保健品	元	70.6
(五)医疗费	元	347.79
(六)其它医疗保健支出	元	1.49
六、交通和通讯	**元**	**1449.66**
(一)交通	元	780.55
1.家庭交通工具	元	292.09
(1)摩托车.单价	元/辆	4185.09
数量	辆	0.49
金额	元	6.85
(2)助力车.单价	元/辆	3078.16
数量	辆	2.18
金额	元	22.55
(3)家用汽车.单价	元/辆	72851.58
数量	辆	1.06
金额	元	258.39
(3)其它交通工具	元	4.3
2.车辆用燃料及零配件	元	259.23
(1)燃料	元	250.36
其中：汽油.单价	元/升	7.36
数量	升	33.85
金额	元	249.11
其中：柴油.单价	元/升	7.41
数量	升	0.16
金额	元	1.17
(2)零配件	元	6.96
(3)其它	元	1.91
3.交通工具服务支出	元	77.6
(1)维修费	元	22.35
(2)车辆使用税费	元	51.18
(3)其它车辆使用费用	元	4.07
4.交通费	元	151.63
(1)飞机	元	25.57

1-68 续表 5

指　　标	单位	2011年
(2)火车	元	30.62
(3)长途汽车	元	20.31
(4)市内公共交通	元	60.87
(5)出租汽车费	元	13.14
(6)其它交通费	元	1.11
(二)通信	元	669.11
1.通信工具	元	48.07
(1)电话机.单价	元/部	370
数量	部	0.28
金额	元	0.35
(2)移动电话.单价	元/部	939.2
数量	部	15.04
金额	元	47.38
(4)其它通信工具	元	0.33
2.通信服务	元	621.04
(1)电信费	元	617.26
其中：上网费	元	133.28
(2)邮费	元	0.77
(3)其它通信服务费	元	3.01
七、教育文化娱乐服务	**元**	**1172.67**
(一)文化娱乐用品	元	195.86
1.彩色电视机.单价	元/台	4266.34
数量	台	2.93
金额	元	41.86
2.家用电脑	元	50.28
(1)购买整机	元/台	4554.5
数量	台	2.96
金额	元	45.26
(2)计算机外部设备	元	1.49
(3)各种零配件及耗材	元	3.54
3.组合音响.单价	元/台	
数量	台	
金额	元	
4.摄像机.单价	元/架	
数量	架	
金额	元	
5.照相机.单价	元/架	1752.26
数量	架	1.62
金额	元	9.5
6.钢琴.单价	元/架	
数量	架	
金额	元	
7.其它中高档乐器.单价	元/件	480.1
数量	件	1.33
金额	元	2.15

1-68 续表 6

指　　标	单位	2011年
8.健身器材.单价	元/件	
数量	件	
金额	元	
9.电子辞典.单价	元/部	707.3
数量	部	
金额	元	0.34
10.音像制品及软件	元	2.28
11.体育用品	元	5.08
12.书报杂志	元	23.68
13.纸张文具	元	12.96
14.其它文娱用品	元	47.72
(二)文化娱乐服务	元	535.7
1.参观游览	元	60.97
2.健身活动	元	8.69
3.团体旅游	元	380.68
4.其它文娱活动	元	80.04
5.文娱用品修理服务费	元	5.32
(三)教育	元	441.12
1.教材	元	23.97
(1)课本及参考书	元	20.28
(2)教育软件	元	1.06
(3)其它教材	元	2.63
2.教育费用	元	417.15
(1)非义务教育学杂费	元	53.41
(2)义务教育学杂费	元	23.55
(3)托幼费	元	55.33
(4)成人教育费	元	122.8
(5)家教费	元	12.67
(6)培训班	元	133.83
(7)学校住宿费	元	4.16
(8)其它教育费用	元	11.4
八、其它商品和服务	**元**	**272.26**
(一)其它商品	元	140.9
1.金银珠宝饰品	元	37.33
2.手表.单价	元/只	122.76
数量	只	0.01
金额	元	1.2
3.理发美容用具	元	1.44
4.化妆品	元	80.99
5.其它杂品	元	19.94
(二)服务	元	131.36
1.旅馆住宿费	元	20.66
2.理发洗澡费	元	11.73
3.美容费	元	53.6
4.其它服务	元	45.37

1-69 城镇中等收入居民家庭平均每户基本情况（2011年）

指　　标	单位	2011年
调查户数	**户**	**289**
(一)家庭人口数	人	2.91
1.有收入者人数	人	2.14
(1)就业人口数	人	1.44
①国有经济单位职工人数	人	0.55
②城镇集体经济单位职工人数	人	0.06
③其它经济类型单位职工人数	人	0.24
④城镇个体或私营企业主人数	人	0.14
⑤城镇个体或私营企业被雇人数	人	0.28
⑥离退休再就业人数	人	0.01
⑦其它就业人数	人	0.16
(2)离退休人数	人	0.67
(3)其它有收入者人数	人	0.04
2.无收入者人数	人	0.76
(二)在外就学人数	人	0.08
(三)非家庭人口在家用餐	人次	2.14
(四) 家庭人口在外用餐	人次	14.55

1-70 城镇中等收入居民家庭人均全年收入来源（2011年）

指　　标	单位	2011年
可支配收入	**元**	**19754.17**
总收入	**元**	**21444.08**
(一)工资性收入	元	13463.88
1.工资及补贴收入	元	13298.38
2.其它劳动收入	元	165.5
(二)经营性收入	元	1735.64
(三)财产性收入	元	1085.22
1.利息收入	元	26.58
2.股息与红利收入	元	66.97
3.保险收益	元	
4.其它投资收入	元	2.79
5.出租房屋收入	元	540.37
6.知识产权收入	元	
7.其它财产性收入	元	448.51
(四)转移性收入	元	5159.34
1.养老金或离退休金	元	4530.34
2.社会救济收入	元	0.94
其中：最低生活保障收入	元	0.94
3.辞退金	元	6.03
4.赔偿收入	元	0.89
5.保险收入	元	0.09
其中：失业保险金	元	
6.赡养收入	元	247.28
7.捐赠收入	元	233.63
8.提取住房公积金	元	
9.记帐补贴	元	97.99
10.其它转移性收入	元	42.15

1-71 城镇中等收入居民家庭人均全年消费性支出（2011年）

指　　标	单位	2011年
消费性支出	元	13837.79
一、食品	**元**	**5256.18**
(一)粮油类	元	636.32
1.粮食	元	394.44
(1)大米.单价	元/千克	5.6
数量	千克	42.36
金额	元	237.07
(2)面粉.单价	元/千克	4.26
数量	千克	0.89
金额	元	3.79
(3)其它粮食及制品	元	153.57
2.淀粉及薯类	元	67.62
3.干豆类及豆制品	元	37.83
4.油脂类	元	136.44
(1)食用植物油.单价	元/千克	13.51
数量	千克	9.24
金额	元	124.87
(2)食用动物油	元	11.57
(二)肉禽蛋水产品类	元	1255.52
1.肉类	元	834.43
(1)猪肉.单价	元/千克	26.24
数量	千克	20.63
金额	元	541.34
(2)牛肉.单价	元/千克	33.53
数量	千克	4.18
金额	元	140.07
(3)羊肉.单价	元/千克	42
数量	千克	0.23
金额	元	9.77
(4)其它肉及制品	元	143.25
2.禽类	元	216.17
(1)鸡.单价	元/千克	23.52
数量	千克	7.03
金额	元	165.3
(2)鸭.单价	元/千克	20
数量	千克	0.22
金额	元	4.42
(3)其它禽类及制品	元	46.44
3.蛋类	元	65.18
(1)鲜蛋.单价	元/千克	10.35
数量	千克	5.74
金额	元	59.42
(2)蛋制品	元	5.75
4.水产品类	元	139.74
(1)鱼.单价	元/千克	16.58
数量	千克	5.34
金额	元	88.57

1-71 续表 1

指　标	单位	2011年
(2)虾.单价	元/千克	46.23
数量	千克	0.63
金额	元	29.01
(3)其它水产品及制品	元	22.17
(三)蔬菜类	元	633.71
1.鲜菜.单价	元/千克	4.69
数量	千克	129.9
金额	元	608.8
2.干菜	元	15.1
3.菜制品	元	9.8
(四)调味品	元	58.91
(五)糖烟酒饮料类	元	546.36
1.糖类	元	50.19
2.烟草类	元	377.21
3.酒类	元	59.88
(1)白酒.单价	元/千克	19.36
数量	千克	2.07
金额	元	40.07
(2)果酒.单价	元/千克	45.39
数量	千克	0.29
金额	元	13.2
(3)啤酒.单价	元/千克	5.86
数量	千克	0.89
金额	元	5.19
(4)其它酒	元	1.42
4.饮料	元	59.08
(1)碳酸饮料.单价	元/千克	4.76
数量	千克	1.39
金额	元	6.59
(4)瓶装饮用水.单价	元/千克	0.47
数量	千克	47.26
金额	元	22.08
(3)茶叶.单价	元/千克	72.77
数量	千克	0.16
金额	元	12
(4)其它饮料	元	18.4
(六)干鲜瓜果类	元	443.5
1.鲜果.单价	元/千克	7.68
数量	千克	41.33
金额	元	317.54
2.鲜瓜.单价	元/千克	4.36
数量	千克	4.37
金额	元	19.04
3.其它干鲜瓜果类及制品	元	106.92

1-71 续表 2

指 标	单位	2011年
(七)糕点、奶及奶制品	元	444.53
1.糕点.单价	元/千克	21.08
数量	千克	8.35
金额	元	175.98
2.奶及奶制品	元	268.55
(1)鲜乳品.单价	元/千克	8.45
数量	千克	18.94
金额	元	160.04
(2)奶粉.单价	元/千克	162.94
数量	千克	0.33
金额	元	53.55
(3)酸奶.单价	元/千克	9.45
数量	千克	4.38
金额	元	41.4
(4)其它奶制品	元	13.55
(八)其它食品	元	59.88
(九)饮食服务	元	1177.45
1.食品加工服务费	元	0.56
2.在外饮食	元	1176.88
二、衣着	**元**	**1852.07**
(一)服装.单价	元/件	162.75
数量	件	8.08
金额	元	1314.5
(二)衣着材料	元	16.13
(三)鞋类.单价	元/双	182.35
数量	双	2.65
金额	元	483.29
(四)其它衣着用品	元	35.52
(五)衣着加工服务费	元	2.64
三、居住	**元**	**792.83**
(一)住房	元	252.91
1.租赁房房租	元	161.01
2.住房装潢支出	元	86.05
3.维修用建筑材料	元	3.52
4.其它住房支出	元	2.33
(二)水电燃料及其它	元	480.4
1.水.单价	元/吨	3.07
数量	吨	37.93
金额	元	116.35
2.电.单价	元/度	0.49
数量	度	482.87
金额	元	234.41
3.燃料	元	127.86
(1)煤炭.单价	元/千克	0.56
数量	千克	0.77
金额	元	0.43

1-71 续表 3

指　标	单位	2011年
(2)罐装液化石油气.单价	元/千克	8.27
数量	千克	5.28
金额	元	43.7
(3)管道液化石油气.单价	元/立方米	8.2
数量	立方米	0.04
金额	元	0.32
(4)管道煤气.单价	元/立方米	1.02
数量	立方米	78.92
金额	元	80.5
(5)管道天然气.单价	元/立方米	
数量	立方米	
金额	元	
(6)柴油.单价	元/升	6.85
数量	升	0.29
金额	元	1.96
(7)其它燃料	元	0.96
4.取暖费	元	
5.其它相关支出	元	1.78
(三)居住服务费	元	59.53
1.物业管理费	元	45.85
2.维修服务费	元	3.95
3.其它居住服务费	元	9.72
四、家庭设备用品及服务	**元**	**571.25**
(一)耐用消费品	元	220.24
1.家具	元	63.89
2.家庭设备	元	156.35
(1)洗衣机.单价	元/台	2452.43
数量	台	2.65
金额	元	22.33
(2)电冰箱.单价	元/台	2472.47
数量	台	1.9
金额	元	16.16
(3)微波炉.单价	元/台	807.56
数量	台	3.11
金额	元	8.64
(4)空调器.单价	元/台	
数量	台	
金额	元	
(5)淋浴热水器.单价	元/台	2695.94
数量	台	3.02
金额	元	27.99
(6)消毒碗柜.单价	元/台	199
数量	台	0.47
金额	元	0.32
(7)洗碗机.单价	元/台	
数量	台	
金额	元	

1-71 续表 4

指 标	单位	2011年
(8)其它家庭设备	元	80.91
(二)室内装饰品	元	13.25
(三)床上用品	元	36.84
(四)家庭日用杂品	元	268.8
(五)家具材料	元	0.69
(六)家庭服务	元	31.43
1.家政服务	元	22.42
2.加工维修服务费	元	9.01
五、医疗保健	**元**	**1056.24**
(一)医疗器具	元	49.54
(二)保健器具	元	10.93
(三)药品费	元	474.25
(四)滋补保健品	元	84.34
(五)医疗费	元	433.69
(六)其它医疗保健支出	元	3.48
六、交通和通讯	**元**	**2278.53**
(一)交通	元	1480.16
1.家庭交通工具	元	719.92
(1)摩托车.单价	元/辆	9280
数量	辆	0.12
金额	元	3.67
(2)助力车.单价	元/辆	3059.48
数量	辆	3.01
金额	元	31.71
(3)家用汽车.单价	元/辆	90494.5
数量	辆	2.18
金额	元	679.24
(3)其它交通工具	元	5.29
2.车辆用燃料及零配件	元	464.73
(1)燃料	元	446.56
其中：汽油.单价	元/升	7.36
数量	升	59.81
金额	元	439.9
其中：柴油.单价	元/升	7.45
数量	升	0.79
金额	元	5.9
(2)零配件	元	14.47
(3)其它	元	3.7
3.交通工具服务支出	元	142.28
(1)维修费	元	33.06
(2)车辆使用税费	元	94.39
(3)其它车辆使用费用	元	14.82
4.交通费	元	153.24
(1)飞机	元	27.03

1-71 续表 5

指　　标	单位	2011年
(2)火车	元	26.75
(3)长途汽车	元	21.2
(4)市内公共交通	元	61.2
(5)出租汽车费	元	14.19
(6)其它交通费	元	2.87
(二)通信	元	798.37
1.通信工具	元	74.03
(1)电话机.单价	元/部	1037.32
数量	部	0.73
金额	元	2.62
(2)移动电话.单价	元/部	1143.63
数量	部	17.53
金额	元	68.97
(4)其它通信工具	元	2.45
2.通信服务	元	724.34
(1)电信费	元	720.58
其中：上网费	元	201.97
(2)邮费	元	1
(3)其它通信服务费	元	2.77
七、教育文化娱乐服务	**元**	**1654.68**
(一)文化娱乐用品	元	299.25
1.彩色电视机.单价	元/台	5201.03
数量	台	3.48
金额	元	62.18
2.家用电脑	元	68.93
(1)购买整机	元/台	4859.11
数量	台	3.81
金额	元	63.61
(2)计算机外部设备	元	4.01
(3)各种零配件及耗材	元	1.3
3.组合音响.单价	元/台	3143.81
数量	台	1.01
金额	元	10.94
4.摄像机.单价	元/架	4798
数量	架	0.46
金额	元	7.53
5.照相机.单价	元/架	1794.46
数量	架	2.71
金额	元	16.74
6.钢琴.单价	元/架	17800
数量	架	0.12
金额	元	7.04
7.其它中高档乐器.单价	元/件	1825.16
数量	件	2.43
金额	元	15.24

1-71 续表 6

指　　标	单位	2011年
8.健身器材.单价	元/件	
数量	件	
金额	元	
9.电子辞典.单价	元/部	1490
数量	部	0.45
金额	元	2.32
10.音像制品及软件	元	2.54
11.体育用品	元	7.06
12.书报杂志	元	31.3
13.纸张文具	元	12.97
14.其它文娱用品	元	54.45
(二)文化娱乐服务	元	822.05
1.参观游览	元	52.99
2.健身活动	元	12.22
3.团体旅游	元	640.01
4.其它文娱活动	元	113.29
5.文娱用品修理服务费	元	3.54
(三)教育	元	533.38
1.教材	元	21.07
(1)课本及参考书	元	18.1
(2)教育软件	元	0.16
(3)其它教材	元	2.81
2.教育费用	元	512.31
(1)非义务教育学杂费	元	71.24
(2)义务教育学杂费	元	13.14
(3)托幼费	元	62.1
(4)成人教育费	元	140.22
(5)家教费	元	44.29
(6)培训班	元	145.82
(7)学校住宿费	元	3.9
(8)其它教育费用	元	31.6
八、其它商品和服务	**元**	**376.01**
(一)其它商品	元	226.18
1.金银珠宝饰品	元	59.59
2.手表.单价	元/只	1260.94
数量	只	0.01
金额	元	12.79
3.理发美容用具	元	2.07
4.化妆品	元	113.06
5.其它杂品	元	38.67
(二)服务	元	149.82
1.旅馆住宿费	元	18.92
2.理发洗澡费	元	17.45
3.美容费	元	78.23
4.其它服务	元	35.21

1-72 城镇中高收入居民家庭平均每户基本情况（2011年）

指　标	单位	2011年
调查户数	**户**	**289**
(一)家庭人口数	人	2.76
1.有收入者人数	人	2.12
(1)就业人口数	人	1.53
①国有经济单位职工人数	人	0.75
②城镇集体经济单位职工人数	人	0.07
③其它经济类型单位职工人数	人	0.18
④城镇个体或私营企业主人数	人	0.15
⑤城镇个体或私营企业被雇人数	人	0.17
⑥离退休再就业人数	人	0.01
⑦其它就业人数	人	0.19
(2)离退休人数	人	0.57
(3)其它有收入者人数	人	0.02
2.无收入者人数	人	0.64
(二)在外就学人数	人	0.08
(三)非家庭人口在家用餐	人次	2.3
(四) 家庭人口在外用餐	人次	18.68

1-73 城镇中高收入居民家庭人均全年收入来源（2011年）

指　　标	单位	2011年
可支配收入	**元**	**25315.60**
总收入	**元**	**27685.67**
(一)工资性收入	元	18238.53
1.工资及补贴收入	元	18174.53
2.其它劳动收入	元	64
(二)经营性收入	元	2025.8
(三)财产性收入	元	2233.82
1.利息收入	元	27.05
2.股息与红利收入	元	143.29
3.保险收益	元	9.44
4.其它投资收入	元	12.72
5.出租房屋收入	元	1513.43
6.知识产权收入	元	
7.其它财产性收入	元	527.88
(四)转移性收入	元	5187.52
1.养老金或离退休金	元	4775.03
2.社会救济收入	元	0.21
其中：最低生活保障收入	元	
3.辞退金	元	
4.赔偿收入	元	
5.保险收入	元	2.88
其中：失业保险金	元	
6.赡养收入	元	114.48
7.捐赠收入	元	162.33
8.提取住房公积金	元	8.28
9.记帐补贴	元	100.4
10.其它转移性收入	元	23.9

1-74 城镇中高收入居民家庭人均全年消费性支出（2011年）

指　　标	单位	2011年
消费性支出	**元**	**16234.83**
一、食品	**元**	**5952.9**
(一)粮油类	元	645.04
1.粮食	元	383.78
(1)大米.单价	元/千克	5.62
数量	千克	39.78
金额	元	223.44
(2)面粉.单价	元/千克	4.4
数量	千克	1.1
金额	元	4.82
(3)其它粮食及制品	元	155.51
2.淀粉及薯类	元	74.15
3.干豆类及豆制品	元	37.99
4.油脂类	元	149.13
(1)食用植物油.单价	元/千克	13.55
数量	千克	9.8
金额	元	132.82
(2)食用动物油	元	16.31
(二)肉禽蛋水产品类	元	1203.69
1.肉类	元	797.35
(1)猪肉.单价	元/千克	26.29
数量	千克	18.79
金额	元	493.91
(2)牛肉.单价	元/千克	33.85
数量	千克	3.99
金额	元	135.1
(3)羊肉.单价	元/千克	39.54
数量	千克	0.43
金额	元	17.11
(4)其它肉及制品	元	151.22
2.禽类	元	199.1
(1)鸡.单价	元/千克	23.87
数量	千克	6.41
金额	元	152.93
(2)鸭.单价	元/千克	19.8
数量	千克	0.21
金额	元	4.25
(3)其它禽类及制品	元	41.93
3.蛋类	元	68.57
(1)鲜蛋.单价	元/千克	10.44
数量	千克	6.1
金额	元	63.69
(2)蛋制品	元	4.88
4.水产品类	元	138.67
(1)鱼.单价	元/千克	16.73
数量	千克	5.29
金额	元	88.51

1-74 续表 1

指　　标	单位	2011年
(2)虾.单价	元/千克	49.99
数量	千克	0.6
金额	元	29.82
(3)其它水产品及制品	元	20.34
(三)蔬菜类	元	672.31
1.鲜菜.单价	元/千克	4.83
数量	千克	134.38
金额	元	648.84
2.干菜	元	15.48
3.菜制品	元	7.99
(四)调味品	元	69.63
(五)糖烟酒饮料类	元	741.05
1.糖类	元	53.89
2.烟草类	元	517.39
3.酒类	元	99.91
(1)白酒.单价	元/千克	24.53
数量	千克	2.75
金额	元	67.39
(2)果酒.单价	元/千克	47.4
数量	千克	0.35
金额	元	16.5
(3)啤酒.单价	元/千克	5.9
数量	千克	1.66
金额	元	9.81
(4)其它酒	元	6.21
4.饮料	元	69.86
(1)碳酸饮料.单价	元/千克	4.66
数量	千克	1.92
金额	元	8.93
(4)瓶装饮用水.单价	元/千克	0.46
数量	千克	32.02
金额	元	14.81
(3)茶叶.单价	元/千克	76.22
数量	千克	0.22
金额	元	16.47
(4)其它饮料	元	29.65
(六)干鲜瓜果类	元	460.41
1.鲜果.单价	元/千克	7.46
数量	千克	43.69
金额	元	326.13
2.鲜瓜.单价	元/千克	4.23
数量	千克	4.9
金额	元	20.74
3.其它干鲜瓜果类及制品	元	113.54

1-74 续表 2

指　　标	单位	2011年
(七)糕点、奶及奶制品	元	429.76
1.糕点.单价	元/千克	22.83
数量	千克	8.38
金额	元	191.31
2.奶及奶制品	元	238.45
(1)鲜乳品.单价	元/千克	8.44
数量	千克	19.11
金额	元	161.27
(2)奶粉.单价	元/千克	113.83
数量	千克	0.1
金额	元	11.27
(3)酸奶.单价	元/千克	9.63
数量	千克	5.25
金额	元	50.59
(4)其它奶制品	元	15.32
(八)其它食品	元	97.81
(九)饮食服务	元	1633.21
1.食品加工服务费	元	1.92
2.在外饮食	元	1631.28
二、衣着	**元**	**2654.81**
(一)服装.单价	元/件	206.16
数量	件	9.4
金额	元	1938.5
(二)衣着材料	元	15.61
(三)鞋类.单价	元/双	210.45
数量	双	3.09
金额	元	650.97
(四)其它衣着用品	元	46.47
(五)衣着加工服务费	元	3.25
三、居住	**元**	**958.26**
(一)住房	元	258.99
1.租赁房房租	元	21.35
2.住房装潢支出	元	187.68
3.维修用建筑材料	元	33.21
4.其它住房支出	元	16.74
(二)水电燃料及其它	元	592.74
1.水.单价	元/吨	3.18
数量	吨	45.1
金额	元	143.36
2.电.单价	元/度	0.48
数量	度	639.31
金额	元	308.87
3.燃料	元	131.97
(1)煤炭.单价	元/千克	1.31
数量	千克	0.39
金额	元	0.51

1-74 续表 3

指 标	单位	2011年
(2)罐装液化石油气.单价	元/千克	8.41
数量	千克	4.89
金额	元	41.15
(3)管道液化石油气.单价	元/立方米	1.1
数量	立方米	0.05
金额	元	0.06
(4)管道煤气.单价	元/立方米	1.03
数量	立方米	84.9
金额	元	87.45
(5)管道天然气.单价	元/立方米	4
数量	立方米	0.12
金额	元	0.5
(6)柴油.单价	元/升	7.16
数量	升	0.26
金额	元	1.9
(7)其它燃料	元	0.4
4.取暖费	元	
5.其它相关支出	元	8.53
(三)居住服务费	元	106.53
1.物业管理费	元	81.44
2.维修服务费	元	9.55
3.其它居住服务费	元	15.55
四、家庭设备用品及服务	**元**	**786.59**
(一)耐用消费品	元	348.02
1.家具	元	158.27
2.家庭设备	元	189.75
(1)洗衣机.单价	元/台	1582.36
数量	台	6.43
金额	元	36.82
(2)电冰箱.单价	元/台	3842.77
数量	台	4.47
金额	元	62.15
(3)微波炉.单价	元/台	970.15
数量	台	1.8
金额	元	6.31
(4)空调器.单价	元/台	
数量	台	
金额	元	
(5)淋浴热水器.单价	元/台	1788.25
数量	台	4.15
金额	元	26.88
(6)消毒碗柜.单价	元/台	
数量	台	
金额	元	
(7)洗碗机.单价	元/台	
数量	台	
金额	元	

1-74 续表 4

指 标	单位	2011年
(8)其它家庭设备	元	57.6
(二)室内装饰品	元	9.69
(三)床上用品	元	43.02
(四)家庭日用杂品	元	310.74
(五)家具材料	元	0.11
(六)家庭服务	元	75.02
1.家政服务	元	66.66
2.加工维修服务费	元	8.36
五、医疗保健	**元**	**877.61**
(一)医疗器具	元	17.98
(二)保健器具	元	21.3
(三)药品费	元	341.71
(四)滋补保健品	元	139.73
(五)医疗费	元	343.78
(六)其它医疗保健支出	元	13.12
六、交通和通讯	**元**	**2229.72**
(一)交通	元	1268.27
1.家庭交通工具	元	302.73
(1)摩托车.单价	元/辆	1000
数量	辆	0.15
金额	元	0.56
(2)助力车.单价	元/辆	3019.49
数量	辆	1.82
金额	元	19.87
(3)家用汽车.单价	元/辆	97948.23
数量	辆	0.78
金额	元	277.2
(3)其它交通工具	元	5.1
2.车辆用燃料及零配件	元	680.29
(1)燃料	元	644.65
其中：汽油.单价	元/升	7.32
数量	升	86.53
金额	元	633.02
其中：柴油.单价	元/升	7.33
数量	升	1.43
金额	元	10.51
(2)零配件	元	29.24
(3)其它	元	6.4
3.交通工具服务支出	元	166.47
(1)维修费	元	30.29
(2)车辆使用税费	元	131.49
(3)其它车辆使用费用	元	4.69
4.交通费	元	118.78
(1)飞机	元	28.61

1-74 续表 5

指　　标	单位	2011年
(2)火车	元	8.25
(3)长途汽车	元	15.73
(4)市内公共交通	元	46.13
(5)出租汽车费	元	19.1
(6)其它交通费	元	0.95
(二)通信	元	961.45
1.通信工具	元	92.71
(1)电话机.单价	元/部	164.8
数量	部	3.38
金额	元	2.02
(2)移动电话.单价	元/部	1515.49
数量	部	16.13
金额	元	88.47
(4)其它通信工具	元	2.22
2.通信服务	元	868.74
(1)电信费	元	863.82
其中：上网费	元	237.06
(2)邮费	元	0.58
(3)其它通信服务费	元	4.34
七、教育文化娱乐服务	**元**	**2119.01**
(一)文化娱乐用品	元	474.76
1.彩色电视机.单价	元/台	5204.79
数量	台	4.56
金额	元	85.88
2.家用电脑	元	98.48
(1)购买整机	元/台	4354.97
数量	台	5.45
金额	元	85.87
(2)计算机外部设备	元	8.06
(3)各种零配件及耗材	元	4.55
3.组合音响.单价	元/台	1200
数量	台	0.47
金额	元	2.02
4.摄像机.单价	元/架	
数量	架	
金额	元	
5.照相机.单价	元/架	2497.4
数量	架	4.72
金额	元	42.62
6.钢琴.单价	元/架	20416.14
数量	架	0.86
金额	元	63.49
7.其它中高档乐器.单价	元/件	1136.65
数量	件	4.58
金额	元	18.84

1-74 续表 6

指　　标	单位	2011年
8.健身器材.单价	元/件	2645.53
数量	件	1.17
金额	元	11.21
9.电子辞典.单价	元/部	
数量	部	
金额	元	
10.音像制品及软件	元	6.07
11.体育用品	元	5.76
12.书报杂志	元	34.94
13.纸张文具	元	13.54
14.其它文娱用品	元	91.92
(二)文化娱乐服务	元	953.51
1.参观游览	元	79.48
2.健身活动	元	25.74
3.团体旅游	元	692.96
4.其它文娱活动	元	147.74
5.文娱用品修理服务费	元	7.59
(三)教育	元	690.74
1.教材	元	22.8
(1)课本及参考书	元	18.89
(2)教育软件	元	1.63
(3)其它教材	元	2.28
2.教育费用	元	667.94
(1)非义务教育学杂费	元	118.46
(2)义务教育学杂费	元	17.14
(3)托幼费	元	53.91
(4)成人教育费	元	126.57
(5)家教费	元	44
(6)培训班	元	273.07
(7)学校住宿费	元	9.58
(8)其它教育费用	元	25.21
八、其它商品和服务	**元**	**655.94**
(一)其它商品	元	392.25
1.金银珠宝饰品	元	181.29
2.手表.单价	元/只	1536.41
数量	只	0.02
金额	元	31.66
3.理发美容用具	元	2.63
4.化妆品	元	149.85
5.其它杂品	元	26.83
(二)服务	元	263.7
1.旅馆住宿费	元	27.1
2.理发洗澡费	元	22.26
3.美容费	元	163.88
4.其它服务	元	50.46

1-75　城镇高收入居民家庭平均每户基本情况（2011年）

指　　标	单位	2011年
调查户数	**户**	**287**
(一)家庭人口数	人	2.46
1.有收入者人数	人	1.96
(1)就业人口数	人	1.42
①国有经济单位职工人数	人	0.7
②城镇集体经济单位职工人数	人	0.04
③其它经济类型单位职工人数	人	0.14
④城镇个体或私营企业主人数	人	0.2
⑤城镇个体或私营企业被雇人数	人	0.13
⑥离退休再就业人数	人	0.04
⑦其它就业人数	人	0.18
(2)离退休人数	人	0.5
(3)其它有收入者人数	人	0.04
2.无收入者人数	人	0.49
(二)在外就学人数	人	0.11
(三)非家庭人口在家用餐	人次	2.55
(四) 家庭人口在外用餐	人次	19.45

1-76 城镇高收入居民家庭人均全年收入来源（2011年）

指　标	单位	2011年
可支配收入	**元**	**43829.97**
总收入	**元**	**46590.77**
(一)工资性收入	元	21435.45
1.工资及补贴收入	元	21044.26
2.其它劳动收入	元	391.19
(二)经营性收入	元	4773.09
(三)财产性收入	元	9577.97
1.利息收入	元	68.91
2.股息与红利收入	元	271.42
3.保险收益	元	2.74
4.其它投资收入	元	598.74
5.出租房屋收入	元	1763.78
6.知识产权收入	元	
7.其它财产性收入	元	6872.38
(四)转移性收入	元	10804.25
1.养老金或离退休金	元	7378.7
2.社会救济收入	元	10.01
其中：最低生活保障收入	元	
3.辞退金	元	
4.赔偿收入	元	1496.84
5.保险收入	元	11.51
其中：失业保险金	元	
6.赡养收入	元	259.58
7.捐赠收入	元	494.65
8.提取住房公积金	元	262.73
9.记帐补贴	元	114.18
10.其它转移性收入	元	776.05

1-77 城镇高收入居民家庭人均全年消费性支出（2011年）

指　标	单位	2011年
消费性支出	**元**	**22390.59**
一、食品	**元**	**6818.16**
(一)粮油类	元	712.25
1.粮食	元	426.03
(1)大米.单价	元/千克	5.63
数量	千克	42.96
金额	元	241.85
(2)面粉.单价	元/千克	4.79
数量	千克	1.35
金额	元	6.46
(3)其它粮食及制品	元	177.72
2.淀粉及薯类	元	81.07
3.干豆类及豆制品	元	42.64
4.油脂类	元	162.51
(1)食用植物油.单价	元/千克	14.28
数量	千克	9.77
金额	元	139.42
(2)食用动物油	元	23.09
(二)肉禽蛋水产品类	元	1356.7
1.肉类	元	893.19
(1)猪肉.单价	元/千克	26.16
数量	千克	21.91
金额	元	573.2
(2)牛肉.单价	元/千克	32.81
数量	千克	3.66
金额	元	120.09
(3)羊肉.单价	元/千克	38.37
数量	千克	0.42
金额	元	15.98
(4)其它肉及制品	元	183.93
2.禽类	元	238.68
(1)鸡.单价	元/千克	23.32
数量	千克	7.71
金额	元	179.87
(2)鸭.单价	元/千克	20.95
数量	千克	0.27
金额	元	5.74
(3)其它禽类及制品	元	53.07
3.蛋类	元	78.66
(1)鲜蛋.单价	元/千克	10.41
数量	千克	7
金额	元	72.94
(2)蛋制品	元	5.72
4.水产品类	元	146.17
(1)鱼.单价	元/千克	17.03
数量	千克	5.08
金额	元	86.56

1-77 续表 1

指　　标	单位	2011年
(2)虾.单价	元/千克	45.88
数量	千克	0.63
金额	元	28.89
(3)其它水产品及制品	元	30.72
(三)蔬菜类	元	757.73
1.鲜菜.单价	元/千克	4.73
数量	千克	154.61
金额	元	731.33
2.干菜	元	14.84
3.菜制品	元	11.56
(四)调味品	元	73.18
(五)糖烟酒饮料类	元	784.3
1.糖类	元	57.18
2.烟草类	元	531.08
3.酒类	元	107.68
(1)白酒.单价	元/千克	25.7
数量	千克	2.72
金额	元	70.03
(2)果酒.单价	元/千克	54.05
数量	千克	0.36
金额	元	19.56
(3)啤酒.单价	元/千克	7.86
数量	千克	0.94
金额	元	7.37
(4)其它酒	元	10.72
4.饮料	元	88.36
(1)碳酸饮料.单价	元/千克	4.94
数量	千克	1.56
金额	元	7.74
(4)瓶装饮用水.单价	元/千克	0.48
数量	千克	64.56
金额	元	31.02
(3)茶叶.单价	元/千克	85.02
数量	千克	0.23
金额	元	19.78
(4)其它饮料	元	29.82
(六)干鲜瓜果类	元	526.92
1.鲜果.单价	元/千克	8.1
数量	千克	46.86
金额	元	379.53
2.鲜瓜.单价	元/千克	4.3
数量	千克	5.26
金额	元	22.66
3.其它干鲜瓜果类及制品	元	124.73

1-77 续表 2

指　　标	单位	2011年
(七)糕点、奶及奶制品	元	505.76
1.糕点.单价	元/千克	23.78
数量	千克	8.49
金额	元	201.93
2.奶及奶制品	元	303.84
(1)鲜乳品.单价	元/千克	8.73
数量	千克	19.48
金额	元	170.01
(2)奶粉.单价	元/千克	175.08
数量	千克	0.37
金额	元	65.26
(3)酸奶.单价	元/千克	9.34
数量	千克	5.38
金额	元	50.26
(4)其它奶制品	元	18.3
(八)其它食品	元	96.9
(九)饮食服务	元	2004.42
1.食品加工服务费	元	0.46
2.在外饮食	元	2003.96
二、衣着	**元**	**3093.34**
(一)服装.单价	元/件	216.69
数量	件	10.27
金额	元	2225.75
(二)衣着材料	元	29.69
(三)鞋类.单价	元/双	205.26
数量	双	3.68
金额	元	755.75
(四)其它衣着用品	元	74.78
(五)衣着加工服务费	元	7.36
三、居住	**元**	**1684.41**
(一)住房	元	812.08
1.租赁房房租	元	214.5
2.住房装潢支出	元	482.79
3.维修用建筑材料	元	56.92
4.其它住房支出	元	57.87
(二)水电燃料及其它	元	698.97
1.水.单价	元/吨	3.17
数量	吨	56.79
金额	元	180.05
2.电.单价	元/度	0.49
数量	度	749.63
金额	元	364.96
3.燃料	元	151.77
(1)煤炭.单价	元/千克	1.27
数量	千克	1.61
金额	元	2.05

1-77 续表 3

指　　标	单位	2011年
(2)罐装液化石油气.单价	元/千克	8.26
数量	千克	5.88
金额	元	48.63
(3)管道液化石油气.单价	元/立方米	
数量	立方米	
金额	元	
(4)管道煤气.单价	元/立方米	1
数量	立方米	100.55
金额	元	100.44
(5)管道天然气.单价	元/立方米	4.07
数量	立方米	0.02
金额	元	0.08
(6)柴油.单价	元/升	
数量	升	
金额	元	
(7)其它燃料	元	0.57
4.取暖费	元	
5.其它相关支出	元	2.18
(三)居住服务费	元	173.36
1.物业管理费	元	129.62
2.维修服务费	元	24.64
3.其它居住服务费	元	19.1
四、家庭设备用品及服务	**元**	**1213.17**
(一)耐用消费品	元	475.48
1.家具	元	162.51
2.家庭设备	元	312.97
(1)洗衣机.单价	元/台	2059.26
数量	台	5.57
金额	元	46.71
(2)电冰箱.单价	元/台	3669.02
数量	台	5.06
金额	元	75.56
(3)微波炉.单价	元/台	874.19
数量	台	4.08
金额	元	14.51
(4)空调器.单价	元/台	
数量	台	
金额	元	
(5)淋浴热水器.单价	元/台	1793.21
数量	台	4.7
金额	元	34.31
(6)消毒碗柜.单价	元/台	
数量	台	
金额	元	
(7)洗碗机.单价	元/台	
数量	台	
金额	元	

1-77 续表 4

指　　标	单位	2011年
(8)其它家庭设备	元	141.87
(二)室内装饰品	元	84.41
(三)床上用品	元	98.91
(四)家庭日用杂品	元	410.46
(五)家具材料	元	0.1
(六)家庭服务	元	143.82
1.家政服务	元	134.73
2.加工维修服务费	元	9.08
五、医疗保健	**元**	**1594.77**
(一)医疗器具	元	15.1
(二)保健器具	元	39.46
(三)药品费	元	594.69
(四)滋补保健品	元	252.13
(五)医疗费	元	669.64
(六)其它医疗保健支出	元	23.74
六、交通和通讯	**元**	**3653.34**
(一)交通	元	2497.64
1.家庭交通工具	元	1026.29
(1)摩托车.单价	元/辆	10448.78
数量	辆	0.27
金额	元	11.44
(2)助力车.单价	元/辆	2903.92
数量	辆	2.16
金额	元	25.58
(3)家用汽车.单价	元/辆	95575.93
数量	辆	2.53
金额	元	983.05
(3)其它交通工具	元	6.22
2.车辆用燃料及零配件	元	930.76
(1)燃料	元	880.81
其中：汽油.单价	元/升	7.37
数量	升	112.8
金额	元	830.89
其中：柴油.单价	元/升	7.36
数量	升	6.58
金额	元	48.41
(2)零配件	元	39.02
(3)其它	元	10.93
3.交通工具服务支出	元	248.4
(1)维修费	元	50.77
(2)车辆使用税费	元	172.97
(3)其它车辆使用费用	元	24.66
4.交通费	元	292.19
(1)飞机	元	151.37

1-77 续表 5

指　　标	单位	2011年
(2)火车	元	27.95
(3)长途汽车	元	23.15
(4)市内公共交通	元	59.29
(5)出租汽车费	元	28.53
(6)其它交通费	元	1.91
(二)通信	元	1155.7
1.通信工具	元	148.91
(1)电话机.单价	元/部	251.04
数量	部	0.72
金额	元	0.73
(2)移动电话.单价	元/部	1468.27
数量	部	24.28
金额	元	145.08
(4)其它通信工具	元	3.1
2.通信服务	元	1006.79
(1)电信费	元	1000.61
其中：上网费	元	265.46
(2)邮费	元	2.13
(3)其它通信服务费	元	4.05
七、教育文化娱乐服务	**元**	**3258.1**
(一)文化娱乐用品	元	570.47
1.彩色电视机.单价	元/台	6380.42
数量	台	5.99
金额	元	155.54
2.家用电脑	元	156.05
(1)购买整机	元/台	4535.6
数量	台	7.9
金额	元	145.77
(2)计算机外部设备	元	4.08
(3)各种零配件及耗材	元	6.2
3.组合音响.单价	元/台	
数量	台	
金额	元	
4.摄像机.单价	元/架	627
数量	架	0.49
金额	元	1.25
5.照相机.单价	元/架	1686.34
数量	架	1.68
金额	元	11.53
6.钢琴.单价	元/架	
数量	架	
金额	元	
7.其它中高档乐器.单价	元/件	201.15
数量	件	26.07
金额	元	21.35

1-77 续表 6

指　　标	单位	2011年
8.健身器材.单价	元/件	427.73
数量	件	1.75
金额	元	3.05
9.电子辞典.单价	元/部	1180
数量	部	0.28
金额	元	1.36
10.音像制品及软件	元	7.32
11.体育用品	元	29.09
12.书报杂志	元	47.84
13.纸张文具	元	16.63
14.其它文娱用品	元	119.48
(二)文化娱乐服务	元	1868.39
1.参观游览	元	106.77
2.健身活动	元	49.29
3.团体旅游	元	1516.37
4.其它文娱活动	元	188.81
5.文娱用品修理服务费	元	7.14
(三)教育	元	819.24
1.教材	元	27.35
(1)课本及参考书	元	24.57
(2)教育软件	元	1.92
(3)其它教材	元	0.85
2.教育费用	元	791.9
(1)非义务教育学杂费	元	130.36
(2)义务教育学杂费	元	22.35
(3)托幼费	元	33.18
(4)成人教育费	元	195.46
(5)家教费	元	26.78
(6)培训班	元	296.29
(7)学校住宿费	元	8.89
(8)其它教育费用	元	78.58
八、其它商品和服务	**元**	**1075.3**
(一)其它商品	元	708.85
1.金银珠宝饰品	元	376.07
2.手表.单价	元/只	1256.21
数量	只	0.02
金额	元	20.49
3.理发美容用具	元	3.63
4.化妆品	元	228.82
5.其它杂品	元	79.85
(二)服务	元	366.45
1.旅馆住宿费	元	65.21
2.理发洗澡费	元	20.12
3.美容费	元	210.86
4.其它服务	元	70.25

1-78 农村居民家庭基本情况（2011年）

指　　标	单位	2011年
调查户数	**户**	**1290**
调查户从业类型	户	2974
(按总收入比重计算)		
农业户	户	283
农业兼业户	户	479
非农业兼业户	户	379
非农业户	户	149
调查户从业类型	**户**	**3028**
(按从业劳动力比重计算)		
农业户	户	482
农业兼业户	户	144
非农业兼业户	户	398
非农业户	户	266
家庭结构	**户**	**4490**
单身或夫妇	户	115
夫妇与一个孩子	户	328
夫妇与两个孩子	户	450
夫妇与三个以上孩子	户	11
单亲与孩子	户	31
三代同堂	户	315
其　他	户	40
参加专业性合作经济组织的户数	**户**	**2518**
参加新型农村合作医疗的户数	**户**	**1362**
领取最低生活保障的户数	**户**	**2534**

1-79 农村居民家庭人均总收入与总支出（2011年）

指　　标	单位	2011年
总收入	**元**	**10798.34**
工资性收入	元	2479.34
在非企业组织中劳动得到收入	元	224.33
在本乡地域内劳动得到收入	元	1886.96
#在企业中劳动得到收入	元	431.15
外出从业得到收入	元	368.05
家庭经营收入	元	7215.36
第一产业收入	元	5627.34
农业收入	元	3900.06
农产品收入	元	3771.25
农业服务性收入	元	128.81
林业收入	元	123.10
林业产品收入	元	110.14
林业服务性收入	元	12.97
牧业收入	元	1574.68
牧业产品收入	元	1531.28
牧业服务性收入	元	43.40
渔业收入	元	29.50
渔业产品收入	元	28.35
渔业服务性收入	元	1.16
第二产业收入	元	386.09
工业收入	元	225.47
工业产品收入	元	221.64
工业服务性收入	元	3.82
建筑业收入	元	160.63
建筑业产品收入	元	0.67
建筑业服务性收入	元	159.96
第三产业收入	元	1201.92
其他产品收入	元	3.33
第三产业服务性收入	元	1198.59
交通、运输、邮电业收入	元	635.32
批零贸易业、饮食业收入	元	331.62
社会服务业收入	元	41.48
文教卫生业收入	元	18.43
其他行业收入	元	171.75
财产性收入	元	694.07
#利息	元	22.72
集体分配股息和红利	元	206.99
其他股息和红利	元	10.74
租金(包括农业机械)	元	308.69
土地征用补偿收入	元	
转让承包土地经营权收入	元	65.62

1-79 续表

指　标	单位	2011年
转移性收入	元	409.57
#城市亲友赠送收入	元	18.97
农村亲友赠送收入	元	85.97
总支出	**元**	**11746.47**
家庭经营费用支出	元	3248.49
第一产业生产费用支出	元	2484.37
农业生产费用支出	元	1420.65
林业生产费用支出	元	41.57
牧业生产费用支出	元	1005.07
渔业生产费用支出	元	17.07
第二产业生产费用支出	元	276.77
工业生产费用支出	元	187.28
建筑业生产费用支出	元	89.49
第三产业生产费用支出	元	487.35
交通运输邮电业生产费用支出	元	245.27
批零贸易餐饮业生产费用支出	元	73.73
社会服务业生产费用支出	元	3.07
文教卫生业生产费用支出	元	9.55
其他行业生产费用支出	元	47.18
购置生产性固定资产支出	元	568.90
建、造生产性固定资产雇工支出	元	37.57
税费支出	元	7.72
生活消费支出	元	7216.67
#服务性支出	元	1955.13
食品消费支出	元	2802.79
衣着消费支出	元	451.10
居住消费支出	元	1471.09
家庭设备、用品消费支出	元	425.87
交通和通讯消费支出	元	886.51
文化教育、娱乐消费支出	元	533.54
医疗保健消费支出	元	525.15
其他商品和服务消费支出	元	120.62
财产性支出	元	39.66
#宅基地有偿使用费	元	17.67
承包其他农户转让费	元	21.99
转移性支出	元	627.46
#赠送农村亲友	元	177.58
赠送城市亲友	元	13.85

1-80 农村居民家庭人均纯收入（2011年）

指　　标	单位	2011年
全年纯收入	**元**	**6985.03**
工资性收入	**元**	**2479.34**
在非企业组织中劳动得到收入	元	224.33
在本乡地域内劳动得到收入	元	1886.96
#在企业中劳动得到收入	元	431.15
外出从业得到收入	元	368.05
家庭经营纯收入	**元**	**3483.86**
第一产业纯收入	元	2802.28
农业收入	元	2214.98
林业收入	元	81.18
牧业收入	元	494.87
渔业收入	元	11.25
非农产业纯收入	元	681.58
第二产业纯收入	元	68.11
工业收入	元	26.10
建筑业收入	元	42.01
第三产业纯收入	元	613.47
交通、运输、邮电业收入	元	306.64
批零贸易业、饮食业收入	元	136.69
社会服务业收入	元	36.29
文教卫生业收入	元	8.69
其他行业收入	元	125.15
财产性纯收入	**元**	**694.07**
#利　息	元	22.72
集体分配股息和红利	元	206.99
其他股息和红利	元	10.74
租金(包括农业机械)	元	308.69
土地征用补偿收入	元	
转让承包土地经营权收入	元	65.62
转移性纯收入	**元**	**327.76**
#城市亲友赠送	元	18.97
离退休金、养老金	元	24.93
城市亲友支付赡养费	元	1.50
农村亲友支付赡养费	元	21.39
救济金、抚恤金	元	0.33
报销医疗费	元	
无偿扶贫或扶持款	元	11.57

注：2011年以后土地征用补偿收入、报销医疗费归入非借贷性收入现金所得。

1-81 农村居民家庭人均现金收支情况（2011年）

指　标	单位	2011年
期内现金收入	**元**	**9568.72**
工资性收入	元	2466.18
在非企业组织中劳动得到收入	元	223.86
在本乡地域内劳动得到收入	元	1876.85
#在企业中劳动得到收入	元	431.15
外出从业得到收入	元	365.46
家庭经营现金收入	元	6012.50
第一产业现金收入	元	4424.49
农业现金收入	元	2977.49
林业现金收入	元	112.14
牧业现金收入	元	1297.39
渔业现金收入	元	37.47
第二产业现金收入	元	386.09
工业收入	元	225.47
建筑业收入	元	160.63
第三产业现金收入	元	1201.92
出售其他产品收入	元	3.33
第三产业服务性现金收入	元	1198.59
交通、运输、邮电业收入	元	635.32
批零贸易业、饮食业收入	元	331.62
社会服务业收入	元	41.48
文教卫生业收入	元	18.43
其他行业收入	元	171.75
财产性收入	元	691.51
#利　息	元	22.72
集体分配股息和红利	元	206.99
其他股息和红利	元	10.74
租金(包括农业机械)	元	308.69
土地征用补偿收入	元	
转让承包土地经营权收入	元	65.62
转移性收入	元	398.53
#城市亲友赠送	元	18.97
离退休金、养老金	元	82.15
城市亲友支付赡养费	元	1.50
农村亲友支付赡养费	元	21.39
救济金、抚恤费	元	0.33
报销医疗费	元	
无偿扶贫或扶持款	元	11.57

1-81 续表 1

指 标	单位	2011年
借贷性现金收入	**元**	**2464.51**
银行、信用社贷款	元	242.51
借入款	元	751.84
收回借出款	元	218.55
取回存款	元	1223.99
兑换债券(本金)	元	
出售股票	元	0.15
兑换其他有价证券(本金)	元	
收回其他投资款	元	0.82
其 他	元	26.66
期内现金支出	**元**	**10530.57**
生产费用支出	元	3498.10
家庭经营费用支出	元	2891.63
第一产业生产费用支出	元	2148.27
农业生产费用支出	元	1303.73
林业生产费用支出	元	40.53
牧业生产费用支出	元	790.53
渔业生产费用支出	元	13.48
第二产业生产费用支出	元	264.29
工业生产费用支出	元	174.80
建筑业生产费用支出	元	89.49
第三产业生产费用支出	元	479.06
交通运输邮电业生产费用支出	元	240.28
批零贸易餐饮业生产费用支出	元	178.98
社会服务业生产费用支出	元	3.07
文教卫生业生产费用支出	元	9.55
其他行业生产费用支出	元	47.18
购置生产性固定资产支出	元	568.90
建、造生产性固定资产雇工支出	元	37.57
税费支出	元	7.30
生活消费支出	元	6361.54
#服务性支出	元	1955.13
食品消费支出	元	2061.76
衣 着	元	450.32
居 住	元	1358.43

1-81 续表 2

指　　标	单位	2011年
家庭设备、用品及服务	元	425.22
交通和通讯	元	886.51
文化教育、娱乐用品及服务	元	533.54
医疗保健	元	525.15
其他商品和服务	元	120.62
财产性支出	元	39.66
宅基地有偿使用费	元	17.67
承包其他农户转让	元	
其　他	元	21.99
转移性支出	元	623.97
#赠送农村亲友	元	175.67
赠送城市亲友	元	12.43
交纳医疗保险	元	48.79
赡养费	元	8.10
捐　赠	元	1.09
罚款、赔款	元	2.95
储蓄、借贷性支出	**元**	**1376.54**
归还银行、信用社	元	134.28
借出款	元	169.60
归还借款	元	453.50
存　款	元	611.70
购债券	元	
购买储蓄性保险	元	3.99
购买股票	元	
其　他	元	3.46
期末金融资产余额	**元**	**10447.35**
手存现金	元	2091.47
存款余额	元	8302.45
债券价值款	元	47.82
股票价值金	元	5.61
其他金融资产价值	元	
期末债务余额	**元**	**1344.57**
银行、信用社贷款	元	723.11
个人借(欠)款	元	562.72
其　他	元	5.20

注：2011年以后土地征用补偿收入、报销医疗费归入非借贷性收入现金所得。

1-82 农村居民家庭人均总支出（2011年）

指　　标	单位	2011年
总支出	**元**	**11746.47**
其中：家庭经营费用支出	元	3248.49
购置生产性固定资产支出	元	568.90
税费支出	元	7.72
生活消费支出	元	7216.67
财产性支出	元	39.66
转移性支出	元	627.46

1-83 农村居民家庭人均生活消费支出（2011年）

指　　标	单位	2011年
生活消费支出	**元**	**7216.67**
#服务性支出	元	1955.13
食品消费支出	**元**	**2802.79**
食品消费品支出	元	2397.50
谷　物	元	428.12
薯　类	元	17.22
豆　类	元	16.41
食用油	元	112.81
蔬菜及制品	元	385.36
肉、禽、蛋、奶及制品	元	737.69
水产品及制品	元	52.08
烟、酒	元	326.99
茶叶、饮料	元	39.64
其他类食品	元	281.17
食品消费服务性支出	元	405.28
在外饮食	元	394.25
食品加工费	元	4.13
其他服务性支出	元	6.90
衣着消费支出	**元**	**451.10**
衣着消费品支出	元	450.20
服　装	元	312.15
服装材料	元	10.90
鞋　类	元	111.63
其　他	元	15.53
衣着消费服务性支出	元	0.90
衣着加工费	元	0.60
其他服务性支出	元	0.30
居住消费支出	**元**	**1471.09**
居住消费品支出	元	1040.03
建筑生活用房材料	元	758.67
维修生活用房材料	元	33.42
装修生活用房材料	元	75.12
生活用房	元	10.58
生活用燃料	元	162.24
居住消费服务性支出	元	431.06
建筑、维修生活用房雇工工资	元	268.10
房　租	元	3.13
生活用水	元	16.75
生活用电	元	122.48
清洁费、卫生费	元	0.36
其他服务性支出	元	20.23

1-83　续表 1

指　　标	单位	2011年
家庭设备、用品消费支出	**元**	**425.87**
家庭设备用品消费品支出	元	416.03
日用品	元	109.09
床上用品	元	29.74
室内装饰品	元	26.17
家俱类	元	133.05
机电设备	元	117.98
家庭设备用品服务性消费支出	元	9.84
家庭设备修理费	元	3.86
日杂用品加工修理费	元	0.93
家政服务费	元	0.78
其他服务性支出	元	4.27
交通和通讯消费支出	**元**	**886.51**
交通和通讯用品支出	元	624.86
交通工具	元	378.68
交通工具用燃料	元	166.15
交通工具用零配件	元	17.90
通讯工具	元	61.39
通讯工具用零配件	元	0.74
交通和通讯服务消费支出	元	261.65
交通消费服务支出	元	111.29
交通客运费	元	45.51
生活物品货运费	元	5.35
交通工具修理费	元	37.42
其他服务性支出	元	23.01
通讯消费服务支出	元	150.36
邮寄费	元	0.41
通讯费	元	148.57
通讯工具修理费	元	0.88
其　他	元	0.49
文化教育、娱乐消费支出	**元**	**533.54**
文化教育、娱乐用品消费支出	元	144.75
文教、娱乐用机电消费品	元	93.01
书、报、杂志	元	9.13
纸张、文具	元	18.32
音像制品	元	1.32
电脑软件	元	0.10
体育用品	元	0.22
计算机零配件及耗材	元	0.08
鲜　花	元	1.07
娱乐用品	元	10.92
其他用品	元	10.58

1-83 续表 2

指　标	单位	2011年
教育服务消费支出	元	229.93
托儿费	元	27.32
幼儿园赞助费	元	8.96
学杂费	元	91.16
入学赞助费	元	
私立学校就读费	元	5.52
成人培训费	元	67.70
教育设备修理费	元	
其他服务性支出	元	29.26
文化、体育、娱乐服务消费支出	元	158.86
旅　游	元	112.04
休闲娱乐费	元	19.67
文化、体育、娱乐用品修理费	元	0.44
其他服务性支出	元	26.70
医疗保健消费支出	**元**	**525.15**
医疗保健用品	元	97.04
医疗卫生用品	元	93.06
药　品	元	92.02
医疗卫生器械	元	0.59
其他医疗卫生用品	元	0.45
保健用品	元	3.98
药品类保健品	元	2.55
保健器材	元	1.42
医疗保健服务消费支出	元	428.11
医疗费	元	419.20
医疗设备修理费	元	2.59
保健费	元	1.72
保健设备修理费	元	0.03
其他服务性支出	元	4.58
其他商品和服务消费支出	**元**	**120.62**
其他商品支出	元	91.12
首　饰	元	32.39
手　表	元	0.80
化妆品	元	16.40
迷信、宗教用品	元	10.94
其　他	元	30.58
其他消费服务支出	元	29.50
旅馆住宿费	元	1.65
美容美发	元	7.23
殡殓费	元	7.57
生活消费借贷利息	元	2.85
其他服务性支出	元	10.20

1-84 农村居民家庭人均食品消费量（2011年）

指　标	单位	2011年
粮食消费量	千克	147.70
谷物消费量	千克	140.57
#小　麦	千克	5.50
稻　谷	千克	118.24
玉　米	千克	14.66
薯类消费量	千克	3.28
豆类消费量	千克	3.85
油脂类消费量	千克	6.79
植物油	千克	3.93
动物油	千克	2.87
烟叶消费量	千克	0.18
豆制品	千克	2.25
蔬菜及菜制品消费量	千克	127.65
瓜　类	千克	2.32
水果类	千克	16.73
消费茶叶	千克	0.38
坚果消费量	千克	1.63
肉禽及其制品	千克	34.06
猪　肉	千克	23.52
牛　肉	千克	1.14
羊　肉	千克	0.34
家　禽	千克	7.69
其他肉禽及制品	千克	1.38
蛋类及蛋制品	千克	3.91
奶和奶制品	千克	3.33
水产品	千克	3.57
鱼　类	千克	3.35
虾、贝、蟹类	千克	0.14
藻　类	千克	0.01
其　他	千克	0.07
食　糖	千克	1.32
酒	千克	8.31
#白　酒	千克	5.79
啤　酒	千克	2.28
果　酒	千克	0.06

1-85 农村居民家庭人均粮食收支情况（2011年）

类　别	单位	2011年
期内粮食收入合计	千克	629.54
家庭经营生产粮食	千克	497.17
谷　物	千克	450.57
#小　麦	千克	39.87
水　稻	千克	100.33
玉　米	千克	297.26
薯　类	千克	25.77
豆　类	千克	20.84
购入粮食	千克	129.60
谷　物	千克	126.51
#小　麦	千克	8.20
水　稻	千克	72.85
玉　米	千克	41.72
薯　类	千克	0.85
豆　类	千克	2.25
借入粮食	千克	
收回借出粮	千克	
其他粮食收入	千克	2.76
期内粮食支出合计	千克	596.58
主食用粮	千克	147.70
谷　物	千克	140.57
#小　麦	千克	5.50
水　稻	千克	118.24
玉　米	千克	14.66
薯　类	千克	3.28
豆　类	千克	3.85
其他生活用粮	千克	
出售粮食	千克	207.23
谷　物	千克	180.46
#小　麦	千克	18.34
水　稻	千克	26.75
玉　米	千克	131.39
薯　类	千克	11.15
豆　类	千克	15.62
种子用粮食	千克	12.39
饲料用粮食	千克	225.74
借出粮食	千克	
归还借粮	千克	
其他粮食支出	千克	3.53
期末粮食结存实际调查数	千克	419.27
谷　物	千克	364.20
#小　麦	千克	4.91
水　稻	千克	84.94
玉　米	千克	271.81
薯　类	千克	52.15
豆　类	千克	2.93

1-86　农村居民家庭出售农产品情况（2011年）

指　　标	单位	2011年
农　业	**元/人**	**2848.94**
谷物数量	千克/人	180.37
金　额	元/人	387.46
#出售小麦数量	千克/人	18.34
出售小麦金额	元/人	35.87
出售玉米数量	千克/人	131.39
出售玉米金额	元/人	261.82
出售薯类数量	千克/人	11.15
出售薯类金额	元/人	69.47
出售豆类数量	千克/人	15.62
出售豆类金额	元/人	66.24
出售油料数量	千克/人	2.49
出售油料金额	元/人	17.92
出售蔬菜数量	千克/人	762.03
出售蔬菜金额	元/人	1044.24
出售瓜类数量	千克/人	14.09
出售瓜类金额	元/人	15.56
出售园林水果数量	千克/人	75.52
出售园林水果金额	元/人	205.55
林　业	**元/人**	**99.17**
#出售采集林产品金额	元/人	73.93
出售竹木金额	元/人	5.92
出售育种、育苗金额	元/人	4.74
牧　业	**元/人**	**1253.96**
#出售肉猪及猪肉总重量	千克/人	31.55
出售肉猪及猪肉总金额	元/人	594.40
出售菜羊及羊肉总重量	千克/人	1.24
出售菜羊及羊肉总金额	元/人	41.48
出售家禽总重量	千克/人	9.42
出售家禽总金额	元/人	117.77
出售蛋类的数量	千克/人	18.22
出售蛋类的金额	元/人	150.85
渔　业	**元/人**	**36.31**
#出售水产品金额	元/人	36.29

1-87 农村居民家庭农业生产结构及生产技术应用情况（2011年）

指　　标	单位	2011年
土地经营情况	**亩/人**	
期内增加的经营土地面积	亩/人	0.03
#耕　地	亩/人	0.03
期内减少的经营土地面积	亩/人	0.04
#耕　地	亩/人	0.02
期末实际经营的土地面积	亩/人	2.15
耕　地	亩/人	1.36
#有效灌溉面积	亩/人	0.43
山　地	亩/人	0.66
园　地	亩/人	0.12
牧草地	亩/人	0.00
养殖水面	亩/人	0.00
土地种植情况	**亩/人**	
粮食播种面积	亩/人	4.03
#小麦播种面积	亩/人	0.20
水稻播种面积	亩/人	0.20
玉米播种面积	亩/人	3.01
豆类播种面积	亩/人	0.18
薯类播种面积	亩/人	0.39
经济作物播种面积	亩/人	28.18
#油料播种面积	亩/人	0.04
蔬菜播种面积	亩/人	27.87
瓜类播种面积	亩/人	0.05
农业生产技术应用情况	**亩/人**	
优质粮食品种播种面积	亩/人	
优质小麦面积	亩/人	
优质水稻面积	亩/人	
优质玉米面积	亩/人	
机耕面积	亩/人	0.39
抛秧面积	亩/人	0.00
机播面积	亩/人	
机收面积	亩/人	0.02
机电灌溉面积	亩/人	0.13
薄膜覆盖面积	亩/人	0.35
温室面积	亩/人	0.05

1-88 农村居民家庭农业生产情况（2011年）

指　　标	单位	2011年
农　业	**元/人**	**1991.65**
谷物产量	千克/人	450.57
#粮食产量		
玉米产量	千克/人	297.26
薯类产量	千克/人	25.77
豆类产量	千克/人	20.84
棉花产量	千克/人	
油料产量	千克/人	4.91
蔬菜产量	千克/人	818.19
水果类产量	千克/人	79.62
林　业	**元/人**	**16.42**
核桃产量	千克/人	0.63
木　材	立方米/人	0.02
树　苗	株/人	0.46
牧　业	**元/人**	**122.08**
畜禽肉产量(出售、自宰)	千克/人	60.93
畜肉产量	千克/人	47.90
#肉猪头数	头/人	0.52
肉猪肉产量	千克/人	42.48
菜羊只数	只/人	0.05
菜羊肉产量	千克/人	1.24
肉牛头数	头/人	0.02
肉牛肉产量	千克/人	3.26
家禽肉产量	千克/人	13.03
#鸡只数	只/人	3.86
鸡的肉产量	千克/人	9.49
蛋类产量	千克/人	18.75
奶类产量	千克/人	12.74
渔　业	**千克/人**	**13.07**
鱼类产量	千克/人	1.71

1-89 农村居民家庭平均每户全年主要农业用生产资料购买情况（2011年）

指　标	单位	2011年
化 肥	千克/户	651.32
饼 肥	千克/户	252.69
农 药	元/户	448.78
农用薄膜	千克/户	13.39
生产用柴油	升/户	15.20
生产用汽油	升/户	19.50
生产用燃料	升/户	34.70

1-90 农村居民家庭平均每百户年末主要生产性固定资产拥有量（2011年）

指　标	单位	2011年
汽车	辆	11.47
大中型拖拉机	台	1.86
小型和手扶拖拉机	台	17.05
机动脱粒机	台	15.12
收割机	台	0.16
农用动力机械	台	12.64
胶轮大车	辆	12.87
水泵	台	21.94
役畜	头	57.36
产品畜	头	78.22

1-91 农村居民家庭平均每百户年末主要耐用消费品拥有量（2011年）

指　　标	单位	2011年
洗衣机	台/百户	80.47
电冰箱	台/百户	47.13
空调机	台/百户	1.78
抽油烟机	台/百户	20.00
吸尘器	台/百户	1.47
微波炉	台/百户	28.37
热水器	台/百户	70.16
#太阳能热水器	台/百户	55.12
自行车	辆/百户	49.15
#电动自行车	台/百户	20.31
摩托车	台/百户	40.00
汽　车(生活用)	台/百户	16.28
固定电话机	部/百户	14.11
移动电话	部/百户	232.56
#接入互联网的	部/百户	9.30
彩色电视机	台/百户	114.57
#接入有线电视网的	台/百户	77.44
黑白电视机	台/百户	2.95
#接入有线电视网的	台/百户	0.54
摄像机	台/百户	2.48
影碟机	台/百户	71.70
照相机	架/百户	13.02
家用计算机	台/百户	16.82
#接入互联网的	台/百户	10.31
中高档乐器	件/百户	1.32

1-92 农村居民家庭平均每户全年主要建筑材料购买情况（2011年）

指 标	单位	2011年
水泥	千克	1109.16
木材	立方米	2.48
钢材	千克	139.37
水泥预制件	件	1.95
玻璃	平方米	3.46
砖瓦	块	1312.20

1-93 农村居民家庭年内新建(购)住房情况（2011年）

指 标	单位	2011年
新建(购)房屋面积	平方米/人	1.44
#砖木结构	平方米/人	0.08
#钢筋混凝土结构	平方米/人	1.37
新建(购)房屋价值	元/平方米	1131.69

1-94 农村居民家庭年末住房情况（2011年）

指 标	单位	2011年
年末住房面积	平方米/人	53.24
#砖木结构	平方米/人	5.99
#钢筋混凝土结构	平方米/人	28.85
年末住房价值	元/平方米	1003.36

1-95 农村住户人口与劳动力情况（2011年）

指　　标	单位	2011年
农村住户人口状况	**人**	
家庭常住人口	人	4810
常住人口与户主关系	人	
户　主	人	1290
配　偶	人	1228
子　女	人	1801
孙子女	人	181
父　母	人	302
祖父母	人	7
兄弟姐妹	人	19
其他亲属	人	6
非亲属	人	
家庭常住人口年龄状况	人	
6岁及以下	人	313
7-15岁	人	662
16-18岁	人	215
19-22岁	人	287
23-25岁	人	222
26-30岁	人	267
31-40岁	人	891
41-50岁	人	1024
51-60岁	人	552
61岁及以上	人	401
在校学生人数	人	892
#7-15岁以下在校学生人数	人	
7-15岁非在校学生人数	人	
农村住户劳动力素质状况	**人**	
整半劳动力数	**人**	**3332**
#男劳动力人数	人	1751
整劳动力人数	人	2400
受过专业培训的人数	人	1117
年龄状况	人	
16-20岁	人	
21-25岁	人	
26-30岁	人	250
31-35岁	人	
36-40岁	人	
41-45岁	人	
46-50岁	人	
51岁及以上	人	639

1-95 续表

指　　标	单位	2011年
文化程度	人	
不识字或识字很少	人	156
小学程度	人	874
初中程度	人	1709
高中程度	人	262
中　专	人	117
大专及以上	人	74
农村住户劳动力就业情况	**人**	
就业劳动力人数	人	3192
#男劳动力人数	人	1702
整劳动力人数	人	2296
受专业培训的人数	人	1117
就业地点	人	
乡　内	人	2906
县内乡外	人	82
省内县外	人	195
国内省外	人	8
国　外	人	1
行业分布	人	
一产业就业劳动力	人	1932
#农　业	人	
林　业	人	
牧　业	人	
渔　业	人	
非农产业就业劳动力	人	
二产业就业劳动力	人	
采矿业	人	36
制造业	人	101
电力煤气及水的生产供应业	人	18
建筑业	人	265
三产业就业劳动力	人	
交通运输仓储及邮电通讯业	人	110
批发和零售贸易	人	89
住宿和餐饮业	人	80
居民服务和其他服务业	人	344
教　育	人	13
卫生、社会保障和社会福利业	人	21
文化、体育和娱乐业	人	8
其　他	人	
年内从事各种行业时间（月）	月	28298
从事农业的时间	月	16989
从事非农产业的时间	月	11309

1-96 城镇居民家庭基本情况（2010年）

指　标	单位	2010年
调查户数	**户**	**1440**
(一)家庭人口数	人	2.84
1.有收入者人数	人	1.97
(1)就业人口数	人	1.31
①国有经济单位职工人数	人	0.61
②城镇集体经济单位职工人数	人	0.09
③其它经济类型单位职工人数	人	0.15
④城镇个体或私营企业主人数	人	0.1
⑤城镇个体或私营企业被雇人数	人	0.17
⑥离退休再就业人数	人	0.01
⑦其它就业人数	人	0.19
(2)离退休人数	人	0.58
(3)其它有收入者人数	人	0.08
2.无收入者人数	人	0.87

1-97 城镇居民家庭人均全年收入来源（2010年）

指　标	单位	2010年
二、家庭总收入	**元**	**20614.95**
其中：可支配收入	元	18875.65
(一)工资性收入	元	11377.73
1.工资及补贴收入	元	11212.65
2.其他劳动收入	元	165.08
(二)经营净收入	元	929.42
(三)财产性收入	元	3308.99
1.利息收入	元	59.2
2.股息与红利收入	元	311.94
3.保险收益	元	1.1
4.其他投资收入	元	121.72
5.出租房屋收入	元	921.01
6.知识产权收入	元	
7.其他财产性收入	元	1894.01
(四)转移性收入	元	4998.81
1.养老金或离退休金	元	4012.64
2.社会救济收入	元	10.06
其中：最低生活保障收入	元	8.84
3.辞退金	元	
4.赔偿收入	元	415.13
5.保险收入	元	2.36
其中：失业保险金	元	1.47
6.赡养收入	元	72.08
其中：来自城镇居民的赡养收入	元	36.95
7.捐赠收入	元	218.53
其中：来自城镇居民的捐赠收入	元	49.48
8.提取住房公积金	元	51.03
9.记帐补贴	元	103.11
10.其它转移性收入	元	113.87

1-98 城镇居民家庭人均全年消费性支出（2010年）

指　　标	单位	2010年
消费支出	**元**	**13243.53**
一、食品	**元**	**5240.39**
(一)粮油类	元	552.02
1.粮食	元	367.7
数量	千克	72.33
(1)大米.单价	元/千克	4.95
数量	千克	52.6
金额	元	260.61
(2)面粉.单价	元/千克	4.09
数量	千克	1.11
金额	元	4.53
(3)其他粮食及制品	元	102.57
数量	千克	18.63
2.淀粉及薯类	元	55.05
数量	千克	14.05
3.干豆类及豆制品	元	68.01
4.油脂类	元	61.27
数量	千克	4.92
(1)食用植物油.单价	元/千克	12.26
数量	千克	4.63
金额	元	56.74
(2)食用动物油	元	4.52
(二)肉禽蛋水产品类	元	1196.83
1.肉类	元	684.73
数量	千克	28.73
(1)猪肉.单价	元/千克	19.94
数量	千克	21.57
金额	元	430.16
(2)牛肉.单价	元/千克	31.79
数量	千克	3.74
金额	元	118.93
(3)羊肉.单价	元/千克	34.89
数量	千克	0.4
金额	元	13.88
(4)其他肉及制品	元	121.76
数量	千克	3.02
2.禽类	元	226.98
数量	千克	10.62
(1)鸡.单价	元/千克	20.36
数量	千克	8.66
金额	元	176.35
(2)鸭.单价	元/千克	17.86
数量	千克	0.29
金额	元	5.1
(3)其他禽类及制品	元	45.52
数量	千克	1.67
3.蛋类	元	88.19
数量	千克	9.49

1-98 续表 1

指　标	单位	2010年
(1)鲜蛋.单价	元/千克	9.17
数量	千克	8.96
金额	元	82.21
(2)蛋制品	元	5.98
数量	千克	0.53
4.水产品类	元	196.93
(1)鱼.单价	元/千克	15.11
数量	千克	8.42
金额	元	127.19
(2)虾.单价	元/千克	43.22
数量	千克	0.92
金额	元	39.57
(3)其他水产品及制品	元	30.18
数量	千克	1.2
(三)蔬菜类	元	622.75
1.鲜菜.单价	元/千克	4.09
数量	千克	141.24
金额	元	577.08
2.干菜	元	34.81
3.菜制品	元	10.85
(四)调味品	元	57.37
(五)糖烟酒饮料类	元	706.76
1.糖类	元	39.41
2.烟草类	元	490.34
3.酒类	元	63.19
数量	千克	3.55
(1)白酒.单价	元/千克	19.25
数量	千克	2.36
金额	元	45.52
(2)果酒.单价	元/千克	41.79
数量	千克	0.24
金额	元	9.95
(3)啤酒.单价	元/千克	5.38
数量	千克	0.95
金额	元	5.09
(4)其他酒	元	2.62
数量	千克	
4.饮料	元	113.82
(1)碳酸饮料.单价	元/千克	4.34
数量	千克	3.08
金额	元	13.38
(2)瓶装饮用水.单价	元/千克	0.44
数量	千克	48.15
金额	元	21.24
(3)茶叶.单价	元/千克	68
数量	千克	0.61
金额	元	41.15

1-98 续表 2

指　　标	单位	2010年
(4)其他饮料	元	38.06
(六)干鲜瓜果类	元	400.78
1.鲜果.单价	元/千克	6.79
数量	千克	42.63
金额	元	289.53
2.鲜瓜.单价	元/千克	3.78
数量	千克	5.27
金额	元	19.91
3.其他干鲜瓜果类及制品	元	91.34
(七)糕点、奶及奶制品	元	198.53
1.糕点.单价	元/千克	20.96
数量	千克	4.77
金额	元	99.92
2.奶及奶制品	元	98.61
(1)鲜乳品.单价	元/千克	7.24
数量	千克	9.28
金额	元	67.12
(2)奶粉.单价	元/千克	104.74
数量	千克	0.14
金额	元	14.94
(3)酸奶.单价	元/千克	8.73
数量	千克	1.14
金额	元	9.98
(4)其他奶制品	元	6.57
(八)其他食品	元	66.37
(九)饮食服务	元	1438.97
1.食品加工服务费	元	0.65
2.在外饮食	元	1438.31
二、衣着	**元**	**1470.54**
(一)服装.单价	元/件	155.79
数量	件	6.72
金额	元	1047.51
(二)衣着材料	元	12.84
(三)鞋类.单价	元/双	180.85
数量	双	2.1
金额	元	379.81
(四)其他衣着用品	元	28.14
(五)衣着加工服务费	元	2.24
三、居住	**元**	**1164.77**
(一)住房	元	527.57
1.租赁房房租	元	132.11
2.住房装潢支出	元	362.67
3.维修用建筑材料	元	21.83
4.其他住房支出	元	10.97
(二)水电燃料及其他	元	568.69
1.水.单价	元/吨	3.1
数量	吨	48.5
金额	元	150.52

1-98 续表 3

指　　标	单位	2010年
2.电.单价	元/度	0.48
数量	度	572.68
金额	元	276.2
3.燃料	元	133.9
(1)煤炭.单价	元/千克	0.58
数量	千克	3.36
金额	元	1.94
(2)罐装液化石油气.单价	元/千克	7.52
数量	千克	6.27
金额	元	47.11
(3)管道液化石油气.单价	元/立方米	21
数量	立方米	0.01
金额	元	0.28
(4)管道煤气.单价	元/立方米	1.04
数量	立方米	80.7
金额	元	83.73
(5)管道天然气.单价	元/立方米	0.55
数量	立方米	0.01
金额	元	0.01
(6)柴油.单价	元/升	6.28
数量	升	0.09
金额	元	0.56
(7)其他燃料	元	0.26
4.取暖费	元	0.01
5.其他相关支出	元	8.07
(三)居住服务费	元	68.51
1.物业管理费	元	49.34
2.维修服务费	元	5.38
3.其他居住服务费	元	13.78
四、家庭设备用品及服务	**元**	**596.46**
(一)耐用消费品	元	293.51
1.家具	元	116.18
2.家庭设备	元	177.33
(1)洗衣机.单价	元/台	1651.1
数量	台	4.25
金额	元	24.73
(2)电冰箱.单价	元/台	2796.65
数量	台	3.36
金额	元	33.1
(3)微波炉.单价	元/台	714.14
数量	台	3.08
金额	元	7.75
(4)空调器.单价	元/台	2017.49
数量	台	0.05
金额	元	0.38
(5)淋浴热水器.单价	元/台	1990.44
数量	台	1.81
金额	元	12.73

1-98 续表 4

指　　标	单位	2010年
(6)消毒碗柜.单价	元/台	1099.39
数量	台	0.31
金额	元	1.19
(7)洗碗机.单价	元/台	
数量	台	
金额	元	
8.其他家庭设备	元	97.45
(二)室内装饰品	元	15.12
(三)床上用品	元	37.84
(四)家庭日用杂品	元	224.48
(五)家具材料	元	0.97
(六)家庭服务	元	24.54
1.家政服务	元	16.72
2.加工维修服务费	元	7.82
五、医疗保健	**元**	**853.31**
(一)医疗器具	元	11.67
(二)保健器具	元	18.46
(三)药品费	元	417.66
(四)滋补保健品	元	110.02
(五)医疗费	元	288.33
(六)其他医疗保健支出	元	7.16
六、交通和通信	**元**	**2226.5**
(一)交通	元	1499.76
1.家庭交通工具	元	919.6
(1)摩托车.单价	元/辆	3891.51
数量	辆	0.07
金额	元	1.02
(2)助力车.单价	元/辆	2895.59
数量	辆	3.05
金额	元	31.13
(3)家用汽车.单价	元/辆	104989.01
数量	辆	2.38
金额	元	881.52
(4)其他交通工具	元	5.94
2.车辆用燃料及零配件	元	344.98
(1)燃料	元	322.41
其中：汽油.单价	元/升	6.42
数量	升	49.89
金额	元	320.5
其中：柴油.单价	元/升	6.08
数量	升	0.18
金额	元	1.11
(2)零配件	元	17.9
(3)其他	元	4.66
3.交通工具服务支出	元	81
(1)维修费	元	15.24
(2)车辆使用税费	元	56.72
(3)其他车辆使用费用	元	9.04

1-98 续表 5

指　　标	单位	2010年
4.交通费	元	154.18
(1)飞机	元	40.1
(2)火车	元	20.09
(3)长途汽车	元	25.88
(4)市内公共交通	元	44.88
(5)出租汽车费	元	20.34
(6)其他交通费	元	2.88
(二)通信	元	726.74
1.通信工具	元	77.43
(1)电话机.单价	元/部	257.04
数量	部	1.04
金额	元	0.94
(2)移动电话.单价	元/部	1163.76
数量	部	18.41
金额	元	75.51
(3)其他通信工具	元	0.98
2.通信服务	元	649.31
(1)电信费	元	645.91
其中：上网费	元	142.51
(2)邮费	元	0.62
(3)其他通信服务费	元	2.78
七、教育文化娱乐服务	**元**	**1354.95**
(一)文化娱乐用品	元	317.04
1.彩色电视机.单价	元/台	5276.91
数量	台	4.47
金额	元	83.04
2.计算机	元	90.18
(1)购买整机	元/台	4290.36
数量	台	5.55
金额	元	83.88
(2)计算机外部设备	元	3.14
(3)各种零配件及耗材	元	3.17
3.组合音响.单价	元/台	1857.39
数量	台	0.15
金额	元	0.97
4.摄像机.单价	元/架	4568.64
数量	架	0.27
金额	元	4.4
5.照相机.单价	元/架	2062.89
数量	架	2.31
金额	元	16.8
6.钢琴.单价	元/架	16233.99
数量	架	0.07
金额	元	4.28
7.其他中高档乐器.单价	元/件	1679.65
数量	件	0.53
金额	元	3.14

1-98 续表 6

指　　标	单位	2010年
8.健身器材.单价	元/件	1276.58
数量	件	0.43
金额	元	1.92
9.电子辞典.单价	元/部	4345.85
数量	部	
金额	元	0.45
10.音像制品及软件	元	4.45
11.体育用品	元	4.11
12.书报杂志	元	33.04
13.纸张文具	元	10.91
14.其他文娱用品	元	59.35
(二)文化娱乐服务	元	596.15
1.参观游览	元	61.91
2.健身活动	元	16.91
3.团体旅游	元	411.77
4.其他文娱活动	元	103.08
5.文娱用品修理服务费	元	2.48
(三)教育	元	441.76
1.教材	元	21.31
(1)课本及参考书	元	18.84
(2)教育软件	元	0.64
(3)其他教材	元	1.84
2.教育费用	元	420.45
(1)非义务教育学杂费	元	116.96
(2)义务教育学杂费	元	13.07
(3)托幼费	元	32.45
(4)成人教育费	元	43.18
(5)家教费	元	33.87
(6)培训班	元	142.53
(7)学校住宿费	元	9.61
8.其他教育费用	元	28.79
八、其他商品和服务	**元**	**336.6**
(一)其他商品	元	211.42
1.金银珠宝饰品	元	77.04
2.手表.单价	元/只	440.77
数量	只	0.01
金额	元	5.37
3.理发美容用具	元	1.35
4.化妆品	元	79.32
5.其他杂品	元	48.35
(二)服务	元	125.19
1.旅馆住宿费	元	36.94
2.理发洗澡费	元	19.12
3.美容费	元	29.9
4.其他服务	元	39.22

1-99 城镇居民家庭平均每百户年底耐用消费品拥有量（2010年）

指　　标	单位	2010年
1.摩托车	辆	10.53
2.助力车	辆	31.17
3.家用汽车	辆	23.81
4.洗衣机	台	98.33
5.电冰箱	台	93.91
6.彩色电视机	台	123.05
7.家用电脑	台	65.44
8.组合音响	套	39.28
9.摄像机	架	8.49
10.照相机	架	53.81
11.钢琴	架	2.73
12.其它中高档乐器	件	5.57
13.微波炉	台	73.12
14.空调器	台	0.69
15.淋浴热水器	台	89.07
16.消毒碗柜	台	14.34
17.洗碗机	台	1.39
18.健身器材	套	4.15
19.固定电话	部	56.09
20.移动电话	部	203.76

1-100 城镇居民家庭人均全年主要食品购买情况（2010年）

指　　标	单位	2010年
粮食	千克	72.33
油脂	千克	4.92
猪肉	千克	21.57
牛肉	千克	3.74
羊肉	千克	0.40
鸡	千克	8.66
鸭	千克	0.29
蛋	千克	9.49
鱼	千克	8.42
虾	千克	0.92
鲜菜	千克	141.24
白酒	千克	2.36
果酒	千克	0.24
啤酒	千克	0.95
碳酸饮料	千克	3.08
瓶装饮用水	千克	48.15
茶叶	千克	0.61
鲜果	千克	42.63
鲜瓜	千克	5.27
糕点	千克	4.77
鲜奶	千克	9.28
奶粉	千克	0.14
酸奶	千克	1.14

1-101 城镇低收入居民家庭平均每户基本情况（2010年）

指　　标	单位	2010年
调查户数	**户**	**289**
(一)家庭人口数	人	3.12
1.有收入者人数	人	1.74
(1)就业人口数	人	1.1
①国有经济单位职工人数	人	0.27
②城镇集体经济单位职工人数	人	0.07
③其它经济类型单位职工人数	人	0.17
④城镇个体或私营企业主人数	人	0.12
⑤城镇个体或私营企业被雇人数	人	0.2
⑥离退休再就业人数	人	
⑦其它就业人数	人	0.27
(2)离退休人数	人	0.54
(3)其它有收入者人数	人	0.09
2.无收入者人数	人	1.38
(二)在外就学人数	人	0.06
(三)非家庭人口在家用餐	人次	1.21
(四) 家庭人口在外用餐	人次	19.42

1-102 城镇低收入居民家庭人均全年收入来源（2010年）

指　标	单位	2010年
可支配收入	**元**	**7323.73**
总收入	**元**	**8219.94**
(一)工资性收入	元	4616.93
1.工资及补贴收入	元	4388.03
2.其它劳动收入	元	228.9
(二)经营性收入	元	544.17
(三)财产性收入	元	368.59
1.利息收入	元	37.17
2.股息与红利收入	元	46.63
3.保险收益	元	
4.其它投资收入	元	1.84
5.出租房屋收入	元	218.6
6.知识产权收入	元	
7.其它财产性收入	元	64.36
(四)转移性收入	元	2690.25
1.养老金或离退休金	元	2327.53
2.社会救济收入	元	39.17
其中：最低生活保障收入	元	37.51
3.辞退金	元	
4.赔偿收入	元	9.34
5.保险收入	元	2.61
其中：失业保险金	元	2.61
6.赡养收入	元	47.81
7.捐赠收入	元	44.54
8.提取住房公积金	元	
9.记帐补贴	元	97.9
10.其它转移性收入	元	121.35

1-103　城镇低收入居民家庭人均全年消费性支出（2010年）

指　标	单位	2010年
消费性支出	**元**	**7700.97**
一、食品	**元**	**3869.83**
(一)粮油类	元	533.9
1.粮食	元/千克	369.55
(1)大米.单价	千克	4.87
数量	元	58.35
金额	元/千克	284.04
(2)面粉.单价	千克	3.95
数量	元	0.93
金额	元	3.67
(3)其它粮食及制品	元	81.84
2.淀粉及薯类	元	48.38
3.干豆类及豆制品	元	60.16
4.油脂类	元/千克	55.8
(1)食用植物油.单价	千克	12.08
数量	元	4.23
金额	元	51.08
(2)食用动物油	元	4.72
(一)肉禽蛋水产品类	元	1016.11
1.肉类	元/千克	605.75
(1)猪肉.单价	千克	19.93
数量	元	20.04
金额	元/千克	399.25
(2)牛肉.单价	千克	31.52
数量	元	3.63
金额	元/千克	114.5
(3)羊肉.单价	千克	35.53
数量	元	0.44
金额	元	15.64
(4)其它肉及制品	元	76.37
2.禽类	元/千克	177.94
(1)鸡.单价	千克	19.28
数量	元	7.5
金额	元/千克	144.61
(2)鸭.单价	千克	17.48
数量	元	0.28
金额	元	4.89
(3)其它禽类及制品	元	28.44
3.蛋类	元/千克	77.62
(1)鲜蛋.单价	千克	8.87
数量	元	8.28
金额	元	73.39
(2)蛋制品	元	4.23
4.水产品类	元/千克	154.81
(1)鱼.单价	千克	14.31
数量	元	7.88
金额	元/千克	112.72

1-103 续表 1

指　　标	单位	2010年
(2)虾.单价	千克	41.77
数量	元	0.63
金额	元	26.17
(3)其它水产品及制品	元	15.92
(三)蔬菜类	元/千克	547.58
1.鲜菜.单价	千克	3.76
数量	元	136
金额	元	511.69
2.干菜	元	27.26
3.菜制品	元	8.62
(四)调味品	元	56.13
(五)糖烟酒饮料类	元	457.93
1.糖类	元	30.64
2.烟草类	元	313.53
3.酒类	元/千克	42.84
(1)白酒.单价	千克	10.91
数量	元	2.91
金额	元/千克	31.71
(2)果酒.单价	千克	41.11
数量	元	0.15
金额	元/千克	6.31
(3)啤酒.单价	千克	5.52
数量	元	0.63
金额	元	3.48
(4)其它酒	元	1.33
4.饮料	元/千克	70.91
(1)碳酸饮料.单价	千克	4.28
数量	元	1.94
金额	元/千克	8.3
(2)瓶装饮用水.单价	千克	0.41
数量	元	30.31
金额	元/千克	12.34
(3)茶叶.单价	千克	43.07
数量	元	0.57
金额	元	24.64
(4)其它饮料	元	25.64
(六)干鲜瓜果类	元/千克	265.42
1.鲜果.单价	千克	6.04
数量	元	32.84
金额	元/千克	198.34
2.鲜瓜.单价	千克	3.59
数量	元	4.34
金额	元	15.58
3.其它干鲜瓜果类及制品	元	51.5

1-103 续表 2

指 标	单位	2010年
(七)糕点、奶及奶制品	元/千克	115.6
1.糕点.单价	千克	18.47
数量	元	3.29
金额	元	60.75
2.奶及奶制品	元/千克	54.85
(1)鲜乳品.单价	千克	7.21
数量	元	5.77
金额	元/千克	41.62
(2)奶粉.单价	千克	112.04
数量	元	0.02
金额	元/千克	2.1
(3)酸奶.单价	千克	8.54
数量	元	0.81
金额	元	6.95
(4)其它奶制品	元	4.17
(八)其它食品	元	31.68
(九)饮食服务	元	845.46
1.食品加工服务费	元	0.25
2.在外饮食	元	845.21
二、衣着	**元/件**	**698.68**
(一)服装.单价	件	111.35
数量	元	4.26
金额	元	473.99
(一)衣着材料	元/双	9.42
(三)鞋类.单价	双	128.88
数量	元	1.58
金额	元	203.16
(四)其它衣着用品	元	11.44
(五)衣着加工服务费	元	0.65
三、居住	**元**	**779.56**
(一)住房	元	316.27
1.租赁房房租	元	225.2
2.住房装潢支出	元	74.5
3.维修用建筑材料	元	12.93
4.其它住房支出	元	3.64
(一)水电燃料及其它	元/吨	427.13
1.水.单价	吨	3.09
数量	元	33.46
金额	元/度	103.45
2.电.单价	度	0.48
数量	元	438.62
金额	元	210.17
3.燃料	元/千克	109.13
(1)煤炭.单价	千克	0.58
数量	元	6.2
金额	元/千克	3.56

1-103 续表 3

指 标	单位	2010年
(2)罐装液化石油气.单价	千克	7.46
数量	元	4.68
金额	元/立方米	34.92
(3)管道液化石油气.单价	立方米	21
数量	元	0.04
金额	元/立方米	0.88
(4)管道煤气.单价	立方米	1.09
数量	元	64.08
金额	元/立方米	69.74
(5)管道天然气.单价	立方米	
数量	元	
金额	元/升	
(6)柴油.单价	升	
数量	元	
金额	元	
(7))其它燃料	元	0.03
4.取暖费	元	
5.其它相关支出	元	4.37
(三)居住服务费	元	36.15
1.物业管理费	元	27.67
2.维修服务费	元	3.37
3.其它居住服务费	元	5.11
四、家庭设备用品及服务	**元**	**292.71**
(一)耐用消费品	元	152.28
1.家具	元	78.26
2.家庭设备	元/台	74.02
(1)洗衣机.单价	台	1022.49
数量	元	3.07
金额	元/台	10.06
(2)电冰箱.单价	台	1861.37
数量	元	2.16
金额	元/台	12.9
(3)微波炉.单价	台	732.57
数量	元	3.26
金额	元/台	7.67
(4)空调器.单价	台	
数量	元	
金额	元/台	
(5)淋浴热水器.单价	台	1936.89
数量	元	1.5
金额	元/台	9.34
(6)消毒碗柜.单价	台	
数量	元	
金额	元/台	
(7))洗碗机.单价	台	
数量	元	
金额	元	

1-103　续表 4

指　　标	单位	2010年
(8)其它家庭设备	元	34.05
(一)室内装饰品	元	4.53
(三)床上用品	元	11.25
(四)家庭日用杂品	元	120.71
(五)家具材料	元	0.05
(六)家庭服务	元	3.89
1.家政服务	元	1.24
2.加工维修服务费	元	2.65
五、医疗保健	**元**	**548.85**
(一)医疗器具	元	23.94
(一)保健器具	元	4.94
(三)药品费	元	309.31
(四)滋补保健品	元	29.5
(五)医疗费	元	179.02
(六)其它医疗保健支出	元	2.14
六、交通和通讯	**元**	**837.75**
(一)交通	元	383.39
1.家庭交通工具	元/辆	216.43
(1)摩托车.单价	辆	2000
数量	元	0.23
金额	元/辆	1.48
(2)助力车.单价	辆	3526.3
数量	元	1.15
金额	元/辆	12.99
(3)家用汽车.单价	辆	88991.55
数量	元	0.7
金额	元	200.18
(3)其它交通工具	元	1.79
2.车辆用燃料及零配件	元	78.72
(1)燃料	元/升	76.82
其中：汽油.单价	升	6.39
数量	元	11.99
金额	元/升	76.68
其中：柴油.单价	升	6.44
数量	元	0.02
金额	元	0.15
(2)零配件	元	1.72
(3)其它	元	0.18
3.交通工具服务支出	元	11.12
(1)维修费	元	3.31
(2)车辆使用税费	元	4.19
(3)其它车辆使用费用	元	3.61
4.交通费	元	77.12
(1)飞机	元	4.1
(2)火车	元	8.11

1-103 续表 5

指　　标	单位	2010年
(3)长途汽车	元	24.42
(4)市内公共交通	元	28.85
(5)出租汽车费	元	10.71
(6)其它交通费	元	0.94
(一)通信	元	454.35
1.通信工具	元/部	24.94
(1)电话机.单价	部	45
数量	元	0.47
金额	元/部	0.07
(2)移动电话.单价	部	879.02
数量	元	8.79
金额	元	24.8
(4)其它通信工具	元	0.08
2.通信服务	元	429.41
(1)电信费	元	428.21
其中：上网费	元	79.79
(2)邮费	元	0.24
(3)其它通信服务费	元	0.95
七、教育文化娱乐服务	**元**	**577.6**
(一)文化娱乐用品	元/台	123.07
1.彩色电视机.单价	台	5442
数量	元	1.89
金额	元	32.99
2.家用电脑	元/台	31.44
(1)购买整机	台	3044.61
数量	元	2.83
金额	元	27.66
(2)计算机外部设备	元	2.96
(3)各种零配件及耗材	元/台	0.81
3.组合音响.单价	台	
数量	元	
金额	元/架	
4.摄像机.单价	架	
数量	元	
金额	元/架	
5.照相机.单价	架	1420.92
数量	元	1
金额	元/架	4.57
6.钢琴.单价	架	
数量	元	
金额	元/件	
7.其它中高档乐器.单价	件	2786.76
数量	元	
金额	元/件	1.37

1-103 续表 6

指 标	单位	2010年
8.健身器材.单价	件	899.97
数量	元	0.79
金额	元/部	2.29
9.电子辞典.单价	部	1739.35
数量	元	
金额	元	0.85
10.音像制品及软件	元	1.61
11.体育用品	元	0.98
12.书报杂志	元	16.87
13.纸张文具	元	6.14
14.其它文娱用品	元	23.97
(一)文化娱乐服务	元	171.7
1.参观游览	元	30.26
2.健身活动	元	1.94
3.团体旅游	元	94.27
4.其它文娱活动	元	44.49
5.文娱用品修理服务费	元	0.75
(三)教育	元	282.83
1.教材	元	16.21
(1)课本及参考书	元	14.28
(2)教育软件	元	0.49
(3)其它教材	元	1.44
2.教育费用	元	266.62
(1)非义务教育学杂费	元	91.55
(2)义务教育学杂费	元	16.89
(3)托幼费	元	27.86
(4)成人教育费	元	24.06
(5)家教费	元	15.54
(6)培训班	元	69.86
(7))学校住宿费	元	7.84
(8)其它教育费用	元	13.03
八、其它商品和服务	**元**	**96.01**
(一)其它商品	元	51.59
1.金银珠宝饰品	元/只	3.92
2.手表.单价	只	52.49
数量	元	0.01
金额	元	0.37
3.理发美容用具	元	0.7
4.化妆品	元	30.07
5.其它杂品	元	16.53
(一)服务	元	44.42
1.旅馆住宿费	元	15.34
2.理发洗澡费	元	11.94
3.美容费	元	7.27
4.其它服务	元	9.86

1-104 城镇中低收入居民家庭平均每户基本情况（2010年）

指　　标	单位	2010年
调查户数	**户**	**288**
(一)家庭人口数	人	2.95
1.有收入者人数	人	1.96
(1)就业人口数	人	1.28
①国有经济单位职工人数	人	0.52
②城镇集体经济单位职工人数	人	0.13
③其它经济类型单位职工人数	人	0.15
④城镇个体或私营企业主人数	人	0.07
⑤城镇个体或私营企业被雇人数	人	0.15
⑥离退休再就业人数	人	0.01
⑦其它就业人数	人	0.25
(2)离退休人数	人	0.6
(3)其它有收入者人数	人	0.08
2.无收入者人数	人	0.99
(二)在外就学人数	人	0.09
(三)非家庭人口在家用餐	人次	1.67
(四) 家庭人口在外用餐	人次	21.94

1-105 城镇中低收入居民家庭人均全年收入来源（2010年）

指　　标	单位	2010年
可支配收入	**元**	**12492.16**
总收入	**元**	**13820.73**
(一)工资性收入	元	8367.89
1.工资及补贴收入	元	8156.13
2.其它劳动收入	元	211.77
(二)经营性收入	元	487.49
(三)财产性收入	元	1287.4
1.利息收入	元	22.26
2.股息与红利收入	元	233.44
3.保险收益	元	0.29
4.其它投资收入	元	
5.出租房屋收入	元	686.55
6.知识产权收入	元	
7.其它财产性收入	元	344.85
(四)转移性收入	元	3677.95
1.养老金或离退休金	元	3295.06
2.社会救济收入	元	6.44
其中：最低生活保障收入	元	4.41
3.辞退金	元	
4.赔偿收入	元	23.97
5.保险收入	元	4.55
其中：失业保险金	元	4.5
6.赡养收入	元	61.21
7.捐赠收入	元	73.08
8.提取住房公积金	元	
9.记帐补贴	元	99.05
10.其它转移性收入	元	114.59

1-106 城镇中低收入居民家庭人均全年消费性支出（2010年）

指　　标	单位	2010年
消费性支出	**元**	**9859.41**
一、食品	**元**	**4685.08**
(一)粮油类	元	555.32
1.粮食	元	373.51
(1)大米.单价	元/千克	4.92
数量	千克	54.37
金额	元	267.54
(2)面粉.单价	元/千克	4.13
数量	千克	1.07
金额	元	4.43
(3)其它粮食及制品	元	101.54
2.淀粉及薯类	元	54.08
3.干豆类及豆制品	元	68.49
4.油脂类	元	59.25
(1)食用植物油.单价	元/千克	12.18
数量	千克	4.53
金额	元	55.12
(2)食用动物油	元	4.13
(一)肉禽蛋水产品类	元	1198.16
1.肉类	元	685.16
(1)猪肉.单价	元/千克	19.75
数量	千克	22.65
金额	元	447.45
(2)牛肉.单价	元/千克	31.99
数量	千克	3.64
金额	元	116.42
(3)羊肉.单价	元/千克	31.92
数量	千克	0.32
金额	元	10.08
(4)其它肉及制品	元	111.21
2.禽类	元	234.13
(1)鸡.单价	元/千克	20.16
数量	千克	9.3
金额	元	187.47
(2)鸭.单价	元/千克	16.58
数量	千克	0.25
金额	元	4.23
(3)其它禽类及制品	元	42.43
3.蛋类	元	88.55
(1)鲜蛋.单价	元/千克	9.14
数量	千克	9.11
金额	元	83.27
(2)蛋制品	元	5.28
4.水产品类	元	190.33
(1)鱼.单价	元/千克	14.94
数量	千克	8.69
金额	元	129.9

1-106 续表 1

指　　标	单位	2010年
(2)虾.单价	元/千克	35.96
数量	千克	0.91
金额	元	32.57
(3)其它水产品及制品	元	27.86
(三)蔬菜类	元	586.41
1.鲜菜.单价	元/千克	3.94
数量	千克	138.56
金额	元	545.25
2.干菜	元	30.16
3.菜制品	元	11
(四)调味品	元	54.99
(五)糖烟酒饮料类	元	568.99
1.糖类	元	35.64
2.烟草类	元	383.8
3.酒类	元	41.28
(1)白酒.单价	元/千克	15.46
数量	千克	2.02
金额	元	31.27
(2)果酒.单价	元/千克	41.07
数量	千克	0.13
金额	元	5.24
(3)啤酒.单价	元/千克	4.85
数量	千克	0.79
金额	元	3.85
(4)其它酒	元	0.92
4.饮料	元	108.28
(1)碳酸饮料.单价	元/千克	4.37
数量	千克	2.95
金额	元	12.89
(2)瓶装饮用水.单价	元/千克	0.46
数量	千克	54.37
金额	元	24.81
(3)茶叶.单价	元/千克	63.76
数量	千克	0.53
金额	元	34.1
(4)其它饮料	元	36.48
(六)干鲜瓜果类	元	371.28
1.鲜果.单价	元/千克	6.44
数量	千克	41.26
金额	元	265.76
2.鲜瓜.单价	元/千克	3.71
数量	千克	4.94
金额	元	18.32
3.其它干鲜瓜果类及制品	元	87.21

1-106 续表 2

指　　标	单位	2010年
(七)糕点、奶及奶制品	元	177.21
1.糕点.单价	元/千克	20.16
数量	千克	4.41
金额	元	88.89
2.奶及奶制品	元	88.32
(1)鲜乳品.单价	元/千克	7.05
数量	千克	8.95
金额	元	63.08
(2)奶粉.单价	元/千克	153.82
数量	千克	0.08
金额	元	12.13
(3)酸奶.单价	元/千克	8.38
数量	千克	0.92
金额	元	7.69
(4)其它奶制品	元	5.41
(八)其它食品	元	57.97
(九)饮食服务	元	1114.74
1.食品加工服务费	元	1.38
2.在外饮食	元	1113.36
二、衣着	**元**	**1068**
(一)服装.单价	元/件	117.23
数量	件	6.54
金额	元	766.69
(一)衣着材料	元	12.83
(三)鞋类.单价	元/双	145.87
数量	双	1.85
金额	元	270.57
(四)其它衣着用品	元	16.51
(五)衣着加工服务费	元	1.4
三、居住	**元**	**698.11**
(一)住房	元	111.78
1.租赁房房租	元	62.57
2.住房装潢支出	元	42.46
3.维修用建筑材料	元	5.24
4.其它住房支出	元	1.51
(一)水电燃料及其它	元	552.22
1.水.单价	元/吨	3.05
数量	吨	47.29
金额	元	144.18
2.电.单价	元/度	0.48
数量	度	547.25
金额	元	263.7
3.燃料	元	140.32
(1)煤炭.单价	元/千克	0.55
数量	千克	3.25
金额	元	1.79

1-106 续表 3

指　　标	单位	2010年
(2)罐装液化石油气.单价	元/千克	7.52
数量	千克	7.79
金额	元	58.61
(3)管道液化石油气.单价	元/立方米	21.11
数量	立方米	
金额	元	0.05
(4)管道煤气.单价	元/立方米	1.02
数量	立方米	78.23
金额	元	79.81
(5)管道天然气.单价	元/立方米	
数量	立方米	
金额	元	
(6)柴油.单价	元/升	6.3
数量	升	
金额	元	0.02
(7))其它燃料	元	0.04
4.取暖费	元	
5.其它相关支出	元	4.02
(三)居住服务费	元	34.11
1.物业管理费	元	25.71
2.维修服务费	元	2.9
3.其它居住服务费	元	5.51
四、家庭设备用品及服务	**元**	**409.29**
(一)耐用消费品	元	164.09
1.家具	元	35.01
2.家庭设备	元	129.08
(1)洗衣机.单价	元/台	1466.72
数量	台	2.26
金额	元	11.25
(2)电冰箱.单价	元/台	2570.19
数量	台	2.42
金额	元	21.09
(3)微波炉.单价	元/台	699.19
数量	台	1.73
金额	元	4.1
(4)空调器.单价	元/台	
数量	台	
金额	元	
(5)淋浴热水器.单价	元/台	1910.27
数量	台	0.9
金额	元	5.82
(6)消毒碗柜.单价	元/台	500
数量	台	0.52
金额	元	0.88
(7))洗碗机.单价	元/台	
数量	台	
金额	元	

1-106 续表 4

指　　标	单位	2010年
(8)其它家庭设备	元	85.95
(一)室内装饰品	元	7.27
(三)床上用品	元	31.3
(四)家庭日用杂品	元	192.53
(五)家具材料	元	0.04
(六)家庭服务	元	14.06
1.家政服务	元	6.2
2.加工维修服务费	元	7.85
五、医疗保健	**元**	**680.13**
(一)医疗器具	元	10.08
(一)保健器具	元	6.28
(三)药品费	元	349.36
(四)滋补保健品	元	83.23
(五)医疗费	元	223.17
(六)其它医疗保健支出	元	8.01
六、交通和通讯	**元**	**1152.02**
(一)交通	元	513.84
1.家庭交通工具	元	216.74
(1)摩托车.单价	元/辆	
数量	辆	
金额	元	
(2)助力车.单价	元/辆	2610.61
数量	辆	2.53
金额	元	22.39
(3)家用汽车.单价	元/辆	64249.44
数量	辆	0.88
金额	元	191.42
(3)其它交通工具	元	2.93
2.车辆用燃料及零配件	元	159.11
(1)燃料	元	149.92
其中：汽油.单价	元/升	6.4
数量	升	23.09
金额	元	147.89
其中：柴油.单价	元/升	6.29
数量	升	0.21
金额	元	1.35
(2)零配件	元	8.42
(3)其它	元	0.77
3.交通工具服务支出	元	29.1
(1)维修费	元	8.19
(2)车辆使用税费	元	15.35
(3)其它车辆使用费用	元	5.56
4.交通费	元	108.88
(1)飞机	元	8.66
(2)火车	元	10.71

1-106 续表 5

指　　标	单位	2010年
(3)长途汽车	元	19.97
(4)市内公共交通	元	47.77
(5)出租汽车费	元	19.43
(6)其它交通费	元	2.34
(一)通信	元	638.18
1.通信工具	元	75.05
(1)电话机.单价	元/部	157.46
数量	部	1.16
金额	元	0.62
(2)移动电话.单价	元/部	1170.46
数量	部	18.65
金额	元	73.99
(4)其它通信工具	元	0.43
2.通信服务	元	563.14
(1)电信费	元	557.81
其中：上网费	元	113.63
(2)邮费	元	0.2
(3)其它通信服务费	元	5.12
七、教育文化娱乐服务	**元**	**986.21**
(一)文化娱乐用品	元	238.4
1.彩色电视机.单价	元/台	4049.24
数量	台	4.32
金额	元	59.26
2.家用电脑	元	76.36
(1)购买整机	元/台	4506.08
数量	台	4.82
金额	元	73.66
(2)计算机外部设备	元	2.09
(3)各种零配件及耗材	元	0.62
3.组合音响.单价	元/台	2988
数量	台	0.46
金额	元	4.63
4.摄像机.单价	元/架	5900
数量	架	0.47
金额	元	9.4
5.照相机.单价	元/架	1794.95
数量	架	1.02
金额	元	6.22
6.钢琴.单价	元/架	
数量	架	
金额	元	
7.其它中高档乐器.单价	元/件	
数量	件	
金额	元	

1-106 续表 6

指　　标	单位	2010年
8.健身器材.单价	元/件	
数量	件	
金额	元	
9.电子辞典.单价	元/部	2606.5
数量	部	
金额	元	1.31
10.音像制品及软件	元	2.78
11.体育用品	元	2.45
12.书报杂志	元	29.13
13.纸张文具	元	10.05
14.其它文娱用品	元	36.82
(一)文化娱乐服务	元	364.34
1.参观游览	元	44.85
2.健身活动	元	7.87
3.团体旅游	元	243.85
4.其它文娱活动	元	66.01
5.文娱用品修理服务费	元	1.77
(三)教育	元	383.46
1.教材	元	20.77
(1)课本及参考书	元	17.46
(2)教育软件	元	0.06
(3)其它教材	元	3.25
2.教育费用	元	362.69
(1)非义务教育学杂费	元	107.78
(2)义务教育学杂费	元	11.19
(3)托幼费	元	41.12
(4)成人教育费	元	34.67
(5)家教费	元	32.7
(6)培训班	元	111.75
(7))学校住宿费	元	3.41
(8)其它教育费用	元	20.07
八、其它商品和服务	**元**	**180.58**
(一)其它商品	元	110.31
1.金银珠宝饰品	元	28.44
2.手表.单价	元/只	122.49
数量	只	0.01
金额	元	1.18
3.理发美容用具	元	1.32
4.化妆品	元	64.94
5.其它杂品	元	14.43
(一)服务	元	70.27
1.旅馆住宿费	元	25.17
2.理发洗澡费	元	15.41
3.美容费	元	13.51
4.其它服务	元	16.18

1-107 城镇中等收入居民家庭平均每户基本情况（2010年）

指　标	单位	2010年
调查户数	**户**	**288**
(一)家庭人口数	人	2.75
1.有收入者人数	人	2.02
(1)就业人口数	人	1.27
①国有经济单位职工人数	人	0.59
②城镇集体经济单位职工人数	人	0.09
③其它经济类型单位职工人数	人	0.14
④城镇个体或私营企业主人数	人	0.09
⑤城镇个体或私营企业被雇人数	人	0.16
⑥离退休再就业人数	人	0.01
⑦其它就业人数	人	0.18
(2)离退休人数	人	0.71
(3)其它有收入者人数	人	0.04
2.无收入者人数	人	0.73
(二)在外就学人数	人	0.11
(三)非家庭人口在家用餐	人次	1.76
(四) 家庭人口在外用餐	人次	22.77

1-108 城镇中等收入居民家庭人均全年收入来源（2010年）

指　　标	单位	2010年
可支配收入	**元**	**16798.57**
总收入	**元**	**18280.88**
(一)工资性收入	元	10800.33
1.工资及补贴收入	元	10687.03
2.其它劳动收入	元	113.29
(二)经营性收入	元	813.14
(三)财产性收入	元	1495.36
1.利息收入	元	36.57
2.股息与红利收入	元	192.93
3.保险收益	元	
4.其它投资收入	元	0.03
5.出租房屋收入	元	888.05
6.知识产权收入	元	
7.其它财产性收入	元	377.77
(四)转移性收入	元	5172.05
1.养老金或离退休金	元	4729.78
2.社会救济收入	元	2.26
其中：最低生活保障收入	元	0.41
3.辞退金	元	
4.赔偿收入	元	0.38
5.保险收入	元	
其中：失业保险金	元	
6.赡养收入	元	66.17
7.捐赠收入	元	135.98
8.提取住房公积金	元	8.38
9.记帐补贴	元	107.12
10.其它转移性收入	元	121.98

1-109　城镇中等收入居民家庭人均全年消费性支出（2010年）

指　　标	单位	2010年
消费性支出	**元**	**12970.83**
一、食品	**元**	**5462.04**
(一)粮油类	元	548.2
1.粮食	元	360.99
(1)大米.单价	元/千克	4.98
数量	千克	49.58
金额	元	246.67
(2)面粉.单价	元/千克	4.09
数量	千克	1.18
金额	元	4.84
(3)其它粮食及制品	元	109.49
2.淀粉及薯类	元	55.15
3.干豆类及豆制品	元	68.5
4.油脂类	元	63.56
(1)食用植物油.单价	元/千克	12.07
数量	千克	4.88
金额	元	58.94
(2)食用动物油	元	4.62
(一)肉禽蛋水产品类	元	1244.81
1.肉类	元	702.59
(1)猪肉.单价	元/千克	20.19
数量	千克	21.25
金额	元	429.1
(2)牛肉.单价	元/千克	32.12
数量	千克	3.84
金额	元	123.33
(3)羊肉.单价	元/千克	33.89
数量	千克	0.51
金额	元	17.33
(4)其它肉及制品	元	132.83
2.禽类	元	252.83
(1)鸡.单价	元/千克	20.63
数量	千克	9.44
金额	元	194.67
(2)鸭.单价	元/千克	17.98
数量	千克	0.26
金额	元	4.64
(3)其它禽类及制品	元	53.52
3.蛋类	元	89.8
(1)鲜蛋.单价	元/千克	9.19
数量	千克	9.07
金额	元	83.3
(2)蛋制品	元	6.5
4.水产品类	元	199.59
(1)鱼.单价	元/千克	15.09
数量	千克	8.55
金额	元	129.03

1-109 续表 1

指　标	单位	2010年
(2)虾.单价	元/千克	41.17
数量	千克	0.96
金额	元	39.67
(3)其它水产品及制品	元	30.88
(三)蔬菜类	元	649.17
1.鲜菜.单价	元/千克	4.2
数量	千克	141.57
金额	元	594.79
2.干菜	元	41.15
3.菜制品	元	13.23
(四)调味品	元	57.01
(五)糖烟酒饮料类	元	747.43
1.糖类	元	42.87
2.烟草类	元	531.1
3.酒类	元	63.78
(1)白酒.单价	元/千克	20.2
数量	千克	2.14
金额	元	43.31
(2)果酒.单价	元/千克	48.37
数量	千克	0.27
金额	元	12.85
(3)啤酒.单价	元/千克	5.79
数量	千克	1.03
金额	元	5.97
(4)其它酒	元	1.65
4.饮料	元	109.69
(1)碳酸饮料.单价	元/千克	4.29
数量	千克	3.7
金额	元	15.89
(2)瓶装饮用水.单价	元/千克	0.44
数量	千克	56.17
金额	元	24.5
(3)茶叶.单价	元/千克	71.44
数量	千克	0.47
金额	元	33.23
(4)其它饮料	元	36.07
(六)干鲜瓜果类	元	425.98
1.鲜果.单价	元/千克	6.72
数量	千克	44.99
金额	元	302.16
2.鲜瓜.单价	元/千克	3.91
数量	千克	5.16
金额	元	20.17
3.其它干鲜瓜果类及制品	元	103.65

1-109 续表 2

指　　标	单位	2010年
(七)糕点、奶及奶制品	元	218.52
1.糕点.单价	元/千克	19.74
数量	千克	5.27
金额	元	104.1
2.奶及奶制品	元	114.41
(1)鲜乳品.单价	元/千克	7.13
数量	千克	11.19
金额	元	79.85
(2)奶粉.单价	元/千克	95.02
数量	千克	0.13
金额	元	12.77
(3)酸奶.单价	元/千克	9.59
数量	千克	1.45
金额	元	13.91
(4)其它奶制品	元	7.88
(八)其它食品	元	75.86
(九)饮食服务	元	1495.05
1.食品加工服务费	元	0.27
2.在外饮食	元	1494.78
二、衣着	**元**	**1366.47**
(一)服装.单价	元/件	148.56
数量	件	6.59
金额	元	979.13
(一)衣着材料	元	11.56
(三)鞋类.单价	元/双	160.35
数量	双	2.18
金额	元	349.48
(四)其它衣着用品	元	24.06
(五)衣着加工服务费	元	2.24
三、居住	**元**	**1184.27**
(一)住房	元	561.28
1.租赁房房租	元	58.08
2.住房装潢支出	元	458.1
3.维修用建筑材料	元	15.85
4.其它住房支出	元	29.26
(一)水电燃料及其它	元	540.61
1.水.单价	元/吨	3.05
数量	吨	46.58
金额	元	141.88
2.电.单价	元/度	0.48
数量	度	525.8
金额	元	254.66
3.燃料	元	140.99
(1)煤炭.单价	元/千克	0.55
数量	千克	2.93
金额	元	1.61

1-109 续表 3

指　标	单位	2010年
(2)罐装液化石油气.单价	元/千克	7.55
数量	千克	5.75
金额	元	43.46
(3)管道液化石油气.单价	元/立方米	
数量	立方米	
金额	元	
(4)管道煤气.单价	元/立方米	1.04
数量	立方米	92.04
金额	元	95.38
(5)管道天然气.单价	元/立方米	0.55
数量	立方米	0.05
金额	元	0.03
(6)柴油.单价	元/升	6.19
数量	升	0.07
金额	元	0.46
(7))其它燃料	元	0.04
4.取暖费	元	0.07
5.其它相关支出	元	3
(三)居住服务费	元	82.38
1.物业管理费	元	53.95
2.维修服务费	元	8.48
3.其它居住服务费	元	19.94
四、家庭设备用品及服务	**元**	**670.02**
(一)耐用消费品	元	360.75
1.家具	元	147.5
2.家庭设备	元	213.25
(1)洗衣机.单价	元/台	1615.37
数量	台	6.89
金额	元	40.47
(2)电冰箱.单价	元/台	3706.8
数量	台	3.66
金额	元	49.3
(3)微波炉.单价	元/台	613.05
数量	台	2.59
金额	元	5.78
(4)空调器.单价	元/台	
数量	台	
金额	元	
(5)淋浴热水器.单价	元/台	3007.57
数量	台	1.14
金额	元	12.48
(6)消毒碗柜.单价	元/台	820.82
数量	台	0.55
金额	元	1.63
(7))洗碗机.单价	元/台	
数量	台	
金额	元	

1-109 续表 4

指 标	单位	2010年
(8)其它家庭设备	元	103.58
(一)室内装饰品	元	21.3
(三)床上用品	元	40.63
(四)家庭日用杂品	元	229.77
(五)家具材料	元	
(六)家庭服务	元	17.57
1.家政服务	元	9.12
2.加工维修服务费	元	8.45
五、医疗保健	**元**	**995.65**
(一)医疗器具	元	8.46
(一)保健器具	元	29.95
(三)药品费	元	524.1
(四)滋补保健品	元	112.41
(五)医疗费	元	314.66
(六)其它医疗保健支出	元	6.06
六、交通和通讯	**元**	**1644.61**
(一)交通	元	929.92
1.家庭交通工具	元	404.48
(1)摩托车.单价	元/辆	
数量	辆	
金额	元	
(2)助力车.单价	元/辆	2880.45
数量	辆	4.83
金额	元	50.64
(3)家用汽车.单价	元/辆	53600.86
数量	辆	1.76
金额	元	344.08
(3)其它交通工具	元	9.77
2.车辆用燃料及零配件	元	306.09
(1)燃料	元	283.53
其中：汽油.单价	元/升	6.47
数量	升	43.48
金额	元	281.19
其中：柴油.单价	元/升	6.11
数量	升	0.07
金额	元	0.44
(2)零配件	元	19
(3)其它	元	3.56
3.交通工具服务支出	元	87.67
(1)维修费	元	20.13
(2)车辆使用税费	元	53.18
(3)其它车辆使用费用	元	14.36
4.交通费	元	131.67
(1)飞机	元	35.84
(2)火车	元	6.01

1-109 续表 5

指 标	单位	2010年
(3)长途汽车	元	19.37
(4)市内公共交通	元	51.55
(5)出租汽车费	元	16.7
(6)其它交通费	元	2.2
(一)通信	元	714.69
1.通信工具	元	64.05
(1)电话机.单价	元/部	155.12
数量	部	1.1
金额	元	0.62
(2)移动电话.单价	元/部	1076.43
数量	部	16.02
金额	元	62.73
(4)其它通信工具	元	0.69
2.通信服务	元	650.64
(1)电信费	元	647.3
其中：上网费	元	121.8
(2)邮费	元	0.56
(3)其它通信服务费	元	2.78
七、教育文化娱乐服务	**元**	**1330.9**
(一)文化娱乐用品	元	315.05
1.彩色电视机.单价	元/台	6351.27
数量	台	5.08
金额	元	117.43
2.家用电脑	元	68.41
(1)购买整机	元/台	3860.33
数量	台	4.65
金额	元	65.33
(2)计算机外部设备	元	1.39
(3)各种零配件及耗材	元	1.69
3.组合音响.单价	元/台	
数量	台	
金额	元	
4.摄像机.单价	元/架	
数量	架	
金额	元	
5.照相机.单价	元/架	2394.63
数量	架	1.69
金额	元	14.7
6.钢琴.单价	元/架	
数量	架	
金额	元	
7.其它中高档乐器.单价	元/件	1730.78
数量	件	0.73
金额	元	4.58

1-109 续表 6

指 标	单位	2010年
8.健身器材.单价	元/件	1800
数量	件	0.5
金额	元	3.29
9.电子辞典.单价	元/部	
数量	部	
金额	元	
10.音像制品及软件	元	4.44
11.体育用品	元	5
12.书报杂志	元	33.78
13.纸张文具	元	12.34
14.其它文娱用品	元	51.07
(一)文化娱乐服务	元	603.85
1.参观游览	元	62.61
2.健身活动	元	8.72
3.团体旅游	元	433.23
4.其它文娱活动	元	98.17
5.文娱用品修理服务费	元	1.12
(三)教育	元	412.01
1.教材	元	29.06
(1)课本及参考书	元	25.85
(2)教育软件	元	1.92
(3)其它教材	元	1.3
2.教育费用	元	382.94
(1)非义务教育学杂费	元	151.58
(2)义务教育学杂费	元	16.25
(3)托幼费	元	21.55
(4)成人教育费	元	36.17
(5)家教费	元	22.09
(6)培训班	元	103.83
(7))学校住宿费	元	6.46
(8)其它教育费用	元	25.02
八、其它商品和服务	**元**	**316.86**
(一)其它商品	元	214.7
1.金银珠宝饰品	元	39.51
2.手表.单价	元/只	85.39
数量	只	
金额	元	0.39
3.理发美容用具	元	1.37
4.化妆品	元	60.71
5.其它杂品	元	112.72
(一)服务	元	102.17
1.旅馆住宿费	元	33.72
2.理发洗澡费	元	21.1
3.美容费	元	20.1
4.其它服务	元	27.25

1-110 城镇中高收入居民家庭平均每户基本情况（2010年）

指　　标	单位	2010年
调查户数	**户**	**288**
(一)家庭人口数	人	2.75
1.有收入者人数	人	2.1
(1)就业人口数	人	1.46
①国有经济单位职工人数	人	0.9
②城镇集体经济单位职工人数	人	0.1
③其它经济类型单位职工人数	人	0.12
④城镇个体或私营企业主人数	人	0.06
⑤城镇个体或私营企业被雇人数	人	0.16
⑥离退休再就业人数	人	0.01
⑦其它就业人数	人	0.12
(2)离退休人数	人	0.58
(3)其它有收入者人数	人	0.05
2.无收入者人数	人	0.65
(二)在外就学人数	人	0.09
(三)非家庭人口在家用餐	人次	2.24
(四) 家庭人口在外用餐	人次	26.83

1-111　城镇中高收入居民家庭人均全年收入来源（2010年）

指　标	单位	2010年
可支配收入	**元**	**16798.57**
总收入	**元**	**18280.88**
(一)工资性收入	元	10800.33
1.工资及补贴收入	元	10687.03
2.其它劳动收入	元	113.29
(二)经营性收入	元	813.14
(三)财产性收入	元	1495.36
1.利息收入	元	36.57
2.股息与红利收入	元	192.93
3.保险收益	元	
4.其它投资收入	元	0.03
5.出租房屋收入	元	888.05
6.知识产权收入	元	
7.其它财产性收入	元	377.77
(四)转移性收入	元	5172.05
1.养老金或离退休金	元	4729.78
2.社会救济收入	元	2.26
其中：最低生活保障收入	元	0.41
3.辞退金	元	
4.赔偿收入	元	0.38
5.保险收入	元	
其中：失业保险金	元	
6.赡养收入	元	66.17
7.捐赠收入	元	135.98
8.提取住房公积金	元	8.38
9.记帐补贴	元	107.12
10.其它转移性收入	元	121.98

1-112 城镇中高收入居民家庭人均全年消费性支出（2010年）

指　　标	单位	2010年
消费性支出	**元**	**16456.09**
一、食品	**元**	**5920.05**
(一)粮油类	元	548.85
1.粮食	元	356.57
(1)大米.单价	元/千克	5.11
数量	千克	47.52
金额	元	242.78
(2)面粉.单价	元/千克	4.36
数量	千克	0.99
金额	元	4.32
(3)其它粮食及制品	元	109.47
2.淀粉及薯类	元	54.57
3.干豆类及豆制品	元	71.46
4.油脂类	元	66.24
(1)食用植物油.单价	元/千克	12.18
数量	千克	5.13
金额	元	62.45
(2)食用动物油	元	3.8
(一)肉禽蛋水产品类	元	1278.48
1.肉类	元	735.28
(1)猪肉.单价	元/千克	19.79
数量	千克	22.66
金额	元	448.49
(2)牛肉.单价	元/千克	31.51
数量	千克	4.04
金额	元	127.21
(3)羊肉.单价	元/千克	36.38
数量	千克	0.3
金额	元	10.84
(4)其它肉及制品	元	148.74
2.禽类	元	238.47
(1)鸡.单价	元/千克	21.1
数量	千克	8.53
金额	元	180.02
(2)鸭.单价	元/千克	19.73
数量	千克	0.36
金额	元	7.02
(3)其它禽类及制品	元	51.43
3.蛋类	元	89.45
(1)鲜蛋.单价	元/千克	9.33
数量	千克	8.85
金额	元	82.57
(2)蛋制品	元	6.88
4.水产品类	元	215.28
(1)鱼.单价	元/千克	15.53
数量	千克	8.17
金额	元	126.83

1-112 续表 1

指 标	单位	2010年
(2)虾.单价	元/千克	43.74
数量	千克	1.15
金额	元	50.25
(3)其它水产品及制品	元	38.2
(三)蔬菜类	元	675.04
1.鲜菜.单价	元/千克	4.25
数量	千克	147.28
金额	元	626.02
2.干菜	元	37.81
3.菜制品	元	11.21
(四)调味品	元	61.87
(五)糖烟酒饮料类	元	862.59
1.糖类	元	48.94
2.烟草类	元	582.33
3.酒类	元	87.88
(1)白酒.单价	元/千克	27.42
数量	千克	2.24
金额	元	61.48
(2)果酒.单价	元/千克	39.25
数量	千克	0.32
金额	元	12.6
(3)啤酒.单价	元/千克	5.42
数量	千克	1.29
金额	元	6.98
(4)其它酒	元	6.83
4.饮料	元	143.44
(1)碳酸饮料.单价	元/千克	4.32
数量	千克	3.68
金额	元	15.91
(2)瓶装饮用水.单价	元/千克	0.47
数量	千克	42.84
金额	元	20.34
(3)茶叶.单价	元/千克	77.46
数量	千克	0.75
金额	元	57.77
(4)其它饮料	元	49.42
(六)干鲜瓜果类	元	459.91
1.鲜果.单价	元/千克	7.14
数量	千克	46.87
金额	元	334.8
2.鲜瓜.单价	元/千克	3.85
数量	千克	5.89
金额	元	22.68
3.其它干鲜瓜果类及制品	元	102.43

1-112 续表 2

指　标	单位	2010年
(七)糕点、奶及奶制品	元	229.86
1.糕点.单价	元/千克	23.08
数量	千克	5.73
金额	元	132.22
2.奶及奶制品	元	97.64
(1)鲜乳品.单价	元/千克	7.56
数量	千克	9.4
金额	元	71.05
(2)奶粉.单价	元/千克	163.37
数量	千克	0.05
金额	元	8.49
(3)酸奶.单价	元/千克	7.88
数量	千克	1.31
金额	元	10.34
(4)其它奶制品	元	7.76
(八)其它食品	元	87.72
(九)饮食服务	元	1715.74
1.食品加工服务费	元	0.53
2.在外饮食	元	1715.21
二、衣着	**元**	**1806.67**
(一)服装.单价	元/件	171.42
数量	件	7.39
金额	元	1266.66
(一)衣着材料	元	19.63
(三)鞋类.单价	元/双	207.95
数量	双	2.29
金额	元	476.62
(四)其它衣着用品	元	41.42
(五)衣着加工服务费	元	2.34
三、居住	**元**	**1153.06**
(一)住房	元	427.36
1.租赁房房租	元	106.64
2.住房装潢支出	元	282.47
3.维修用建筑材料	元	20.48
4.其它住房支出	元	17.77
(一)水电燃料及其它	元	639.26
1.水.单价	元/吨	3.07
数量	吨	55.66
金额	元	170.92
2.电.单价	元/度	0.48
数量	度	648.67
金额	元	313.88
3.燃料	元	146.59
(1)煤炭.单价	元/千克	0.61
数量	千克	3.97
金额	元	2.41

1-112 续表 3

指　　标	单位	2010年
(2)罐装液化石油气.单价	元/千克	7.51
数量	千克	6.58
金额	元	49.41
(3)管道液化石油气.单价	元/立方米	21
数量	立方米	0.02
金额	元	0.47
(4)管道煤气.单价	元/立方米	1
数量	立方米	92.99
金额	元	93.4
(5)管道天然气.单价	元/立方米	
数量	立方米	
金额	元	
(6)柴油.单价	元/升	6
数量	升	0.02
金额	元	0.1
(7))其它燃料	元	0.81
4.取暖费	元	
5.其它相关支出	元	7.87
(三)居住服务费	元	86.43
1.物业管理费	元	59.3
2.维修服务费	元	4.63
3.其它居住服务费	元	22.5
四、家庭设备用品及服务	**元**	**666.85**
(一)耐用消费品	元	337.72
1.家具	元	149.89
2.家庭设备	元	187.83
(1)洗衣机.单价	元/台	1439.65
数量	台	4.23
金额	元	22.18
(2)电冰箱.单价	元/台	2265.82
数量	台	3.05
金额	元	25.19
(3)微波炉.单价	元/台	641.17
数量	台	3.36
金额	元	7.85
(4)空调器.单价	元/台	988
数量	台	0.15
金额	元	0.55
(5)淋浴热水器.单价	元/台	1899.88
数量	台	2.36
金额	元	16.37
(6)消毒碗柜.单价	元/台	1600
数量	台	0.29
金额	元	1.67
(7))洗碗机.单价	元/台	
数量	台	
金额	元	

1-112 续表 4

指　　标	单位	2010年
(8)其它家庭设备	元	114.02
(一)室内装饰品	元	10.17
(三)床上用品	元	32.35
(四)家庭日用杂品	元	259.25
(五)家具材料	元	1.86
(六)家庭服务	元	25.5
1.家政服务	元	15.22
2.加工维修服务费	元	10.28
五、医疗保健	**元**	**1011.03**
(一)医疗器具	元	12.3
(一)保健器具	元	23.02
(三)药品费	元	459.71
(四)滋补保健品	元	142.07
(五)医疗费	元	361.4
(六)其它医疗保健支出	元	12.53
六、交通和通讯	**元**	**3719.29**
(一)交通	元	2844.2
1.家庭交通工具	元	2054.27
(1)摩托车.单价	元/辆	6600
数量	辆	0.15
金额	元	3.71
(2)助力车.单价	元/辆	2924.09
数量	辆	5.16
金额	元	54.95
(3)家用汽车.单价	元/辆	132876.47
数量	辆	4.1
金额	元	1985.35
(3)其它交通工具	元	10.27
2.车辆用燃料及零配件	元	460.64
(1)燃料	元	448.67
其中：汽油.单价	元/升	6.42
数量	升	69.47
金额	元	445.86
其中：柴油.单价	元/升	6.19
数量	升	0.31
金额	元	1.89
(2)零配件	元	9.79
(3)其它	元	2.18
3.交通工具服务支出	元	122.45
(1)维修费	元	20.55
(2)车辆使用税费	元	91.83
(3)其它车辆使用费用	元	10.07
4.交通费	元	206.84
(1)飞机	元	64.61
(2)火车	元	33.55

1-112 续表 5

指　　标	单位	2010年
(3)长途汽车	元	32.06
(4)市内公共交通	元	49.09
(5)出租汽车费	元	21.97
(6)其它交通费	元	5.57
(一)通信	元	875.09
1.通信工具	元	60.44
(1)电话机.单价	元/部	110.38
数量	部	1
金额	元	0.4
(2)移动电话.单价	元/部	918.56
数量	部	17.62
金额	元	58.97
(4)其它通信工具	元	1.07
2.通信服务	元	814.64
(1)电信费	元	811.53
其中：上网费	元	206.92
(2)邮费	元	0.95
(3)其它通信服务费	元	2.16
七、教育文化娱乐服务	**元**	**1739.97**
(一)文化娱乐用品	元	413.02
1.彩色电视机.单价	元/台	5574.46
数量	台	5.15
金额	元	104.65
2.家用电脑	元	115.25
(1)购买整机	元/台	4624.44
数量	台	6.53
金额	元	110.03
(2)计算机外部设备	元	2.04
(3)各种零配件及耗材	元	3.18
3.组合音响.单价	元/台	120
数量	台	0.29
金额	元	0.13
4.摄像机.单价	元/架	
数量	架	
金额	元	
5.照相机.单价	元/架	2173.34
数量	架	3.04
金额	元	24.07
6.钢琴.单价	元/架	16233.99
数量	架	0.38
金额	元	22.27
7.其它中高档乐器.单价	元/件	229.36
数量	件	0.5
金额	元	0.42

1-112 续表 6

指 标	单位	2010年
8.健身器材.单价	元/件	955.43
数量	件	0.41
金额	元	1.42
9.电子辞典.单价	元/部	
数量	部	
金额	元	
10.音像制品及软件	元	7.61
11.体育用品	元	4.28
12.书报杂志	元	41.05
13.纸张文具	元	15.41
14.其它文娱用品	元	76.47
(一)文化娱乐服务	元	752.29
1.参观游览	元	77.6
2.健身活动	元	24.5
3.团体旅游	元	503.95
4.其它文娱活动	元	141.79
5.文娱用品修理服务费	元	4.45
(三)教育	元	574.66
1.教材	元	20.82
(1)课本及参考书	元	18.51
(2)教育软件	元	0.64
(3)其它教材	元	1.68
2.教育费用	元	553.83
(1)非义务教育学杂费	元	105.24
(2)义务教育学杂费	元	11.44
(3)托幼费	元	33.2
(4)成人教育费	元	66.84
(5)家教费	元	58.57
(6)培训班	元	214.61
(7))学校住宿费	元	18.73
(8)其它教育费用	元	45.2
八、其它商品和服务	**元**	**439.17**
(一)其它商品	元	260.56
1.金银珠宝饰品	元	93.24
2.手表.单价	元/只	64.53
数量	只	0.02
金额	元	1.13
3.理发美容用具	元	1.41
4.化妆品	元	86.64
5.其它杂品	元	78.13
(一)服务	元	178.62
1.旅馆住宿费	元	36.63
2.理发洗澡费	元	21.62
3.美容费	元	42.84
4.其它服务	元	77.53

1-113　城镇高收入居民家庭平均每户基本情况（2010年）

指　标	单位	2010年
调查户数	**户**	**287**
(一)家庭人口数	人	2.66
1.有收入者人数	人	2.03
(1)就业人口数	人	1.44
①国有经济单位职工人数	人	0.75
②城镇集体经济单位职工人数	人	0.05
③其它经济类型单位职工人数	人	0.14
④城镇个体或私营企业主人数	人	0.16
⑤城镇个体或私营企业被雇人数	人	0.16
⑥离退休再就业人数	人	0.01
⑦其它就业人数	人	0.15
(2)离退休人数	人	0.47
(3)其它有收入者人数	人	0.12
2.无收入者人数	人	0.63
(二)在外就学人数	人	0.13
(三)非家庭人口在家用餐	人次	3.95
(四) 家庭人口在外用餐	人次	28.18

1-114 城镇高收入居民家庭人均全年收入来源（2010年）

指　　标	单位	2010年
可支配收入	**元**	**39836.40**
总收入	**元**	**42444.93**
(一)工资性收入	元	19164.25
1.工资及补贴收入	元	19021.68
2.其它劳动收入	元	142.57
(二)经营性收入	元	2207.47
(三)财产性收入	元	11796.57
1.利息收入	元	117.84
2.股息与红利收入	元	878.74
3.保险收益	元	1.3
4.其它投资收入	元	611.78
5.出租房屋收入	元	1750.95
6.知识产权收入	元	
7.其它财产性收入	元	8435.97
(四)转移性收入	元	9276.63
1.养老金或离退休金	元	5732.29
2.社会救济收入	元	0.48
其中：最低生活保障收入	元	
3.辞退金	元	
4.赔偿收入	元	2217.39
5.保险收入	元	3.5
其中：失业保险金	元	
6.赡养收入	元	122.49
7.捐赠收入	元	649.22
8.提取住房公积金	元	214.04
9.记帐补贴	元	109.34
10.其它转移性收入	元	227.9

1-115 城镇高收入居民家庭人均全年消费性支出（2010年）

指　标	单位	2010年
消费性支出	**元**	**19739.49**
一、食品	**元**	**6382.87**
(一)粮油类	元	574.62
1.粮食	元	377.18
(1)大米.单价	元/千克	4.94
数量	千克	52.59
金额	元	259.75
(2)面粉.单价	元/千克	3.97
数量	千克	1.37
金额	元	5.43
(3)其它粮食及制品	元	112
2.淀粉及薯类	元	63.45
3.干豆类及豆制品	元	71.95
4.油脂类	元	62.04
(1)食用植物油.单价	元/千克	12.8
数量	千克	4.43
金额	元	56.7
(2)食用动物油	元	5.33
(一)肉禽蛋水产品类	元	1259.9
1.肉类	元	701.11
(1)猪肉.单价	元/千克	20.08
数量	千克	21.33
金额	元	428.31
(2)牛肉.单价	元/千克	31.83
数量	千克	3.58
金额	元	113.82
(3)羊肉.单价	元/千克	36.67
数量	千克	0.42
金额	元	15.47
(4)其它肉及制品	元	143.51
2.禽类	元	234.77
(1)鸡.单价	元/千克	20.58
数量	千克	8.59
金额	元	176.82
(2)鸭.单价	元/千克	17.05
数量	千克	0.28
金额	元	4.83
(3)其它禽类及制品	元	53.12
3.蛋类	元	96.18
(1)鲜蛋.单价	元/千克	9.34
数量	千克	9.53
金额	元	89
(2)蛋制品	元	7.17
4.水产品类	元	227.84
(1)鱼.单价	元/千克	15.69
数量	千克	8.81
金额	元	138.22

1-115 续表 1

指　标	单位	2010年
(2)虾.单价	元/千克	52.73
数量	千克	0.96
金额	元	50.47
(3)其它水产品及制品	元	39.15
(三)蔬菜类	元	662.84
1.鲜菜.单价	元/千克	4.28
数量	千克	143.36
金额	元	614.05
2.干菜	元	38.42
3.菜制品	元	10.37
(四)调味品	元	57.13
(五)糖烟酒饮料类	元	920.39
1.糖类	元	39.92
2.烟草类	元	657.48
3.酒类	元	82.74
(1)白酒.单价	元/千克	24.79
数量	千克	2.48
金额	元	61.5
(2)果酒.单价	元/千克	39.63
数量	千克	0.33
金额	元	13.23
(3)啤酒.单价	元/千克	5.26
数量	千克	1.02
金额	元	5.38
(4)其它酒	元	2.62
4.饮料	元	140.25
(1)碳酸饮料.单价	元/千克	4.4
数量	千克	3.26
金额	元	14.31
(2)瓶装饮用水.单价	元/千克	0.43
数量	千克	57.8
金额	元	24.6
(3)茶叶.单价	元/千克	80.59
数量	千克	0.71
金额	元	57.57
(4)其它饮料	元	43.75
(六)干鲜瓜果类	元	492.01
1.鲜果.单价	元/千克	7.38
数量	千克	47.95
金额	元	354.02
2.鲜瓜.单价	元/千克	3.79
数量	千克	6.12
金额	元	23.2
3.其它干鲜瓜果类及制品	元	114.78

1-115 续表 2

指　　标	单位	2010年
(七)糕点、奶及奶制品	元	258.04
1.糕点.单价	元/千克	22.24
数量	千克	5.27
金额	元	117.22
2.奶及奶制品	元	140.81
(1)鲜乳品.单价	元/千克	7.24
数量	千克	11.3
金额	元	81.85
(2)奶粉.单价	元/千克	91.43
数量	千克	0.44
金额	元	39.81
(3)酸奶.单价	元/千克	8.99
数量	千克	1.26
金额	元	11.33
(4)其它奶制品	元	7.84
(八)其它食品	元	81.62
(九)饮食服务	元	2076.33
1.食品加工服务费	元	0.83
2.在外饮食	元	2075.5
二、衣着	**元**	**2477.44**
(一)服装.单价	元/件	199.63
数量	件	9
金额	元	1797.68
(一)衣着材料	元	11.12
(三)鞋类.单价	元/双	232.77
数量	双	2.64
金额	元	615.02
(四)其它衣着用品	元	48.92
(五)衣着加工服务费	元	4.7
三、居住	**元**	**2044.51**
(一)住房	元	1242.94
1.租赁房房租	元	203.08
2.住房装潢支出	元	980.51
3.维修用建筑材料	元	55.51
4.其它住房支出	元	3.83
(一)水电燃料及其它	元	694.52
1.水.单价	元/吨	3.23
数量	吨	60.57
金额	元	195.5
2.电.单价	元/度	0.48
数量	度	713.07
金额	元	343.57
3.燃料	元	134.14
(1)煤炭.单价	元/千克	0.79
数量	千克	0.33
金额	元	0.26

1-115 续表 3

指　　标	单位	2010年
(2)罐装液化石油气.单价	元/千克	7.54
数量	千克	6.57
金额	元	49.53
(3)管道液化石油气.单价	元/立方米	
数量	立方米	
金额	元	
(4)管道煤气.单价	元/立方米	1.05
数量	立方米	77.68
金额	元	81.66
(5)管道天然气.单价	元/立方米	
数量	立方米	
金额	元	
(6)柴油.单价	元/升	6.31
数量	升	0.36
金额	元	2.26
(7))其它燃料	元	0.43
4.取暖费	元	
5.其它相关支出	元	21.32
(三)居住服务费	元	107.05
1.物业管理费	元	82.38
2.维修服务费	元	7.75
3.其它居住服务费	元	16.91
四、家庭设备用品及服务	**元**	**969.33**
(一)耐用消费品	元	466.83
1.家具	元	176.26
2.家庭设备	元	290.57
(1)洗衣机.单价	元/台	2335.13
数量	台	4.67
金额	元	41.08
(2)电冰箱.单价	元/台	2923.76
数量	台	5.31
金额	元	58.48
(3)微波炉.单价	元/台	816.82
数量	台	4.38
金额	元	13.46
(4)空调器.单价	元/台	3400
数量	台	0.11
金额	元	1.38
(5)淋浴热水器.单价	元/台	1741.18
数量	台	3.07
金额	元	20.14
(6)消毒碗柜.单价	元/台	2768
数量	台	0.18
金额	元	1.86
(7))洗碗机.单价	元/台	
数量	台	
金额	元	

1-115 续表 4

指　　标	单位	2010年
(8)其它家庭设备	元	154.17
(一)室内装饰品	元	33.08
(三)床上用品	元	75.21
(四)家庭日用杂品	元	328.09
(五)家具材料	元	3.01
(六)家庭服务	元	63.11
1.家政服务	元	52.87
2.加工维修服务费	元	10.23
五、医疗保健	**元**	**1060.04**
(一)医疗器具	元	2.9
(一)保健器具	元	29.57
(三)药品费	元	456.71
(四)滋补保健品	元	189.27
(五)医疗费	元	374.12
(六)其它医疗保健支出	元	7.48
六、交通和通讯	**元**	**3927.26**
(一)交通	元	2953.45
1.家庭交通工具	元	1794.6
(1)摩托车.单价	元/辆	
数量	辆	
金额	元	
(2)助力车.单价	元/辆	2862.86
数量	辆	1.57
金额	元	16.96
(3)家用汽车.单价	元/辆	110245.37
数量	辆	4.27
金额	元	1772.2
(3)其它交通工具	元	5.45
2.车辆用燃料及零配件	元	743.93
(1)燃料	元	675.51
其中：汽油.单价	元/升	6.42
数量	升	104.89
金额	元	673.11
其中：柴油.单价	元/升	5.8
数量	升	0.31
金额	元	1.8
(2)零配件	元	51.56
(3)其它	元	16.87
3.交通工具服务支出	元	161.53
(1)维修费	元	25.14
(2)车辆使用税费	元	124.3
(3)其它车辆使用费用	元	12.09
4.交通费	元	253.38
(1)飞机	元	90.97
(2)火车	元	43.26

1-115 续表 5

指　　标	单位	2010年
(3)长途汽车	元	33.91
(4)市内公共交通	元	48.18
(5)出租汽车费	元	33.47
(6)其它交通费	元	3.58
(一)通信	元	973.81
1.通信工具	元	165.01
(1)电话机.单价	元/部	567.52
数量	部	1.43
金额	元	3.05
(2)移动电话.单价	元/部	1415.54
数量	部	29.89
金额	元	159.27
(4)其它通信工具	元	2.68
2.通信服务	元	808.81
(1)电信费	元	804.72
其中：上网费	元	196.53
(2)邮费	元	1.17
(3)其它通信服务费	元	2.91
七、教育文化娱乐服务	**元**	**2206.49**
(一)文化娱乐用品	元	511.87
1.彩色电视机.单价	元/台	4924.01
数量	台	5.69
金额	元	105.55
2.家用电脑	元	163.66
(1)购买整机	元/台	4531.23
数量	台	8.6
金额	元	146.73
(2)计算机外部设备	元	7.21
(3)各种零配件及耗材	元	9.72
3.组合音响.单价	元/台	
数量	台	
金额	元	
4.摄像机.单价	元/架	3890
数量	架	0.85
金额	元	12.52
5.照相机.单价	元/架	2059.68
数量	架	4.59
金额	元	35.62
6.钢琴.单价	元/架	
数量	架	
金额	元	
7.其它中高档乐器.单价	元/件	1874.25
数量	件	1.34
金额	元	9.47

1-115 续表 6

指　　标	单位	2010年
8.健身器材.单价	元/件	1600
数量	件	0.44
金额	元	2.62
9.电子辞典.单价	元/部	
数量	部	
金额	元	
10.音像制品及软件	元	6.11
11.体育用品	元	8.08
12.书报杂志	元	45.68
13.纸张文具	元	11.05
14.其它文娱用品	元	111.52
(一)文化娱乐服务	元	1124.37
1.参观游览	元	97.04
2.健身活动	元	42.74
3.团体旅游	元	809.64
4.其它文娱活动	元	170.48
5.文娱用品修理服务费	元	4.48
(三)教育	元	570.25
1.教材	元	20.09
(1)课本及参考书	元	18.48
(2)教育软件	元	0.12
(3)其它教材	元	1.49
2.教育费用	元	550.16
(1)非义务教育学杂费	元	130.48
(2)义务教育学杂费	元	9.4
(3)托幼费	元	38.38
(4)成人教育费	元	56.1
(5)家教费	元	42.14
(6)培训班	元	219.29
(7))学校住宿费	元	12.13
(8)其它教育费用	元	42.23
八、其它商品和服务	**元**	**671.54**
(一)其它商品	元	433.55
1.金银珠宝饰品	元	225.65
2.手表.单价	元/只	1065.26
数量	只	0.02
金额	元	23.97
3.理发美容用具	元	1.98
4.化妆品	元	157.4
5.其它杂品	元	24.54
(一)服务	元	237.99
1.旅馆住宿费	元	75.35
2.理发洗澡费	元	26.16
3.美容费	元	67.82
4.其它服务	元	68.65

1-116 农村居民家庭基本情况（2010年）

指　　标	单位	2010年
调查户数	**户**	**1177**
调查户从业类型	户	2767
(按总收入比重计算)		
农业户	户	222
农业兼业户	户	478
非农业兼业户	户	319
非农业户	户	158
调查户从业类型	**户**	**2354**
(按从业劳动力比重计算)		
农业户	户	610
农业兼业户	户	148
非农业兼业户	户	228
非农业户	户	191
家庭结构	**户**	**4087**
单身或夫妇	户	112
夫妇与一个孩子	户	297
夫妇与两个孩子	户	389
夫妇与三个以上孩子	户	29
单亲与孩子	户	29
三代同堂	户	294
其　他	户	27
参加专业性合作经济组织的户数	**户**	**2329**
参加新型农村合作医疗的户数	**户**	**1182**
领取最低生活保障的户数	**户**	**2306**

1-117 农村居民家庭人均总收入与总支出（2010年）

指标	单位	2010年
总收入	**元**	**8592.80**
工资性收入	元	1875.00
在非企业组织中劳动得到收入	元	262.40
在本乡地域内劳动得到收入	元	1428.30
#在企业中劳动得到收入	元	438.90
外出从业得到收入	元	184.30
家庭经营收入	元	5278.30
第一产业收入	元	4421.90
农业收入	元	2955.60
农产品收入	元	2881.70
农业服务性收入	元	73.90
林业收入	元	100.40
林业产品收入	元	97.10
林业服务性收入	元	3.20
牧业收入	元	1344.70
牧业产品收入	元	1330.20
牧业服务性收入	元	14.60
渔业收入	元	21.20
渔业产品收入	元	19.70
渔业服务性收入	元	1.50
第二产业收入	元	131.30
工业收入	元	68.30
工业产品收入	元	67.20
工业服务性收入	元	1.10
建筑业收入	元	63.00
建筑业产品收入	元	
建筑业服务性收入	元	63.00
第三产业收入	元	725.10
其他产品收入	元	1.90
第三产业服务性收入	元	723.30
交通、运输、邮电业收入	元	434.50
批零贸易业、饮食业收入	元	203.40
社会服务业收入	元	28.80
文教卫生业收入	元	6.30
其他行业收入	元	50.40
财产性收入	元	913.70
#利息	元	15.70
集体分配股息和红利	元	334.40
其他股息和红利	元	5.40
租金(包括农业机械)	元	180.70
土地征用补偿收入	元	214.20
转让承包土地经营权收入	元	58.00

1-117 续表

指　　标	单位	2010年
转移性收入	元	525.80
#城市亲友赠送收入	元	6.10
农村亲友赠送收入	元	89.10
总支出	**元**	**9104.80**
家庭经营费用支出	元	2426.80
第一产业生产费用支出	元	1989.00
农业生产费用支出	元	1066.00
林业生产费用支出	元	15.60
牧业生产费用支出	元	895.70
渔业生产费用支出	元	11.70
第二产业生产费用支出	元	92.20
工业生产费用支出	元	65.50
建筑业生产费用支出	元	26.70
第三产业生产费用支出	元	345.70
交通运输邮电业生产费用支出	元	185.60
批零贸易餐饮业生产费用支出	元	142.50
社会服务业生产费用支出	元	11.90
文教卫生业生产费用支出	元	0.60
其他行业生产费用支出	元	5.00
购置生产性固定资产支出	元	390.60
建、造生产性固定资产雇工支出	元	6.20
税费支出	元	22.50
生活消费支出	元	5701.20
#服务性支出	元	1812.40
食品消费支出	元	1781.00
衣着消费支出	元	336.80
居住消费支出	元	1169.20
家庭设备、用品消费支出	元	289.20
交通和通讯消费支出	元	895.40
文化教育、娱乐消费支出	元	589.70
医疗保健消费支出	元	526.50
其他商品和服务消费支出	元	113.40
财产性支出	元	80.10
#宅基地有偿使用费	元	1.80
承包其他农户转让费	元	35.40
转移性支出	元	477.50
#赠送农村亲友	元	158.50
赠送城市亲友	元	8.30

1-118 农村居民家庭人均纯收入（2010年）

指　　标	单位	2010年
全年纯收入	**元**	**5810.20**
工资性收入	**元**	**1875.00**
在非企业组织中劳动得到收入	元	262.40
在本乡地域内劳动得到收入	元	1428.30
#在企业中劳动得到收入	元	438.90
外出从业得到收入	元	184.30
家庭经营纯收入	**元**	**2581.30**
第一产业纯收入	元	2255.60
农业收入	元	1768.40
林业收入	元	84.50
牧业收入	元	394.20
渔业收入	元	8.40
非农产业纯收入	元	325.70
第二产业纯收入	元	29.70
工业收入	元	0.50
建筑业收入	元	29.20
第三产业纯收入	元	296.10
交通、运输、邮电业收入	元	174.10
批零贸易业、饮食业收入	元	59.20
社会服务业收入	元	11.70
文教卫生业收入	元	4.30
其他行业收入	元	46.90
财产性纯收入	**元**	**913.70**
#利　息	元	15.70
集体分配股息和红利	元	334.40
其他股息和红利	元	5.40
租金(包括农业机械)	元	180.70
土地征用补偿收入	元	214.20
转让承包土地经营权收入	元	58.00
转移性纯收入	**元**	**440.30**
#城市亲友赠送	元	6.10
离退休金、养老金	元	28.00
城市亲友支付赡养费	元	1.00
农村亲友支付赡养费	元	2.50
救济金、抚恤金	元	1.10
报销医疗费	元	30.30
无偿扶贫或扶持款	元	10.40

注：2011年以后土地征用补偿收入、报销医疗费归入非借贷性收入现金所得。

1-119 农村居民家庭人均现金收支情况（2010年）

指　标	单位	2010年
期内现金收入	**元**	**7874.50**
工资性收入	元	1839.90
在非企业组织中劳动得到收入	元	259.80
在本乡地域内劳动得到收入	元	1397.70
#在企业中劳动得到收入	元	426.30
外出从业得到收入	元	181.80
家庭经营现金收入	元	4648.50
第一产业现金收入	元	3792.40
农业现金收入	元	2502.80
林业现金收入	元	88.60
牧业现金收入	元	1180.90
渔业现金收入	元	20.30
第二产业现金收入	元	131.30
工业收入	元	68.30
建筑业收入	元	63.00
第三产业现金收入	元	724.70
出售其他产品收入	元	1.90
第三产业服务性现金收入	元	722.80
交通、运输、邮电业收入	元	434.50
批零贸易业、饮食业收入	元	203.40
社会服务业收入	元	28.80
文教卫生业收入	元	6.30
其他行业收入	元	49.90
财产性收入	元	883.80
#利　息	元	15.70
集体分配股息和红利	元	334.40
其他股息和红利	元	5.40
租金(包括农业机械)	元	180.70
土地征用补偿收入	元	214.20
转让承包土地经营权收入	元	58.00
转移性收入	元	502.90
#城市亲友赠送	元	5.40
离退休金、养老金	元	28.00
城市亲友支付赡养费	元	1.00
农村亲友支付赡养费	元	2.50
救济金、抚恤费	元	1.10
报销医疗费	元	30.30
无偿扶贫或扶持款	元	10.40

1-119 续表 1

指　　标	单位	2010年
借贷性现金收入	**元**	**1694.90**
银行、信用社贷款	元	89.00
借入款	元	532.80
收回借出款	元	230.50
取回存款	元	834.40
兑换债券(本金)	元	
出售股票	元	
兑换其他有价证券(本金)	元	
收回其他投资款	元	2.80
其　他	元	5.50
期内现金支出	**元**	**8528.80**
生产费用支出	元	2623.70
家庭经营费用支出	元	2226.90
第一产业生产费用支出	元	1796.20
农业生产费用支出	元	1015.50
林业生产费用支出	元	15.60
牧业生产费用支出	元	754.20
渔业生产费用支出	元	10.90
第二产业生产费用支出	元	92.20
工业生产费用支出	元	65.50
建筑业生产费用支出	元	26.70
第三产业生产费用支出	元	338.50
交通运输邮电业生产费用支出	元	185.60
批零贸易餐饮业生产费用支出	元	135.40
社会服务业生产费用支出	元	11.90
文教卫生业生产费用支出	元	0.60
其他行业生产费用支出	元	5.00
购置生产性固定资产支出	元	390.60
建、造生产性固定资产雇工支出	元	6.20
税费支出	元	22.60
生活消费支出	元	5334.40
#服务性支出	元	1812.40
食品消费支出	元	1466.80
衣　着	元	335.90
居　住	元	1117.50

1-119 续表 2

指　标	单位	2010年
家庭设备、用品及服务	元	289.20
交通和通讯	元	895.40
文化教育、娱乐用品及服务	元	589.70
医疗保健	元	526.50
其他商品和服务	元	113.40
财产性支出	**元**	**80.10**
宅基地有偿使用费	元	1.80
承包其他农户转让	元	35.40
其　他	元	42.90
转移性支出	元	468.10
#赠送农村亲友	元	151.90
赠送城市亲友	元	5.50
交纳医疗保险	元	25.10
赡养费	元	8.80
捐　赠	元	3.70
罚款、赔款	元	8.80
储蓄、借贷性支出	**元**	**2238.30**
归还银行、信用社	元	50.90
借出款	元	127.00
归还借款	元	397.50
存　款	元	1652.70
购债券	元	
购买储蓄性保险	元	4.00
购买股票	元	2.30
其　他	元	3.80
期末金融资产余额	**元**	**10537.90**
手存现金	元	1597.90
存款余额	元	8631.50
债券价值款	元	232.20
股票价值金	元	2.00
其他金融资产价值	元	74.30
期末债务余额	**元**	**607.80**
银行、信用社贷款	元	205.10
个人借(欠)款	元	357.20
其　他	元	45.50

注：2011年以后土地征用补偿收入、报销医疗费归入非借贷性收入现金所得。

1-120 农村居民家庭人均总支出（2010年）

指　　标	单位	2010年
总支出	**元**	**9104.80**
其中：家庭经营费用支出	元	2426.80
购置生产性固定资产支出	元	390.60
税费支出	元	22.50
生活消费支出	元	5701.20
财产性支出	元	80.10
转移性支出	元	477.50

1-121 农村居民家庭人均生活消费支出（2010年）

指　　标	单位	2010年
生活消费支出	**元**	**5701.20**
#服务性支出	元	1812.40
食品消费支出	**元**	**1781.00**
食品消费品支出	元	1511.80
谷　物	元	264.80
薯　类	元	6.30
豆　类	元	8.30
食用油	元	62.20
蔬菜及制品	元	139.10
肉、禽、蛋、奶及制品	元	474.70
水产品及制品	元	43.20
烟、酒	元	256.10
茶叶、饮料	元	34.30
其他类食品	元	222.70
食品消费服务性支出	元	269.20
在外饮食	元	257.60
食品加工费	元	4.70
其他服务性支出	元	6.90
衣着消费支出	**元**	**336.80**
衣着消费品支出	元	335.70
服　装	元	223.00
服装材料	元	3.90
鞋　类	元	94.00
其　他	元	14.80
衣着消费服务性支出	元	1.20
衣着加工费	元	0.60
其他服务性支出	元	0.60
居住消费支出	**元**	**1169.20**
居住消费品支出	元	768.10
建筑生活用房材料	元	444.10
维修生活用房材料	元	30.50
装修生活用房材料	元	152.50
生活用房	元	60.70
生活用燃料	元	80.30
居住消费服务性支出	元	401.10
建筑、维修生活用房雇工工资	元	209.60
房　租	元	7.10
生活用水	元	16.70
生活用电	元	92.70
清洁费、卫生费	元	1.10
其他服务性支出	元	73.90

1-121 续表 1

指　　标	单位	2010年
家庭设备、用品消费支出	**元**	**289.20**
家庭设备用品消费品支出	元	279.60
日用品	元	78.70
床上用品	元	19.80
室内装饰品	元	8.20
家俱类	元	74.50
机电设备	元	98.30
家庭设备用品服务性消费支出	元	9.50
家庭设备修理费	元	2.90
日杂用品加工修理费	元	1.70
家政服务费	元	0.40
其他服务性支出	元	4.50
交通和通讯消费支出	**元**	**895.40**
交通和通讯用品支出	元	687.10
交通工具	元	532.80
交通工具用燃料	元	77.20
交通工具用零配件	元	22.20
通讯工具	元	54.30
通讯工具用零配件	元	0.50
交通和通讯服务消费支出	元	208.30
交通消费服务支出	元	78.10
交通客运费	元	46.90
生活物品货运费	元	2.70
交通工具修理费	元	16.20
其他服务性支出	元	12.30
通讯消费服务支出	元	130.20
邮寄费	元	0.40
通讯费	元	128.90
通讯工具修理费	元	0.70
其　他	元	0.20
文化教育、娱乐消费支出	**元**	**589.70**
文化教育、娱乐用品消费支出	元	140.10
文教、娱乐用机电消费品	元	99.90
书、报、杂志	元	6.80
纸张、文具	元	7.70
音像制品	元	1.20
电脑软件	元	0.60
体育用品	元	0.20
计算机零配件及耗材	元	0.40
鲜　花	元	0.80
娱乐用品	元	12.50
其他用品	元	10.10

1-121 续表 2

指　　标	单位	2010年
教育服务消费支出	元	305.90
托儿费	元	11.00
幼儿园赞助费	元	3.40
学杂费	元	134.60
入学赞助费	元	3.10
私立学校就读费	元	5.80
成人培训费	元	55.60
教育设备修理费	元	0.20
其他服务性支出	元	92.20
文化、体育、娱乐服务消费支出	元	143.60
旅　游	元	99.00
休闲娱乐费	元	25.70
文化、体育、娱乐用品修理费	元	0.60
其他服务性支出	元	18.30
医疗保健消费支出	**元**	**526.50**
医疗保健用品	元	82.80
医疗卫生用品	元	77.30
药　品	元	76.00
医疗卫生器械	元	0.90
其他医疗卫生用品	元	0.40
保健用品	元	5.50
药品类保健品	元	3.00
保健器材	元	2.60
医疗保健服务消费支出	元	443.70
医疗费	元	432.30
医疗设备修理费	元	2.00
保健费	元	4.50
保健设备修理费	元	0.10
其他服务性支出	元	4.80
其他商品和服务消费支出	**元**	**113.40**
其他商品支出	元	83.60
首　饰	元	40.30
手　表	元	0.80
化妆品	元	9.50
迷信、宗教用品	元	13.60
其　他	元	19.30
其他消费服务支出	元	29.80
旅馆住宿费	元	2.00
美容美发	元	7.00
殡殓费	元	4.90
生活消费借贷利息	元	
其他服务性支出	元	16.00

1-122 农村居民家庭人均食品消费量（2010年）

指　　标	单位	2010年
粮食消费量	千克	126.10
谷物消费量	千克	120.64
#小　麦	千克	1.79
稻　谷	千克	106.43
玉　米	千克	8.19
薯类消费量	千克	2.10
豆类消费量	千克	3.36
油脂类消费量	千克	4.92
植物油	千克	2.49
动物油	千克	2.43
烟叶消费量	千克	0.08
豆制品	千克	2.64
蔬菜及菜制品消费量	千克	91.07
瓜　类	千克	2.53
水果类	千克	15.81
消费茶叶	千克	0.28
坚果消费量	千克	1.51
肉禽及其制品	千克	31.27
猪　肉	千克	23.92
牛　肉	千克	1.35
羊　肉	千克	0.44
家　禽	千克	4.38
其他肉禽及制品	千克	1.18
蛋类及蛋制品	千克	2.69
奶和奶制品	千克	1.86
水产品	千克	3.05
鱼　类	千克	2.79
虾、贝、蟹类	千克	0.10
藻　类	千克	0.01
其　他	千克	0.15
食　糖	千克	1.20
酒	千克	7.11
#白　酒	千克	4.77
啤　酒	千克	2.20
果　酒	千克	0.03

1-123　农村居民家庭人均粮食收支情况（2010年）

类　别	单位	2010年
期内粮食收入合计	**千克**	**541.81**
家庭经营生产粮食	千克	431.51
谷　物	千克	397.12
#小　麦	千克	10.39
水　稻	千克	86.98
玉　米	千克	285.60
薯　类	千克	19.78
豆　类	千克	14.61
购入粮食	千克	106.34
谷　物	千克	105.06
#小　麦	千克	1.66
水　稻	千克	56.19
玉　米	千克	41.31
薯　类	千克	0.28
豆　类	千克	1.01
借入粮食	千克	
收回借出粮	千克	
其他粮食收入	千克	3.96
期内粮食支出合计	**千克**	**438.37**
主食用粮	千克	126.10
谷　物	千克	120.64
#小　麦	千克	1.79
水　稻	千克	106.43
玉　米	千克	8.19
薯　类	千克	2.10
豆　类	千克	3.36
其他生活用粮	千克	
出售粮食	千克	130.31
谷　物	千克	112.15
#小　麦	千克	3.44
水　稻	千克	24.91
玉　米	千克	81.54
薯　类	千克	11.13
豆　类	千克	7.04
种子用粮食	千克	10.31
饲料用粮食	千克	163.61
借出粮食	千克	
归还借粮	千克	
其他粮食支出	千克	8.04
期末粮食结存实际调查数	**千克**	**384.31**
谷　物	千克	348.12
#小　麦	千克	5.69
水　稻	千克	77.14
玉　米	千克	262.32
薯　类	千克	32.31
豆　类	千克	3.88

1-124 农村居民家庭出售农产品情况（2010年）

指　　标	单位	2010年
农　业	**元/人**	**2428.85**
谷物数量	千克/人	112.15
金　额	元/人	245.32
#出售小麦数量	千克/人	3.44
出售小麦金额	元/人	7.01
出售玉米数量	千克/人	81.54
出售玉米金额	元/人	164.94
出售薯类数量	千克/人	11.13
出售薯类金额	元/人	87.82
出售豆类数量	千克/人	7.04
出售豆类金额	元/人	24.13
出售油料数量	千克/人	3.30
出售油料金额	元/人	18.67
出售蔬菜数量	千克/人	793.18
出售蔬菜金额	元/人	1324.82
出售瓜类数量	千克/人	2.59
出售瓜类金额	元/人	3.59
出售园林水果数量	千克/人	74.91
出售园林水果金额	元/人	197.90
林　业	**元/人**	**85.32**
#出售采集林产品金额	元/人	74.02
出售竹木金额	元/人	3.29
出售育种、育苗金额	元/人	7.21
牧　业	**元/人**	**1166.29**
#出售肉猪及猪肉总重量	千克/人	39.86
出售肉猪及猪肉总金额	元/人	541.20
出售菜羊及羊肉总重量	千克/人	0.64
出售菜羊及羊肉总金额	元/人	19.11
出售家禽总重量	千克/人	11.36
出售家禽总金额	元/人	144.30
出售蛋类的数量	千克/人	27.27
出售蛋类的金额	元/人	200.19
渔　业	**元/人**	**18.81**
#出售水产品金额	元/人	18.74

1-125 农村居民家庭农业生产结构及生产技术应用情况（2010年）

指　标	单位	2010年
土地经营情况	**亩/人**	
期内增加的经营土地面积	亩/人	0.03
#耕　地	亩/人	0.02
期内减少的经营土地面积	亩/人	0.06
#耕　地	亩/人	0.05
期末实际经营的土地面积	亩/人	1.93
耕　地	亩/人	1.20
#有效灌溉面积	亩/人	0.42
山　地	亩/人	0.64
园　地	亩/人	0.08
牧草地	亩/人	0.01
养殖水面	亩/人	0.00
土地种植情况	**亩/人**	
粮食播种面积	亩/人	1.31
#小麦播种面积	亩/人	0.09
水稻播种面积	亩/人	0.16
玉米播种面积	亩/人	0.64
豆类播种面积	亩/人	0.15
薯类播种面积	亩/人	0.14
经济作物播种面积	亩/人	0.92
#油料播种面积	亩/人	0.05
蔬菜播种面积	亩/人	0.69
瓜类播种面积	亩/人	0.01
农业生产技术应用情况	**亩/人**	
优质粮食品种播种面积	亩/人	
优质小麦面积	亩/人	
优质水稻面积	亩/人	
优质玉米面积	亩/人	
机耕面积	亩/人	0.25
抛秧面积	亩/人	0.01
机播面积	亩/人	
机收面积	亩/人	0.01
机电灌溉面积	亩/人	0.04
薄膜覆盖面积	亩/人	0.40
温室面积	亩/人	0.00

1-126 农村居民家庭农业生产情况（2010年）

指　　标	单位	2010年
农　业	**元/人**	**2049.10**
谷物产量	千克/人	397.12
#粮食产量		
玉米产量	千克/人	285.60
薯类产量	千克/人	19.78
豆类产量	千克/人	14.61
棉花产量	千克/人	0.09
油料产量	千克/人	6.46
蔬菜产量	千克/人	866.91
水果类产量	千克/人	
林　业	**元/人**	**17.32**
核桃产量	千克/人	0.56
木　材	立方米/人	0.02
树　苗	株/人	1.42
牧　业	**元/人**	**166.33**
畜禽肉产量(出售、自宰)	千克/人	71.05
畜肉产量	千克/人	57.80
#肉猪头数	头/人	0.90
肉猪肉产量	千克/人	54.26
菜羊只数	只/人	0.06
菜羊肉产量	千克/人	0.73
肉牛头数	头/人	0.25
肉牛肉产量	千克/人	2.32
家禽肉产量	千克/人	13.25
#鸡只数	只/人	5.40
鸡的肉产量	千克/人	12.92
蛋类产量	千克/人	28.05
奶类产量	千克/人	26.07
渔　业	**千克/人**	**1.84**
鱼类产量	千克/人	

1-127 农村居民家庭平均每户全年主要农业用生产资料购买情况（2010年）

指 标	单位	2010年
化 肥	千克/户	493.19
饼 肥	千克/户	688.53
农 药	元/户	442.78
农用薄膜	千克/户	11.13
生产用柴油	升/户	10.56
生产用汽油	升/户	16.55
生产用燃料	升/户	27.11

1-128 农村居民家庭平均每百户年末主要生产性固定资产拥有量（2010年）

指 标	单位	2010年
汽车	辆	7.05
大中型拖拉机	台	0.51
小型和手扶拖拉机	台	13.08
机动脱粒机	台	17.67
收割机	台	
农用动力机械	台	10.37
胶轮大车	辆	12.66
水泵	台	14.53
役畜	头	46.81
产品畜	头	77.15

1-129 农村居民家庭平均每百户年末主要耐用消费品拥有量（2010年）

指　标	单位	2010年
洗衣机	台/百户	77.23
电冰箱	台/百户	38.06
空调机	台/百户	0.76
抽油烟机	台/百户	17.84
吸尘器	台/百户	1.44
微波炉	台/百户	21.24
热水器	台/百户	63.63
#太阳能热水器	台/百户	49.53
自行车	辆/百户	41.38
#电动自行车	台/百户	13.42
摩托车	台/百户	36.19
汽　车(生活用)	台/百户	11.81
固定电话机	部/百户	18.01
移动电话	部/百户	199.32
#接入互联网的	部/百户	5.52
彩色电视机	台/百户	111.55
#接入有线电视网的	台/百户	81.73
黑白电视机	台/百户	2.21
#接入有线电视网的	台/百户	0.30
摄像机	台/百户	2.80
影碟机	台/百户	72.90
照相机	架/百户	11.47
家用计算机	台/百户	11.64
#接入互联网的	台/百户	5.60
中高档乐器	件/百户	2.12

1-130 农村居民家庭平均每户全年主要建筑材料购买情况（2010年）

指　　标	单位	2010年
水泥	千克	832.66
木材	立方米	0.07
钢材	千克	85.07
水泥预制件	件	0.59
玻璃	平方米	0.07
砖瓦	块	797.84

1-131 农村居民家庭年内新建(购)住房情况（2010年）

指　　标	单位	2010年
新建(购)房屋面积	平方米/人	1.56
#砖木结构	平方米/人	0.03
#钢筋混凝土结构	平方米/人	1.54
新建(购)房屋价值	元/平方米	1471.62

1-132 农村居民家庭年末住房情况（2010年）

指　　标	单位	2010年
年末住房面积	平方米/人	47.99
#砖木结构	平方米/人	6.30
#钢筋混凝土结构	平方米/人	29.42
年末住房价值	元/平方米	791.68

1-133　农村住户人口与劳动力情况（2010年）

指　　标	单位	2010年
农村住户人口状况	**人**	
家庭常住人口	人	4400
常住人口与户主关系	人	
户　主	人	1174
配　偶	人	1127
子　女	人	1630
孙子女	人	225
父　母	人	229
祖父母	人	7
兄弟姐妹	人	4
其他亲属	人	4
非亲属	人	
家庭常住人口年龄状况	人	
6岁及以下	人	273
7-15岁	人	586
16-18岁	人	199
19-22岁	人	283
23-25岁	人	179
26-30岁	人	222
31-40岁	人	767
41-50岁	人	979
51-60岁	人	528
61岁及以上	人	384
在校学生人数	人	839
#7-15岁以下在校学生人数	人	572
7-15岁非在校学生人数	人	14
农村住户劳动力素质状况	**人**	
整半劳动力数	**人**	**3066**
#男劳动力人数	人	1578
整劳动力人数	人	2141
受过专业培训的人数	人	
年龄状况	人	
16-20岁	人	136
21-25岁	人	281
26-30岁	人	222
31-35岁	人	343
36-40岁	人	424
41-45岁	人	514
46-50岁	人	460
51岁及以上	人	686

1-133 续表

指　　标	单位	2010年
文化程度	人	
不识字或识字很少	人	199
小学程度	人	817
初中程度	人	1606
高中程度	人	265
中　专	人	107
大专及以上	人	72
农村住户劳动力就业情况	**人**	
就业劳动力人数	人	2989
#男劳动力人数	人	1553
整劳动力人数	人	2091
受专业培训的人数	人	
就业地点	人	
乡　内	人	2724
县内乡外	人	95
省内县外	人	158
国内省外	人	12
国　外	人	
行业分布	人	
一产业就业劳动力	人	2117
#农　业	人	2070
林　业	人	13
牧　业	人	32
渔　业	人	2
非农产业就业劳动力	人	872
二产业就业劳动力	人	226
采矿业	人	22
制造业	人	73
电力煤气及水的生产供应业	人	15
建筑业	人	116
三产业就业劳动力	人	646
交通运输仓储及邮电通讯业	人	111
批发和零售贸易	人	75
住宿和餐饮业	人	60
居民服务和其他服务业	人	227
教　育	人	13
卫生、社会保障和社会福利业	人	14
文化、体育和娱乐业	人	7
其　他	人	139
年内从事各种行业时间（月）	月	28320
从事农业的时间	月	18450
从事非农产业的时间	月	9870

1-134 城镇居民家庭基本情况（2009年）

指　　标	单位	2009年
调查户数	户	1440
(一)家庭人口数	人	2.86
1.有收入者人数	人	1.95
(1)就业人口数	人	1.30
①国有经济单位职工人数	人	0.60
②城镇集体经济单位职工人数	人	0.09
③其它经济类型单位职工人数	人	0.18
④城镇个体或私营企业主人数	人	0.13
⑤城镇个体或私营企业被雇人数	人	0.14
⑥离退休再就业人数	人	0.01
⑦其它就业人数	人	0.15
(2)离退休人数	人	0.59
(3)其它有收入者人数	人	0.06
2.无收入者人数	人	0.91

1-135 城镇居民家庭人均全年收入来源（2009年）

指　　标	单位	2009年
二、家庭总收入	**元**	**18500.51**
其中：可支配收入	元	16495.68
(一)工资性收入	元	10236.40
1.工资及补贴收入	元	10054.06
2.其他劳动收入	元	182.34
(二)经营净收入	元	1001.87
(三)财产性收入	元	2256.08
1.利息收入	元	66.86
2.股息与红利收入	元	494.64
3.保险收益	元	1.42
4.其他投资收入	元	591.41
5.出租房屋收入	元	911.89
6.知识产权收入	元	
7.其他财产性收入	元	189.86
(四)转移性收入	元	5006.16
1.养老金或离退休金	元	3680.5
2.社会救济收入	元	23.33
其中：最低生活保障收入	元	20.37
3.辞退金	元	
4.赔偿收入	元	58.62
5.保险收入	元	4.52
其中：失业保险金	元	3.81
6.赡养收入	元	58.31
7.捐赠收入	元	183.64
8.提取住房公积金	元	48.74
9.记帐补贴	元	100.11
10.其它转移性收入	元	848.4

1-136 城镇居民家庭人均全年消费性支出（2009年）

指　标	单位	2009年
消费性支出	**元**	**11395.85**
一、食品	**元**	**4833.72**
(一)粮油类	元	447.98
1.粮食	元	298.57
(1)大米.单价	元/千克	4.13
数量	千克	51.15
金额	元	211.05
(2)面粉.单价	元/千克	3.62
数量	千克	1.23
金额	元	4.45
(3)其它粮食及制品	元	83.07
2.淀粉及薯类	元	31.17
3.干豆类及豆制品	元	54.16
4.油脂类	元	64.08
(1)食用植物油.单价	元/千克	12.02
数量	千克	4.8
金额	元	57.73
(2)食用动物油	元	6.35
(一)肉禽蛋水产品类	元	1044.98
1.肉类	元	618.85
(1)猪肉.单价	元/千克	20.03
数量	千克	20.67
金额	元	414.11
(2)牛肉.单价	元/千克	30.89
数量	千克	3
金额	元	92.61
(3)羊肉.单价	元/千克	34.41
数量	千克	0.27
金额	元	9.38
(4)其它肉及制品	元	102.75
2.禽类	元	194.42
(1)鸡.单价	元/千克	19.18
数量	千克	8.01
金额	元	153.61
(2)鸭.单价	元/千克	16.44
数量	千克	0.21
金额	元	3.44
(3)其它禽类及制品	元	37.37
3.蛋类	元	72.37
(1)鲜蛋.单价	元/千克	8.44
数量	千克	8.11
金额	元	68.44
(2)蛋制品	元	3.94
4.水产品类	元	159.33
(1)鱼.单价	元/千克	14.31
数量	千克	7.65
金额	元	109.49

1-136 续表 1

指　　标	单位	2009年
(2)虾.单价	元/千克	39.12
数量	千克	0.72
金额	元	28.31
(3)其它水产品及制品	元	21.52
(三)蔬菜类	元	573.93
1.鲜菜.单价	元/千克	3.49
数量	千克	156.28
金额	元	545.84
2.干菜	元	20.15
3.菜制品	元	7.94
(四)调味品	元	48.44
(五)糖烟酒饮料类	元	618.22
1.糖类	元	31.72
2.烟草类	元	438.98
3.酒类	元	54.18
(1)白酒.单价	元/千克	17.02
数量	千克	2.36
金额	元	40.1
(2)果酒.单价	元/千克	37.76
数量	千克	0.19
金额	元	7.26
(3)啤酒.单价	元/千克	5.53
数量	千克	0.82
金额	元	4.54
(4)其它酒	元	2.27
4.饮料	元	93.34
(1)碳酸饮料.单价	元/千克	4.55
数量	千克	2.9
金额	元	13.17
(2)瓶装饮用水.单价	元/千克	0.43
数量	千克	41.2
金额	元	17.88
(3)茶叶.单价	元/千克	59.13
数量	千克	0.57
金额	元	33.61
(4)其它饮料	元	28.68
(六)干鲜瓜果类	元	319.34
1.鲜果.单价	元/千克	5.6
数量	千克	42.08
金额	元	235.47
2.鲜瓜.单价	元/千克	3.79
数量	千克	3.95
金额	元	14.98
3.其它干鲜瓜果类及制品	元	68.89

1-136 续表 2

指　　标	单位	2009年
(七)糕点、奶及奶制品	元	199.63
1.糕点.单价	元/千克	20.11
数量	千克	5.09
金额	元	102.37
2.奶及奶制品	元	97.26
(1)鲜乳品.单价	元/千克	6.71
数量	千克	9.3
金额	元	62.33
(2)奶粉.单价	元/千克	135.95
数量	千克	0.16
金额	元	21.48
(3)酸奶.单价	元/千克	8.5
数量	千克	0.97
金额	元	8.22
(4)其它奶制品	元	5.22
(八)其它食品	元	64.41
(九)饮食服务	元	1516.8
1.食品加工服务费	元	0.49
2.在外饮食	元	1516.31
二、衣着	**元**	**1291.64**
(一)服装.单价	元/件	141.5
数量	件	6.27
金额	元	887.07
(一)衣着材料	元	13.61
(三)鞋类.单价	元/双	151.87
数量	双	2.32
金额	元	352.04
(四)其它衣着用品	元	37.08
(五)衣着加工服务费	元	1.84
三、居住	**元**	**1120.12**
(一)住房	元	525.69
1.租赁房房租	元	76.45
2.住房装潢支出	元	389.43
3.维修用建筑材料	元	48.44
4.其它住房支出	元	11.36
(一)水电燃料及其它	元	536.4
1.水.单价	元/吨	2.84
数量	吨	48.88
金额	元	138.76
2.电.单价	元/度	0.48
数量	度	561.47
金额	元	271.78
3.燃料	元	124.65
(1)煤炭.单价	元/千克	0.53
数量	千克	6.85
金额	元	3.62

1-136 续表 3

指　　标	单位	2009年
(2)罐装液化石油气.单价	元/千克	6.73
数量	千克	6.78
金额	元	45.68
(3)管道液化石油气.单价	元/立方米	3.79
数量	立方米	0.12
金额	元	0.44
(4)管道煤气.单价	元/立方米	1.03
数量	立方米	72.03
金额	元	74.09
(5)管道天然气.单价	元/立方米	
数量	立方米	
金额	元	
(6)柴油.单价	元/升	5.62
数量	升	0.01
金额	元	0.04
(7))其它燃料	元	0.79
4.取暖费	元	
5.其它相关支出	元	1.21
(三)居住服务费	元	58.04
1.物业管理费	元	35.32
2.维修服务费	元	9
3.其它居住服务费	元	13.72
四、家庭设备用品及服务	**元**	**407.2**
(一)耐用消费品	元	180.06
1.家具	元	70.33
2.家庭设备	元	109.73
(1)洗衣机.单价	元/台	1590.62
数量	台	3.53
金额	元	19.58
(2)电冰箱.单价	元/台	2745.47
数量	台	2.16
金额	元	20.67
(3)微波炉.单价	元/台	606.59
数量	台	1.7
金额	元	3.6
(4)空调器.单价	元/台	
数量	台	
金额	元	
(5)淋浴热水器.单价	元/台	1593.84
数量	台	2.21
金额	元	12.3
(6)消毒碗柜.单价	元/台	2101.73
数量	台	0.13
金额	元	0.98
(7))洗碗机.单价	元/台	
数量	台	
金额	元	

1-136 续表 4

指　标	单位	2009年
(8)其它家庭设备	元	52.61
(一)室内装饰品	元	13.45
(三)床上用品	元	40.09
(四)家庭日用杂品	元	153.75
(五)家具材料	元	1.54
(六)家庭服务	元	18.32
1.家政服务	元	13.01
2.加工维修服务费	元	5.31
五、医疗保健	**元**	**894.94**
(一)医疗器具	元	5.88
(一)保健器具	元	12.32
(三)药品费	元	419.48
(四)滋补保健品	元	125.16
(五)医疗费	元	318.68
(六)其它医疗保健支出	元	13.41
六、交通和通讯	**元**	**1649.4**
(一)交通	元	1064.2
1.家庭交通工具	元	628.68
(1)摩托车.单价	元/辆	6943.38
数量	辆	0.08
金额	元	1.9
(2)助力车.单价	元/辆	2764.56
数量	辆	2.15
金额	元	20.73
(3)家用汽车.单价	元/辆	95319.47
数量	辆	1.8
金额	元	599.98
(3)其它交通工具	元	6.07
2.车辆用燃料及零配件	元	226.38
(1)燃料	元	210.35
其中：汽油.单价	元/升	5.65
数量	升	36.83
金额	元	208.08
其中：柴油.单价	元/升	5.72
数量	升	0.11
金额	元	0.65
(2)零配件	元	13.29
(3)其它	元	2.73
3.交通工具服务支出	元	71.31
(1)维修费	元	15.81
(2)车辆使用税费	元	44.77
(3)其它车辆使用费用	元	10.72
4.交通费	元	137.83
(1)飞机	元	36.82
(2)火车	元	9.29

1-136 续表 5

指　　标	单位	2009年
(3)长途汽车	元	24.54
(4)市内公共交通	元	42.72
(5)出租汽车费	元	20.62
(6)其它交通费	元	3.84
(一)通信	元	585.21
1.通信工具	元	60.01
(1)电话机.单价	元/部	112.19
数量	部	0.79
金额	元	0.31
(2)移动电话.单价	元/部	996.42
数量	部	16.89
金额	元	58.77
(4)其它通信工具	元	0.93
2.通信服务	元	525.2
(1)电信费	元	522.31
其中：上网费	元	32.04
(2)邮费	元	0.66
(3)其它通信服务费	元	2.24
七、教育文化娱乐服务	**元**	**938.91**
(一)文化娱乐用品	元	265.46
1.彩色电视机.单价	元/台	5060.88
数量	台	3.99
金额	元	70.44
2.家用电脑	元	66.86
(1)购买整机	元/台	4266.17
数量	台	4.2
金额	元	62.51
(2)计算机外部设备	元	2.85
(3)各种零配件及耗材	元	1.5
3.组合音响.单价	元/台	1643.16
数量	台	0.37
金额	元	2.09
4.摄像机.单价	元/架	2994.62
数量	架	0.38
金额	元	3.92
5.照相机.单价	元/架	2471.88
数量	架	2.04
金额	元	17.56
6.钢琴.单价	元/架	11377.56
数量	架	0.13
金额	元	5.22
7.其它中高档乐器.单价	元/件	1093.94
数量	件	0.28
金额	元	1.06

1-136 续表 6

指　　标	单位	2009年
8.健身器材.单价	元/件	468
数量	件	0.1
金额	元	0.17
9.电子辞典.单价	元/部	776.1
数量	部	0.97
金额	元	2.63
10.音像制品及软件	元	3.95
11.体育用品	元	3.27
12.书报杂志	元	23.06
13.纸张文具	元	9.6
14.其它文娱用品	元	55.62
(一)文化娱乐服务	元	331.48
1.参观游览	元	63.32
2.健身活动	元	6.96
3.团体旅游	元	183.48
4.其它文娱活动	元	75.31
5.文娱用品修理服务费	元	2.42
(三)教育	元	341.97
1.教材	元	13.22
(1)课本及参考书	元	10.97
(2)教育软件	元	0.07
(3)其它教材	元	2.19
2.教育费用	元	328.74
(1)非义务教育学杂费	元	87.07
(2)义务教育学杂费	元	13.21
(3)托幼费	元	32.87
(4)成人教育费	元	33.88
(5)家教费	元	20.45
(6)培训班	元	96.22
(7))学校住宿费	元	6.56
(8)其它教育费用	元	38.48
八、其它商品和服务	**元**	**259.92**
(一)其它商品	元	172.72
1.金银珠宝饰品	元	55.6
2.手表.单价	元/只	158.66
数量	只	0.02
金额	元	2.63
3.理发美容用具	元	3.08
4.化妆品	元	69.04
5.其它杂品	元	42.37
(一)服务	元	87.21
1.旅馆住宿费	元	23.66
2.理发洗澡费	元	4.98
3.美容费	元	15.48
4.其它服务	元	43.09

1-137 城镇居民家庭平均每百户年底耐用消费品拥有量（2009年）

指　　标	单位	2009年
1.摩托车	辆	10.28
2.助力车	辆	24.86
3.家用汽车	辆	18.52
4.洗衣机	台	95.80
5.电冰箱	台	90.83
6.彩色电视机	台	122.41
7.家用电脑	台	54.11
8.组合音响	套	39.88
9.摄像机	架	7.57
10.照相机	架	48.73
11.钢琴	架	3.43
12.其它中高档乐器	件	4.54
13.微波炉	台	66.60
14.空调器	台	0.45
15.淋浴热水器	台	87.35
16.消毒碗柜	台	13.73
17.洗碗机	台	1.43
18.健身器材	套	3.89
19.固定电话	部	54.30
20.移动电话	部	187.26

1-138 城镇居民家庭人均全年主要食品购买情况（2009年）

指　标	单位	2009年
粮食	千克	52.38
油脂	千克	4.80
猪肉	千克	20.67
牛肉	千克	3.00
羊肉	千克	0.27
鸡	千克	8.01
鸭	千克	0.21
蛋	千克	8.11
鱼	千克	7.65
虾	千克	0.72
鲜菜	千克	156.28
白酒	千克	2.36
果酒	千克	0.19
啤酒	千克	0.82
碳酸饮料	千克	2.90
瓶装饮用水	千克	41.20
茶叶	千克	0.57
鲜果	千克	42.08
鲜瓜	千克	3.95
糕点	千克	5.09
鲜奶	千克	9.30
奶粉	千克	0.16
酸奶	千克	0.97

1-139 城镇低收入居民家庭平均每户基本情况（2009年）

指　标	单位	2009年
调查户数	**户**	**289**
(一)家庭人口数	人	3.19
1.有收入者人数	人	1.67
(1)就业人口数	人	1.04
①国有经济单位职工人数	人	0.25
②城镇集体经济单位职工人数	人	0.1
③其它经济类型单位职工人数	人	0.18
④城镇个体或私营企业主人数	人	0.15
⑤城镇个体或私营企业被雇人数	人	0.16
⑥离退休再就业人数	人	
⑦其它就业人数	人	0.2
(2)离退休人数	人	0.49
(3)其它有收入者人数	人	0.13
2.无收入者人数	人	1.52
(二)在外就学人数	人	0.07
(三)非家庭人口在家用餐	人次	0.82
(四) 家庭人口在外用餐	人次	27.52

1-140 城镇低收入居民家庭人均全年收入来源（2009年）

指　　标	单位	2009年
可支配收入	**元**	**6524.78**
总收入	**元**	**7330.97**
(一)工资性收入	元	3674.36
1.工资及补贴收入	元	3489.49
2.其它劳动收入	元	184.87
(二)经营性收入	元	537.41
(三)财产性收入	元	969.96
1.利息收入	元	16.28
2.股息与红利收入	元	65.17
3.保险收益	元	0.1
4.其它投资收入	元	
5.出租房屋收入	元	697.45
6.知识产权收入	元	
7.其它财产性收入	元	190.95
(四)转移性收入	元	2149.24
1.养老金或离退休金	元	1863.55
2.社会救济收入	元	74.97
其中：最低生活保障收入	元	63.9
3.辞退金	元	
4.赔偿收入	元	
5.保险收入	元	4.73
其中：失业保险金	元	2.74
6.赡养收入	元	39.86
7.捐赠收入	元	29.02
8.提取住房公积金	元	2.5
9.记帐补贴	元	95.19
10.其它转移性收入	元	39.42

1-141 城镇低收入居民家庭人均全年消费性支出（2009年）

指　　标	单位	2009年
消费性支出	**元**	**6154.12**
一、食品	**元**	**3254.57**
(一)粮油类	元	417.81
1.粮食	元/千克	283.83
(1)大米.单价	千克	3.95
数量	元	53.11
金额	元/千克	209.74
(2)面粉.单价	千克	3.44
数量	元	1.23
金额	元	4.24
(3)其它粮食及制品	元	69.85
2.淀粉及薯类	元	31.96
3.干豆类及豆制品	元	43.65
4.油脂类	元/千克	58.37
(1)食用植物油.单价	千克	11.38
数量	元	4.61
金额	元	52.51
(2)食用动物油	元	5.86
(一)肉禽蛋水产品类	元	844.91
1.肉类	元/千克	511.28
(1)猪肉.单价	千克	19.65
数量	元	18.61
金额	元/千克	365.75
(2)牛肉.单价	千克	30.85
数量	元	2.46
金额	元/千克	75.8
(3)羊肉.单价	千克	33.8
数量	元	0.24
金额	元	8.2
(4)其它肉及制品	元	61.53
2.禽类	元/千克	150.09
(1)鸡.单价	千克	18.14
数量	元	6.98
金额	元/千克	126.63
(2)鸭.单价	千克	17.1
数量	元	0.18
金额	元	3.03
(3)其它禽类及制品	元	20.43
3.蛋类	元/千克	64.67
(1)鲜蛋.单价	千克	8.1
数量	元	7.69
金额	元	62.26
(2)蛋制品	元	2.41
4.水产品类	元/千克	118.87
(1)鱼.单价	千克	13.26
数量	元	6.98
金额	元/千克	92.62

1-141 续表 1

指 标	单位	2009年
(2)虾.单价	千克	36.56
数量	元	0.37
金额	元	13.69
(3)其它水产品及制品	元	12.56
(三)蔬菜类	元/千克	516.14
1.鲜菜.单价	千克	3.13
数量	元	158.75
金额	元	496.31
2.干菜	元	13.31
3.菜制品	元	6.52
(四)调味品	元	38.34
(五)糖烟酒饮料类	元	354.27
1.糖类	元	21.55
2.烟草类	元	253.84
3.酒类	元/千克	28.33
(1)白酒.单价	千克	9.9
数量	元	1.87
金额	元/千克	18.53
(2)果酒.单价	千克	35.66
数量	元	0.12
金额	元/千克	4.45
(3)啤酒.单价	千克	5.2
数量	元	0.63
金额	元	3.26
(4)其它酒	元	2.09
4.饮料	元/千克	50.55
(1)碳酸饮料.单价	千克	4.39
数量	元	1.68
金额	元/千克	7.38
(2)瓶装饮用水.单价	千克	0.44
数量	元	20.71
金额	元/千克	9.16
(3)茶叶.单价	千克	43.03
数量	元	0.37
金额	元	16.09
(4)其它饮料	元	17.93
(六)干鲜瓜果类	元/千克	204.46
1.鲜果.单价	千克	4.69
数量	元	32.72
金额	元/千克	153.57
2.鲜瓜.单价	千克	3.48
数量	元	2.94
金额	元	10.23
3.其它干鲜瓜果类及制品	元	40.65

1-141 续表 2

指　　标	单位	2009年
(七)糕点、奶及奶制品	元/千克	112.86
1.糕点.单价	千克	17.66
数量	元	3.13
金额	元	55.24
2.奶及奶制品	元/千克	57.62
(1)鲜乳品.单价	千克	6.55
数量	元	6.24
金额	元/千克	40.86
(2)奶粉.单价	千克	91.22
数量	元	0.08
金额	元/千克	7.55
(3)酸奶.单价	千克	8.16
数量	元	0.65
金额	元	5.27
(4)其它奶制品	元	3.93
(八)其它食品	元	27.48
(九)饮食服务	元	738.29
1.食品加工服务费	元	0.71
2.在外饮食	元	737.58
二、衣着	**元/件**	**562.94**
(一)服装.单价	件	93.71
数量	元	3.9
金额	元	365.75
(一)衣着材料	元/双	9.61
(三)鞋类.单价	双	106.35
数量	元	1.62
金额	元	171.92
(四)其它衣着用品	元	14.9
(五)衣着加工服务费	元	0.75
三、居住	**元**	**555.26**
(一)住房	元	78.79
1.租赁房房租	元	45.69
2.住房装潢支出	元	16.94
3.维修用建筑材料	元	12.12
4.其它住房支出	元	4.05
(一)水电燃料及其它	元/吨	457.31
1.水.单价	吨	2.91
数量	元	40.62
金额	元/度	118.17
2.电.单价	度	0.48
数量	元	477
金额	元	229.32
3.燃料	元/千克	108
(1)煤炭.单价	千克	0.52
数量	元	9.24
金额	元/千克	4.81

1-141 续表 3

指　标	单位	2009年
(2)罐装液化石油气.单价	千克	6.72
数量	元	7.22
金额	元/立方米	48.5
(3)管道液化石油气.单价	立方米	18.56
数量	元	0.05
金额	元/立方米	0.95
(4)管道煤气.单价	立方米	1.09
数量	元	49.11
金额	元/立方米	53.59
(5)管道天然气.单价	立方米	
数量	元	
金额	元/升	
(6)柴油.单价	升	
数量	元	
金额	元	
(7))其它燃料	元	0.14
4.取暖费	元	
5.其它相关支出	元	1.81
(三)居住服务费	元	19.17
1.物业管理费	元	13.41
2.维修服务费	元	1.9
3.其它居住服务费	元	3.85
四、家庭设备用品及服务	**元**	**184.24**
(一)耐用消费品	元	71.6
1.家具	元	22.87
2.家庭设备	元/台	48.73
(1)洗衣机.单价	台	897.48
数量	元	1.27
金额	元/台	3.56
(2)电冰箱.单价	台	2346.75
数量	元	1.15
金额	元/台	8.46
(3)微波炉.单价	台	218.29
数量	元	0.71
金额	元/台	0.48
(4)空调器.单价	台	
数量	元	
金额	元/台	
(5)淋浴热水器.单价	台	1853.39
数量	元	1.68
金额	元/台	9.76
(6)消毒碗柜.单价	台	1880
数量	元	0.21
金额	元/台	1.22
(7))洗碗机.单价	台	
数量	元	
金额	元	

1-141 续表 4

指　标	单位	2009年
(8)其它家庭设备	元	25.24
(一)室内装饰品	元	1.49
(三)床上用品	元	13.89
(四)家庭日用杂品	元	89.75
(五)家具材料	元	0.29
(六)家庭服务	元	7.22
1.家政服务	元	3.98
2.加工维修服务费	元	3.24
五、医疗保健	**元**	**619.93**
(一)医疗器具	元	2.51
(一)保健器具	元	3.64
(三)药品费	元	332.16
(四)滋补保健品	元	40.7
(五)医疗费	元	235.11
(六)其它医疗保健支出	元	5.81
六、交通和通讯	**元**	**510.63**
(一)交通	元	177.2
1.家庭交通工具	元/辆	68.11
(1)摩托车.单价	辆	
数量	元	
金额	元/辆	
(2)助力车.单价	辆	2465.94
数量	元	0.92
金额	元/辆	7.14
(3)家用汽车.单价	辆	122964.02
数量	元	
金额	元	57
(3)其它交通工具	元	3.96
2.车辆用燃料及零配件	元	38.54
(1)燃料	元/升	35.52
其中：汽油.单价	升	5.58
数量	元	6.36
金额	元/升	35.49
其中：柴油.单价	升	4.81
数量	元	0.01
金额	元	0.03
(2)零配件	元	3.01
(3)其它	元	
3.交通工具服务支出	元	8.88
(1)维修费	元	1.26
(2)车辆使用税费	元	4.24
(3)其它车辆使用费用	元	3.38
4.交通费	元	61.68
(1)飞机	元	5.91
(2)火车	元	5.22

1-141 续表 5

指　　标	单位	2009年
(3)长途汽车	元	15.34
(4)市内公共交通	元	29.3
(5)出租汽车费	元	5.1
(6)其它交通费	元	0.82
(一)通信	元	333.43
1.通信工具	元/部	20.89
(1)电话机.单价	部	58
数量	元	0.09
金额	元/部	0.02
(2)移动电话.单价	部	778.44
数量	元	8.37
金额	元	20.43
(4)其它通信工具	元	0.45
2.通信服务	元	312.54
(1)电信费	元	311.78
其中：上网费	元	13.17
(2)邮费	元	0.03
(3)其它通信服务费	元	0.73
七、教育文化娱乐服务	**元**	**401.93**
(一)文化娱乐用品	元/台	135.7
1.彩色电视机.单价	台	3874.63
数量	元	2.9
金额	元	35.22
2.家用电脑	元/台	29.83
(1)购买整机	台	4445.93
数量	元	1.73
金额	元	24.15
(2)计算机外部设备	元	3.19
(3)各种零配件及耗材	元/台	2.49
3.组合音响.单价	台	
数量	元	
金额	元/架	
4.摄像机.单价	架	1694.25
数量	元	0.97
金额	元/架	5.17
5.照相机.单价	架	1378.87
数量	元	0.91
金额	元/架	3.95
6.钢琴.单价	架	12000
数量	元	0.46
金额	元/件	17.27
7.其它中高档乐器.单价	件	660
数量	元	0.47
金额	元/件	0.97

1-141 续表 6

指　　标	单位	2009年
8.健身器材.单价	件	
数量	元	
金额	元/部	
9.电子辞典.单价	部	1164
数量	元	0.92
金额	元	3.35
10.音像制品及软件	元	2.02
11.体育用品	元	1.48
12.书报杂志	元	9.07
13.纸张文具	元	5.31
14.其它文娱用品	元	22.05
(一)文化娱乐服务	元	66.57
1.参观游览	元	7.66
2.健身活动	元	2.04
3.团体旅游	元	29.75
4.其它文娱活动	元	26.55
5.文娱用品修理服务费	元	0.58
(三)教育	元	199.66
1.教材	元	5.75
(1)课本及参考书	元	4.81
(2)教育软件	元	0.09
(3)其它教材	元	0.86
2.教育费用	元	193.91
(1)非义务教育学杂费	元	54.35
(2)义务教育学杂费	元	11.35
(3)托幼费	元	35.22
(4)成人教育费	元	15.16
(5)家教费	元	2.02
(6)培训班	元	35.99
(7))学校住宿费	元	5.97
(8)其它教育费用	元	33.85
八、其它商品和服务	**元**	**64.61**
(一)其它商品	元	48.8
1.金银珠宝饰品	元/只	13.75
2.手表.单价	只	25.47
数量	元	0.01
金额	元	0.2
3.理发美容用具	元	2.01
4.化妆品	元	17.95
5.其它杂品	元	14.89
(一)服务	元	15.81
1.旅馆住宿费	元	2.99
2.理发洗澡费	元	2.07
3.美容费	元	1.64
4.其它服务	元	9.11

1-142 城镇中低收入居民家庭平均每户基本情况（2009年）

指　　标	单位	2009年
调查户数	**户**	**288**
(一)家庭人口数	人	3.05
1.有收入者人数	人	1.97
(1)就业人口数	人	1.3
①国有经济单位职工人数	人	0.48
②城镇集体经济单位职工人数	人	0.13
③其它经济类型单位职工人数	人	0.22
④城镇个体或私营企业主人数	人	0.12
⑤城镇个体或私营企业被雇人数	人	0.15
⑥离退休再就业人数	人	0.01
⑦其它就业人数	人	0.19
(2)离退休人数	人	0.61
(3)其它有收入者人数	人	0.05
2.无收入者人数	人	1.08
(二)在外就学人数	人	0.07
(三)非家庭人口在家用餐	人次	0.46
(四) 家庭人口在外用餐	人次	34.52

1-143 城镇中低收入居民家庭人均全年收入来源（2009年）

指　　标	单位	2009年
可支配收入	**元**	**11108.95**
总收入	**元**	**12085.41**
(一)工资性收入	元	6802.72
1.工资及补贴收入	元	6663.81
2.其它劳动收入	元	138.9
(二)经营性收入	元	694.64
(三)财产性收入	元	1450.42
1.利息收入	元	13.98
2.股息与红利收入	元	254.82
3.保险收益	元	
4.其它投资收入	元	
5.出租房屋收入	元	889.27
6.知识产权收入	元	
7.其它财产性收入	元	292.34
(四)转移性收入	元	3137.64
1.养老金或离退休金	元	2912.03
2.社会救济收入	元	19.69
其中：最低生活保障收入	元	19.14
3.辞退金	元	
4.赔偿收入	元	26.97
5.保险收入	元	3.53
其中：失业保险金	元	3.53
6.赡养收入	元	25.54
7.捐赠收入	元	28.41
8.提取住房公积金	元	
9.记帐补贴	元	93.56
10.其它转移性收入	元	27.91

1-144 城镇中低收入居民家庭人均全年消费性支出（2009年）

指　　标	单位	2009年
消费性支出	**元**	**8776.75**
一、食品	**元**	**4228.71**
(一)粮油类	元	450.36
1.粮食	元	301.19
(1)大米.单价	元/千克	4.07
数量	千克	55.54
金额	元	226.11
(2)面粉.单价	元/千克	3.7
数量	千克	0.93
金额	元	3.44
(3)其它粮食及制品	元	71.64
2.淀粉及薯类	元	31.15
3.干豆类及豆制品	元	55.66
4.油脂类	元	62.36
(1)食用植物油.单价	元/千克	11.63
数量	千克	4.77
金额	元	55.51
(2)食用动物油	元	6.85
(一)肉禽蛋水产品类	元	1007.44
1.肉类	元	596.93
(1)猪肉.单价	元/千克	19.95
数量	千克	20.25
金额	元	404.11
(2)牛肉.单价	元/千克	31.3
数量	千克	2.96
金额	元	92.69
(3)羊肉.单价	元/千克	34.11
数量	千克	0.28
金额	元	9.4
(4)其它肉及制品	元	90.73
2.禽类	元	192.87
(1)鸡.单价	元/千克	18.66
数量	千克	8.19
金额	元	152.88
(2)鸭.单价	元/千克	16.35
数量	千克	0.25
金额	元	4.09
(3)其它禽类及制品	元	35.89
3.蛋类	元	67.05
(1)鲜蛋.单价	元/千克	8.31
数量	千克	7.68
金额	元	63.82
(2)蛋制品	元	3.23
4.水产品类	元	150.59
(1)鱼.单价	元/千克	13.89
数量	千克	8.03
金额	元	111.53

1-144 续表 1

指　　标	单位	2009年
(2)虾.单价	元/千克	35.01
数量	千克	0.56
金额	元	19.57
(3)其它水产品及制品	元	19.49
(三)蔬菜类	元	559.11
1.鲜菜.单价	元/千克	3.41
数量	千克	157.17
金额	元	535.54
2.干菜	元	17.03
3.菜制品	元	6.54
(四)调味品	元	46.49
(五)糖烟酒饮料类	元	525.13
1.糖类	元	27.2
2.烟草类	元	384.58
3.酒类	元	34.76
(1)白酒.单价	元/千克	11.93
数量	千克	2.08
金额	元	24.78
(2)果酒.单价	元/千克	34.03
数量	千克	0.09
金额	元	3.04
(3)啤酒.单价	元/千克	5.64
数量	千克	0.81
金额	元	4.57
(4)其它酒	元	2.38
4.饮料	元	78.59
(1)碳酸饮料.单价	元/千克	4.58
数量	千克	2.93
金额	元	13.44
(2)瓶装饮用水.单价	元/千克	0.5
数量	千克	27.69
金额	元	13.76
(3)茶叶.单价	元/千克	44.36
数量	千克	0.55
金额	元	24.28
(4)其它饮料	元	27.11
(六)干鲜瓜果类	元	272.36
1.鲜果.单价	元/千克	5.33
数量	千克	38.57
金额	元	205.56
2.鲜瓜.单价	元/千克	3.71
数量	千克	3.22
金额	元	11.94
3.其它干鲜瓜果类及制品	元	54.85

1-144 续表 2

指　　标	单位	2009年
(七)糕点、奶及奶制品	元	163.43
1.糕点.单价	元/千克	18.2
数量	千克	4.67
金额	元	84.95
2.奶及奶制品	元	78.48
(1)鲜乳品.单价	元/千克	6.78
数量	千克	7.06
金额	元	47.91
(2)奶粉.单价	元/千克	143.51
数量	千克	0.14
金额	元	20.4
(3)酸奶.单价	元/千克	8.47
数量	千克	0.8
金额	元	6.81
(4)其它奶制品	元	3.37
(八)其它食品	元	56.27
(九)饮食服务	元	1148.12
1.食品加工服务费	元	0.35
2.在外饮食	元	1147.77
二、衣着	**元**	**969.69**
(一)服装.单价	元/件	125.4
数量	件	5.4
金额	元	676.71
(一)衣着材料	元	9.13
(三)鞋类.单价	元/双	128.27
数量	双	2.02
金额	元	259
(四)其它衣着用品	元	23.67
(五)衣着加工服务费	元	1.19
三、居住	**元**	**761.32**
(一)住房	元	227.31
1.租赁房房租	元	69.16
2.住房装潢支出	元	93.39
3.维修用建筑材料	元	59.68
4.其它住房支出	元	5.08
(一)水电燃料及其它	元	495.33
1.水.单价	元/吨	2.81
数量	吨	44.99
金额	元	126.49
2.电.单价	元/度	0.49
数量	度	519.92
金额	元	252.5
3.燃料	元	116.34
(1)煤炭.单价	元/千克	0.52
数量	千克	4.29
金额	元	2.24

1-144 续表 3

指 标	单位	2009年
(2)罐装液化石油气.单价	元/千克	6.69
数量	千克	8.11
金额	元	54.27
(3)管道液化石油气.单价	元/立方米	13.48
数量	立方米	0.02
金额	元	0.21
(4)管道煤气.单价	元/立方米	1.03
数量	立方米	57.79
金额	元	59.31
(5)管道天然气.单价	元/立方米	
数量	立方米	
金额	元	
(6)柴油.单价	元/升	
数量	升	
金额	元	
(7))其它燃料	元	0.32
4.取暖费	元	
5.其它相关支出	元	
(三)居住服务费	元	38.68
1.物业管理费	元	25.11
2.维修服务费	元	4.91
3.其它居住服务费	元	8.65
四、家庭设备用品及服务	**元**	**274.26**
(一)耐用消费品	元	102.44
1.家具	元	37.89
2.家庭设备	元	64.54
(1)洗衣机.单价	元/台	1714.42
数量	台	1.55
金额	元	8.72
(2)电冰箱.单价	元/台	2110.83
数量	台	1.9
金额	元	13.18
(3)微波炉.单价	元/台	736.22
数量	台	1.75
金额	元	4.23
(4)空调器.单价	元/台	
数量	台	
金额	元	
(5)淋浴热水器.单价	元/台	1716.64
数量	台	1.86
金额	元	10.47
(6)消毒碗柜.单价	元/台	
数量	台	
金额	元	
(7))洗碗机.单价	元/台	
数量	台	
金额	元	

1-144 续表 4

指　　标	单位	2009年
(8)其它家庭设备	元	27.95
(一)室内装饰品	元	5.43
(三)床上用品	元	29.92
(四)家庭日用杂品	元	125.09
(五)家具材料	元	0.01
(六)家庭服务	元	11.36
1.家政服务	元	8.54
2.加工维修服务费	元	2.82
五、医疗保健	**元**	**742.43**
(一)医疗器具	元	4.04
(一)保健器具	元	6.12
(三)药品费	元	385.34
(四)滋补保健品	元	53.96
(五)医疗费	元	282.02
(六)其它医疗保健支出	元	10.95
六、交通和通讯	**元**	**962.54**
(一)交通	元	482.09
1.家庭交通工具	元	255.92
(1)摩托车.单价	元/辆	7418.89
数量	辆	0.12
金额	元	2.82
(2)助力车.单价	元/辆	2500
数量	辆	0.46
金额	元	3.77
(3)家用汽车.单价	元/辆	99462.33
数量	辆	0.75
金额	元	245.33
(3)其它交通工具	元	4
2.车辆用燃料及零配件	元	105.64
(1)燃料	元	101.1
其中：汽油.单价	元/升	5.62
数量	升	17.95
金额	元	100.82
其中：柴油.单价	元/升	
数量	升	
金额	元	
(2)零配件	元	4.53
(3)其它	元	0.02
3.交通工具服务支出	元	21.92
(1)维修费	元	6.47
(2)车辆使用税费	元	9.91
(3)其它车辆使用费用	元	5.54
4.交通费	元	98.61
(1)飞机	元	22.28
(2)火车	元	2.45

1-144 续表 5

指　　标	单位	2009年
(3)长途汽车	元	18.24
(4)市内公共交通	元	37.75
(5)出租汽车费	元	16.65
(6)其它交通费	元	1.24
(一)通信	元	480.45
1.通信工具	元	52.5
(1)电话机.单价	元/部	43.56
数量	部	1.05
金额	元	0.15
(2)移动电话.单价	元/部	1004.65
数量	部	15.57
金额	元	51.3
(4)其它通信工具	元	1.05
2.通信服务	元	427.94
(1)电信费	元	426.75
其中：上网费	元	18.63
(2)邮费	元	0.03
(3)其它通信服务费	元	1.17
七、教育文化娱乐服务	**元**	**662.41**
(一)文化娱乐用品	元	195.3
1.彩色电视机.单价	元/台	3562.67
数量	台	4.46
金额	元	52.1
2.家用电脑	元	56.52
(1)购买整机	元/台	4604.69
数量	台	3.7
金额	元	55.93
(2)计算机外部设备	元	
(3)各种零配件及耗材	元	0.59
3.组合音响.单价	元/台	
数量	台	
金额	元	
4.摄像机.单价	元/架	3200
数量	架	0.46
金额	元	4.83
5.照相机.单价	元/架	1928.66
数量	架	2.29
金额	元	14.5
6.钢琴.单价	元/架	
数量	架	
金额	元	
7.其它中高档乐器.单价	元/件	
数量	件	
金额	元	

1-144 续表 6

指　　标	单位	2009年
8.健身器材.单价	元/件	
数量	件	
金额	元	
9.电子辞典.单价	元/部	998
数量	部	0.3
金额	元	0.97
10.音像制品及软件	元	1.75
11.体育用品	元	1.39
12.书报杂志	元	18.04
13.纸张文具	元	7.3
14.其它文娱用品	元	37.9
(一)文化娱乐服务	元	173.9
1.参观游览	元	30.12
2.健身活动	元	4.18
3.团体旅游	元	92.09
4.其它文娱活动	元	46.45
5.文娱用品修理服务费	元	1.06
(三)教育	元	293.21
1.教材	元	13.97
(1)课本及参考书	元	10.1
(2)教育软件	元	0.14
(3)其它教材	元	3.72
2.教育费用	元	279.24
(1)非义务教育学杂费	元	56.36
(2)义务教育学杂费	元	14.28
(3)托幼费	元	44.55
(4)成人教育费	元	11.67
(5)家教费	元	16.97
(6)培训班	元	72.44
(7))学校住宿费	元	8.13
(8)其它教育费用	元	54.84
八、其它商品和服务	**元**	**175.39**
(一)其它商品	元	104.85
1.金银珠宝饰品	元	24.43
2.手表.单价	元/只	96.51
数量	只	0.01
金额	元	1.4
3.理发美容用具	元	0.17
4.化妆品	元	46.57
5.其它杂品	元	32.28
(一)服务	元	70.53
1.旅馆住宿费	元	18.91
2.理发洗澡费	元	4.06
3.美容费	元	6.59
4.其它服务	元	40.98

1-145 城镇中等收入居民家庭平均每户基本情况（2009年）

指　标	单位	2009年
调查户数	**户**	**288**
(一)家庭人口数	人	2.81
1.有收入者人数	人	1.97
(1)就业人口数	人	1.29
①国有经济单位职工人数	人	0.56
②城镇集体经济单位职工人数	人	0.1
③其它经济类型单位职工人数	人	0.2
④城镇个体或私营企业主人数	人	0.13
⑤城镇个体或私营企业被雇人数	人	0.15
⑥离退休再就业人数	人	
⑦其它就业人数	人	0.14
(2)离退休人数	人	0.64
(3)其它有收入者人数	人	0.04
2.无收入者人数	人	0.85
(二)在外就学人数	人	0.07
(三)非家庭人口在家用餐	人次	0.66
(四) 家庭人口在外用餐	人次	35.48

1-146 城镇中等收入居民家庭人均全年收入来源（2009年）

指 标	单位	2009年
可支配收入	**元**	**14822.14**
总收入	**元**	**16026.17**
(一)工资性收入	元	9492.6
1.工资及补贴收入	元	9278.19
2.其它劳动收入	元	214.4
(二)经营性收入	元	818.12
(三)财产性收入	元	1768.02
1.利息收入	元	28.41
2.股息与红利收入	元	294.33
3.保险收益	元	
4.其它投资收入	元	5.17
5.出租房屋收入	元	1213.54
6.知识产权收入	元	
7.其它财产性收入	元	226.57
(四)转移性收入	元	3947.43
1.养老金或离退休金	元	3514.16
2.社会救济收入	元	7.14
其中：最低生活保障收入	元	6.17
3.辞退金	元	
4.赔偿收入	元	100.33
5.保险收入	元	7.35
其中：失业保险金	元	7.35
6.赡养收入	元	38.42
7.捐赠收入	元	129.22
8.提取住房公积金	元	20.81
9.记帐补贴	元	99.62
10.其它转移性收入	元	30.39

1-147 城镇中等收入居民家庭人均全年消费性支出（2009年）

指　　标	单位	2009年
消费性支出	**元**	**11567.13**
一、食品	**元**	**5131.04**
(一)粮油类	元	461.43
1.粮食	元	310.61
(1)大米.单价	元/千克	4.23
数量	千克	50.37
金额	元	212.87
(2)面粉.单价	元/千克	3.76
数量	千克	0.93
金额	元	3.51
(3)其它粮食及制品	元	94.23
2.淀粉及薯类	元	30.29
3.干豆类及豆制品	元	56.45
4.油脂类	元	64.07
(1)食用植物油.单价	元/千克	12.53
数量	千克	4.66
金额	元	58.36
(2)食用动物油	元	5.71
(一)肉禽蛋水产品类	元	1105.29
1.肉类	元	657.99
(1)猪肉.单价	元/千克	19.99
数量	千克	21.35
金额	元	426.65
(2)牛肉.单价	元/千克	31.25
数量	千克	3.06
金额	元	95.67
(3)羊肉.单价	元/千克	34.63
数量	千克	0.26
金额	元	9.11
(4)其它肉及制品	元	126.56
2.禽类	元	216.24
(1)鸡.单价	元/千克	19.37
数量	千克	8.66
金额	元	167.78
(2)鸭.单价	元/千克	14.63
数量	千克	0.2
金额	元	2.88
(3)其它禽类及制品	元	45.58
3.蛋类	元	79.62
(1)鲜蛋.单价	元/千克	8.74
数量	千克	8.62
金额	元	75.29
(2)蛋制品	元	4.32
4.水产品类	元	151.44
(1)鱼.单价	元/千克	14.5
数量	千克	7.23
金额	元	104.84

1-147 续表 1

指 标	单位	2009年
(2)虾.单价	元/千克	36.12
数量	千克	0.73
金额	元	26.36
(3)其它水产品及制品	元	20.24
(三)蔬菜类	元	597.83
1.鲜菜.单价	元/千克	3.61
数量	千克	156.77
金额	元	565.35
2.干菜	元	23.69
3.菜制品	元	8.79
(四)调味品	元	48.79
(五)糖烟酒饮料类	元	704.55
1.糖类	元	39.36
2.烟草类	元	508.33
3.酒类	元	54.36
(1)白酒.单价	元/千克	14.26
数量	千克	2.68
金额	元	38.29
(2)果酒.单价	元/千克	39.34
数量	千克	0.22
金额	元	8.59
(3)啤酒.单价	元/千克	5.57
数量	千克	1.11
金额	元	6.16
(4)其它酒	元	1.33
4.饮料	元	102.5
(1)碳酸饮料.单价	元/千克	4.41
数量	千克	3.64
金额	元	16.04
(2)瓶装饮用水.单价	元/千克	0.43
数量	千克	46.09
金额	元	19.9
(3)茶叶.单价	元/千克	60.18
数量	千克	0.59
金额	元	35.74
(4)其它饮料	元	30.82
(六)干鲜瓜果类	元	327.53
1.鲜果.单价	元/千克	5.73
数量	千克	42.38
金额	元	243.05
2.鲜瓜.单价	元/千克	3.97
数量	千克	4.02
金额	元	15.96
3.其它干鲜瓜果类及制品	元	68.52

1-147 续表 2

指　　标	单位	2009年
(七)糕点、奶及奶制品	元	226.42
1.糕点.单价	元/千克	19.78
数量	千克	5.19
金额	元	102.59
2.奶及奶制品	元	123.83
(1)鲜乳品.单价	元/千克	6.74
数量	千克	10.46
金额	元	70.56
(2)奶粉.单价	元/千克	175.74
数量	千克	0.23
金额	元	40.8
(3)酸奶.单价	元/千克	8.58
数量	千克	0.93
金额	元	8.02
(4)其它奶制品	元	4.44
(八)其它食品	元	58.87
(九)饮食服务	元	1600.33
1.食品加工服务费	元	0.43
2.在外饮食	元	1599.9
二、衣着	**元**	**1258.49**
(一)服装.单价	元/件	133.09
数量	件	6.54
金额	元	869.88
(一)衣着材料	元	13.94
(三)鞋类.单价	元/双	151.33
数量	双	2.27
金额	元	344.01
(四)其它衣着用品	元	29.51
(五)衣着加工服务费	元	1.15
三、居住	**元**	**937.36**
(一)住房	元	282.28
1.租赁房房租	元	72.76
2.住房装潢支出	元	173.23
3.维修用建筑材料	元	31.79
4.其它住房支出	元	4.49
(一)水电燃料及其它	元	604.43
1.水.单价	元/吨	2.91
数量	吨	54.3
金额	元	157.96
2.电.单价	元/度	0.49
数量	度	653.62
金额	元	317.81
3.燃料	元	128.66
(1)煤炭.单价	元/千克	0.54
数量	千克	9.12
金额	元	4.94

1-147 续表 3

指　　标	单位	2009年
(2)罐装液化石油气.单价	元/千克	6.75
数量	千克	6.35
金额	元	42.9
(3)管道液化石油气.单价	元/立方米	1.08
数量	立方米	0.41
金额	元	0.44
(4)管道煤气.单价	元/立方米	1.02
数量	立方米	77.74
金额	元	79.02
(5)管道天然气.单价	元/立方米	
数量	立方米	
金额	元	
(6)柴油.单价	元/升	
数量	升	
金额	元	
(7))其它燃料	元	1.35
4.取暖费	元	
5.其它相关支出	元	0.01
(三)居住服务费	元	50.64
1.物业管理费	元	30.35
2.维修服务费	元	7.56
3.其它居住服务费	元	12.73
四、家庭设备用品及服务	**元**	**352.34**
(一)耐用消费品	元	134.62
1.家具	元	25.32
2.家庭设备	元	109.3
(1)洗衣机.单价	元/台	1638.85
数量	台	4.82
金额	元	28.09
(2)电冰箱.单价	元/台	3121.51
数量	台	1.45
金额	元	16.13
(3)微波炉.单价	元/台	595.32
数量	台	1.83
金额	元	3.88
(4)空调器.单价	元/台	
数量	台	
金额	元	
(5)淋浴热水器.单价	元/台	1476.31
数量	台	1.36
金额	元	7.14
(6)消毒碗柜.单价	元/台	
数量	台	
金额	元	
(7))洗碗机.单价	元/台	
数量	台	
金额	元	

1-147 续表 4

指　　标	单位	2009年
(8)其它家庭设备	元	54.05
(一)室内装饰品	元	7.28
(三)床上用品	元	38.82
(四)家庭日用杂品	元	154.06
(五)家具材料	元	0.57
(六)家庭服务	元	16.98
1.家政服务	元	9.02
2.加工维修服务费	元	7.97
五、医疗保健	**元**	**895.62**
(一)医疗器具	元	5.83
(一)保健器具	元	4.36
(三)药品费	元	438.18
(四)滋补保健品	元	106.49
(五)医疗费	元	325.43
(六)其它医疗保健支出	元	15.32
六、交通和通讯	**元**	**1800.1**
(一)交通	元	1182.16
1.家庭交通工具	元	769.11
(1)摩托车.单价	元/辆	
数量	辆	
金额	元	
(2)助力车.单价	元/辆	2681.61
数量	辆	0.95
金额	元	9.07
(3)家用汽车.单价	元/辆	87073.35
数量	辆	2.44
金额	元	755.08
(3)其它交通工具	元	4.96
2.车辆用燃料及零配件	元	224.44
(1)燃料	元	202.98
其中：汽油.单价	元/升	5.61
数量	升	35.86
金额	元	200.99
其中：柴油.单价	元/升	5.72
数量	升	0.08
金额	元	0.46
(2)零配件	元	16.84
(3)其它	元	4.62
3.交通工具服务支出	元	72.71
(1)维修费	元	17.54
(2)车辆使用税费	元	48.36
(3)其它车辆使用费用	元	6.81
4.交通费	元	115.91
(1)飞机	元	23.5
(2)火车	元	7.87

1-147 续表 5

指　　标	单位	2009年
(3)长途汽车	元	19.42
(4)市内公共交通	元	45.84
(5)出租汽车费	元	15.6
(6)其它交通费	元	3.68
(一)通信	元	617.94
1.通信工具	元	51.81
(1)电话机.单价	元/部	171.32
数量	部	1.67
金额	元	1.02
(2)移动电话.单价	元/部	903.6
数量	部	15.48
金额	元	49.76
(4)其它通信工具	元	1.03
2.通信服务	元	566.13
(1)电信费	元	562.29
其中：上网费	元	39.81
(2)邮费	元	0.27
(3)其它通信服务费	元	3.57
七、教育文化娱乐服务	**元**	**929.12**
(一)文化娱乐用品	元	243.39
1.彩色电视机.单价	元/台	4247.01
数量	台	3.77
金额	元	56.9
2.家用电脑	元	78.22
(1)购买整机	元/台	4248.62
数量	台	4.75
金额	元	71.82
(2)计算机外部设备	元	5.19
(3)各种零配件及耗材	元	1.21
3.组合音响.单价	元/台	1600
数量	台	0.46
金额	元	2.61
4.摄像机.单价	元/架	
数量	架	
金额	元	
5.照相机.单价	元/架	2685.95
数量	架	1.57
金额	元	15
6.钢琴.单价	元/架	
数量	架	
金额	元	
7.其它中高档乐器.单价	元/件	
数量	件	
金额	元	

1-147 续表 6

指　　标	单位	2009年
8.健身器材.单价	元/件	
数量	件	
金额	元	
9.电子辞典.单价	元/部	575.63
数量	部	1.7
金额	元	3.47
10.音像制品及软件	元	4.39
11.体育用品	元	2.24
12.书报杂志	元	23.4
13.纸张文具	元	9.37
14.其它文娱用品	元	47.79
(一)文化娱乐服务	元	326.35
1.参观游览	元	54.24
2.健身活动	元	4.41
3.团体旅游	元	179.51
4.其它文娱活动	元	86.27
5.文娱用品修理服务费	元	1.92
(三)教育	元	359.38
1.教材	元	14.49
(1)课本及参考书	元	12.36
(2)教育软件	元	
(3)其它教材	元	2.13
2.教育费用	元	344.88
(1)非义务教育学杂费	元	90.32
(2)义务教育学杂费	元	15.47
(3)托幼费	元	23.08
(4)成人教育费	元	22.61
(5)家教费	元	25.79
(6)培训班	元	134.38
(7))学校住宿费	元	1.65
(8)其它教育费用	元	31.59
八、其它商品和服务	**元**	**263.07**
(一)其它商品	元	173.43
1.金银珠宝饰品	元	67.92
2.手表.单价	元/只	64.9
数量	只	0.02
金额	元	1.32
3.理发美容用具	元	0.47
4.化妆品	元	62.78
5.其它杂品	元	40.94
(一)服务	元	89.64
1.旅馆住宿费	元	17.67
2.理发洗澡费	元	5.14
3.美容费	元	5.3
4.其它服务	元	61.53

1-148 城镇中高收入居民家庭平均每户基本情况（2009年）

指　　标	单位	2009年
调查户数	**户**	**289**
(一)家庭人口数	人	2.71
1.有收入者人数	人	2.11
(1)就业人口数	人	1.39
①国有经济单位职工人数	人	0.87
②城镇集体经济单位职工人数	人	0.07
③其它经济类型单位职工人数	人	0.12
④城镇个体或私营企业主人数	人	0.1
⑤城镇个体或私营企业被雇人数	人	0.13
⑥离退休再就业人数	人	0.02
⑦其它就业人数	人	0.08
(2)离退休人数	人	0.7
(3)其它有收入者人数	人	0.02
2.无收入者人数	人	0.61
(二)在外就学人数	人	0.09
(三)非家庭人口在家用餐	人次	1.21
(四) 家庭人口在外用餐	人次	39.68

1-149 城镇中高收入居民家庭人均全年收入来源（2009年）

指　　标	单位	2009年
可支配收入	**元**	**19410.01**
总收入	**元**	**21230.50**
(一)工资性收入	元	13592.03
1.工资及补贴收入	元	13473.32
2.其它劳动收入	元	118.71
(二)经营性收入	元	910.14
(三)财产性收入	元	1292.64
1.利息收入	元	37.48
2.股息与红利收入	元	530.87
3.保险收益	元	
4.其它投资收入	元	0.07
5.出租房屋收入	元	594.87
6.知识产权收入	元	
7.其它财产性收入	元	129.36
(四)转移性收入	元	5435.69
1.养老金或离退休金	元	5054.39
2.社会救济收入	元	0.2
其中：最低生活保障收入	元	0.2
3.辞退金	元	
4.赔偿收入	元	40.6
5.保险收入	元	0.74
其中：失业保险金	元	0.53
6.赡养收入	元	47.28
7.捐赠收入	元	96.18
8.提取住房公积金	元	6.85
9.记帐补贴	元	102.26
10.其它转移性收入	元	87.18

1-150 城镇中高收入居民家庭人均全年消费性支出（2009年）

指　　标	单位	2009年
消费性支出	**元**	**12913.29**
一、食品	**元**	**5364.85**
(一)粮油类	元	441.81
1.粮食	元	294.53
(1)大米.单价	元/千克	4.19
数量	千克	47.32
金额	元	198.41
(2)面粉.单价	元/千克	3.47
数量	千克	1.7
金额	元	5.89
(3)其它粮食及制品	元	90.23
2.淀粉及薯类	元	28.16
3.干豆类及豆制品	元	56.47
4.油脂类	元	62.64
(1)食用植物油.单价	元/千克	11.81
数量	千克	4.56
金额	元	53.86
(2)食用动物油	元	8.78
(一)肉禽蛋水产品类	元	1105.26
1.肉类	元	651.31
(1)猪肉.单价	元/千克	19.97
数量	千克	21.58
金额	元	430.97
(2)牛肉.单价	元/千克	31.03
数量	千克	3.23
金额	元	100.11
(3)羊肉.单价	元/千克	35.1
数量	千克	0.31
金额	元	10.83
(4)其它肉及制品	元	109.4
2.禽类	元	207.79
(1)鸡.单价	元/千克	19.6
数量	千克	8.36
金额	元	163.94
(2)鸭.单价	元/千克	16.69
数量	千克	0.21
金额	元	3.57
(3)其它禽类及制品	元	40.28
3.蛋类	元	69.91
(1)鲜蛋.单价	元/千克	8.46
数量	千克	7.71
金额	元	65.27
(2)蛋制品	元	4.64
4.水产品类	元	176.26
(1)鱼.单价	元/千克	14.19
数量	千克	7.79
金额	元	110.55

1-150 续表 1

指 标	单位	2009年
(2)虾.单价	元/千克	40.71
数量	千克	1.02
金额	元	41.51
(3)其它水产品及制品	元	24.21
(三)蔬菜类	元	560.54
1.鲜菜.单价	元/千克	3.59
数量	千克	148.1
金额	元	531.99
2.干菜	元	19.12
3.菜制品	元	9.44
(四)调味品	元	51.58
(五)糖烟酒饮料类	元	700.18
1.糖类	元	34.41
2.烟草类	元	482.99
3.酒类	元	70.19
(1)白酒.单价	元/千克	17.51
数量	千克	3.04
金额	元	53.19
(2)果酒.单价	元/千克	33.04
数量	千克	0.29
金额	元	9.53
(3)啤酒.单价	元/千克	5.27
数量	千克	0.79
金额	元	4.18
(4)其它酒	元	3.3
4.饮料	元	112.58
(1)碳酸饮料.单价	元/千克	4.73
数量	千克	3.45
金额	元	16.33
(2)瓶装饮用水.单价	元/千克	0.43
数量	千克	59.54
金额	元	25.58
(3)茶叶.单价	元/千克	58.77
数量	千克	0.61
金额	元	35.58
(4)其它饮料	元	35.09
(六)干鲜瓜果类	元	384.72
1.鲜果.单价	元/千克	5.68
数量	千克	49.43
金额	元	280.72
2.鲜瓜.单价	元/千克	3.82
数量	千克	4.98
金额	元	19.05
3.其它干鲜瓜果类及制品	元	84.96

1-150 续表 2

指　标	单位	2009年
(七)糕点、奶及奶制品	元	229.04
1.糕点.单价	元/千克	20.85
数量	千克	6.41
金额	元	133.72
2.奶及奶制品	元	95.32
(1)鲜乳品.单价	元/千克	6.6
数量	千克	10.23
金额	元	67.57
(2)奶粉.单价	元/千克	122.63
数量	千克	0.09
金额	元	11.53
(3)酸奶.单价	元/千克	8.1
数量	千克	1.31
金额	元	10.62
(4)其它奶制品	元	5.59
(八)其它食品	元	78.56
(九)饮食服务	元	1813.16
1.食品加工服务费	元	0.47
2.在外饮食	元	1812.69
二、衣着	**元**	**1623.14**
(一)服装.单价	元/件	139.13
数量	件	7.83
金额	元	1089.38
(一)衣着材料	元	18.61
(三)鞋类.单价	元/双	158.37
数量	双	2.93
金额	元	464.45
(四)其它衣着用品	元	48.51
(五)衣着加工服务费	元	2.2
三、居住	**元**	**1008.47**
(一)住房	元	422.05
1.租赁房房租	元	22.43
2.住房装潢支出	元	330.74
3.维修用建筑材料	元	48.92
4.其它住房支出	元	19.96
(一)水电燃料及其它	元	499.16
1.水.单价	元/吨	2.64
数量	吨	45.94
金额	元	121.46
2.电.单价	元/度	0.49
数量	度	517.3
金额	元	251.38
3.燃料	元	126.22
(1)煤炭.单价	元/千克	0.5
数量	千克	3.18
金额	元	1.6

1-150 续表 3

指　　标	单位	2009年
(2)罐装液化石油气.单价	元/千克	6.81
数量	千克	5.59
金额	元	38.05
(3)管道液化石油气.单价	元/立方米	8.57
数量	立方米	0.06
金额	元	0.48
(4)管道煤气.单价	元/立方米	0.98
数量	立方米	87.01
金额	元	85.13
(5)管道天然气.单价	元/立方米	
数量	立方米	
金额	元	
(6)柴油.单价	元/升	5.62
数量	升	0.03
金额	元	0.19
(7))其它燃料	元	0.78
4.取暖费	元	
5.其它相关支出	元	0.1
(三)居住服务费	元	87.26
1.物业管理费	元	49.76
2.维修服务费	元	11.96
3.其它居住服务费	元	25.54
四、家庭设备用品及服务	**元**	**547.18**
(一)耐用消费品	元	266.05
1.家具	元	113.03
2.家庭设备	元	153.02
(1)洗衣机.单价	元/台	1490.26
数量	台	3.88
金额	元	21.31
(2)电冰箱.单价	元/台	3308.05
数量	台	3.05
金额	元	37.25
(3)微波炉.单价	元/台	630.99
数量	台	2.42
金额	元	5.64
(4)空调器.单价	元/台	
数量	台	
金额	元	
(5)淋浴热水器.单价	元/台	2045.22
数量	台	1.26
金额	元	9.54
(6)消毒碗柜.单价	元/台	
数量	台	
金额	元	
(7))洗碗机.单价	元/台	
数量	台	
金额	元	

1-150 续表 4

指　　标	单位	2009年
(8)其它家庭设备	元	79.29
(一)室内装饰品	元	8.03
(三)床上用品	元	55.86
(四)家庭日用杂品	元	182.95
(五)家具材料	元	0.22
(六)家庭服务	元	34.07
1.家政服务	元	27.24
2.加工维修服务费	元	6.83
五、医疗保健	**元**	**1106.76**
(一)医疗器具	元	9.61
(一)保健器具	元	33.99
(三)药品费	元	539.02
(四)滋补保健品	元	131.18
(五)医疗费	元	376.63
(六)其它医疗保健支出	元	16.32
六、交通和通讯	**元**	**1704.64**
(一)交通	元	1018.57
1.家庭交通工具	元	500.19
(1)摩托车.单价	元/辆	6748.63
数量	辆	0.28
金额	元	7.07
(2)助力车.单价	元/辆	2592.57
数量	辆	4.05
金额	元	38.7
(3)家用汽车.单价	元/辆	71776.9
数量	辆	1.66
金额	元	440.15
(3)其它交通工具	元	14.27
2.车辆用燃料及零配件	元	249.16
(1)燃料	元	232.77
其中：汽油.单价	元/升	5.61
数量	升	40.86
金额	元	229.36
其中：柴油.单价	元/升	5.89
数量	升	0.31
金额	元	1.83
(2)零配件	元	15.84
(3)其它	元	0.54
3.交通工具服务支出	元	85.66
(1)维修费	元	19.48
(2)车辆使用税费	元	44.3
(3)其它车辆使用费用	元	21.87
4.交通费	元	183.56
(1)飞机	元	56.61
(2)火车	元	9.73

1-150 续表 5

指　　标	单位	2009年
(3)长途汽车	元	37.57
(4)市内公共交通	元	46.13
(5)出租汽车费	元	25.87
(6)其它交通费	元	7.65
(一)通信	元	686.08
1.通信工具	元	63.84
(1)电话机.单价	元/部	90.9
数量	部	0.5
金额	元	0.17
(2)移动电话.单价	元/部	996.56
数量	部	17.09
金额	元	62.77
(4)其它通信工具	元	0.9
2.通信服务	元	622.24
(1)电信费	元	617.57
其中：上网费	元	40.84
(2)邮费	元	1.63
(3)其它通信服务费	元	3.04
七、教育文化娱乐服务	**元**	**1331.54**
(一)文化娱乐用品	元	373.37
1.彩色电视机.单价	元/台	6838.63
数量	台	4.02
金额	元	101.46
2.家用电脑	元	72.88
(1)购买整机	元/台	3838.11
数量	台	4.84
金额	元	68.49
(2)计算机外部设备	元	2.55
(3)各种零配件及耗材	元	1.84
3.组合音响.单价	元/台	2260.06
数量	台	0.93
金额	元	7.75
4.摄像机.单价	元/架	5500
数量	架	0.47
金额	元	9.55
5.照相机.单价	元/架	3636.71
数量	架	2.33
金额	元	31.3
6.钢琴.单价	元/架	10000
数量	架	0.21
金额	元	7.7
7.其它中高档乐器.单价	元/件	1538.96
数量	件	0.76
金额	元	4.3

1-150 续表 6

指　标	单位	2009年
8.健身器材.单价	元/件	
数量	件	
金额	元	
9.电子辞典.单价	元/部	674.79
数量	部	0.62
金额	元	1.53
10.音像制品及软件	元	6.29
11.体育用品	元	4.19
12.书报杂志	元	34.52
13.纸张文具	元	15.09
14.其它文娱用品	元	76.83
(一)文化娱乐服务	元	467.19
1.参观游览	元	96.19
2.健身活动	元	7.2
3.团体旅游	元	278.13
4.其它文娱活动	元	81.65
5.文娱用品修理服务费	元	4.01
(三)教育	元	490.98
1.教材	元	17.24
(1)课本及参考书	元	14.04
(2)教育软件	元	
(3)其它教材	元	3.2
2.教育费用	元	473.74
(1)非义务教育学杂费	元	142.74
(2)义务教育学杂费	元	14.91
(3)托幼费	元	30.84
(4)成人教育费	元	66.24
(5)家教费	元	37.99
(6)培训班	元	143.98
(7))学校住宿费	元	3.53
(8)其它教育费用	元	33.51
八、其它商品和服务	**元**	**226.71**
(一)其它商品	元	160.44
1.金银珠宝饰品	元	39.15
2.手表.单价	元/只	48.87
数量	只	0.02
金额	元	1
3.理发美容用具	元	1.39
4.化妆品	元	67.57
5.其它杂品	元	51.34
(一)服务	元	66.27
1.旅馆住宿费	元	17.72
2.理发洗澡费	元	6.51
3.美容费	元	18.74
4.其它服务	元	23.29

1-151 城镇高收入居民家庭平均每户基本情况（2009年）

指　　标	单位	2009年
调查户数	**户**	**287**
(一)家庭人口数	人	2.58
1.有收入者人数	人	2.06
(1)就业人口数	人	1.49
①国有经济单位职工人数	人	0.83
②城镇集体经济单位职工人数	人	0.06
③其它经济类型单位职工人数	人	0.19
④城镇个体或私营企业主人数	人	0.16
⑤城镇个体或私营企业被雇人数	人	0.13
⑥离退休再就业人数	人	0.01
⑦其它就业人数	人	0.11
(2)离退休人数	人	0.53
(3)其它有收入者人数	人	0.04
2.无收入者人数	人	0.51
(二)在外就学人数	人	0.11
(三)非家庭人口在家用餐	人次	1.42
(四) 家庭人口在外用餐	人次	41.2

1-152 城镇高收入居民家庭人均全年收入来源（2009年）

指　　标	单位	2009年
可支配收入	**元**	**36251.83**
总收入	**元**	**38635.70**
(一)工资性收入	元	19212.91
1.工资及补贴收入	元	18955.93
2.其它劳动收入	元	256.99
(二)经营性收入	元	2172.3
(三)财产性收入	元	6126.21
1.利息收入	元	254.58
2.股息与红利收入	元	1439.87
3.保险收益	元	7.47
4.其它投资收入	元	3145.04
5.出租房屋收入	元	1183.87
6.知识产权收入	元	
7.其它财产性收入	元	95.39
(四)转移性收入	元	11124.28
1.养老金或离退休金	元	5481.33
2.社会救济收入	元	6.85
其中：最低生活保障收入	元	5.71
3.辞退金	元	
4.赔偿收入	元	136.42
5.保险收入	元	6.16
其中：失业保险金	元	4.88
6.赡养收入	元	148.29
7.捐赠收入	元	681.54
8.提取住房公积金	元	228.02
9.记帐补贴	元	111.55
10.其它转移性收入	元	4324.11

1-153 城镇高收入居民家庭人均全年消费性支出（2009年）

指　　标	单位	2009年
消费性支出	**元**	**18772.09**
一、食品	**元**	**6518.82**
(一)粮油类	元	472.6
1.粮食	元	304.21
(1)大米.单价	元/千克	4.25
数量	千克	48.57
金额	元	206.35
(2)面粉.单价	元/千克	3.84
数量	千克	1.41
金额	元	5.41
(3)其它粮食及制品	元	92.45
2.淀粉及薯类	元	34.17
3.干豆类及豆制品	元	60.11
4.油脂类	元	74.11
(1)食用植物油.单价	元/千克	12.74
数量	千克	5.45
金额	元	69.48
(2)食用动物油	元	4.63
(一)肉禽蛋水产品类	元	1197.91
1.肉类	元	695.93
(1)猪肉.单价	元/千克	20.61
数量	千克	21.94
金额	元	452
(2)牛肉.单价	元/千克	30.04
数量	千克	3.38
金额	元	101.55
(3)羊肉.单价	元/千克	34.36
数量	千克	0.28
金额	元	9.61
(4)其它肉及制品	元	132.77
2.禽类	元	211.87
(1)鸡.单价	元/千克	20.16
数量	千克	7.98
金额	元	160.88
(2)鸭.单价	元/千克	17.43
数量	千克	0.21
金额	元	3.66
(3)其它禽类及制品	元	47.33
3.蛋类	元	82.13
(1)鲜蛋.单价	元/千克	8.6
数量	千克	8.92
金额	元	76.72
(2)蛋制品	元	5.41
4.水产品类	元	207.98
(1)鱼.单价	元/千克	15.74
数量	千克	8.31
金额	元	130.84

1-153 续表 1

指标	单位	2009年
(2)虾.单价	元/千克	43.42
数量	千克	1.02
金额	元	44.19
(3)其它水产品及制品	元	32.95
(三)蔬菜类	元	646.18
1.鲜菜.单价	元/千克	3.8
数量	千克	159.98
金额	元	608.44
2.干菜	元	28.93
3.菜制品	元	8.81
(四)调味品	元	58.96
(五)糖烟酒饮料类	元	859.05
1.糖类	元	37.94
2.烟草类	元	599.8
3.酒类	元	90.08
(1)白酒.单价	元/千克	32.21
数量	千克	2.22
金额	元	71.41
(2)果酒.单价	元/千克	44.05
数量	千克	0.26
金额	元	11.64
(3)啤酒.单价	元/千克	5.91
数量	千克	0.79
金额	元	4.68
(4)其它酒	元	2.36
4.饮料	元	131.23
(1)碳酸饮料.单价	元/千克	4.58
数量	千克	2.95
金额	元	13.49
(2)瓶装饮用水.单价	元/千克	0.4
数量	千克	56.96
金额	元	22.98
(3)茶叶.单价	元/千克	79.78
数量	千克	0.76
金额	元	60.36
(4)其它饮料	元	34.4
(六)干鲜瓜果类	元	432.96
1.鲜果.单价	元/千克	6.32
数量	千克	49.36
金额	元	311.96
2.鲜瓜.单价	元/千克	3.89
数量	千克	4.85
金额	元	18.88
3.其它干鲜瓜果类及制品	元	102.12

1-153 续表 2

指 标	单位	2009年
(七)糕点、奶及奶制品	元	284.3
1.糕点.单价	元/千克	22.59
数量	千克	6.45
金额	元	145.75
2.奶及奶制品	元	138.55
(1)鲜乳品.单价	元/千克	6.8
数量	千克	13.2
金额	元	89.72
(2)奶粉.单价	元/千克	114.45
数量	千克	0.25
金额	元	28.5
(3)酸奶.单价	元/千克	9.1
数量	千克	1.22
金额	元	11.07
(4)其它奶制品	元	9.27
(八)其它食品	元	108.55
(九)饮食服务	元	2458.32
1.食品加工服务费	元	0.45
2.在外饮食	元	2457.87
二、衣着	**元**	**2210.83**
(一)服装.单价	元/件	189.28
数量	件	8.19
金额	元	1550
(一)衣着材料	元	18.02
(三)鞋类.单价	元/双	193.66
数量	双	2.91
金额	元	563.97
(四)其它衣着用品	元	74.65
(五)衣着加工服务费	元	4.19
三、居住	**元**	**2484.25**
(一)住房	元	1740.27
1.租赁房房租	元	177.88
2.住房装潢支出	元	1441.27
3.维修用建筑材料	元	95.44
4.其它住房支出	元	25.67
(一)水电燃料及其它	元	639.94
1.水.单价	元/吨	2.89
数量	吨	60.09
金额	元	173.41
2.电.单价	元/度	0.48
数量	度	653.35
金额	元	314.71
3.燃料	元	147.61
(1)煤炭.单价	元/千克	0.53
数量	千克	8.16
金额	元	4.35

1-153 续表 3

指　　标	单位	2009年
(2)罐装液化石油气.单价	元/千克	6.73
数量	千克	6.42
金额	元	43.25
(3)管道液化石油气.单价	元/立方米	1.08
数量	立方米	0.06
金额	元	0.06
(4)管道煤气.单价	元/立方米	1.05
数量	立方米	93.95
金额	元	98.44
(5)管道天然气.单价	元/立方米	
数量	立方米	
金额	元	
(6)柴油.单价	元/升	
数量	升	
金额	元	
(7))其它燃料	元	1.5
4.取暖费	元	
5.其它相关支出	元	4.21
(三)居住服务费	元	104.04
1.物业管理费	元	63.29
2.维修服务费	元	20.46
3.其它居住服务费	元	20.29
四、家庭设备用品及服务	**元**	**735.83**
(一)耐用消费品	元	356.41
1.家具	元	167.23
2.家庭设备	元	189.18
(1)洗衣机.单价	元/台	1723.42
数量	台	5.94
金额	元	39.76
(2)电冰箱.单价	元/台	2566.97
数量	台	3.18
金额	元	31.69
(3)微波炉.单价	元/台	612.05
数量	台	1.78
金额	元	4.22
(4)空调器.单价	元/台	
数量	台	
金额	元	
(5)淋浴热水器.单价	元/台	1381.46
数量	台	4.75
金额	元	25.48
(6)消毒碗柜.单价	元/台	2200
数量	台	0.44
金额	元	3.78
(7))洗碗机.单价	元/台	
数量	台	
金额	元	

1-153 续表 4

指　标	单位	2009年
(8)其它家庭设备	元	84.25
(一)室内装饰品	元	48.22
(三)床上用品	元	67.83
(四)家庭日用杂品	元	231.44
(五)家具材料	元	7.02
(六)家庭服务	元	24.92
1.家政服务	元	18.71
2.加工维修服务费	元	6.21
五、医疗保健	**元**	**1176.83**
(一)医疗器具	元	8.24
(一)保健器具	元	16.37
(三)药品费	元	421.94
(四)滋补保健品	元	317.12
(五)医疗费	元	393.02
(六)其它医疗保健支出	元	20.15
六、交通和通讯	**元**	**3535.19**
(一)交通	元	2672.6
1.家庭交通工具	元	1679.8
(1)摩托车.单价	元/辆	
数量	辆	
金额	元	
(2)助力车.单价	元/辆	3023.8
数量	辆	4.26
金额	元	50.05
(3)家用汽车.单价	元/辆	104291.77
数量	辆	4.02
金额	元	1625.82
(3)其它交通工具	元	3.93
2.车辆用燃料及零配件	元	560.43
(1)燃料	元	522.45
其中：汽油.单价	元/升	5.7
数量	升	90.58
金额	元	516.14
其中：柴油.单价	元/升	5.5
数量	升	0.2
金额	元	1.12
(2)零配件	元	28.84
(3)其它	元	9.14
3.交通工具服务支出	元	183.8
(1)维修费	元	37.81
(2)车辆使用税费	元	127.79
(3)其它车辆使用费用	元	18.2
4.交通费	元	248.57
(1)飞机	元	83.66
(2)火车	元	22.75

1-153 续表 5

指 标	单位	2009年
(3)长途汽车	元	34.84
(4)市内公共交通	元	57.32
(5)出租汽车费	元	43.33
(6)其它交通费	元	6.66
(一)通信	元	862.58
1.通信工具	元	119
(1)电话机.单价	元/部	92.17
数量	部	0.62
金额	元	0.22
(2)移动电话.单价	元/部	1105.56
数量	部	27.38
金额	元	117.48
(4)其它通信工具	元	1.3
2.通信服务	元	743.58
(1)电信费	元	739.05
其中：上网费	元	52.23
(2)邮费	元	1.54
(3)其它通信服务费	元	3
七、教育文化娱乐服务	**元**	**1498.02**
(一)文化娱乐用品	元	412.18
1.彩色电视机.单价	元/台	6280.39
数量	台	4.75
金额	元	115.72
2.家用电脑	元	103.83
(1)购买整机	元/台	4360.05
数量	台	5.85
金额	元	99.03
(2)计算机外部设备	元	3.48
(3)各种零配件及耗材	元	1.32
3.组合音响.单价	元/台	446
数量	台	0.43
金额	元	0.75
4.摄像机.单价	元/架	
数量	架	
金额	元	
5.照相机.单价	元/架	2220.85
数量	架	3.02
金额	元	26.03
6.钢琴.单价	元/架	
数量	架	
金额	元	
7.其它中高档乐器.单价	元/件	408
数量	件	0.18
金额	元	0.29

1-153 续表 6

指　标	单位	2009年
8.健身器材.单价	元/件	468
数量	件	0.49
金额	元	0.88
9.电子辞典.单价	元/部	766.42
数量	部	1.3
金额	元	3.86
10.音像制品及软件	元	5.86
11.体育用品	元	7.63
12.书报杂志	元	33.36
13.纸张文具	元	12.02
14.其它文娱用品	元	101.93
(一)文化娱乐服务	元	688.55
1.参观游览	元	142.54
2.健身活动	元	18.28
3.团体旅游	元	375.97
4.其它文娱活动	元	146.75
5.文娱用品修理服务费	元	5.02
(三)教育	元	397.29
1.教材	元	15.83
(1)课本及参考书	元	14.64
(2)教育软件	元	0.1
(3)其它教材	元	1.09
2.教育费用	元	381.46
(1)非义务教育学杂费	元	101.17
(2)义务教育学杂费	元	10.12
(3)托幼费	元	29.42
(4)成人教育费	元	60.45
(5)家教费	元	22.96
(6)培训班	元	105.86
(7))学校住宿费	元	13.65
(8)其它教育费用	元	37.82
八、其它商品和服务	**元**	**612.32**
(一)其它商品	元	404.82
1.金银珠宝饰品	元	142.64
2.手表.单价	元/只	460.84
数量	只	0.02
金额	元	9.85
3.理发美容用具	元	11.97
4.化妆品	元	161.92
5.其它杂品	元	78.44
(一)服务	元	207.5
1.旅馆住宿费	元	65.31
2.理发洗澡费	元	7.74
3.美容费	元	49.07
4.其它服务	元	85.38

1-154 农村居民家庭基本情况（2009年）

指　　标	单位	2009年
调查户数	**户**	**1187**
调查户从业类型	户	
(按总收入比重计算)		
农业户	户	276
农业兼业户	户	499
非农业兼业户	户	257
非农业户	户	155
调查户从业类型	**户**	
(按从业劳动力比重计算)		
农业户	户	644
农业兼业户	户	129
非农业兼业户	户	215
非农业户	户	199
家庭结构	**户**	
单身或夫妇	户	94
夫妇与一个孩子	户	293
夫妇与两个孩子	户	405
夫妇与三个以上孩子	户	28
单亲与孩子	户	28
三代同堂	户	310
其　他	户	29
参加专业性合作经济组织的户数	**户**	
参加新型农村合作医疗的户数	**户**	
领取最低生活保障的户数	**户**	

1-155　农村居民家庭人均总收入与总支出（2009年）

指　标	单位	2009年
总收入	**元**	**7961.35**
工资性收入	元	1427.89
在非企业组织中劳动得到收入	元	247.51
在本乡地域内劳动得到收入	元	1061.82
#在企业中劳动得到收入	元	278.45
外出从业得到收入	元	118.57
家庭经营收入	元	5271.90
第一产业收入	元	4220.44
农业收入	元	2712.92
农产品收入	元	2668.25
农业服务性收入	元	44.66
林业收入	元	86.57
林业产品收入	元	79.74
林业服务性收入	元	6.82
牧业收入	元	1398.67
牧业产品收入	元	1387.89
牧业服务性收入	元	10.78
渔业收入	元	22.28
渔业产品收入	元	9.54
渔业服务性收入	元	12.74
第二产业收入	元	213.11
工业收入	元	77.02
工业产品收入	元	54.11
工业服务性收入	元	22.91
建筑业收入	元	136.09
建筑业产品收入	元	0.09
建筑业服务性收入	元	136.00
第三产业收入	元	838.35
其他产品收入	元	1.89
第三产业服务性收入	元	836.46
交通、运输、邮电业收入	元	429.68
批零贸易业、饮食业收入	元	302.01
社会服务业收入	元	52.01
文教卫生业收入	元	8.69
其他行业收入	元	44.07
财产性收入	元	807.65
#利息	元	10.06
集体分配股息和红利	元	259.72
其他股息和红利	元	6.42
租金(包括农业机械)	元	172.20
土地征用补偿收入	元	230.24
转让承包土地经营权收入	元	46.14

1-155 续表

指　　标	单位	2009年
转移性收入	元	453.91
#城市亲友赠送收入	元	7.58
农村亲友赠送收入	元	70.69
总支出	**元**	**8360.61**
家庭经营费用支出	元	2599.46
第一产业生产费用支出	元	2093.85
农业生产费用支出	元	1006.91
林业生产费用支出	元	11.44
牧业生产费用支出	元	1055.77
渔业生产费用支出	元	19.73
第二产业生产费用支出	元	87.27
工业生产费用支出	元	57.86
建筑业生产费用支出	元	29.42
第三产业生产费用支出	元	418.34
交通运输邮电业生产费用支出	元	204.81
批零贸易餐饮业生产费用支出	元	184.49
社会服务业生产费用支出	元	27.00
文教卫生业生产费用支出	元	0.17
其他行业生产费用支出	元	1.87
购置生产性固定资产支出	元	240.36
建、造生产性固定资产雇工支出	元	3.49
税费支出	元	11.51
生活消费支出	元	5035.24
#服务性支出	元	1711.41
食品消费支出	元	1648.63
衣着消费支出	元	275.98
居住消费支出	元	1251.54
家庭设备、用品消费支出	元	305.15
交通和通讯消费支出	元	549.68
文化教育、娱乐消费支出	元	496.95
医疗保健消费支出	元	418.90
其他商品和服务消费支出	元	88.41
财产性支出	元	49.26
#宅基地有偿使用费	元	6.40
承包其他农户转让费	元	25.53
转移性支出	元	421.29
#赠送农村亲友	元	118.14
赠送城市亲友	元	4.02

1-156 农村居民家庭人均纯收入（2009年）

指　标	单位	2009年
全年纯收入	**元**	**5080.06**
工资性收入	**元**	**1427.89**
在非企业组织中劳动得到收入	元	247.51
在本乡地域内劳动得到收入	元	1061.82
#在企业中劳动得到收入	元	278.45
外出从业得到收入	元	118.57
家庭经营纯收入	**元**	**2580.04**
第一产业纯收入	元	1976.16
农业收入	元	1613.06
林业收入	元	74.92
牧业收入	元	286.53
渔业收入	元	1.65
非农产业纯收入	元	483.88
第二产业纯收入	元	123.27
工业收入	元	16.74
建筑业收入	元	106.52
第三产业纯收入	元	360.62
交通、运输、邮电业收入	元	170.65
批零贸易业、饮食业收入	元	116.06
社会服务业收入	元	23.75
文教卫生业收入	元	7.22
其他行业收入	元	42.94
财产性纯收入	**元**	**687.65**
#利　息	元	10.06
集体分配股息和红利	元	259.72
其他股息和红利	元	6.42
租金(包括农业机械)	元	152.20
土地征用补偿收入	元	130.24
转让承包土地经营权收入	元	46.14
转移性纯收入	**元**	**384.47**
#城市亲友赠送	元	7.58
离退休金、养老金	元	24.80
城市亲友支付赡养费	元	1.94
农村亲友支付赡养费	元	8.05
救济金、抚恤金	元	0.53
报销医疗费	元	29.35
无偿扶贫或扶持款	元	9.14

注：2011年以后土地征用补偿收入、报销医疗费归入非借贷性收入现金所得。

1-157 农村居民家庭人均现金收支情况（2009年）

指　标	单位	2009年
期内现金收入	**元**	**7329.25**
工资性收入	元	1417.58
在非企业组织中劳动得到收入	元	247.02
在本乡地域内劳动得到收入	元	1054.89
#在企业中劳动得到收入	元	272.85
外出从业得到收入	元	115.67
家庭经营现金收入	元	4697.30
第一产业现金收入	元	3647.43
农业现金收入	元	2281.30
林业现金收入	元	69.99
牧业现金收入	元	1277.84
渔业现金收入	元	18.30
第二产业现金收入	元	211.81
工业收入	元	77.02
建筑业收入	元	134.79
第三产业现金收入	元	838.06
出售其他产品收入	元	1.89
第三产业服务性现金收入	元	836.17
交通、运输、邮电业收入	元	429.68
批零贸易业、饮食业收入	元	302.01
社会服务业收入	元	52.01
文教卫生业收入	元	8.69
其他行业收入	元	43.79
财产性收入	元	787.21
#利　息	元	10.06
集体分配股息和红利	元	259.72
其他股息和红利	元	6.42
租金(包括农业机械)	元	172.20
土地征用补偿收入	元	230.24
转让承包土地经营权收入	元	46.14
转移性收入	元	427.17
#城市亲友赠送	元	7.58
离退休金、养老金	元	24.80
城市亲友支付赡养费	元	1.94
农村亲友支付赡养费	元	8.05
救济金、抚恤费	元	0.53
报销医疗费	元	29.35
无偿扶贫或扶持款	元	9.14

注：2011年以后土地征用补偿收入、报销医疗费归入非借贷性收入现金所得。

1-157 续表 1

指　标	单位	2009年
借贷性现金收入	**元**	**1601.34**
银行、信用社贷款	元	87.34
借入款	元	469.90
收回借出款	元	124.64
取回存款	元	909.15
兑换债券(本金)	元	
出售股票	元	
兑换其他有价证券(本金)	元	
收回其他投资款	元	8.19
其　他	元	2.11
期内现金支出	**元**	**7746.27**
生产费用支出	元	2579.36
家庭经营费用支出	元	2335.50
第一产业生产费用支出	元	1830.33
农业生产费用支出	元	974.74
林业生产费用支出	元	9.52
牧业生产费用支出	元	826.91
渔业生产费用支出	元	19.17
第二产业生产费用支出	元	87.27
工业生产费用支出	元	57.86
建筑业生产费用支出	元	29.42
第三产业生产费用支出	元	417.90
交通运输邮电业生产费用支出	元	204.81
批零贸易餐饮业生产费用支出	元	184.27
社会服务业生产费用支出	元	26.78
文教卫生业生产费用支出	元	0.17
其他行业生产费用支出	元	1.87
购置生产性固定资产支出	元	240.36
建、造生产性固定资产雇工支出	元	3.49
税费支出	元	11.51
生活消费支出	元	4689.39
#服务性支出	元	1711.41
食品消费支出	元	1307.17
衣　着	元	275.92
居　住	元	1247.20

1-157 续表 2

指　标	单位	2009年
家庭设备、用品及服务	元	305.15
交通和通讯	元	549.68
文化教育、娱乐用品及服务	元	496.95
医疗保健	元	418.90
其他商品和服务	元	88.41
财产性支出	元	49.26
宅基地有偿使用费	元	6.40
承包其他农户转让	元	25.53
其　他	元	17.33
转移性支出	元	416.76
#赠送农村亲友	元	113.99
赠送城市亲友	元	3.69
交纳医疗保险	元	22.13
赡养费	元	6.98
捐　赠	元	2.12
罚款、赔款	元	23.51
储蓄、借贷性支出	**元**	**1663.09**
归还银行、信用社	元	91.06
借出款	元	162.00
归还借款	元	469.39
存　款	元	902.34
购债券	元	0.34
购买储蓄性保险	元	5.24
购买股票	元	
其　他	元	32.71
期末金融资产余额	**元**	**6620.96**
手存现金	元	1700.31
存款余额	元	4853.63
债券价值款	元	17.87
股票价值金	元	2.01
其他金融资产价值	元	47.14
期末债务余额	**元**	**847.79**
银行、信用社贷款	元	242.79
个人借(欠)款	元	509.02
其　他	元	95.98

1-158 农村居民家庭人均总支出（2009年）

指　标	单位	2009年
总支出	**元**	**8360.61**
其中：家庭经营费用支出	元	2599.46
购置生产性固定资产支出	元	240.36
税费支出	元	11.51
生活消费支出	元	5035.24
财产性支出	元	49.26
转移性支出	元	421.29

1-159 农村居民家庭人均生活消费支出（2009年）

指　　标	单位	2009年
生活消费支出	**元**	**5035.24**
#服务性支出	元	1711.41
食品消费支出	**元**	**1648.63**
食品消费品支出	元	1399.80
谷　物	元	228.93
薯　类	元	4.08
豆　类	元	6.39
食用油	元	74.82
蔬菜及制品	元	133.91
肉、禽、蛋、奶及制品	元	447.76
水产品及制品	元	45.70
烟、酒	元	227.95
茶叶、饮料	元	29.42
其他类食品	元	200.83
食品消费服务性支出	元	248.83
在外饮食	元	237.29
食品加工费	元	6.39
其他服务性支出	元	5.16
衣着消费支出	**元**	**275.98**
衣着消费品支出	元	274.67
服　装	元	178.19
服装材料	元	3.34
鞋　类	元	80.96
其　他	元	12.19
衣着消费服务性支出	元	1.31
衣着加工费	元	0.58
其他服务性支出	元	0.73
居住消费支出	**元**	**1251.54**
居住消费品支出	元	767.23
建筑生活用房材料	元	547.06
维修生活用房材料	元	18.49
装修生活用房材料	元	162.80
生活用房	元	3.66
生活用燃料	元	35.22
居住消费服务性支出	元	484.31
建筑、维修生活用房雇工工资	元	238.17
房　租	元	2.21
生活用水	元	15.78
生活用电	元	84.38
清洁费、卫生费	元	0.36
其他服务性支出	元	143.41

1-159 续表 1

指 标	单位	2009年
家庭设备、用品消费支出	**元**	**305.15**
家庭设备用品消费品支出	元	294.81
日用品	元	76.31
床上用品	元	19.24
室内装饰品	元	12.18
家俱类	元	102.65
机电设备	元	84.43
家庭设备用品服务性消费支出	元	10.34
家庭设备修理费	元	4.14
日杂用品加工修理费	元	1.45
家政服务费	元	0.34
其他服务性支出	元	4.42
交通和通讯消费支出	**元**	**549.68**
交通和通讯用品支出	元	350.66
交通工具	元	244.78
交通工具用燃料	元	52.39
交通工具用零配件	元	6.51
通讯工具	元	46.60
通讯工具用零配件	元	0.38
交通和通讯服务消费支出	元	199.02
交通消费服务支出	元	85.41
交通客运费	元	46.12
生活物品货运费	元	3.98
交通工具修理费	元	15.75
其他服务性支出	元	19.56
通讯消费服务支出	元	113.61
邮寄费	元	0.34
通讯费	元	112.51
通讯工具修理费	元	0.61
其 他	元	0.15
文化教育、娱乐消费支出	**元**	**496.95**
文化教育、娱乐用品消费支出	元	108.13
文教、娱乐用机电消费品	元	68.06
书、报、杂志	元	7.71
纸张、文具	元	7.98
音像制品	元	1.35
电脑软件	元	1.44
体育用品	元	0.40
计算机零配件及耗材	元	0.30
鲜 花	元	0.83
娱乐用品	元	11.11
其他用品	元	8.95

1-159 续表 2

指　标	单位	2009年
教育服务消费支出	元	269.03
托儿费	元	7.90
幼儿园赞助费	元	0.76
学杂费	元	136.84
入学赞助费	元	0.30
私立学校就读费	元	6.66
成人培训费	元	37.03
教育设备修理费	元	
其他服务性支出	元	79.53
文化、体育、娱乐服务消费支出	元	119.79
旅　游	元	85.10
休闲娱乐费	元	19.28
文化、体育、娱乐用品修理费	元	0.76
其他服务性支出	元	14.65
医疗保健消费支出	**元**	**418.90**
医疗保健用品	元	69.56
医疗卫生用品	元	65.99
药　品	元	64.50
医疗卫生器械	元	1.05
其他医疗卫生用品	元	0.44
保健用品	元	3.57
药品类保健品	元	1.92
保健器材	元	1.65
医疗保健服务消费支出	元	349.34
医疗费	元	344.69
医疗设备修理费	元	0.16
保健费	元	2.00
保健设备修理费	元	0.04
其他服务性支出	元	2.45
其他商品和服务消费支出	**元**	**88.41**
其他商品支出	元	58.97
首　饰	元	13.86
手　表	元	1.79
化妆品	元	9.70
迷信、宗教用品	元	12.69
其　他	元	20.94
其他消费服务支出	元	29.43
旅馆住宿费	元	0.93
美容美发	元	3.67
殡殓费	元	4.53
生活消费借贷利息	元	
其他服务性支出	元	20.29

1-160 农村居民家庭人均食品消费量（2009年）

指　　标	单位	2009年
粮食消费量	千克	134.97
谷物消费量	千克	131.51
#小　麦	千克	3.37
稻　谷	千克	111.24
玉　米	千克	12.67
薯类消费量	千克	1.43
豆类消费量	千克	2.02
油脂类消费量	千克	5.64
植物油	千克	2.52
动物油	千克	3.12
烟叶消费量	千克	0.08
豆制品	千克	2.81
蔬菜及菜制品消费量	千克	111.15
瓜　类	千克	2.46
水果类	千克	16.25
消费茶叶	千克	0.28
坚果消费量	千克	1.55
肉禽及其制品	千克	29.99
猪　肉	千克	22.74
牛　肉	千克	1.19
羊　肉	千克	0.25
家　禽	千克	4.81
其他肉禽及制品	千克	1.00
蛋类及蛋制品	千克	2.75
奶和奶制品	千克	1.81
水产品	千克	3.64
鱼　类	千克	3.43
虾、贝、蟹类	千克	0.06
藻　类	千克	0.01
其　他	千克	0.15
食　糖	千克	1.15
酒	千克	7.93
#白　酒	千克	5.50
啤　酒	千克	2.28
果　酒	千克	0.04

1-161 农村居民家庭人均粮食收支情况（2009年）

指　标	单位	2009年
期内粮食收入合计	**千克**	**612.13**
家庭经营生产粮食	千克	498.79
谷　物	千克	449.29
#小　麦	千克	22.83
水　稻	千克	106.23
玉　米	千克	308.69
薯　类	千克	29.72
豆　类	千克	19.78
购入粮食	千克	113.02
谷　物	千克	111.70
#小　麦	千克	2.63
水　稻	千克	56.56
玉　米	千克	46.44
薯　类	千克	0.31
豆　类	千克	1.01
借入粮食	千克	
收回借出粮	千克	
其他粮食收入	千克	0.32
期内粮食支出合计	**千克**	**526.07**
主食用粮	千克	134.97
谷　物	千克	131.51
#小　麦	千克	3.37
水　稻	千克	111.24
玉　米	千克	12.67
薯　类	千克	1.43
豆　类	千克	2.02
其他生活用粮	千克	
出售粮食	千克	175.51
谷　物	千克	145.02
#小　麦	千克	9.75
水　稻	千克	36.51
玉　米	千克	97.59
薯　类	千克	19.78
豆　类	千克	10.71
种子用粮食	千克	12.72
饲料用粮食	千克	202.07
借出粮食	千克	
归还借粮	千克	
其他粮食支出	千克	0.80
期末粮食结存实际调查数	**千克**	**345.16**
谷　物	千克	312.74
#小　麦	千克	3.10
水　稻	千克	92.38
玉　米	千克	212.90
薯　类	千克	28.71
豆　类	千克	3.71

1-162 农村居民家庭出售农产品情况（2009年）

指　　标	单位	2009年
农　业	**元/人**	**2236.63**
谷物数量	千克/人	145.02
金　额	元/人	250.97
#出售小麦数量	千克/人	9.75
出售小麦金额	元/人	17.30
出售玉米数量	千克/人	97.59
出售玉米金额	元/人	150.11
出售薯类数量	千克/人	19.78
出售薯类金额	元/人	77.83
出售豆类数量	千克/人	10.71
出售豆类金额	元/人	26.31
出售油料数量	千克/人	4.32
出售油料金额	元/人	19.44
出售蔬菜数量	千克/人	858.10
出售蔬菜金额	元/人	1187.44
出售瓜类数量	千克/人	3.23
出售瓜类金额	元/人	4.07
出售园林水果数量	千克/人	31.66
出售园林水果金额	元/人	82.19
林　业	**元/人**	**63.43**
#出售采集林产品金额	元/人	43.03
出售竹木金额	元/人	7.16
出售育种、育苗金额	元/人	12.06
牧　业	**元/人**	**1267.06**
#出售肉猪及猪肉总重量	千克/人	42.77
出售肉猪及猪肉总金额	元/人	579.84
出售菜羊及羊肉总重量	千克/人	1.06
出售菜羊及羊肉总金额	元/人	24.48
出售家禽总重量	千克/人	7.96
出售家禽总金额	元/人	83.62
出售蛋类的数量	千克/人	43.84
出售蛋类的金额	元/人	286.15
渔　业	**元/人**	**5.55**
#出售水产品金额	元/人	5.55

1-163 农村居民家庭农业生产结构及生产技术应用情况（2009年）

指标	单位	2009年
土地经营情况	**亩/人**	
期内增加的经营土地面积	亩/人	0.03
#耕地	亩/人	0.03
期内减少的经营土地面积	亩/人	0.06
#耕地	亩/人	0.04
期末实际经营的土地面积	亩/人	1.95
耕地	亩/人	1.23
#有效灌溉面积	亩/人	0.43
山地	亩/人	0.63
园地	亩/人	0.08
牧草地	亩/人	0.01
养殖水面	亩/人	0.01
土地种植情况	**亩/人**	
粮食播种面积	亩/人	1.51
#小麦播种面积	亩/人	0.18
水稻播种面积	亩/人	0.19
玉米播种面积	亩/人	0.69
豆类播种面积	亩/人	0.19
薯类播种面积	亩/人	0.17
经济作物播种面积	亩/人	0.89
#油料播种面积	亩/人	0.09
蔬菜播种面积	亩/人	0.57
瓜类播种面积	亩/人	0.01
农业生产技术应用情况	**亩/人**	
优质粮食品种播种面积	亩/人	
优质小麦面积	亩/人	
优质水稻面积	亩/人	
优质玉米面积	亩/人	
机耕面积	亩/人	0.26
抛秧面积	亩/人	0.01
机播面积	亩/人	
机收面积	亩/人	0.01
机电灌溉面积	亩/人	0.05
薄膜覆盖面积	亩/人	0.43
温室面积	亩/人	0.01

1-164 农村居民家庭农业生产情况（2009年）

指 标	单位	2009年
农 业	**元/人**	**1981.68**
谷物产量	千克/人	449.29
#粮食产量		
玉米产量	千克/人	308.69
薯类产量	千克/人	29.72
豆类产量	千克/人	19.78
棉花产量	千克/人	
油料产量	千克/人	9.18
蔬菜产量	千克/人	942.75
水果类产量	千克/人	
林 业	**元/人**	**19.43**
核桃产量	千克/人	0.20
木 材	立方米/人	0.01
树 苗	株/人	0.17
牧 业	**元/人**	**182.84**
畜禽肉产量(出售、自宰)	千克/人	65.21
畜肉产量	千克/人	54.93
#肉猪头数	头/人	0.55
肉猪肉产量	千克/人	52.30
菜羊只数	只/人	0.04
菜羊肉产量	千克/人	0.92
肉牛头数	头/人	0.01
肉牛肉产量	千克/人	1.52
家禽肉产量	千克/人	10.28
#鸡只数	只/人	4.26
鸡的肉产量	千克/人	9.96
蛋类产量	千克/人	44.78
奶类产量	千克/人	18.20
渔 业	**千克/人**	**1.02**
鱼类产量	千克/人	0.00

1-165 农村居民家庭平均每户全年主要农业用生产资料购买情况（2009年）

指　　标	单位	2009年
化 肥	千克/户	660.73
饼 肥	千克/户	946.10
农 药	元/户	344.60
农用薄膜	千克/户	10.77
生产用柴油	升/户	7.74
生产用汽油	升/户	17.44
生产用燃料	升/户	25.17

1-166 农村居民家庭平均每百户年末主要生产性固定资产拥有量（2009年）

指　　标	单位	2009年
汽车	辆	5.73
大中型拖拉机	台	1.43
小型和手扶拖拉机	台	11.96
机动脱粒机	台	16.93
收割机	台	0.17
农用动力机械	台	14.83
胶轮大车	辆	12.47
水泵	台	11.79
役畜	头	53.92
产品畜	头	96.46

1-167 农村居民家庭平均每百户年末主要耐用消费品拥有量（2009年）

指　标	单位	2009
洗衣机	台/百户	69.59
电冰箱	台/百户	29.90
空调机	台/百户	2.02
抽油烟机	台/百户	17.78
吸尘器	台/百户	1.43
微波炉	台/百户	17.69
热水器	台/百户	58.38
#太阳能热水器	台/百户	44.82
自行车	辆/百户	49.79
#电动自行车	台/百户	10.87
摩托车	台/百户	31.76
汽　车(生活用)	台/百户	7.75
固定电话机	部/百户	21.82
移动电话	部/百户	180.45
#接入互联网的	部/百户	8.00
彩色电视机	台/百户	109.10
#接入有线电视网的	台/百户	78.18
黑白电视机	台/百户	3.03
#接入有线电视网的	台/百户	0.59
摄像机	台/百户	2.19
影碟机	台/百户	77.17
照相机	架/百户	11.20
家用计算机	台/百户	9.35
#接入互联网的	台/百户	3.96
中高档乐器	件/百户	1.77

1-168 农村居民家庭平均每户全年主要建筑材料购买情况（2009年）

指　标	单位	2009年
水泥	千克	1100.56
木材	立方米	0.12
钢材	千克	136.82
水泥预制件	件	1.31
玻璃	平方米	0.37
砖瓦	块	1152.78

1-169 农村居民家庭年内新建(购)住房情况（2009年）

指　标	单位	2009年
新建(购)房屋面积	平方米/人	2.19
#砖木结构	平方米/人	0.07
#钢筋混凝土结构	平方米/人	2.13
新建(购)房屋价值	元/平方米	910.91

1-170 农村居民家庭年末住房情况（2009年）

指　标	单位	2009年
年末住房面积	平方米/人	45.62
#砖木结构	平方米/人	5.63
#钢筋混凝土结构	平方米/人	29.43
年末住房价值	元/平方米	545.97

1-171　农村住户人口与劳动力情况（2009年）

指　　标	单位	2009年
农村住户人口状况	**人**	
家庭常住人口	人	4476
常住人口与户主关系	人	
户　主	人	1191
配　偶	人	1137
子　女	人	1674
孙子女	人	229
父　母	人	230
祖父母	人	6
兄弟姐妹	人	6
其他亲属	人	3
非亲属	人	
家庭常住人口年龄状况	人	
6岁及以下	人	298
7-15岁	人	617
16-18岁	人	199
19-22岁	人	296
23-25岁	人	171
26-30岁	人	233
31-40岁	人	826
41-50岁	人	950
51-60岁	人	505
61岁及以上	人	381
在校学生人数	人	850
#7-15岁以下在校学生人数	人	601
7-15岁非在校学生人数	人	16
农村住户劳动力素质状况	**人**	
整半劳动力数	**人**	**3087**
#男劳动力人数	人	1584
整劳动力人数	人	2216
受过专业培训的人数	人	
年龄状况	人	
16-20岁	人	157
21-25岁	人	280
26-30岁	人	233
31-35岁	人	398
36-40岁	人	426
41-45岁	人	534
46-50岁	人	412
51岁及以上	人	647

1-171 续表

指　　标	单位	2009年
文化程度	人	
不识字或识字很少	人	205
小学程度	人	854
初中程度	人	1599
高中程度	人	259
中　专	人	99
大专及以上	人	71
农村住户劳动力就业情况	**人**	
就业劳动力人数	人	3002
#男劳动力人数	人	1557
整劳动力人数	人	2165
受专业培训的人数	人	
就业地点	人	
乡　内	人	2764
县内乡外	人	67
省内县外	人	156
国内省外	人	14
国　外	人	1
行业分布	人	
一产业就业劳动力	人	2161
#农　业	人	2112
林　业	人	32
牧　业	人	17
渔　业	人	
非农产业就业劳动力	人	841
二产业就业劳动力	人	223
采矿业	人	29
制造业	人	73
电力煤气及水的生产供应业	人	14
建筑业	人	107
三产业就业劳动力	人	618
交通运输仓储及邮电通讯业	人	101
批发和零售贸易	人	66
住宿和餐饮业	人	64
居民服务和其他服务业	人	204
教　育	人	13
卫生、社会保障和社会福利业	人	15
文化、体育和娱乐业	人	3
其　他	人	152
年内从事各种行业时间（月）	月	28412
从事农业的时间	月	18753
从事非农产业的时间	月	9659

1-172 城镇居民家庭基本情况（2008年）

指　　标	单位	2008年
调查户数	**户**	**1440**
(一)家庭人口数	人	2.85
1.有收入者人数	人	1.95
(1)就业人口数	人	1.26
①国有经济单位职工人数	人	0.54
②城镇集体经济单位职工人数	人	0.12
③其它经济类型单位职工人数	人	0.14
④城镇个体或私营企业主人数	人	0.13
⑤城镇个体或私营企业被雇人数	人	0.16
⑥离退休再就业人数	人	0.01
⑦其它就业人数	人	0.15
(2)离退休人数	人	0.64
(3)其它有收入者人数	人	0.06
2.无收入者人数	人	0.9

1-173 城镇居民家庭人均全年收入来源（2008年）

指　　标	单位	2008年
可支配收入	**元**	**15330.72**
总收入	**元**	**14482.00**
(一)工资性收入	元	8100.92
1.工资及补贴收入	元	8000.98
2.其它劳动收入	元	99.94
(二)经营性收入	元	1168.60
(三)财产性收入	元	1752.42
1.利息收入	元	2.08
2.股息与红利收入	元	229.98
3.保险收益	元	0.41
4.其它投资收入	元	5.13
5.出租房屋收入	元	956
6.知识产权收入	元	0.01
7.其它财产性收入	元	558.81
(四)转移性收入	元	4308.78
1.养老金或离退休金	元	3478.93
2.社会救济收入	元	27.28
其中：最低生活保障收入	元	26.63
3.辞退金	元	28.61
4.赔偿收入	元	431.42
5.保险收入	元	5.45
其中：失业保险金	元	5.32
6.赡养收入	元	80.67
7.捐赠收入	元	96.71
8.提取住房公积金	元	14.75
9.记帐补贴	元	101.51
10.其它转移性收入	元	43.45

1-174 城镇居民家庭人均全年消费性支出（2008年）

指　　标	单位	2008年
消费性支出	**元**	**9953.52**
一、食品	**元**	**4598.72**
(一)粮油类	元	472.76
1.粮食	元	296.39
(1)大米.单价	元/千克	3.73
数量	千克	54.26
金额	元	202.66
(2)面粉.单价	元/千克	3.47
数量	千克	1.39
金额	元	4.8
(3)其它粮食及制品	元	88.93
2.淀粉及薯类	元	33.33
3.干豆类及豆制品	元	53.58
4.油脂类	元	89.46
(1)食用植物油.单价	元/千克	14.78
数量	千克	5.12
金额	元	75.69
(2)食用动物油	元	13.76
(二)肉禽蛋水产品类	元	1110.15
1.肉类	元	675.39
(1)猪肉.单价	元/千克	24
数量	千克	20.2
金额	元	484.78
(2)牛肉.单价	元/千克	28.5
数量	千克	2.8
金额	元	79.68
(3)羊肉.单价	元/千克	32.14
数量	千克	0.21
金额	元	6.67
(4)其它肉及制品	元	104.27
2.禽类	元	201.89
(1)鸡.单价	元/千克	18.33
数量	千克	8.72
金额	元	159.87
(2)鸭.单价	元/千克	16
数量	千克	0.17
金额	元	2.71
(3)其它禽类及制品	元	39.31
3.蛋类	元	74.25
(1)鲜蛋.单价	元/千克	8.14
数量	千克	8.57
金额	元	69.79
(2)蛋制品	元	4.46
4.水产品类	元	158.61
(1)鱼.单价	元/千克	14.07
数量	千克	8.01
金额	元	112.68

1-174 续表 1

指　标	单位	2008年
(2)虾.单价	元/千克	39.15
数量	千克	0.66
金额	元	25.92
(3)其它水产品及制品	元	20.01
(三)蔬菜类	元	521.41
1.鲜菜.单价	元/千克	2.99
数量	千克	163.56
金额	元	488.81
2.干菜	元	24.48
3.菜制品	元	8.12
(四)调味品	元	49.94
(五)糖烟酒饮料类	元	593.42
1.糖类	元	33.44
2.烟草类	元	409.14
3.酒类	元	57.66
(1)白酒.单价	元/千克	15.45
数量	千克	2.81
金额	元	43.46
(2)果酒.单价	元/千克	35.06
数量	千克	0.22
金额	元	7.78
(3)啤酒.单价	元/千克	5.44
数量	千克	1.03
金额	元	5.62
(4)其它酒	元	0.8
4.饮料	元	93.18
(1)碳酸饮料.单价	元/千克	4.55
数量	千克	3.16
金额	元	14.35
(2)瓶装饮用水.单价	元/千克	0.42
数量	千克	46.51
金额	元	19.43
(3)茶叶.单价	元/千克	73.2
数量	千克	0.46
金额	元	33.77
(4)其它饮料	元	25.62
(六)干鲜瓜果类	元	279.52
1.鲜果.单价	元/千克	5
数量	千克	40.72
金额	元	203.74
2.鲜瓜.单价	元/千克	3.24
数量	千克	4.28
金额	元	13.87
3.其它干鲜瓜果类及制品	元	61.91

1-174 续表 2

指 标	单位	2008年
(七)糕点、奶及奶制品	元	183.78
1.糕点.单价	元/千克	19.69
数量	千克	4.73
金额	元	93.2
2.奶及奶制品	元	90.58
(1)鲜乳品.单价	元/千克	6.29
数量	千克	9.34
金额	元	58.81
(2)奶粉.单价	元/千克	100.67
数量	千克	0.17
金额	元	17.57
(3)酸奶.单价	元/千克	8.51
数量	千克	0.9
金额	元	7.69
(4)其它奶制品	元	6.52
(八)其它食品	元	57.01
(九)饮食服务	元	1330.71
1.食品加工服务费	元	0.53
2.在外饮食	元	1330.18
二、衣着	**元**	**1202.2**
(一)服装.单价	元/件	137.06
数量	件	6.22
金额	元	852.03
(一)衣着材料	元	13.71
(三)鞋类.单价	元/双	139.46
数量	双	2.17
金额	元	303.07
(四)其它衣着用品	元	31.12
(五)衣着加工服务费	元	2.27
三、居住	**元**	**774.82**
(一)住房	元	211.58
1.租赁房房租	元	48.11
(1)租赁公房房租	元	14.39
(2)租赁私房房租	元	27.31
2.住房装潢支出	元	148.55
3.维修用建筑材料	元	12.01
4.其它住房支出	元	2.92
(二)水电燃料及其它	元	522.55
1.水.单价	元/吨	2.68
数量	吨	47.12
金额	元	126.42
2.电.单价	元/度	0.48
数量	度	557.37
金额	元	266.97
3.燃料	元	128.64
(1)煤炭.单价	元/千克	0.45
数量	千克	9.84
金额	元	4.43

1-174 续表 3

指　　标	单位	2008年
(2)罐装液化石油气.单价	元/千克	7.19
数量	千克	7.85
金额	元	56.46
(3)管道液化石油气.单价	元/立方米	6.01
数量	立方米	0.04
金额	元	0.24
(4)管道煤气.单价	元/立方米	0.77
数量	立方米	85.42
金额	元	66.01
(5)管道天然气.单价	元/立方米	
数量	立方米	
金额	元	
(6)柴油.单价	元/升	5.59
数量	升	
金额	元	0.02
(7))其它燃料	元	1.48
4.取暖费	元	
5.其它相关支出	元	0.52
(三)居住服务费	元	40.69
1.物业管理费	元	26.21
2.维修服务费	元	3.59
3.其它居住服务费	元	10.88
四、家庭设备用品及服务	**元**	**355.16**
(一)耐用消费品	元	161.55
1.家具	元	64.01
2.家庭设备	元	97.55
(1)洗衣机.单价	元/台	1737.14
数量	台	2.88
金额	元	17.55
(2)电冰箱.单价	元/台	2450.01
数量	台	1.72
金额	元	14.81
(3)微波炉.单价	元/台	656.85
数量	台	3.24
金额	元	7.48
(4)空调器.单价	元/台	2600
数量	台	0.03
金额	元	0.31
(5)淋浴热水器.单价	元/台	1603.97
数量	台	1.03
金额	元	5.78
(6)消毒碗柜.单价	元/台	587.34
数量	台	0.21
金额	元	0.44

1-174 续表 4

指　标	单位	2008年
(7))洗碗机.单价	元/台	
数量	台	
金额	元	
(8)其它家庭设备	元	51.17
(二)室内装饰品	元	14.58
(三)床上用品	元	36.36
(四)家庭日用杂品	元	129.95
(五)家具材料	元	0.97
(六)家庭服务	元	11.74
1.家政服务	元	6.65
2.加工维修服务费	元	5.09
五、医疗保健	**元**	**815.86**
(一)医疗器具	元	8.67
(一)保健器具	元	5.57
(三)药品费	元	429.37
(四)滋补保健品	元	111.44
(五)医疗费	元	255.78
(六)其它医疗保健支出	元	5.03
六、交通和通讯	**元**	**1189.42**
(一)交通	元	617.12
1.家庭交通工具	元	240.29
(1)摩托车.单价	元/辆	4650
数量	辆	0.02
金额	元	0.28
(2)助力车.单价	元/辆	2982.67
数量	辆	2.79
金额	元	29.2
(3)家用汽车.单价	元/辆	91981.8
数量	辆	0.64
金额	元	207.2
(3)其它交通工具	元	3.61
2.车辆用燃料及零配件	元	168.71
(1)燃料	元	155.5
其中：汽油.单价	元/升	5.72
数量	升	26.02
金额	元	148.75
其中：柴油.单价	元/升	5.45
数量	升	0.15
金额	元	0.83
(2)零配件	元	12.64
(3)其它	元	0.57
3.交通工具服务支出	元	77.59
(1)维修费	元	14.48
(2)车辆使用税费	元	52.84
(3)其它车辆使用费用	元	10.27
4.交通费	元	130.53
(1)飞机	元	25.12

1-174 续表 5

指　　标	单位	2008年
(2)火车	元	12.6
(3)长途汽车	元	22.61
(4)市内公共交通	元	49.64
(5)出租汽车费	元	16.76
(6)其它交通费	元	3.81
(二)通信	元	572.3
1.通信工具	元	62.33
(1)电话机.单价	元/部	222.21
数量	部	0.77
金额	元	0.6
(2)移动电话.单价	元/部	1061.86
数量	部	16.36
金额	元	60.99
(4)其它通信工具	元	0.75
2.通信服务	元	509.96
(1)电信费	元	507.63
其中：上网费	元	28.16
(2)邮费	元	0.52
(3)其它通信服务费	元	1.81
七、教育文化娱乐服务	**元**	**825.46**
(一)文化娱乐用品	元	238.64
1.彩色电视机.单价	元/台	4767.74
数量	台	3.87
金额	元	64.79
2.家用电脑	元	55.57
(1)购买整机	元/台	5161.18
数量	台	2.76
金额	元	49.91
(2)计算机外部设备	元	2.26
(3)各种零配件及耗材	元	3.4
3.组合音响.单价	元/台	2022.63
数量	台	0.3
金额	元	2.16
4.摄像机.单价	元/架	3044.64
数量	架	0.29
金额	元	3.05
5.照相机.单价	元/架	2176.54
数量	架	1.68
金额	元	12.83
6.钢琴.单价	元/架	13180
数量	架	0.03
金额	元	1.61
7.其它中高档乐器.单价	元/件	1011.86
数量	件	0.09
金额	元	0.33

1-174 续表 6

指　　标	单位	2008年
8.健身器材.单价	元/件	2717.66
数量	件	0.54
金额	元	5.13
9.电子辞典.单价	元/部	1009.33
数量	部	0.31
金额	元	1.09
10.音像制品及软件	元	4.52
11.体育用品	元	3.63
12.书报杂志	元	27.35
13.纸张文具	元	8.98
14.其它文娱用品	元	47.6
(一)文化娱乐服务	元	284.01
1.参观游览	元	46.96
2.健身活动	元	10
3.团体旅游	元	151.54
4.其它文娱活动	元	73.17
5.文娱用品修理服务费	元	2.33
(三)教育	元	302.81
1.教材	元	15.32
(1)课本及参考书	元	13.69
(2)教育软件	元	0.03
(3)其它教材	元	1.6
2.教育费用	元	287.49
(1)非义务教育学杂费	元	80.2
(2)义务教育学杂费	元	23.8
(3)托幼费	元	30.67
(4)成人教育费	元	30.32
(5)家教费	元	16.35
(6)培训班	元	59.86
(7))学校住宿费	元	3.89
(8)其它教育费用	元	42.4
八、其它商品和服务	**元**	**191.89**
(一)其它商品	元	134.69
1.金银珠宝饰品	元	41.33
2.手表.单价	元/只	163.78
数量	只	0.01
金额	元	1.89
3.理发美容用具	元	1.76
4.化妆品	元	49.83
5.其它杂品	元	39.89
(一)服务	元	57.2
1.旅馆住宿费	元	15.5
2.理发洗澡费	元	4.65
3.美容费	元	9.26
4.其它服务	元	27.79

1-175 城镇居民家庭平均每百户年底耐用消费品拥有量（2008年）

指　标	单位	2008年
1.摩托车	辆	9.14
2.助力车	辆	21.24
3.家用汽车	辆	13.29
4.洗衣机	台	93.66
5.电冰箱	台	87.97
6.彩色电视机	台	121.20
7.家用电脑	台	45.05
8.组合音响	套	37.78
9.摄像机	架	6.45
10.照相机	架	44.89
11.钢琴	架	2.53
12.其它中高档乐器	件	3.80
13.微波炉	台	64.60
14.空调器	台	0.20
15.淋浴热水器	台	86.36
16.消毒碗柜	台	12.04
17.洗碗机	台	0.96
18.健身器材	套	3.36
19.固定电话	部	54.42
20.移动电话	部	176.93

1-176　城镇居民家庭人均全年主要食品购买情况（2008年）

指　标	单位	2008年
粮食	千克	55.65
油脂	千克	5.12
猪肉	千克	20.20
牛肉	千克	2.80
羊肉	千克	0.21
鸡	千克	8.72
鸭	千克	0.17
蛋	千克	8.14
鱼	千克	8.01
虾	千克	0.66
鲜菜	千克	163.56
白酒	千克	2.81
果酒	千克	0.22
啤酒	千克	1.03
碳酸饮料	千克	3.16
瓶装饮用水	千克	46.51
茶叶	千克	0.46
鲜果	千克	40.72
鲜瓜	千克	4.28
糕点	千克	4.73
鲜奶	千克	9.34
奶粉	千克	0.17
酸奶	千克	0.90

1-177　城镇低收入居民家庭平均每户基本情况（2008年）

指　标	单位	2008年
调查户数	**户**	**286**
(一)家庭人口数	人	3.14
1.有收入者人数	人	1.67
(1)就业人口数	人	1.02
①国有经济单位职工人数	人	0.28
②城镇集体经济单位职工人数	人	0.11
③其它经济类型单位职工人数	人	0.13
④城镇个体或私营企业主人数	人	0.09
⑤城镇个体或私营企业被雇人数	人	0.22
⑥离退休再就业人数	人	0.01
⑦其它就业人数	人	0.19
(2)离退休人数	人	0.54
(3)其它有收入者人数	人	0.11
2.无收入者人数	人	1.47
(二)在外就学人数	人	0.03
(三)非家庭人口在家用餐	人次	0.42
(四) 家庭人口在外用餐	人次	23.18

1-178 城镇低收入居民家庭人均全年收入来源（2008年）

指　标	单位	2008年
可支配收入	**元**	**5548.68**
总收入	**元**	**6027.30**
(一)工资性收入	元	3034
1.工资及补贴收入	元	2957.66
2.其它劳动收入	元	76.33
(二)经营性收入	元	416.65
(三)财产性收入	元	565.43
1.利息收入	元	0.1
2.股息与红利收入	元	4.58
3.保险收益	元	
4.其它投资收入	元	
5.出租房屋收入	元	471.68
6.知识产权收入	元	
7.其它财产性收入	元	89.07
(四)转移性收入	元	2011.23
1.养老金或离退休金	元	1716.39
2.社会救济收入	元	103.2
其中：最低生活保障收入	元	102.23
3.辞退金	元	
4.赔偿收入	元	
5.保险收入	元	1.9
其中：失业保险金	元	1.32
6.赡养收入	元	41.59
7.捐赠收入	元	30.25
8.提取住房公积金	元	
9.记帐补贴	元	93.72
10.其它转移性收入	元	24.18

1-179　城镇低收入居民家庭人均全年消费性支出（2008年）

指　　标	单位	2008年
消费性支出	**元**	**5429.57**
一、食品	**元**	**3043.28**
(一)粮油类	元	451.28
1.粮食	元/千克	292.58
(1)大米.单价	千克	3.6
数量	元	61.86
金额	元/千克	222.52
(2)面粉.单价	千克	3.41
数量	元	1.05
金额	元	3.59
(3)其它粮食及制品	元	66.47
2.淀粉及薯类	元	31.52
3.干豆类及豆制品	元	43.24
4.油脂类	元/千克	83.95
(1)食用植物油.单价	千克	14.39
数量	元	5.06
金额	元	72.8
(2)食用动物油	元	11.15
(二)肉禽蛋水产品类	元	886.11
1.肉类	元/千克	555.87
(1)猪肉.单价	千克	23.87
数量	元	18.11
金额	元/千克	432.38
(2)牛肉.单价	千克	28.35
数量	元	2.14
金额	元/千克	60.76
(3)羊肉.单价	千克	33.04
数量	元	0.17
金额	元	5.53
(4)其它肉及制品	元	57.2
2.禽类	元/千克	149.43
(1)鸡.单价	千克	17.58
数量	元	7.07
金额	元/千克	124.38
(2)鸭.单价	千克	15.54
数量	元	0.1
金额	元	1.52
(3)其它禽类及制品	元	23.53
3.蛋类	元/千克	63.8
(1)鲜蛋.单价	千克	7.78
数量	元	7.81
金额	元	60.77
(2)蛋制品	元	3.03
4.水产品类	元/千克	117.01
(1)鱼.单价	千克	13.27
数量	元	6.98
金额	元/千克	92.59

1-179 续表 1

指　　标	单位	2008年
(2)虾.单价	千克	36.24
数量	元	0.36
金额	元	13.07
(3)其它水产品及制品	元	11.36
(三)蔬菜类	元/千克	470.37
1.鲜菜.单价	千克	2.71
数量	元	166.72
金额	元	452.36
2.干菜	元	12.31
3.菜制品	元	5.7
(四)调味品	元	39.07
(五)糖烟酒饮料类	元	348.01
1.糖类	元	21
2.烟草类	元	254.21
3.酒类	元/千克	26.34
(1)白酒.单价	千克	8.29
数量	元	2.55
金额	元/千克	21.17
(2)果酒.单价	千克	32.45
数量	元	0.08
金额	元/千克	2.61
(3)啤酒.单价	千克	5.01
数量	元	0.44
金额	元	2.22
(4)其它酒	元	0.34
4.饮料	元/千克	46.46
(1)碳酸饮料.单价	千克	4.22
数量	元	1.69
金额	元/千克	7.15
(2)瓶装饮用水.单价	千克	0.44
数量	元	11.56
金额	元/千克	5.1
(3)茶叶.单价	千克	54.49
数量	元	0.32
金额	元	17.6
(4)其它饮料	元	16.61
(六)干鲜瓜果类	元/千克	166.02
1.鲜果.单价	千克	4.31
数量	元	29.63
金额	元/千克	127.59
2.鲜瓜.单价	千克	3.03
数量	元	3.29
金额	元	9.98
3.其它干鲜瓜果类及制品	元	28.45

1-179 续表 2

指　标	单位	2008年
(七)糕点、奶及奶制品	元/千克	94.2
1.糕点.单价	千克	19.69
数量	元	2.49
金额	元	49.03
2.奶及奶制品	元/千克	45.17
(1)鲜乳品.单价	千克	6.15
数量	元	5.48
金额	元/千克	33.7
(2)奶粉.单价	千克	40.41
数量	元	0.06
金额	元/千克	2.39
(3)酸奶.单价	千克	7.92
数量	元	0.59
金额	元	4.66
(4)其它奶制品	元	4.42
(八)其它食品	元	28.55
(九)饮食服务	元	559.66
1.食品加工服务费	元	0.17
2.在外饮食	元	559.5
二、衣着	**元/件**	**527.27**
(一)服装.单价	件	97.92
数量	元	3.77
金额	元	369.36
(一)衣着材料	元/双	7.07
(三)鞋类.单价	双	102.1
数量	元	1.37
金额	元	140.31
(四)其它衣着用品	元	9.76
(五)衣着加工服务费	元	0.78
三、居住	**元**	**521.72**
(一)住房	元	97.97
1.租赁房房租	元	30.49
2.住房装潢支出	元	59.68
3.维修用建筑材料	元	4.88
4.其它住房支出	元	2.92
(一)水电燃料及其它	元/吨	411.89
1.水.单价	吨	2.67
数量	元	36.73
金额	元/度	98.16
2.电.单价	度	0.48
数量	元	415.92
金额	元	199.01
3.燃料	元/千克	114.71
(1)煤炭.单价	千克	0.41
数量	元	16.69
金额	元/千克	6.9

1-179 续表 3

指　　标	单位	2008年
(2)罐装液化石油气.单价	千克	7.2
数量	元	7.86
金额	元/立方米	56.63
(3)管道液化石油气.单价	立方米	
数量	元	
金额	元/立方米	
(4)管道煤气.单价	立方米	0.79
数量	元	64.84
金额	元/立方米	51.02
(5)管道天然气.单价	立方米	
数量	元	
金额	元/升	
(6)柴油.单价	升	
数量	元	
金额	元	
(7))其它燃料	元	0.15
4.取暖费	元	
5.其它相关支出	元	0.01
(三)居住服务费	元	11.86
1.物业管理费	元	7.06
2.维修服务费	元	1.07
3.其它居住服务费	元	3.73
四、家庭设备用品及服务	**元**	**155.32**
(一)耐用消费品	元	50.87
1.家具	元	6.38
2.家庭设备	元/台	44.5
(1)洗衣机.单价	台	1256.72
数量	元	1.88
金额	元/台	7.53
(2)电冰箱.单价	台	2558.87
数量	元	1.1
金额	元/台	8.97
(3)微波炉.单价	台	347.95
数量	元	1.64
金额	元/台	1.82
(4)空调器.单价	台	
数量	元	
金额	元/台	
(5)淋浴热水器.单价	台	2083.14
数量	元	0.53
金额	元/台	3.54
(6)消毒碗柜.单价	台	
数量	元	
金额	元/台	
(7))洗碗机.单价	台	
数量	元	
金额	元	

1-179 续表 4

指　　标	单位	2008年
(8)其它家庭设备	元	22.63
(一)室内装饰品	元	1.87
(三)床上用品	元	17.47
(四)家庭日用杂品	元	80.32
(五)家具材料	元	0.06
(六)家庭服务	元	4.72
1.家政服务	元	1.38
2.加工维修服务费	元	3.35
五、医疗保健	**元**	**418.11**
(一)医疗器具	元	1.93
(一)保健器具	元	3.18
(三)药品费	元	260.33
(四)滋补保健品	元	30.39
(五)医疗费	元	120.77
(六)其它医疗保健支出	元	1.51
六、交通和通讯	**元**	**397.3**
(一)交通	元	90.45
1.家庭交通工具	元/辆	3.59
(1)摩托车.单价	辆	
数量	元	
金额	元/辆	
(2)助力车.单价	辆	
数量	元	
金额	元/辆	
(3)家用汽车.单价	辆	
数量	元	
金额	元	
(3)其它交通工具	元	3.59
2.车辆用燃料及零配件	元	16.07
(1)燃料	元/升	15.61
其中：汽油.单价	升	5.73
数量	元	2.69
金额	元/升	15.44
其中：柴油.单价	升	5
数量	元	
金额	元	0.01
(2)零配件	元	0.35
(3)其它	元	0.1
3.交通工具服务支出	元	5.91
(1)维修费	元	1.05
(2)车辆使用税费	元	3.99
(3)其它车辆使用费用	元	0.87
4.交通费	元	64.87
(1)飞机	元	6.54
(2)火车	元	9.47

1-179 续表 5

指　　标	单位	2008年
(3)长途汽车	元	9.13
(4)市内公共交通	元	31.84
(5)出租汽车费	元	6.2
(6)其它交通费	元	1.7
(一)通信	元	306.86
1.通信工具	元/部	7.52
(1)电话机.单价	部	
数量	元	
金额	元/部	
(2)移动电话.单价	部	716.97
数量	元	3.19
金额	元	7.3
(4)其它通信工具	元	0.22
2.通信服务	元	299.34
(1)电信费	元	298.36
其中：上网费	元	12.83
(2)邮费	元	0.66
(3)其它通信服务费	元	0.32
七、教育文化娱乐服务	**元**	**280.28**
(一)文化娱乐用品	元/台	58.67
1.彩色电视机.单价	台	9000
数量	元	0.5
金额	元	14.46
2.家用电脑	元/台	5.22
(1)购买整机	台	2880
数量	元	0.5
金额	元	4.63
(2)计算机外部设备	元	
(3)各种零配件及耗材	元/台	0.59
3.组合音响.单价	台	
数量	元	
金额	元/架	
4.摄像机.单价	架	
数量	元	
金额	元/架	
5.照相机.单价	架	
数量	元	
金额	元/架	
6.钢琴.单价	架	
数量	元	
金额	元/件	
7.其它中高档乐器.单价	件	
数量	元	
金额	元/件	

1-179 续表 6

指　标	单位	2008年
8.健身器材.单价	件	
数量	元	
金额	元/部	
9.电子辞典.单价	部	80
数量	元	0.17
金额	元	0.04
10.音像制品及软件	元	1.42
11.体育用品	元	0.51
12.书报杂志	元	13.07
13.纸张文具	元	5.36
14.其它文娱用品	元	18.59
(一)文化娱乐服务	元	63.53
1.参观游览	元	9.87
2.健身活动	元	1.11
3.团体旅游	元	25.94
4.其它文娱活动	元	25.72
5.文娱用品修理服务费	元	0.88
(三)教育	元	158.08
1.教材	元	11.87
(1)课本及参考书	元	9.02
(2)教育软件	元	
(3)其它教材	元	2.85
2.教育费用	元	146.21
(1)非义务教育学杂费	元	53.58
(2)义务教育学杂费	元	16.78
(3)托幼费	元	25.92
(4)成人教育费	元	3.34
(5)家教费	元	0.94
(6)培训班	元	21.41
(7))学校住宿费	元	2.33
(8)其它教育费用	元	21.91
八、其它商品和服务	**元**	**86.28**
(一)其它商品	元	44.8
1.金银珠宝饰品	元/只	3.64
2.手表.单价	只	164.94
数量	元	0.01
金额	元	1.03
3.理发美容用具	元	0.79
4.化妆品	元	18.02
5.其它杂品	元	21.32
(一)服务	元	41.48
1.旅馆住宿费	元	4.5
2.理发洗澡费	元	2.81
3.美容费	元	2.78
4.其它服务	元	31.39

1-180 城镇中低收入居民家庭平均每户基本情况（2008年）

指 标	单位	2008年
调查户数	**户**	**290**
(一)家庭人口数	人	3.07
1.有收入者人数	人	1.93
(1)就业人口数	人	1.2
①国有经济单位职工人数	人	0.45
②城镇集体经济单位职工人数	人	0.14
③其它经济类型单位职工人数	人	0.15
④城镇个体或私营企业主人数	人	0.14
⑤城镇个体或私营企业被雇人数	人	0.17
⑥离退休再就业人数	人	0.01
⑦其它就业人数	人	0.14
(2)离退休人数	人	0.66
(3)其它有收入者人数	人	0.07
2.无收入者人数	人	1.14
(二)在外就学人数	人	0.04
(三)非家庭人口在家用餐	人次	0.76
(四) 家庭人口在外用餐	人次	33.27

1-181 城镇中低收入居民家庭人均全年收入来源（2008年）

指　　标	单位	2008年
可支配收入	**元**	**9356.59**
总收入	**元**	**9983.69**
(一)工资性收入	元	5456.48
1.工资及补贴收入	元	5346.89
2.其它劳动收入	元	109.59
(二)经营性收入	元	680.05
(三)财产性收入	元	1026.52
1.利息收入	元	
2.股息与红利收入	元	60.64
3.保险收益	元	
4.其它投资收入	元	
5.出租房屋收入	元	756.53
6.知识产权收入	元	
7.其它财产性收入	元	209.35
(四)转移性收入	元	2820.64
1.养老金或离退休金	元	2562.67
2.社会救济收入	元	16.89
其中：最低生活保障收入	元	16.87
3.辞退金	元	
4.赔偿收入	元	
5.保险收入	元	17.33
其中：失业保险金	元	17.33
6.赡养收入	元	31.79
7.捐赠收入	元	73.4
8.提取住房公积金	元	
9.记帐补贴	元	96.2
10.其它转移性收入	元	22.38

1-182 城镇中低收入居民家庭人均全年消费性支出（2008年）

指　标	单位	2008年
消费性支出	**元**	**8274.33**
一、食品	**元**	**4068.94**
(一)粮油类	元	455.23
1.粮食	元	284.82
(1)大米.单价	元/千克	3.69
数量	千克	53.73
金额	元	198.34
(2)面粉.单价	元/千克	3.51
数量	千克	0.94
金额	元	3.31
(3)其它粮食及制品	元	83.18
2.淀粉及薯类	元	31.49
3.干豆类及豆制品	元	51.68
4.油脂类	元	87.24
(1)食用植物油.单价	元/千克	14.52
数量	千克	5.17
金额	元	75
(2)食用动物油	元	12.25
(二)肉禽蛋水产品类	元	1074.86
1.肉类	元	657.92
(1)猪肉.单价	元/千克	23.93
数量	千克	19.77
金额	元	473.25
(2)牛肉.单价	元/千克	28.87
数量	千克	2.87
金额	元	82.9
(3)羊肉.单价	元/千克	31.93
数量	千克	0.15
金额	元	4.8
(4)其它肉及制品	元	96.96
2.禽类	元	199.39
(1)鸡.单价	元/千克	17.82
数量	千克	8.93
金额	元	159.16
(2)鸭.单价	元/千克	15.44
数量	千克	0.14
金额	元	2.15
(3)其它禽类及制品	元	38.08
3.蛋类	元	70.78
(1)鲜蛋.单价	元/千克	8.01
数量	千克	8.31
金额	元	66.52
(2)蛋制品	元	4.26
4.水产品类	元	146.77
(1)鱼.单价	元/千克	13.88
数量	千克	8.02
金额	元	111.39

1-182　续表 1

指　　标	单位	2008年
(2)虾.单价	元/千克	33.9
数量	千克	0.56
金额	元	18.93
(3)其它水产品及制品	元	16.44
(三)蔬菜类	元	488.73
1.鲜菜.单价	元/千克	2.95
数量	千克	157.45
金额	元	465.21
2.干菜	元	16.76
3.菜制品	元	6.76
(四)调味品	元	45.86
(五)糖烟酒饮料类	元	474.84
1.糖类	元	31.92
2.烟草类	元	329.23
3.酒类	元	42.18
(1)白酒.单价	元/千克	13.31
数量	千克	2.4
金额	元	31.89
(2)果酒.单价	元/千克	32.59
数量	千克	0.2
金额	元	6.46
(3)啤酒.单价	元/千克	5.21
数量	千克	0.71
金额	元	3.72
(4)其它酒	元	0.12
4.饮料	元	71.51
(1)碳酸饮料.单价	元/千克	4.55
数量	千克	2.82
金额	元	12.84
(2)瓶装饮用水.单价	元/千克	0.42
数量	千克	29.23
金额	元	12.39
(3)茶叶.单价	元/千克	67.41
数量	千克	0.36
金额	元	24.15
(4)其它饮料	元	22.12
(六)干鲜瓜果类	元	252.59
1.鲜果.单价	元/千克	4.89
数量	千克	38.13
金额	元	186.49
2.鲜瓜.单价	元/千克	3.25
数量	千克	4.06
金额	元	13.22
3.其它干鲜瓜果类及制品	元	52.88

1-182 续表 2

指 标	单位	2008年
(七)糕点、奶及奶制品	元	180.27
1.糕点.单价	元/千克	18.97
数量	千克	4.06
金额	元	77.05
2.奶及奶制品	元	103.22
(1)鲜乳品.单价	元/千克	6.12
数量	千克	8.34
金额	元	51.03
(2)奶粉.单价	元/千克	124.4
数量	千克	0.33
金额	元	40.44
(3)酸奶.单价	元/千克	8.37
数量	千克	0.91
金额	元	7.57
(4)其它奶制品	元	4.18
(八)其它食品	元	44.52
(九)饮食服务	元	1052.04
1.食品加工服务费	元	0.43
2.在外饮食	元	1051.61
二、衣着	**元**	**950.49**
(一)服装.单价	元/件	113.38
数量	件	5.76
金额	元	653.23
(一)衣着材料	元	9.26
(三)鞋类.单价	元/双	118.55
数量	双	2.21
金额	元	261.57
(四)其它衣着用品	元	24.43
(五)衣着加工服务费	元	2
三、居住	**元**	**580.54**
(一)住房	元	41.32
1.租赁房房租	元	16
2.住房装潢支出	元	6.04
3.维修用建筑材料	元	19.28
4.其它住房支出	元	0.01
(一)水电燃料及其它	元	514.85
1.水.单价	元/吨	2.74
数量	吨	46.93
金额	元	128.64
2.电.单价	元/度	0.48
数量	度	563.67
金额	元	269.95
3.燃料	元	115.52
(1)煤炭.单价	元/千克	0.41
数量	千克	6.73
金额	元	2.75

1-182　续表 3

指　　标	单位	2008年
(2)罐装液化石油气.单价	元/千克	7.27
数量	千克	6.97
金额	元	50.66
(3)管道液化石油气.单价	元/立方米	8.88
数量	立方米	0.06
金额	元	0.55
(4)管道煤气.单价	元/立方米	0.79
数量	立方米	76.07
金额	元	59.84
(5)管道天然气.单价	元/立方米	
数量	立方米	
金额	元	
(6)柴油.单价	元/升	5.59
数量	升	0.01
金额	元	0.07
(7))其它燃料	元	1.64
4.取暖费	元	
5.其它相关支出	元	0.74
(三)居住服务费	元	24.38
1.物业管理费	元	16.44
2.维修服务费	元	1.66
3.其它居住服务费	元	6.27
四、家庭设备用品及服务	**元**	**236.52**
(一)耐用消费品	元	92.29
1.家具	元	52.22
2.家庭设备	元	40.07
(1)洗衣机.单价	元/台	1087.41
数量	台	1.2
金额	元	4.25
(2)电冰箱.单价	元/台	1850.27
数量	台	0.65
金额	元	3.93
(3)微波炉.单价	元/台	539.29
数量	台	1.03
金额	元	1.81
(4)空调器.单价	元/台	
数量	台	
金额	元	
(5)淋浴热水器.单价	元/台	822.65
数量	台	0.98
金额	元	2.64
(6)消毒碗柜.单价	元/台	
数量	台	
金额	元	
(7))洗碗机.单价	元/台	
数量	台	
金额	元	

1-182 续表 4

指　　标	单位	2008年
(8)其它家庭设备	元	27.45
(一)室内装饰品	元	2.16
(三)床上用品	元	29.99
(四)家庭日用杂品	元	108.59
(五)家具材料	元	0.2
(六)家庭服务	元	3.28
1.家政服务	元	1.25
2.加工维修服务费	元	2.03
五、医疗保健	**元**	**580.3**
(一)医疗器具	元	0.78
(一)保健器具	元	1.58
(三)药品费	元	339
(四)滋补保健品	元	81.02
(五)医疗费	元	152.55
(六)其它医疗保健支出	元	5.38
六、交通和通讯	**元**	**1055.89**
(一)交通	元	604.86
1.家庭交通工具	元	364.3
(1)摩托车.单价	元/辆	
数量	辆	
金额	元	
(2)助力车.单价	元/辆	2777.52
数量	辆	3.28
金额	元	29.72
(3)家用汽车.单价	元/辆	93896.3
数量	辆	1.08
金额	元	331.06
(3)其它交通工具	元	3.53
2.车辆用燃料及零配件	元	100.48
(1)燃料	元	95.04
其中：汽油.单价	元/升	5.69
数量	升	15.85
金额	元	90.26
其中：柴油.单价	元/升	5.26
数量	升	0.21
金额	元	1.12
(2)零配件	元	4.73
(3)其它	元	0.72
3.交通工具服务支出	元	33.97
(1)维修费	元	6.79
(2)车辆使用税费	元	18.88
(3)其它车辆使用费用	元	8.29
4.交通费	元	106.12
(1)飞机	元	14.52
(2)火车	元	4.35

1-182 续表 5

指 标	单位	2008年
(3)长途汽车	元	19.96
(4)市内公共交通	元	51.11
(5)出租汽车费	元	12.5
(6)其它交通费	元	3.68
(一)通信	元	451.02
1.通信工具	元	41.96
(1)电话机.单价	元/部	239.05
数量	部	0.73
金额	元	0.57
(2)移动电话.单价	元/部	902.88
数量	部	13.64
金额	元	40.13
(4)其它通信工具	元	1.26
2.通信服务	元	409.06
(1)电信费	元	406.97
其中：上网费	元	12.29
(2)邮费	元	0.09
(3)其它通信服务费	元	2
七、教育文化娱乐服务	**元**	**690.25**
(一)文化娱乐用品	元	164.86
1.彩色电视机.单价	元/台	4127.67
数量	台	4.47
金额	元	60.09
2.家用电脑	元	0.45
(1)购买整机	元/台	
数量	台	
金额	元	
(2)计算机外部设备	元	
(3)各种零配件及耗材	元	0.45
3.组合音响.单价	元/台	
数量	台	
金额	元	
4.摄像机.单价	元/架	2920
数量	架	0.09
金额	元	0.81
5.照相机.单价	元/架	2262.88
数量	架	3.11
金额	元	22.92
6.钢琴.单价	元/架	
数量	架	
金额	元	
7.其它中高档乐器.单价	元/件	
数量	件	
金额	元	

1-182 续表 6

指　　标	单位	2008年
8.健身器材.单价	元/件	
数量	件	
金额	元	
9.电子辞典.单价	元/部	912.89
数量	部	0.65
金额	元	1.94
10.音像制品及软件	元	3.57
11.体育用品	元	2.39
12.书报杂志	元	19.72
13.纸张文具	元	9.81
14.其它文娱用品	元	43.15
(一)文化娱乐服务	元	144.1
1.参观游览	元	26.74
2.健身活动	元	8.63
3.团体旅游	元	69.99
4.其它文娱活动	元	36.95
5.文娱用品修理服务费	元	1.8
(三)教育	元	381.29
1.教材	元	19.83
(1)课本及参考书	元	18.4
(2)教育软件	元	
(3)其它教材	元	1.43
2.教育费用	元	361.46
(1)非义务教育学杂费	元	112.15
(2)义务教育学杂费	元	27.13
(3)托幼费	元	30.15
(4)成人教育费	元	31.6
(5)家教费	元	16.8
(6)培训班	元	62.52
(7))学校住宿费	元	10.36
(8)其它教育费用	元	70.75
八、其它商品和服务	**元**	**111.4**
(一)其它商品	元	80.25
1.金银珠宝饰品	元	12.54
2.手表.单价	元/只	150.78
数量	只	0.01
金额	元	2.14
3.理发美容用具	元	1.53
4.化妆品	元	34.87
5.其它杂品	元	29.16
(一)服务	元	31.15
1.旅馆住宿费	元	8.75
2.理发洗澡费	元	3.63
3.美容费	元	5.01
4.其它服务	元	13.75

1-183 城镇中等收入居民家庭平均每户基本情况（2008年）

指　　标	单位	2008年
调查户数	**户**	**290**
(一)家庭人口数	人	2.81
1.有收入者人数	人	2.08
(1)就业人口数	人	1.29
①国有经济单位职工人数	人	0.54
②城镇集体经济单位职工人数	人	0.15
③其它经济类型单位职工人数	人	0.15
④城镇个体或私营企业主人数	人	0.12
⑤城镇个体或私营企业被雇人数	人	0.16
⑥离退休再就业人数	人	0.01
⑦其它就业人数	人	0.16
(2)离退休人数	人	0.77
(3)其它有收入者人数	人	0.02
2.无收入者人数	人	0.73
(二)在外就学人数	人	0.05
(三)非家庭人口在家用餐	人次	0.66
(四) 家庭人口在外用餐	人次	39.11

1-184 城镇中等收入居民家庭人均全年收入来源（2008年）

指　　标	单位	2008年
可支配收入	**元**	**13090.29**
总收入	**元**	**13854.34**
(一)工资性收入	元	7425.37
1.工资及补贴收入	元	7320.19
2.其它劳动收入	元	105.18
(二)经营性收入	元	918.11
(三)财产性收入	元	1431.35
1.利息收入	元	
2.股息与红利收入	元	165.67
3.保险收益	元	2.12
4.其它投资收入	元	
5.出租房屋收入	元	1167.04
6.知识产权收入	元	
7.其它财产性收入	元	96.51
(四)转移性收入	元	4079.51
1.养老金或离退休金	元	3838.7
2.社会救济收入	元	2.21
其中：最低生活保障收入	元	
3.辞退金	元	
4.赔偿收入	元	
5.保险收入	元	1.84
其中：失业保险金	元	1.84
6.赡养收入	元	29.21
7.捐赠收入	元	65.89
8.提取住房公积金	元	
9.记帐补贴	元	102.8
10.其它转移性收入	元	38.86

1-185 城镇中等收入居民家庭人均全年消费性支出（2008年）

指　　标	单位	2008年
消费性支出	**元**	**10385.07**
一、食品	**元**	**4903.08**
(一)粮油类	元	484.66
1.粮食	元	292.43
(1)大米.单价	元/千克	3.77
数量	千克	50.69
金额	元	191.15
(2)面粉.单价	元/千克	3.49
数量	千克	1.02
金额	元	3.55
(3)其它粮食及制品	元	97.73
2.淀粉及薯类	元	33.33
3.干豆类及豆制品	元	57.7
4.油脂类	元	101.2
(1)食用植物油.单价	元/千克	14.47
数量	千克	5.68
金额	元	82.24
(2)食用动物油	元	18.97
(二)肉禽蛋水产品类	元	1184
1.肉类	元	715.97
(1)猪肉.单价	元/千克	24.04
数量	千克	20.8
金额	元	500.13
(2)牛肉.单价	元/千克	28.33
数量	千克	2.99
金额	元	84.71
(3)羊肉.单价	元/千克	32.2
数量	千克	0.18
金额	元	5.75
(4)其它肉及制品	元	125.38
2.禽类	元	223.47
(1)鸡.单价	元/千克	18.54
数量	千克	9.4
金额	元	174.38
(2)鸭.单价	元/千克	16.72
数量	千克	0.22
金额	元	3.63
(3)其它禽类及制品	元	45.46
3.蛋类	元	76.78
(1)鲜蛋.单价	元/千克	8.1
数量	千克	8.9
金额	元	72.09
(2)蛋制品	元	4.69
4.水产品类	元	167.78
(1)鱼.单价	元/千克	14.21
数量	千克	8.3
金额	元	117.88

1-185 续表 1

指 标	单位	2008年
(2)虾.单价	元/千克	38.65
数量	千克	0.71
金额	元	27.33
(3)其它水产品及制品	元	22.57
(三)蔬菜类	元	526.47
1.鲜菜.单价	元/千克	3.04
数量	千克	161.08
金额	元	489.71
2.干菜	元	28.56
3.菜制品	元	8.2
(四)调味品	元	54.56
(五)糖烟酒饮料类	元	652.59
1.糖类	元	35.48
2.烟草类	元	456.58
3.酒类	元	65.01
(1)白酒.单价	元/千克	11.64
数量	千克	3.88
金额	元	45.11
(2)果酒.单价	元/千克	37.34
数量	千克	0.32
金额	元	11.98
(3)啤酒.单价	元/千克	6
数量	千克	1.06
金额	元	6.35
(4)其它酒	元	1.58
4.饮料	元	95.52
(1)碳酸饮料.单价	元/千克	4.82
数量	千克	3.63
金额	元	17.49
(2)瓶装饮用水.单价	元/千克	0.44
数量	千克	48.39
金额	元	21.27
(3)茶叶.单价	元/千克	65.06
数量	千克	0.51
金额	元	33
(4)其它饮料	元	23.75
(六)干鲜瓜果类	元	277.35
1.鲜果.单价	元/千克	4.93
数量	千克	40.84
金额	元	201.48
2.鲜瓜.单价	元/千克	3.22
数量	千克	3.66
金额	元	11.78
3.其它干鲜瓜果类及制品	元	64.09

1-185 续表 2

指　　标	单位	2008年
(七)糕点、奶及奶制品	元	204.42
1.糕点.单价	元/千克	19.29
数量	千克	5.88
金额	元	113.43
2.奶及奶制品	元	90.99
(1)鲜乳品.单价	元/千克	6.23
数量	千克	10.11
金额	元	63.05
(2)奶粉.单价	元/千克	94.33
数量	千克	0.15
金额	元	14.49
(3)酸奶.单价	元/千克	7.9
数量	千克	0.86
金额	元	6.76
(4)其它奶制品	元	6.69
(八)其它食品	元	50.62
(九)饮食服务	元	1468.41
1.食品加工服务费	元	0.38
2.在外饮食	元	1468.03
二、衣着	**元**	**1201.99**
(一)服装.单价	元/件	138.98
数量	件	6.29
金额	元	874.14
(一)衣着材料	元	16.55
(三)鞋类.单价	元/双	136.08
数量	双	2.09
金额	元	284.94
(四)其它衣着用品	元	25.29
(五)衣着加工服务费	元	1.07
三、居住	**元**	**896.1**
(一)住房	元	301.54
1.租赁房房租	元	81.18
2.住房装潢支出	元	209.22
3.维修用建筑材料	元	6.7
4.其它住房支出	元	4.44
(一)水电燃料及其它	元	558.83
1.水.单价	元/吨	2.69
数量	吨	49.45
金额	元	133.11
2.电.单价	元/度	0.48
数量	度	594.07
金额	元	283.83
3.燃料	元	141.36
(1)煤炭.单价	元/千克	0.44
数量	千克	14.55
金额	元	6.42

1-185 续表 3

指　标	单位	2008年
(2)罐装液化石油气.单价	元/千克	7.3
数量	千克	8.33
金额	元	60.76
(3)管道液化石油气.单价	元/立方米	7.87
数量	立方米	0.05
金额	元	0.36
(4)管道煤气.单价	元/立方米	0.77
数量	立方米	95.3
金额	元	73.29
(5)管道天然气.单价	元/立方米	
数量	立方米	
金额	元	
(6)柴油.单价	元/升	
数量	升	
金额	元	
(7))其它燃料	元	0.54
4.取暖费	元	
5.其它相关支出	元	0.53
(三)居住服务费	元	35.73
1.物业管理费	元	19.92
2.维修服务费	元	3.89
3.其它居住服务费	元	11.93
四、家庭设备用品及服务	**元**	**280.41**
(一)耐用消费品	元	119.51
1.家具	元	30.73
2.家庭设备	元	88.78
(1)洗衣机.单价	元/台	1681.75
数量	台	2.32
金额	元	13.92
(2)电冰箱.单价	元/台	2312.93
数量	台	1.79
金额	元	14.73
(3)微波炉.单价	元/台	596.24
数量	台	5.62
金额	元	11.93
(4)空调器.单价	元/台	
数量	台	
金额	元	
(5)淋浴热水器.单价	元/台	1650.08
数量	台	0.67
金额	元	3.95
(6)消毒碗柜.单价	元/台	980
数量	台	0.51
金额	元	1.77
(7))洗碗机.单价	元/台	
数量	台	
金额	元	

1-185 续表 4

指　　标	单位	2008年
(8)其它家庭设备	元	42.47
(一)室内装饰品	元	0.6
(三)床上用品	元	24.38
(四)家庭日用杂品	元	121.89
(五)家具材料	元	0.8
(六)家庭服务	元	13.23
1.家政服务	元	6.97
2.加工维修服务费	元	6.26
五、医疗保健	**元**	**979.66**
(一)医疗器具	元	20.62
(一)保健器具	元	4.47
(三)药品费	元	554.29
(四)滋补保健品	元	99.25
(五)医疗费	元	295.99
(六)其它医疗保健支出	元	5.04
六、交通和通讯	**元**	**1136.74**
(一)交通	元	524.35
1.家庭交通工具	元	270.01
(1)摩托车.单价	元/辆	
数量	辆	
金额	元	
(2)助力车.单价	元/辆	3112.82
数量	辆	5.83
金额	元	64.71
(3)家用汽车.单价	元/辆	79509.59
数量	辆	0.72
金额	元	203.06
(3)其它交通工具	元	2.24
2.车辆用燃料及零配件	元	106.96
(1)燃料	元	99.45
其中：汽油.单价	元/升	5.75
数量	升	16.74
金额	元	96.2
其中：柴油.单价	元/升	6.1
数量	升	0.05
金额	元	0.33
(2)零配件	元	6.98
(3)其它	元	0.53
3.交通工具服务支出	元	37.82
(1)维修费	元	6.39
(2)车辆使用税费	元	27.13
(3)其它车辆使用费用	元	4.3
4.交通费	元	109.55
(1)飞机	元	17.31
(2)火车	元	7.89

1-185 续表 5

指　标	单位	2008年
(3)长途汽车	元	21.22
(4)市内公共交通	元	46.64
(5)出租汽车费	元	12.67
(6)其它交通费	元	3.82
(一)通信	元	612.39
1.通信工具	元	85.25
(1)电话机.单价	元/部	447.28
数量	部	0.5
金额	元	0.8
(2)移动电话.单价	元/部	1160.59
数量	部	20.32
金额	元	84.06
(4)其它通信工具	元	0.39
2.通信服务	元	527.15
(1)电信费	元	525.35
其中：上网费	元	25.39
(2)邮费	元	0.17
(3)其它通信服务费	元	1.62
七、教育文化娱乐服务	**元**	**808.14**
(一)文化娱乐用品	元	260.01
1.彩色电视机.单价	元/台	4153.52
数量	台	4.67
金额	元	69.19
2.家用电脑	元	77.58
(1)购买整机	元/台	5130.8
数量	台	3.78
金额	元	69.19
(2)计算机外部设备	元	0.61
(3)各种零配件及耗材	元	7.79
3.组合音响.单价	元/台	
数量	台	
金额	元	
4.摄像机.单价	元/架	3052.8
数量	架	1.36
金额	元	14.83
5.照相机.单价	元/架	2953.7
数量	架	0.72
金额	元	7.57
6.钢琴.单价	元/架	
数量	架	
金额	元	
7.其它中高档乐器.单价	元/件	
数量	件	
金额	元	

1-185 续表 6

指　　标	单位	2008年
8.健身器材.单价	元/件	266.27
数量	件	1.09
金额	元	1.03
9.电子辞典.单价	元/部	1798
数量	部	0.24
金额	元	1.52
10.音像制品及软件	元	6.14
11.体育用品	元	3.55
12.书报杂志	元	22.05
13.纸张文具	元	7.6
14.其它文娱用品	元	48.93
(一)文化娱乐服务	元	256.2
1.参观游览	元	41.96
2.健身活动	元	4.29
3.团体旅游	元	132.91
4.其它文娱活动	元	73.7
5.文娱用品修理服务费	元	3.34
(三)教育	元	291.93
1.教材	元	13.77
(1)课本及参考书	元	12.87
(2)教育软件	元	0.12
(3)其它教材	元	0.78
2.教育费用	元	278.16
(1)非义务教育学杂费	元	78.6
(2)义务教育学杂费	元	25.32
(3)托幼费	元	24.61
(4)成人教育费	元	27.16
(5)家教费	元	34.71
(6)培训班	元	77.66
(7))学校住宿费	元	2.71
(8)其它教育费用	元	7.4
八、其它商品和服务	**元**	**178.95**
(一)其它商品	元	121.32
1.金银珠宝饰品	元	21.95
2.手表.单价	元/只	144.58
数量	只	0.01
金额	元	1.22
3.理发美容用具	元	1.66
4.化妆品	元	40.4
5.其它杂品	元	56.08
(一)服务	元	57.63
1.旅馆住宿费	元	8.07
2.理发洗澡费	元	3.38
3.美容费	元	9.17
4.其它服务	元	37

1-186 城镇中高收入居民家庭平均每户基本情况（2008年）

指　　标	单位	2008年
调查户数	**户**	**290**
(一)家庭人口数	人	2.71
1.有收入者人数	人	2.12
(1)就业人口数	人	1.38
①国有经济单位职工人数	人	0.7
②城镇集体经济单位职工人数	人	0.12
③其它经济类型单位职工人数	人	0.13
④城镇个体或私营企业主人数	人	0.11
⑤城镇个体或私营企业被雇人数	人	0.14
⑥离退休再就业人数	人	0.01
⑦其它就业人数	人	0.17
(2)离退休人数	人	0.72
(3)其它有收入者人数	人	0.02
2.无收入者人数	人	0.58
(二)在外就学人数	人	0.08
(三)非家庭人口在家用餐	人次	1.11
(四) 家庭人口在外用餐	人次	37.67

1-187 城镇中高收入居民家庭人均全年收入来源（2008年）

指　标	单位	2008年
可支配收入	**元**	**17419.70**
总收入	**元**	**18528.18**
(一)工资性收入	元	10676.04
1.工资及补贴收入	元	10594.09
2.其它劳动收入	元	81.96
(二)经营性收入	元	953.29
(三)财产性收入	元	1561.04
1.利息收入	元	0.24
2.股息与红利收入	元	403.35
3.保险收益	元	
4.其它投资收入	元	8.84
5.出租房屋收入	元	963.84
6.知识产权收入	元	0.08
7.其它财产性收入	元	184.7
(四)转移性收入	元	5337.81
1.养老金或离退休金	元	4707.58
2.社会救济收入	元	
其中：最低生活保障收入	元	
3.辞退金	元	
4.赔偿收入	元	269.52
5.保险收入	元	0.02
其中：失业保险金	元	
6.赡养收入	元	33.49
7.捐赠收入	元	100.69
8.提取住房公积金	元	29.57
9.记帐补贴	元	103.65
10.其它转移性收入	元	93.3

1-188 城镇中高收入居民家庭人均全年消费性支出（2008年）

指　　标	单位	2008年
消费性支出	**元**	**11164.17**
一、食品	**元**	**5196.24**
(一)粮油类	元	486.37
1.粮食	元	310.18
(1)大米.单价	元/千克	3.77
数量	千克	52.69
金额	元	198.86
(2)面粉.单价	元/千克	3.41
数量	千克	2.01
金额	元	6.83
(3)其它粮食及制品	元	104.49
2.淀粉及薯类	元	31.21
3.干豆类及豆制品	元	59.33
4.油脂类	元	85.65
(1)食用植物油.单价	元/千克	15.1
数量	千克	4.6
金额	元	69.46
(2)食用动物油	元	16.19
(二)肉禽蛋水产品类	元	1203.81
1.肉类	元	724.03
(1)猪肉.单价	元/千克	23.97
数量	千克	21.59
金额	元	517.45
(2)牛肉.单价	元/千克	28.78
数量	千克	2.93
金额	元	84.27
(3)羊肉.单价	元/千克	34.1
数量	千克	0.22
金额	元	7.4
(4)其它肉及制品	元	114.91
2.禽类	元	220.58
(1)鸡.单价	元/千克	18.57
数量	千克	9.34
金额	元	173.38
(2)鸭.单价	元/千克	15.78
数量	千克	0.21
金额	元	3.35
(3)其它禽类及制品	元	43.84
3.蛋类	元	79.19
(1)鲜蛋.单价	元/千克	8.26
数量	千克	9.07
金额	元	74.84
(2)蛋制品	元	4.35
4.水产品类	元	180.02
(1)鱼.单价	元/千克	14.43
数量	千克	8.42
金额	元	121.39

1-188 续表 1

指　　标	单位	2008年
(2)虾.单价	元/千克	39.2
数量	千克	0.86
金额	元	33.75
(3)其它水产品及制品	元	24.88
(三)蔬菜类	元	544.55
1.鲜菜.单价	元/千克	3.05
数量	千克	165.43
金额	元	504.86
2.干菜	元	28.99
3.菜制品	元	10.69
(四)调味品	元	54.12
(五)糖烟酒饮料类	元	642.42
1.糖类	元	37.37
2.烟草类	元	425.78
3.酒类	元	77.68
(1)白酒.单价	元/千克	21.51
数量	千克	2.8
金额	元	60.31
(2)果酒.单价	元/千克	36.83
数量	千克	0.21
金额	元	7.74
(3)啤酒.单价	元/千克	5.48
数量	千克	1.57
金额	元	8.62
(4)其它酒	元	1
4.饮料	元	101.59
(1)碳酸饮料.单价	元/千克	4.84
数量	千克	3.61
金额	元	17.47
(2)瓶装饮用水.单价	元/千克	0.43
数量	千克	63.28
金额	元	26.91
(3)茶叶.单价	元/千克	66.81
数量	千克	0.46
金额	元	30.53
(4)其它饮料	元	26.69
(六)干鲜瓜果类	元	336.19
1.鲜果.单价	元/千克	5.06
数量	千克	48.03
金额	元	243.14
2.鲜瓜.单价	元/千克	3.25
数量	千克	5.29
金额	元	17.19
3.其它干鲜瓜果类及制品	元	75.85

1-188 续表 2

指 标	单位	2008年
(七)糕点、奶及奶制品	元	194.62
1.糕点.单价	元/千克	19.13
数量	千克	5.17
金额	元	98.94
2.奶及奶制品	元	95.68
(1)鲜乳品.单价	元/千克	6.36
数量	千克	10.55
金额	元	67.13
(2)奶粉.单价	元/千克	69.43
数量	千克	0.18
金额	元	12.42
(3)酸奶.单价	元/千克	8.96
数量	千克	0.85
金额	元	7.61
(4)其它奶制品	元	8.52
(八)其它食品	元	71.07
(九)饮食服务	元	1663.08
1.食品加工服务费	元	0.33
2.在外饮食	元	1662.74
二、衣着	**元**	**1418.11**
(一)服装.单价	元/件	132.65
数量	件	7.44
金额	元	986.4
(一)衣着材料	元	21.03
(三)鞋类.单价	元/双	146.84
数量	双	2.55
金额	元	374.29
(四)其它衣着用品	元	34.14
(五)衣着加工服务费	元	2.26
三、居住	**元**	**721.11**
(一)住房	元	121.2
1.租赁房房租	元	21.99
2.住房装潢支出	元	86.82
3.维修用建筑材料	元	11.33
4.其它住房支出	元	1.05
(一)水电燃料及其它	元	547.48
1.水.单价	元/吨	2.68
数量	吨	47.55
金额	元	127.39
2.电.单价	元/度	0.48
数量	度	586.3
金额	元	282.93
3.燃料	元	135.92
(1)煤炭.单价	元/千克	0.46
数量	千克	3.66
金额	元	1.69

1-188 续表 3

指　　标	单位	2008年
(2)罐装液化石油气.单价	元/千克	7.12
数量	千克	8.39
金额	元	59.74
(3)管道液化石油气.单价	元/立方米	2.97
数量	立方米	0.1
金额	元	0.29
(4)管道煤气.单价	元/立方米	0.75
数量	立方米	96.42
金额	元	72.58
(5)管道天然气.单价	元/立方米	
数量	立方米	
金额	元	
(6)柴油.单价	元/升	
数量	升	
金额	元	
(7))其它燃料	元	1.62
4.取暖费	元	
5.其它相关支出	元	1.24
(三)居住服务费	元	52.43
1.物业管理费	元	38.46
2.维修服务费	元	2.35
3.其它居住服务费	元	11.63
四、家庭设备用品及服务	**元**	**336.03**
(一)耐用消费品	元	139.97
1.家具	元	25.26
2.家庭设备	元	114.71
(1)洗衣机.单价	元/台	1589.3
数量	台	3.96
金额	元	23.24
(2)电冰箱.单价	元/台	1847.95
数量	台	1.84
金额	元	12.54
(3)微波炉.单价	元/台	698.89
数量	台	4.05
金额	元	10.46
(4)空调器.单价	元/台	
数量	台	
金额	元	
(5)淋浴热水器.单价	元/台	1536.72
数量	台	1.65
金额	元	9.4
(6)消毒碗柜.单价	元/台	240
数量	台	0.58
金额	元	0.51
(7))洗碗机.单价	元/台	
数量	台	
金额	元	

1-188 续表 4

指　　标	单位	2008年
(8)其它家庭设备	元	58.56
(一)室内装饰品	元	7.77
(三)床上用品	元	38.2
(四)家庭日用杂品	元	138.17
(五)家具材料	元	0.14
(六)家庭服务	元	11.78
1.家政服务	元	4.82
2.加工维修服务费	元	6.97
五、医疗保健	**元**	**919.93**
(一)医疗器具	元	12.67
(一)保健器具	元	10.44
(三)药品费	元	472.03
(四)滋补保健品	元	125.71
(五)医疗费	元	291.78
(六)其它医疗保健支出	元	7.29
六、交通和通讯	**元**	**1250.15**
(一)交通	元	570.78
1.家庭交通工具	元	81.29
(1)摩托车.单价	元/辆	4650
数量	辆	0.09
金额	元	1.53
(2)助力车.单价	元/辆	2927.53
数量	辆	2.2
金额	元	23.83
(3)家用汽车.单价	元/辆	115500
数量	辆	0.12
金额	元	50.81
(3)其它交通工具	元	5.12
2.车辆用燃料及零配件	元	204.64
(1)燃料	元	162.66
其中：汽油.单价	元/升	5.67
数量	升	27.45
金额	元	155.71
其中：柴油.单价	元/升	6
数量	升	0.02
金额	元	0.11
(2)零配件	元	41.44
(3)其它	元	0.55
3.交通工具服务支出	元	95.53
(1)维修费	元	18.35
(2)车辆使用税费	元	70.58
(3)其它车辆使用费用	元	6.6
4.交通费	元	189.32
(1)飞机	元	48.12
(2)火车	元	20.31

1-188 续表 5

指　　标	单位	2008年
(3)长途汽车	元	35.54
(4)市内公共交通	元	60.99
(5)出租汽车费	元	17.14
(6)其它交通费	元	7.22
(一)通信	元	679.37
1.通信工具	元	66.21
(1)电话机.单价	元/部	114.76
数量	部	1.84
金额	元	0.78
(2)移动电话.单价	元/部	1023.87
数量	部	17.23
金额	元	65.21
(4)其它通信工具	元	0.22
2.通信服务	元	613.16
(1)电信费	元	610.25
其中：上网费	元	39.54
(2)邮费	元	0.74
(3)其它通信服务费	元	2.17
七、教育文化娱乐服务	**元**	**1108.69**
(一)文化娱乐用品	元	285.65
1.彩色电视机.单价	元/台	2625.89
数量	台	3.76
金额	元	36.45
2.家用电脑	元	104.44
(1)购买整机	元/台	5630.84
数量	台	4.59
金额	元	95.62
(2)计算机外部设备	元	5.58
(3)各种零配件及耗材	元	3.24
3.组合音响.单价	元/台	2544
数量	台	1.03
金额	元	9.68
4.摄像机.单价	元/架	
数量	架	
金额	元	
5.照相机.单价	元/架	2090.53
数量	架	1.99
金额	元	15.37
6.钢琴.单价	元/架	
数量	架	
金额	元	
7.其它中高档乐器.单价	元/件	982.58
数量	件	0.36
金额	元	1.3

1-188 续表 6

指　标	单位	2008年
8.健身器材.单价	元/件	7330.1
数量	件	0.61
金额	元	16.52
9.电子辞典.单价	元/部	
数量	部	
金额	元	
10.音像制品及软件	元	5.36
11.体育用品	元	5.07
12.书报杂志	元	39.09
13.纸张文具	元	9.41
14.其它文娱用品	元	42.97
(一)文化娱乐服务	元	508.24
1.参观游览	元	79.91
2.健身活动	元	20.17
3.团体旅游	元	320.62
4.其它文娱活动	元	84.36
5.文娱用品修理服务费	元	3.18
(三)教育	元	314.81
1.教材	元	16.18
(1)课本及参考书	元	14.31
(2)教育软件	元	
(3)其它教材	元	1.87
2.教育费用	元	298.63
(1)非义务教育学杂费	元	70.08
(2)义务教育学杂费	元	26.75
(3)托幼费	元	35.28
(4)成人教育费	元	41.18
(5)家教费	元	14.73
(6)培训班	元	59.64
(7))学校住宿费	元	2.49
(8)其它教育费用	元	48.49
八、其它商品和服务	**元**	**213.91**
(一)其它商品	元	145.21
1.金银珠宝饰品	元	48.24
2.手表.单价	元/只	70.15
数量	只	0.01
金额	元	0.68
3.理发美容用具	元	0.69
4.化妆品	元	56
5.其它杂品	元	39.61
(一)服务	元	68.69
1.旅馆住宿费	元	28.77
2.理发洗澡费	元	5.11
3.美容费	元	11.4
4.其它服务	元	23.42

1-189　城镇高收入居民家庭平均每户基本情况（2008年）

指　　标	单位	2008年
调查户数	**户**	**284**
(一)家庭人口数	人	2.51
1.有收入者人数	人	1.97
(1)就业人口数	人	1.39
①国有经济单位职工人数	人	0.73
②城镇集体经济单位职工人数	人	0.06
③其它经济类型单位职工人数	人	0.15
④城镇个体或私营企业主人数	人	0.19
⑤城镇个体或私营企业被雇人数	人	0.13
⑥离退休再就业人数	人	0.02
⑦其它就业人数	人	0.11
(2)离退休人数	人	0.51
(3)其它有收入者人数	人	0.07
2.无收入者人数	人	0.54
(二)在外就学人数	人	0.08
(三)非家庭人口在家用餐	人次	1.21
(四) 家庭人口在外用餐	人次	43.53

1-190 城镇高收入居民家庭人均全年收入来源（2008年）

指　标	单位	2008年
可支配收入	**元**	**30774.55**
总收入	**元**	**32193.74**
(一)工资性收入	元	15923.98
1.工资及补贴收入	元	15792.86
2.其它劳动收入	元	131.12
(二)经营性收入	元	3248.21
(三)财产性收入	元	4739.12
1.利息收入	元	11.47
2.股息与红利收入	元	618.77
3.保险收益	元	
4.其它投资收入	元	19.88
5.出租房屋收入	元	1584.7
6.知识产权收入	元	
7.其它财产性收入	元	2504.29
(四)转移性收入	元	8282.43
1.养老金或离退休金	元	5188.03
2.社会救济收入	元	
其中：最低生活保障收入	元	
3.辞退金	元	163
4.赔偿收入	元	2172.93
5.保险收入	元	4.73
其中：失业保险金	元	4.73
6.赡养收入	元	298.82
7.捐赠收入	元	240.71
8.提取住房公积金	元	52.79
9.记帐补贴	元	114.47
10.其它转移性收入	元	46.95

1-191 城镇高收入居民家庭人均全年消费性支出（2008年）

指　　标	单位	2008年
消费性支出	**元**	**16088.48**
一、食品	**元**	**6284.41**
(一)粮油类	元	494.79
1.粮食	元	305.64
(1)大米.单价	元/千克	3.92
数量	千克	50.84
金额	元	199.47
(2)面粉.单价	元/千克	3.54
数量	千克	2.11
金额	元	7.49
(3)其它粮食及制品	元	98.69
2.淀粉及薯类	元	40.2
3.干豆类及豆制品	元	58.58
4.油脂类	元	90.37
(1)食用植物油.单价	元/千克	15.66
数量	千克	5.09
金额	元	79.66
(2)食用动物油	元	10.7
(二)肉禽蛋水产品类	元	1260.09
1.肉类	元	753.8
(1)猪肉.单价	元/千克	24.19
数量	千克	21.28
金额	元	514.69
(2)牛肉.单价	元/千克	28.12
数量	千克	3.18
金额	元	89.33
(3)羊肉.单价	元/千克	30.39
数量	千克	0.35
金额	元	10.74
(4)其它肉及制品	元	139.03
2.禽类	元	228.45
(1)鸡.单价	元/千克	19.2
数量	千克	9.16
金额	元	175.78
(2)鸭.单价	元/千克	16.19
数量	千克	0.2
金额	元	3.23
(3)其它禽类及制品	元	49.44
3.蛋类	元	83.95
(1)鲜蛋.单价	元/千克	8.62
数量	千克	9
金额	元	77.57
(2)蛋制品	元	6.38
4.水产品类	元	193.89
(1)鱼.单价	元/千克	14.59
数量	千克	8.57
金额	元	125

1-191 续表 1

指　标	单位	2008年
(2)虾.单价	元/千克	45.02
数量	千克	0.92
金额	元	41.28
(3)其它水产品及制品	元	27.61
(三)蔬菜类	元	597.72
1.鲜菜.单价	元/千克	3.26
数量	千克	168.01
金额	元	547.12
2.干菜	元	40.49
3.菜制品	元	10.11
(四)调味品	元	59.47
(五)糖烟酒饮料类	元	939.14
1.糖类	元	44.86
2.烟草类	元	637.73
3.酒类	元	87.88
(1)白酒.单价	元/千克	26.69
数量	千克	2.51
金额	元	66.89
(2)果酒.单价	元/千克	34.12
数量	千克	0.34
金额	元	11.45
(3)啤酒.单价	元/千克	5.28
数量	千克	1.58
金额	元	8.36
(4)其它酒	元	1.18
4.饮料	元	168.67
(1)碳酸饮料.单价	元/千克	4.22
数量	千克	4.43
金额	元	18.71
(2)瓶装饮用水.单价	元/千克	0.39
数量	千克	93.1
金额	元	36.65
(3)茶叶.单价	元/千克	98.06
数量	千克	0.72
金额	元	70.83
(4)其它饮料	元	42.47
(六)干鲜瓜果类	元	400.79
1.鲜果.单价	元/千克	5.64
数量	千克	50.28
金额	元	283.48
2.鲜瓜.单价	元/千克	3.41
数量	千克	5.41
金额	元	18.45
3.其它干鲜瓜果类及制品	元	98.85

1-191 续表 2

指　　标	单位	2008年
(七)糕点、奶及奶制品	元	268.32
1.糕点.单价	元/千克	21.06
数量	千克	6.72
金额	元	141.58
2.奶及奶制品	元	126.74
(1)鲜乳品.单价	元/千克	6.5
数量	千克	13.41
金额	元	87.19
(2)奶粉.单价	元/千克	112.58
数量	千克	0.15
金额	元	16.92
(3)酸奶.单价	元/千克	9.05
数量	千克	1.41
金额	元	12.78
(4)其它奶制品	元	9.85
(八)其它食品	元	101.24
(九)饮食服务	元	2162.86
1.食品加工服务费	元	1.46
2.在外饮食	元	2161.4
二、衣着	**元**	**2152.85**
(一)服装.单价	元/件	181.8
数量	件	8.54
金额	元	1552.24
(一)衣着材料	元	16.92
(三)鞋类.单价	元/双	178.74
数量	双	2.84
金额	元	507.76
(四)其它衣着用品	元	70.06
(五)衣着加工服务费	元	5.86
三、居住	**元**	**1265.97**
(一)住房	元	567.79
1.租赁房房租	元	102.28
2.住房装潢支出	元	440.17
3.维修用建筑材料	元	18.49
4.其它住房支出	元	6.85
(一)水电燃料及其它	元	607.1
1.水.单价	元/吨	2.63
数量	吨	57.61
金额	元	151.27
2.电.单价	元/度	0.48
数量	度	658.84
金额	元	314.44
3.燃料	元	141.25
(1)煤炭.单价	元/千克	0.64
数量	千克	6.37
金额	元	4.08

1-191 续表 3

指　　标	单位	2008年
(2)罐装液化石油气.单价	元/千克	7.05
数量	千克	7.84
金额	元	55.33
(3)管道液化石油气.单价	元/立方米	
数量	立方米	
金额	元	
(4)管道煤气.单价	元/立方米	0.77
数量	立方米	100.96
金额	元	77.95
(5)管道天然气.单价	元/立方米	
数量	立方米	
金额	元	
(6)柴油.单价	元/升	
数量	升	
金额	元	
(7))其它燃料	元	3.89
4.取暖费	元	
5.其它相关支出	元	0.14
(三)居住服务费	元	91.08
1.物业管理费	元	56.97
2.维修服务费	元	10.25
3.其它居住服务费	元	23.86
四、家庭设备用品及服务	**元**	**862.44**
(一)耐用消费品	元	459.33
1.家具	元	230.07
2.家庭设备	元	229.26
(1)洗衣机.单价	元/台	2210.97
数量	台	5.12
金额	元	45.12
(2)电冰箱.单价	元/台	2938.54
数量	台	3.29
金额	元	38.51
(3)微波炉.单价	元/台	858.29
数量	台	4.03
金额	元	13.78
(4)空调器.单价	元/台	2600
数量	台	0.17
金额	元	1.77
(5)淋浴热水器.单价	元/台	2070.43
数量	台	1.31
金额	元	10.81
(6)消毒碗柜.单价	元/台	
数量	台	
金额	元	
(7))洗碗机.单价	元/台	
数量	台	
金额	元	

1-191 续表 4

指　　标	单位	2008年
(8)其它家庭设备	元	119.28
(一)室内装饰品	元	69.09
(三)床上用品	元	79.79
(四)家庭日用杂品	元	220.41
(五)家具材料	元	4.16
(六)家庭服务	元	29.65
1.家政服务	元	21.77
2.加工维修服务费	元	7.88
五、医疗保健	**元**	**1329.97**
(一)医疗器具	元	9.79
(一)保健器具	元	9.7
(三)药品费	元	576.3
(四)滋补保健品	元	251.59
(五)医疗费	元	475.9
(六)其它医疗保健支出	元	6.68
六、交通和通讯	**元**	**2362.43**
(一)交通	元	1455.87
1.家庭交通工具	元	521.22
(1)摩托车.单价	元/辆	
数量	辆	
金额	元	
(2)助力车.单价	元/辆	3006.98
数量	辆	2.7
金额	元	32.33
(3)家用汽车.单价	元/辆	95047.88
数量	辆	1.28
金额	元	485.25
(3)其它交通工具	元	3.64
2.车辆用燃料及零配件	元	479.6
(1)燃料	元	464.46
其中：汽油.单价	元/升	5.73
数量	升	77.33
金额	元	443.22
其中：柴油.单价	元/升	5.45
数量	升	0.51
金额	元	2.8
(2)零配件	元	14.1
(3)其它	元	1.03
3.交通工具服务支出	元	248.96
(1)维修费	元	46.14
(2)车辆使用税费	元	167.6
(3)其它车辆使用费用	元	35.23
4.交通费	元	206.09
(1)飞机	元	46.48
(2)火车	元	24.02

1-191 续表 5

指　　标	单位	2008年
(3)长途汽车	元	31.02
(4)市内公共交通	元	61.81
(5)出租汽车费	元	39.71
(6)其它交通费	元	3.05
(一)通信	元	906.56
1.通信工具	元	128.63
(1)电话机.单价	元/部	310.45
数量	部	0.79
金额	元	0.98
(2)移动电话.单价	元/部	1134.61
数量	部	27.85
金额	元	125.9
(4)其它通信工具	元	1.75
2.通信服务	元	777.93
(1)电信费	元	773.58
其中：上网费	元	58.76
(2)邮费	元	1.03
(3)其它通信服务费	元	3.32
七、教育文化娱乐服务	**元**	**1411.26**
(一)文化娱乐用品	元	488.1
1.彩色电视机.单价	元/台	6678.76
数量	台	6.01
金额	元	160.04
2.家用电脑	元	113.41
(1)购买整机	元/台	4997.82
数量	台	5.08
金额	元	101.09
(2)计算机外部设备	元	6.28
(3)各种零配件及耗材	元	6.04
3.组合音响.单价	元/台	1000
数量	台	0.51
金额	元	2.05
4.摄像机.单价	元/架	
数量	架	
金额	元	
5.照相机.单价	元/架	1918.71
数量	架	2.56
金额	元	19.57
6.钢琴.单价	元/架	13180
数量	架	0.17
金额	元	9.17
7.其它中高档乐器.单价	元/件	1100
数量	件	0.12
金额	元	0.51

1-191 续表 6

指 标	单位	2008年
8.健身器材.单价	元/件	2587.84
数量	件	1.03
金额	元	10.61
9.电子辞典.单价	元/部	1091.5
数量	部	0.47
金额	元	2.04
10.音像制品及软件	元	7
11.体育用品	元	7.75
12.书报杂志	元	48.63
13.纸张文具	元	13.62
14.其它文娱用品	元	93.69
(一)文化娱乐服务	元	535.38
1.参观游览	元	90.47
2.健身活动	元	18.64
3.团体旅游	元	256.43
4.其它文娱活动	元	167.02
5.文娱用品修理服务费	元	2.81
(三)教育	元	387.78
1.教材	元	14.84
(1)课本及参考书	元	13.98
(2)教育软件	元	0.04
(3)其它教材	元	0.82
2.教育费用	元	372.94
(1)非义务教育学杂费	元	86.33
(2)义务教育学杂费	元	23.76
(3)托幼费	元	39.16
(4)成人教育费	元	55.17
(5)家教费	元	16.91
(6)培训班	元	86.19
(7))学校住宿费	元	0.52
(8)其它教育费用	元	64.89
八、其它商品和服务	**元**	**419.16**
(一)其它商品	元	321.66
1.金银珠宝饰品	元	139.79
2.手表.单价	元/只	231.31
数量	只	0.02
金额	元	4.66
3.理发美容用具	元	4.5
4.化妆品	元	113.15
5.其它杂品	元	59.56
(一)服务	元	97.5
1.旅馆住宿费	元	32.19
2.理发洗澡费	元	9.21
3.美容费	元	20.72
4.其它服务	元	35.38

1-192 农村居民家庭基本情况（2008年）

指　　标	单位	2008年
调查户数	**户**	**1187**
调查户从业类型	户	2561
(按总收入比重计算)		
农业户	户	313
农业兼业户	户	507
非农业兼业户	户	234
非农业户	户	133
调查户从业类型	**户**	**2201**
(按从业劳动力比重计算)		
农业户	户	695
农业兼业户	户	135
非农业兼业户	户	192
非农业户	户	165
家庭结构	**户**	**4152**
单身或夫妇	户	101
夫妇与一个孩子	户	301
夫妇与两个孩子	户	403
夫妇与三个以上孩子	户	26
单亲与孩子	户	31
三代同堂	户	294
其　他	户	31
参加专业性合作经济组织的户数	**户**	**2337**
参加新型农村合作医疗的户数	**户**	**1192**
领取最低生活保障的户数	**户**	**2330**

1-193 农村居民家庭人均总收入与总支出（2008年）

指　　标	单位	2008年
总收入	**元**	**7375.21**
工资性收入	元	1310.70
在非企业组织中劳动得到收入	元	238.84
在本乡地域内劳动得到收入	元	959.73
#在企业中劳动得到收入	元	279.67
外出从业得到收入	元	112.13
家庭经营收入	元	5141.24
第一产业收入	元	4162.53
农业收入	元	2419.42
农产品收入	元	2390.45
农业服务性收入	元	28.98
林业收入	元	78.90
林业产品收入	元	76.25
林业服务性收入	元	2.65
牧业收入	元	1624.45
牧业产品收入	元	1617.46
牧业服务性收入	元	6.99
渔业收入	元	39.76
渔业产品收入	元	28.97
渔业服务性收入	元	10.79
第二产业收入	元	144.31
工业收入	元	53.35
工业产品收入	元	48.16
工业服务性收入	元	5.19
建筑业收入	元	90.96
建筑业产品收入	元	0.06
建筑业服务性收入	元	90.90
第三产业收入	元	834.40
其他产品收入	元	2.24
第三产业服务性收入	元	832.17
交通、运输、邮电业收入	元	453.71
批零贸易业、饮食业收入	元	276.57
社会服务业收入	元	56.68
文教卫生业收入	元	1.33
其他行业收入	元	43.88
财产性收入	元	593.42
#利息	元	7.82
集体分配股息和红利	元	270.78
其他股息和红利	元	2.90
租金(包括农业机械)	元	122.08
土地征用补偿收入	元	100.24
转让承包土地经营权收入	元	24.16

1-193 续表

指 标	单位	2008年
转移性收入	元	329.85
#城市亲友赠送收入	元	4.66
农村亲友赠送收入	元	48.44
总支出	**元**	**7622.67**
家庭经营费用支出	元	2490.66
第一产业生产费用支出	元	2027.40
农业生产费用支出	元	731.00
林业生产费用支出	元	36.70
牧业生产费用支出	元	1237.27
渔业生产费用支出	元	22.44
第二产业生产费用支出	元	67.24
工业生产费用支出	元	50.25
建筑业生产费用支出	元	16.99
第三产业生产费用支出	元	396.03
交通运输邮电业生产费用支出	元	219.36
批零贸易餐饮业生产费用支出	元	128.12
社会服务业生产费用支出	元	44.12
文教卫生业生产费用支出	元	1.68
其他行业生产费用支出	元	2.74
购置生产性固定资产支出	元	313.98
建、造生产性固定资产雇工支出	元	3.57
税费支出	元	14.69
生活消费支出	元	4530.16
#服务性支出	元	1389.23
食品消费支出	元	1774.26
衣着消费支出	元	254.21
居住消费支出	元	954.98
家庭设备、用品消费支出	元	220.05
交通和通讯消费支出	元	488.25
文化教育、娱乐消费支出	元	415.63
医疗保健消费支出	元	342.21
其他商品和服务消费支出	元	80.57
财产性支出	元	30.31
#宅基地有偿使用费	元	13.78
承包其他农户转让费	元	10.64
转移性支出	元	239.31
#赠送农村亲友	元	104.82
赠送城市亲友	元	3.04

1-194 农村居民家庭人均纯收入（2008年）

指　　标	单位	2008年
全年纯收入	**元**	**4610.16**
工资性收入	**元**	**1310.70**
在非企业组织中劳动得到收入	元	238.84
在本乡地域内劳动得到收入	元	959.73
#在企业中劳动得到收入	元	279.67
外出从业得到收入	元	112.13
家庭经营纯收入	**元**	**2415.72**
第一产业纯收入	元	1972.87
农业收入	元	1583.63
林业收入	元	41.98
牧业收入	元	331.25
渔业收入	元	16.01
非农产业纯收入	元	442.85
第二产业纯收入	元	74.66
工业收入	元	0.69
建筑业收入	元	73.97
第三产业纯收入	元	368.19
交通、运输、邮电业收入	元	170.63
批零贸易业、饮食业收入	元	143.52
社会服务业收入	元	11.23
文教卫生业收入	元	-0.35
其他行业收入	元	43.15
财产性纯收入	**元**	**593.42**
#利　息	元	7.82
集体分配股息和红利	元	270.78
其他股息和红利	元	2.90
租金(包括农业机械)	元	122.08
土地征用补偿收入	元	100.24
转让承包土地经营权收入	元	24.16
转移性纯收入	**元**	**290.32**
#城市亲友赠送	元	4.66
离退休金、养老金	元	26.15
城市亲友支付赡养费	元	0.18
农村亲友支付赡养费	元	8.13
救济金、抚恤金	元	3.66
报销医疗费	元	23.70
无偿扶贫或扶持款	元	5.80

注：2011年以后土地征用补偿收入、报销医疗费归入非借贷性收入现金所得。

1-195 农村居民家庭人均现金收支情况（2008年）

指　标	单位	2008年
期内现金收入	**元**	**6512.29**
工资性收入	元	1307.24
在非企业组织中劳动得到收入	元	238.66
在本乡地域内劳动得到收入	元	956.62
#在企业中劳动得到收入	元	278.27
外出从业得到收入	元	111.95
家庭经营现金收入	元	4328.48
第一产业现金收入	元	3350.20
农业现金收入	元	1869.56
林业现金收入	元	60.49
牧业现金收入	元	1382.85
渔业现金收入	元	37.29
第二产业现金收入	元	144.31
工业收入	元	53.35
建筑业收入	元	90.96
第三产业现金收入	元	833.98
出售其他产品收入	元	2.24
第三产业服务性现金收入	元	831.74
交通、运输、邮电业收入	元	453.71
批零贸易业、饮食业收入	元	276.57
社会服务业收入	元	56.68
文教卫生业收入	元	1.33
其他行业收入	元	43.45
财产性收入	元	556.19
#利　息	元	7.82
集体分配股息和红利	元	270.78
其他股息和红利	元	2.90
租金(包括农业机械)	元	122.08
土地征用补偿收入	元	100.24
转让承包土地经营权收入	元	24.16
转移性收入	元	320.38
#城市亲友赠送	元	4.66
离退休金、养老金	元	26.15
城市亲友支付赡养费	元	0.18
农村亲友支付赡养费	元	8.13
救济金、抚恤费	元	3.66
报销医疗费	元	23.70
无偿扶贫或扶持款	元	5.80

1-195 续表 1

指　　标	单位	2008年
借贷性现金收入	**元**	**1550.73**
银行、信用社贷款	元	148.16
借入款	元	712.62
收回借出款	元	110.97
取回存款	元	562.76
兑换债券(本金)	元	
出售股票	元	11.14
兑换其他有价证券(本金)	元	
收回其他投资款	元	1.36
其　他	元	3.73
期内现金支出	**元**	**6829.15**
生产费用支出	元	2512.78
家庭经营费用支出	元	2195.23
第一产业生产费用支出	元	1731.97
农业生产费用支出	元	674.34
林业生产费用支出	元	36.70
牧业生产费用支出	元	998.69
渔业生产费用支出	元	22.24
第二产业生产费用支出	元	67.24
工业生产费用支出	元	50.25
建筑业生产费用支出	元	16.99
第三产业生产费用支出	元	396.03
交通运输邮电业生产费用支出	元	219.36
批零贸易餐饮业生产费用支出	元	128.12
社会服务业生产费用支出	元	44.12
文教卫生业生产费用支出	元	1.68
其他行业生产费用支出	元	2.74
购置生产性固定资产支出	元	313.98
建、造生产性固定资产雇工支出	元	3.57
税费支出	元	14.68
生活消费支出	元	4033.02
#服务性支出	元	1389.23
食品消费支出	元	1279.75
衣　着	元	254.10
居　住	元	952.46

1-195 续表 2

指 标	单位	2008年
家庭设备、用品及服务	元	220.05
交通和通讯	元	488.25
文化教育、娱乐用品及服务	元	415.63
医疗保健	元	342.21
其他商品和服务	元	80.57
财产性支出	元	30.31
宅基地有偿使用费	元	13.78
承包其他农户转让	元	10.64
其 他	元	5.89
转移性支出	元	238.37
#赠送农村亲友	元	104.74
赠送城市亲友	元	2.18
交纳医疗保险	元	18.19
赡养费	元	8.46
捐 赠	元	11.43
罚款、赔款	元	14.90
储蓄、借贷性支出	**元**	**1260.78**
归还银行、信用社	元	110.86
借出款	元	67.27
归还借款	元	340.83
存 款	元	733.99
购债券	元	
购买储蓄性保险	元	2.63
购买股票	元	
其 他	元	5.21
期末金融资产余额	**元**	**5283.44**
手存现金	元	1191.25
存款余额	元	4026.71
债券价值款	元	14.48
股票价值金	元	2.23
其他金融资产价值	元	48.78
期末债务余额	**元**	**941.08**
银行、信用社贷款	元	207.99
个人借(欠)款	元	694.93
其 他	元	38.15

注：2011年以后土地征用补偿收入、报销医疗费归入非借贷性收入现金所得。

1-196 农村居民家庭人均总支出（2008年）

指　标	单位	2008年
总支出	**元**	**7622.67**
其中：家庭经营费用支出	元	2490.66
购置生产性固定资产支出	元	313.98
税费支出	元	14.69
生活消费支出	元	4530.16
财产性支出	元	30.31
转移性支出	元	239.31

1-197 农村居民家庭人均生活消费支出（2008年）

指　　标	单位	2008年
生活消费支出	**元**	**4530.16**
#服务性支出	元	1389.23
食品消费支出	**元**	**1774.26**
食品消费品支出	元	1551.20
谷　物	元	254.83
薯　类	元	6.46
豆　类	元	7.93
食用油	元	92.88
蔬菜及制品	元	142.77
肉、禽、蛋、奶及制品	元	563.53
水产品及制品	元	55.19
烟、酒	元	209.57
茶叶、饮料	元	25.36
其他类食品	元	192.71
食品消费服务性支出	元	223.05
在外饮食	元	213.77
食品加工费	元	5.06
其他服务性支出	元	4.22
衣着消费支出	**元**	**254.21**
衣着消费品支出	元	253.48
服　装	元	163.17
服装材料	元	3.88
鞋　类	元	76.55
其　他	元	9.89
衣着消费服务性支出	元	0.73
衣着加工费	元	0.21
其他服务性支出	元	0.52
居住消费支出	**元**	**954.98**
居住消费品支出	元	649.21
建筑生活用房材料	元	457.07
维修生活用房材料	元	28.30
装修生活用房材料	元	113.77
生活用房	元	12.22
生活用燃料	元	37.84
居住消费服务性支出	元	305.77
建筑、维修生活用房雇工工资	元	197.35
房　租	元	3.15
生活用水	元	11.33
生活用电	元	73.64
清洁费、卫生费	元	0.50
其他服务性支出	元	19.80

1-197 续表 1

指　　标	单位	2008年
家庭设备、用品消费支出	**元**	**220.05**
家庭设备用品消费品支出	元	209.34
日用品	元	68.12
床上用品	元	16.73
室内装饰品	元	7.27
家俱类	元	62.02
机电设备	元	55.20
家庭设备用品服务性消费支出	元	10.70
家庭设备修理费	元	3.04
日杂用品加工修理费	元	2.00
家政服务费	元	0.08
其他服务性支出	元	5.58
交通和通讯消费支出	**元**	**488.25**
交通和通讯用品支出	元	289.94
交通工具	元	178.35
交通工具用燃料	元	44.53
交通工具用零配件	元	12.10
通讯工具	元	54.15
通讯工具用零配件	元	0.82
交通和通讯服务消费支出	元	198.31
交通消费服务支出	元	86.83
交通客运费	元	44.02
生活物品货运费	元	6.29
交通工具修理费	元	11.76
其他服务性支出	元	24.75
通讯消费服务支出	元	111.47
邮寄费	元	0.26
通讯费	元	110.42
通讯工具修理费	元	0.71
其　他	元	0.09
文化教育、娱乐消费支出	**元**	**415.63**
文化教育、娱乐用品消费支出	元	81.38
文教、娱乐用机电消费品	元	49.23
书、报、杂志	元	6.00
纸张、文具	元	7.51
音像制品	元	1.57
电脑软件	元	0.28
体育用品	元	0.25
计算机零配件及耗材	元	0.08
鲜　花	元	0.63
娱乐用品	元	8.33
其他用品	元	7.49

1-197 续表 2

指　　标	单位	2008年
教育服务消费支出	元	260.87
托儿费	元	9.18
幼儿园赞助费	元	3.25
学杂费	元	137.72
入学赞助费	元	5.48
私立学校就读费	元	2.53
成人培训费	元	22.68
教育设备修理费	元	
其他服务性支出	元	80.03
文化、体育、娱乐服务消费支出	元	73.38
旅　游	元	40.76
休闲娱乐费	元	17.42
文化、体育、娱乐用品修理费	元	0.47
其他服务性支出	元	14.73
医疗保健消费支出	**元**	**342.21**
医疗保健用品	元	59.92
医疗卫生用品	元	54.97
药　品	元	54.71
医疗卫生器械	元	0.15
其他医疗卫生用品	元	0.10
保健用品	元	4.95
药品类保健品	元	1.38
保健器材	元	3.58
医疗保健服务消费支出	元	282.29
医疗费	元	278.33
医疗设备修理费	元	0.14
保健费	元	1.61
保健设备修理费	元	0.01
其他服务性支出	元	2.19
其他商品和服务消费支出	**元**	**80.57**
其他商品支出	元	46.44
首　饰	元	9.64
手　表	元	0.87
化妆品	元	7.69
迷信、宗教用品	元	10.03
其　他	元	18.21
其他消费服务支出	元	34.14
旅馆住宿费	元	1.37
美容美发	元	3.46
殡殓费	元	12.65
生活消费借贷利息	元	0.33
其他服务性支出	元	16.32

1-198　农村居民家庭人均食品消费量（2008年）

指　　标	单位	2008年
粮食消费量	千克	146.02
谷物消费量	千克	141.05
#小　麦	千克	3.69
稻　谷	千克	114.03
玉　米	千克	17.92
薯类消费量	千克	2.36
豆类消费量	千克	2.61
油脂类消费量	千克	5.76
植物油	千克	2.63
动物油	千克	3.13
烟叶消费量	千克	0.18
豆制品	千克	2.68
蔬菜及菜制品消费量	千克	118.49
瓜　类	千克	3.82
水果类	千克	16.62
消费茶叶	千克	0.29
坚果消费量	千克	1.97
肉禽及其制品	千克	32.63
猪　肉	千克	24.96
牛　肉	千克	1.23
羊　肉	千克	0.32
家　禽	千克	5.00
其他肉禽及制品	千克	1.13
蛋类及蛋制品	千克	3.12
奶和奶制品	千克	1.68
水产品	千克	4.36
鱼　类	千克	4.11
虾、贝、蟹类	千克	0.10
藻　类	千克	0.01
其　他	千克	0.15
食　糖	千克	1.71
酒	千克	7.84
#白　酒	千克	5.84
啤　酒	千克	1.84
果　酒	千克	0.06

1-199 农村居民家庭人均粮食收支情况（2008年）

类　别	单位	2008年
期内粮食收入合计	千克	617.86
家庭经营生产粮食	千克	509.35
谷　物	千克	460.92
#小　麦	千克	27.71
水　稻	千克	113.47
玉　米	千克	293.74
薯　类	千克	31.46
豆　类	千克	16.97
购入粮食	千克	108.48
谷　物	千克	106.79
#小　麦	千克	2.64
水　稻	千克	54.44
玉　米	千克	41.24
薯　类	千克	0.50
豆　类	千克	1.19
借入粮食	千克	
收回借出粮	千克	
其他粮食收入	千克	0.03
期内粮食支出合计	千克	543.13
主食用粮	千克	146.02
谷　物	千克	141.05
#小　麦	千克	3.69
水　稻	千克	114.03
玉　米	千克	17.92
薯　类	千克	2.36
豆　类	千克	2.61
其他生活用粮	千克	
出售粮食	千克	157.56
谷　物	千克	126.67
#小　麦	千克	6.77
水　稻	千克	31.48
玉　米	千克	86.69
薯　类	千克	22.90
豆　类	千克	7.99
种子用粮食	千克	38.91
饲料用粮食	千克	200.00
借出粮食	千克	
归还借粮	千克	
其他粮食支出	千克	0.63
期末粮食结存实际调查数	千克	388.01
谷　物	千克	345.14
#小　麦	千克	5.48
水　稻	千克	94.46
玉　米	千克	234.24
薯　类	千克	39.24
豆　类	千克	3.63

1-200　农村居民家庭出售农产品情况（2008年）

指　标	单位	2008
农　业	**元/人**	**1840.58**
谷物数量	千克/人	126.67
金　额	元/人	228.31
#出售小麦数量	千克/人	6.77
出售小麦金额	元/人	13.10
出售玉米数量	千克/人	86.69
出售玉米金额	元/人	143.08
出售薯类数量	千克/人	22.90
出售薯类金额	元/人	76.56
出售豆类数量	千克/人	7.99
出售豆类金额	元/人	21.39
出售油料数量	千克/人	4.74
出售油料金额	元/人	25.98
出售蔬菜数量	千克/人	802.24
出售蔬菜金额	元/人	852.53
出售瓜类数量	千克/人	18.36
出售瓜类金额	元/人	13.17
出售园林水果数量	千克/人	75.58
出售园林水果金额	元/人	126.94
林　业	**元/人**	**57.85**
#出售采集林产品金额	元/人	45.85
出售竹木金额	元/人	1.52
出售育种、育苗金额	元/人	8.42
牧　业	**元/人**	**1375.86**
#出售肉猪及猪肉总重量	千克/人	30.08
出售肉猪及猪肉总金额	元/人	558.47
出售菜羊及羊肉总重量	千克/人	0.67
出售菜羊及羊肉总金额	元/人	16.51
出售家禽总重量	千克/人	12.67
出售家禽总金额	元/人	118.48
出售蛋类的数量	千克/人	43.32
出售蛋类的金额	元/人	278.83
渔　业	**元/人**	**26.50**
#出售水产品金额	元/人	26.50

1-201 农村居民家庭农业生产结构及生产技术应用情况（2008年）

指　标	单位	2008年
土地经营情况	**亩/人**	
期内增加的经营土地面积	亩/人	0.04
#耕　地	亩/人	0.03
期内减少的经营土地面积	亩/人	0.07
#耕　地	亩/人	0.04
期末实际经营的土地面积	亩/人	1.89
耕　地	亩/人	1.22
#有效灌溉面积	亩/人	0.44
山　地	亩/人	0.56
园　地	亩/人	0.10
牧草地	亩/人	0.01
养殖水面	亩/人	0.00
土地种植情况	**亩/人**	
粮食播种面积	亩/人	1.51
#小麦播种面积	亩/人	0.21
水稻播种面积	亩/人	0.20
玉米播种面积	亩/人	0.63
豆类播种面积	亩/人	0.12
薯类播种面积	亩/人	0.19
经济作物播种面积	亩/人	2.94
#油料播种面积	亩/人	0.07
蔬菜播种面积	亩/人	2.65
瓜类播种面积	亩/人	0.02
农业生产技术应用情况	**亩/人**	
优质粮食品种播种面积	亩/人	
优质小麦面积	亩/人	
优质水稻面积	亩/人	
优质玉米面积	亩/人	
机耕面积	亩/人	0.23
抛秧面积	亩/人	0.01
机播面积	亩/人	0.01
机收面积	亩/人	0.00
机电灌溉面积	亩/人	0.08
薄膜覆盖面积	亩/人	0.41
温室面积	亩/人	0.00

1-202 农村居民家庭农业生产情况（2008年）

指 标	单位	2008年
农 业	**元/人**	**2015.44**
谷物产量	千克/人	460.92
#粮食产量		
玉米产量	千克/人	293.74
薯类产量	千克/人	31.46
豆类产量	千克/人	16.97
棉花产量	千克/人	
油料产量	千克/人	9.21
蔬菜产量	千克/人	889.75
水果类产量	千克/人	
林 业	**元/人**	**22.42**
核桃产量	千克/人	0.19
木 材	立方米/人	0.01
树 苗	株/人	3.18
牧 业	**元/人**	**184.63**
畜禽肉产量(出售、自宰)	千克/人	63.58
畜肉产量	千克/人	48.53
#肉猪头数	头/人	0.52
肉猪肉产量	千克/人	45.58
菜羊只数	只/人	0.02
菜羊肉产量	千克/人	0.66
肉牛头数	头/人	0.02
肉牛肉产量	千克/人	2.02
家禽肉产量	千克/人	15.06
#鸡只数	只/人	7.30
鸡的肉产量	千克/人	14.86
蛋类产量	千克/人	44.18
奶类产量	千克/人	15.21
渔 业	**千克/人**	**3.07**
鱼类产量	千克/人	

1-203 农村居民家庭平均每户全年主要农业用生产资料购买情况（2008年）

指　　标	单位	2008年
化 肥	千克/户	619.93
饼 肥	千克/户	279.98
农 药	元/户	224.27
农用薄膜	千克/户	10.30
生产用柴油	升/户	6.27
生产用汽油	升/户	12.94
生产用燃料	升/户	19.21

1-204 农村居民家庭平均每百户年末主要生产性固定资产拥有量（2008年）

指　　标	单位	2008年
汽车	辆	6.32
大中型拖拉机	台	0.76
小型和手扶拖拉机	台	13.40
机动脱粒机	台	13.98
收割机	台	0.17
农用动力机械	台	10.78
胶轮大车	辆	11.71
水泵	台	14.07
役畜	头	52.23
产品畜	头	86.94

1-205 农村居民家庭平均每百户年末主要耐用消费品拥有量（2008年）

指　　标	单位	2008年
洗衣机	台/百户	65.12
电冰箱	台/百户	24.52
空调机	台/百户	0.59
抽油烟机	台/百户	13.06
吸尘器	台/百户	1.18
微波炉	台/百户	17.52
热水器	台/百户	51.81
#太阳能热水器	台/百户	38.50
自行车	辆/百户	55.86
#电动自行车	台/百户	8.68
摩托车	台/百户	29.74
汽　车(生活用)	台/百户	5.98
固定电话机	部/百户	28.22
移动电话	部/百户	147.26
#接入互联网的	部/百户	2.27
彩色电视机	台/百户	106.07
#接入有线电视网的	台/百户	75.15
黑白电视机	台/百户	3.79
#接入有线电视网的	台/百户	0.59
摄像机	台/百户	1.01
影碟机	台/百户	73.97
照相机	架/百户	10.61
家用计算机	台/百户	6.82
#接入互联网的	台/百户	2.36
中高档乐器	件/百户	0.93

1-206 农村居民家庭平均每户全年主要建筑材料购买情况（2008年）

指 标	单位	2008年
水泥	千克	966.62
木材	立方米	0.08
钢材	千克	126.96
水泥预制件	件	2.41
玻璃	平方米	0.13
砖瓦	块	1520.39

1-207 农村居民家庭年内新建(购)住房情况（2008年）

指 标	单位	2008年
新建(购)房屋面积	平方米/人	2.04
#砖木结构	平方米/人	0.13
#钢筋混凝土结构	平方米/人	1.86
新建(购)房屋价值	元/平方米	779.05

1-208 农村居民家庭年末住房情况（2008年）

指 标	单位	2008年
年末住房面积	平方米/人	43.91
#砖木结构	平方米/人	6.13
#钢筋混凝土结构	平方米/人	27.16
年末住房价值	元/平方米	506.05

1-209　农村住户人口与劳动力情况（2008年）

指　　标	单位	2008年
农村住户人口状况	**人**	
家庭常住人口	人	4490
常住人口与户主关系	人	
户　主	人	1188
配　偶	人	1130
子　女	人	1698
孙子女	人	216
父　母	人	243
祖父母	人	5
兄弟姐妹	人	6
其他亲属	人	4
非亲属	人	
家庭常住人口年龄状况	人	
6岁及以下	人	299
7-15岁	人	626
16-18岁	人	213
19-22岁	人	320
23-25岁	人	148
26-30岁	人	250
31-40岁	人	869
41-50岁	人	892
51-60岁	人	526
61岁及以上	人	347
在校学生人数	人	852
#7-15岁以下在校学生人数	人	605
7-15岁非在校学生人数	人	21
农村住户劳动力素质状况	**人**	
整半劳动力数	**人**	**3071**
#男劳动力人数	人	1581
整劳动力人数	人	2217
受过专业培训的人数	人	1050
年龄状况	人	
16-20岁	人	191
21-25岁	人	257
26-30岁	人	248
31-35岁	人	403
36-40岁	人	437
41-45岁	人	546
46-50岁	人	335
51岁及以上	人	654

1-209 续表

指　　标	单位	2008年
文化程度	人	
不识字或识字很少	人	234
小学程度	人	848
初中程度	人	1558
高中程度	人	272
中　专	人	102
大专及以上	人	57
农村住户劳动力就业情况	**人**	
就业劳动力人数	人	3019
#男劳动力人数	人	1560
整劳动力人数	人	2190
受专业培训的人数	人	1031
就业地点	人	
乡　内	人	2858
县内乡外	人	35
省内县外	人	114
国内省外	人	9
国　外	人	3
行业分布	人	
一产业就业劳动力	人	2257
#农　业	人	2210
林　业	人	8
牧　业	人	31
渔　业	人	8
非农产业就业劳动力	人	762
二产业就业劳动力	人	204
采矿业	人	22
制造业	人	80
电力煤气及水的生产供应业	人	13
建筑业	人	89
三产业就业劳动力	人	558
交通运输仓储及邮电通讯业	人	93
批发和零售贸易	人	65
住宿和餐饮业	人	68
居民服务和其他服务业	人	187
教　育	人	11
卫生、社会保障和社会福利业	人	11
文化、体育和娱乐业	人	5
其　他	人	118
年内从事各种行业时间（月）	月	28570
从事农业的时间	月	19517
从事非农产业的时间	月	9053

主要统计指标解释

一、基本概念

住宅　指人工建造的，有墙、顶、门、窗等结构，具有独立入口，供人居住的房屋或场所。包括单元房、筒子楼、平房、四合院、独栋别墅等普通住宅，也包括工棚、工厂的集体宿舍，餐馆、发廊以及办公室等有人居住的场所。

注意:

①独立入口的本质特征是排他性，独立入口内为独立的生活空间，入口外为公共空间。

②一个单元房一般视为一个住宅，但是多套单元房被打通连成一体时，则视为一个住宅。

③连片平房或筒子楼中，不同门牌号码的房间一般视为不同住宅。在连片平房或筒子楼中，如果一户住两间或多间，则将这几间视为一宅。

④工棚、工厂的集体宿舍、餐馆、发廊等人群集中居住的场所，每个有独立入口的房间，均视为一个住宅。

⑤单栋楼房、平房、四合院或独立院落等能够明确区分多个独立住宅的，要视为多个独立住宅。农村已分家但住在同一院落的，应视为不同住宅。

住户　指居住在一个住宅内，共同分享生活开支或收入的一群人。居住在同一房间内、不共同分享生活开支的人群，每个人都视为一个住户。住家保姆、住家家庭帮工视为单独的住户。

根据居住的状态，可将住户分为家庭居住户和集体居住户。

家庭居住户指的是以家庭成员关系为主，居住在同一住宅内共同生活的住户。注意：同一住宅内有住家保姆或住家家庭帮工的，仍被视为家庭居住。

集体居住户指的是相互没有家庭成员关系，居住在同一房间内，不共同分享生活开支，独立生活的住户。如在工棚、工厂的集体宿舍以及在工作地的集体居住户，每个人都视为一个住户。

住户成员　指居住在一个住宅内，所有与本住户分享生活开支或收入的人员。

还包括:

①由本住户供养的在外学生（包括大中专学生和研究生）；

②未分家的农村外出从业人员和随迁家属，无论其外出时间长短;

③轮流居住的老人;

④因探亲访友、旅游、住医院、培训或出差等原因临时外出的人员。

不包括:

①寄宿者、住家保姆和住家家庭帮工;

②已分家的子女、出嫁人员、挂靠人员;

③本住户不再供养的在外学生（包括大中专学生和研究生）；

④调查时点已应征入伍者;

⑤调查时点的劳教劳改人员。

所有住户成员都是调查对象。

常住成员　指住户成员中，经常在家居住、或者调查期内居住时间超过一半的人员，以及本住户供养的学生。

季度调查的常住成员包括:

①过去三个月已经居住或未来三个月打算居住时间超过 1.5 个月的住户成员。

②过去三个月内每月至少在调查住宅居住一天以上，且没有在其他自有或独自租借的普通住宅中住过的人。或者说，在外与人合住或住在工棚、集体宿舍、工作地或其他临时性住所、又定期回家居住的人，也是本住户常住成员。

③由本住户供养的在校学生（包括大中专学生和研究生）。

常住成员是住户收支的调查对象。

二、收入

可支配收入　指调查户在调查期内获得的、可用于最终消费支出和储蓄的总和，即调查户可以用来自由支配的收入。可支配收入既包括现金，也包括实物收入。按照收入的来源，可支配收入包含四项，分别为：工资性收入、经营净收入、财产净收入和转移净收入。计算公式为:

可支配收入=工资性收入+经营净收入+财产净收入+转移净收入

其中：经营净收入=经营收入-经营费用

-生产性固定资产折旧生产税

财产净收入=财产性收入-财产性支出

转移净收入=转移性收入-转移性支出

工资性收入 指就业人员通过各种途径得到的全部劳动报酬和各种福利，包括受雇于单位或个人、从事各种自由职业、兼职和零星劳动得到的全部劳动报酬和福利。

工资 指就业人员通过劳动从单位或雇主获取的各种现金报酬，包括按周、按月或按其他间隔定期发放的计时计件劳动报酬；按月、按季度或按年度发放的奖金；按月或其他间隔发放的住房补贴、交通补贴、车改补贴、通讯补贴、冬季取暖费和防暑降温费等；定期或不定期发放的过节费、相当于现金的通用购物卡等；因加班、夜班、在周末或其他私人时间工作而获得的加班工资或专门津贴；因到外地工作、或在不满意的或危险的环境下工作而获得的津贴；在国外工作的出国津贴等；根据国家法律、法规和政策规定，因病、工伤、产假、计划生育假、婚丧假、事假、探亲假、定期休假、停工学习、执行国家或社会义务等原因按计时或计件工资标准的一定比例支付的工资；根据激励制度，与企业整体业绩挂钩而给付的专项奖金或现金奖励；在工作岗位上获得的佣金、赏金或小费。工资应包括各种扣款，如工作单位代扣的应由个人承担的养老保险、医疗保险、失业保险和住房公积金；以及单位在工资中代扣的房租、水费、电费、托儿费、医疗费、借款等，同时把所扣除的各项费用分别计入相应的消费支出或转移性支出中。工资按照收付实现制计算，只要是在调查期内实际得到的工资，无论该工资是补发还是预发，都应归为本期得到的工资收入。本调查期内应得但因拖欠等原因未得到的工资不应计入。工资不包括因员工或员工家属大病、意外伤害、意外死亡等原因支付给员工或其遗属的抚恤金和困难补助金，应该将其列入转移性收入中的社会救济和补助收入。

实物福利 指单位或雇主免费或低价提供给员工的各种实物产品和服务折价。实物福利既包括单位或雇主免费或低价提供的各种实物产品，如米面、植物油、牛奶、水果、糕点、床上用品、日用杂品、手机、自行车、家用电器及配件等；也包括单位或雇主免费或低价提供的各种服务，如免费或低价提供的工作餐（不包括公务招待或出差中的餐饮消费）、住宿、上下班交通工具、停车场、幼儿园、娱乐、健身、旅游和医疗保健服务，以及单位缴纳的水电费、取暖费、物业费、职工子女入学的教育赞助费等。由个人先行付款消费，后由单位或雇主给予报销的款额也视为实物福利。实物福利还包括单位或雇主自身生产过程所生产的货物与服务，如铁路或航空公司提供给员工的免费旅程，采矿企业提供给员工的免费煤炭等。实物福利的估价遵循以下原则：如果产品或服务是单位或雇主购买的，则采用购买者价格对其进行估价；如果产品或服务是单位或雇主自己生产的，则采用生产者价格对其进行估价。如果产品或服务是免费提供给职工的，则实物福利的价值就是所提供产品或服务的全部价值；如果产品或服务是以低于市场价格的价格提供给职工的，则实物福利的价值就是所提供的产品或服务的市场价值与实际支付额之间的差值。实物福利不包括单位或雇主为雇员能够完成工作所给予的实物产品或服务。如雇员为接手新的工作岗位或应雇主的要求，把家搬到本国其他地区或国外所支付的旅费、搬迁费或其他相关费用的报销；如发给雇员的用于工作的服装、工具、设备或其他产品。

其他 指就业人员获取的、除工资以外的其他现金劳动报酬以及单位缴纳的各种社会保障费。包括因裁员得到的一次性辞退金；股份制企业派发或奖励给员工的股票和期权；调动工作的安家费；根据国务院发布的有关规定颁发的创造发明奖、自然科学奖和科学技术进步奖以及支付给运动员、教练员的奖金；个人从事自由职业如写作、翻译、设计等（含兼职或零星劳动）得到的稿费、翻译费、设计费、讲课费、咨询费等劳动报酬。

经营净收入 指住户或住户成员从事生产经营活动所获得的净收入，是全部经营收入中扣除经营费用、生产性固定资产折旧和生产税之后得到的净收入。计算公式具体为：

经营净收入=经营收入-经营费用

-生产性固定资产折旧-生产税

第一产业净收入 指住户或住户成员从事第一产业生产经营活动所获得的净收入，是全部经营收入中扣除经营费用、生产性固定资产折旧和生产税之后得到的净收入。

第一产业是指农业、林业、牧业和渔业（不含农林牧渔服务业）。

第二产业净收入 指住户或住户成员从事第二产业的生产经营活动所获得的净收入，是全部经营收入中扣除经营费用、生产性固定资产折旧和生产税之后得到的净收入。

第二产业是指采矿业（不含开采辅助活动），制造业（不含金属制品、机械和设备修理业），电力、热力、燃气及水生产和供应业，建筑业。

第三产业净收入 指住户或住户成员从事第三产业生产经营活动所获得的净收入，是全部经营收入中扣除经营费用、生产性固定资产折旧和生产税之后得到的净收入。

第三产业即服务业，是指除第一产业、第二产业以外的其他行业。第三产业包括：批发和零售业，交通运输、仓储和邮政业，住宿和餐饮业，信息传输、软件和信息技术服务业，金融业，房地产业，租赁和商务服务业，科学研究和技术服务业，水利、环境和公共设施管理业，居民服务、修理和其他服务业，教育，卫生和社会工作，文化、体育和娱乐业，公共管理、社会保障和社会组织，国际组织，以及农、林、牧、渔业中的农、林、牧、渔服务业，采矿业中的开采辅助活动，制造业中的金属制品、机械和设备修理业。

财产净收入 指住户或住户成员将其所拥有的金融资产、住房等非金融资产和自然资源交由其他机构单位、住户或个人支配而获得的回报并扣除相关的费用之后得到的净收入。财产净收入包括利息净收入、红利收入、储蓄性保险净收益、转让承包土地经营权租金净收入、出租房屋净收入、出租其他资产净收入和自有住房折算净租金等。

财产净收入不包括转让资产所有权的溢价所得，这应该计入“非收入所得”。

利息净收入 指利息收入扣除该住户或个人付给债权方的生活性借贷款利息支出后得到的净值。

利息收入是指按照双方事先约定的金融契约条件，借出金融资产（存款、债券、贷款和其他应收账款）的住户或个人从债务方得到的本金之外的附加额。利息收入是应得收入，包括各类定期和活期存款利息、债券利息、个人借款利息等，银行代扣的利息所得税也包括在内。利息与红利的差异：利息一般是预先约定的，与企业的经营状况无关，而红利的多少与企业的经营效益直接有关，一般不预先约定。

红利收入 指住户或个人作为股东将其资金交由公司支配或处置而有权获得的收益。包括股票发行公司按入股数量定期分配的股息、年终分红以及从集体财产入股或其他投资分配得到的股息和红利。股票买卖结算后获得的收益（含亏损）不包含在内，应计入“非收入所得”。

储蓄性保险净收益 指住户或个人参加储蓄性保险，扣除缴纳的保险本金及相关费用后，所获得的保险净收益。不包括保险责任人对保险人给予的保险理赔收入。

转让承包土地经营权租金净收入 指住户将拥有经营权或使用权的土地转让给其他机构单位或个人获得的补偿性收入扣除相关成本支出后得到的净收入。也包括从其他机构单位或个人获得的实物形式的收入。

出租房屋净收入 指住户将自有住房出租给其他机构单位或个人得到的租金回报再扣除相关的维护成本之后得到的净收入。

出租其他资产净收入 指住户将除住房之外的其他资产，包括各种有形资产和无形资产（如生产经营用房、机械设备、专利、专有技术、商标商誉等），交由其他机构单位或个人使用而获得的回报再扣除相关成本支出后得到的净收入。

自有住房折算净租金 指现住房产权为自有住房（含自建住房、自购商品房、自购房改住房、自购保障性住房、拆迁安置房、继承或获赠住房）的住户为自身消费提供住房服务的折算价值扣除折旧后得到的净租金。自有住房折算净租金的计算方法为：自有住房年度折算净租金=自有住房年度折算租金-购建房年度分摊成本。自有住房年度折算租金主要是依据自有住房的市场估值和使用年限进行折算，而购建房年度分摊成本是按照购建房的价格和相应的年折旧率进行计算。由于大多数的农村区域并不存在住房交易市场，难以对其进行估值，一般就认为农村居民的房屋市场价值等同于当年的建房价格，折算后的净租金为零。因此，在实际操作中仅针对城镇居民计算自有住房折算净租金。需要注意，自有住房折算净租金是一种实物收入。

其他财产净收入 指住户所得的除上述以外的其他财产性收入扣除相关的维护成本之后得到的净收入。如通过在国外购买的土地、矿产等自然资源获得的财产净收入等。

转移净收入 计算公式为：转移净收入=转移性收入-转移性支出

转移性收入 指国家、单位、社会团体对住户的各种经常性转移支付和住户之间的经常性收入转移。包括政府、非行政事业单位、社会团体对居民转移的养老金或退休金、社会救济和补助、惠农补贴、政策性生活补贴、救灾款、经常性捐赠和赔偿以及报销医疗费等；住户之间的赡养收入、经常性捐赠和赔偿以及农村地区（村委会）在外（含国外）工作的本住户非常住成员寄回带回的收入等。转移性收入不包括住户之间的实物馈赠。

养老金或离退休金 指根据国家有关文件规定或合同约定，在劳动者年老或丧失劳动能力后，根据他们对社会、单位所作的贡献和所具备的享受养老保险资格或退休条件，按月以货币形式或实物产品及服务给予的待遇，主要用于保障因年老或疾病丧失劳动能力的劳动者的基本生活需要。包括离退休人员的养老金或离退休金、生活补贴，农民享有的新型农村养老保险金，城镇居民享有的社会养老保险金，国家或地方政府给予城镇无保障老人的养老金，因工致伤离退休人员的护理费，退休人员异地安家补助费、取暖补贴、医疗费、旅游补贴、书报费、困难补助以及在原工作单位所得的各种其他收入，相当于现金的购物卡券也包含在内。也包括发给的实物和购买指定物品的票证、购物卡券，应同时计入相应的实物产品和服务项目中。

社会救济和补助 指国家、机关企事业单位、社会团体和个人对各类特殊家庭、人员提供的特别津贴。包括国家对享受城镇居民最低生活保障待遇的家庭发放的最低生活保障金、对农村五保户发放的五保救助金、国家和社会及机构单位对特殊困难家庭给予的困难补助、扶贫款、救灾款、国家或机构单位向由于失去工作能力或意外死亡等原因而失去工作的职工或其遗属定期发放的抚恤金等。也包括发给的实物和购买指定物品的票证、购物卡券，应同时计入相应的实物产品和服务项目中。

惠农补贴 指国家为扶持农业进行的相关生产补贴，如粮食直补、购置和更新大型农机具补贴、良种补贴、购买生产资料综合补贴、退耕还林还草补贴、畜牧业补贴等。

政策性生活补贴 指根据国家的有关规定，中央财政、各级地方财政给予家庭的相关政策性生活补贴。包括家电下乡和以旧换新等家电补贴、能源补贴、给农村寄宿制中小学生的生活补贴等；也包括其他低价或免费提供的实物产品和服务，如廉租房等。

报销医疗费 指参加新型农村合作医疗、城镇职工基本医疗保险、（城镇）居民基本医疗保险、城乡居民大病保险的居民在购买药品、进行门诊治疗或住院治疗之后，从社保基金或单位报销的医疗费。报销医疗费属于一种实物收入。报销医疗费包括使用社保卡进行医疗服务付费时直接扣减的、由社保基金支付的部分。从商业医疗保险获得报销的医疗费不包括在内。

外出从业人员寄回带回收入 指在外（含国外）工作的本住户非常住成员寄回、带回的收入。无论是以现金、汇款、转账、银行卡共享等任何形式寄回、带回的收入，都应计入。

赡养收入 指亲友因赡养和抚养义务经常性给予住户及其成员的现金和实物收入。

其他经常转移收入 指住户从除上述各项转移性收入以外得到的其他经常性转移收入。如经常性捐赠收入、经常性赔偿收入、失业保险金、亲友搭伙费等。

经常性捐赠收入 指住户从他人、组织、社会团体处得到的经常性捐献或赠送收入。这种捐赠收入带有义务性和经常性，不包括遗产及一次性馈赠收入、婚丧嫁娶礼金所得、压岁钱等。捐赠收入与赡养收入的区别：赠送是对本住户的成员无赡养义务的其他住户或个人给本住户及其成员的现金。本住户成员内部间的捐赠收入和捐赠支出均不必记账。

经常性赔偿收入 指住户及其成员因受到财产损失、人身伤害、精神损失得到的国家、单位、个人定期支付的经常性赔偿，不包括一次性赔偿所得。

转移性支出 指调查户对国家、单位、住户或个人的经常性或义务性转移支付。包括缴纳的税款、各项社会保障支出、赡养支出、经常性捐赠和赔偿支出以及其他经常转移支出等。

个人所得税 指调查对象被扣缴的工资薪金所得、对企事业单位的承包经营承租经营所得、个体工商户的生产经营所得、劳务报酬所得、稿酬所得、特许权使用费所得、利息股息红利所得、财产租赁所得、财产转让所得、偶然所得、经国务院财政部门确定征税的其他所得等个人所得的税款。生产税、消费税不在其内。

社会保障支出 指调查户家庭成员参加国家法律、法规规定的社会保障项目中由单位和个人共同缴纳的保障支出。包括养老保险、医疗保险、失业保险、工伤保险、生育保险以及其他社会保障支出。

外来从业人员寄给家人的支出 指从业人员寄回带回其户口登记地家庭的支出。

赡养支出 指调查户因赡养和抚养义务而付给亲友的经常性现金和定期的实物支出。现金赡养支出应按实际发生的金额计算，不论是从报告期收入中开支的，还是从银行存款、手存现金以及其他所得中开支的，均应包含在内。

其他经常转移支出 指除缴纳的税款、社会保障支出、赡养支出以外的其他经常性转移支出。如经常性捐赠支出；经常性赔偿支出；各种罚款，如交通罚款；政府部门向居民提供服务收取的服务费，如迁户口的办理费、办理身份证费；缴纳工会费、党费、团费以及学会团体组织费等。

经常性捐赠支出 指调查户赠予他人的经常性和带有义务性的现金支出，包括向寺庙的经常性捐款、定期资助贫困学生或贫困地区的款项、个人对公共设施建设的各类捐款，如解困基金、水利基金、防洪基金等。但不包括以商品或服务方式给予他人的价值额。婚丧嫁娶礼金支出及一次性馈赠支出如压岁钱、探望病人给予的礼金等不含在内。经常性捐赠支出应按实际发生的金额计算，不论是从报告期收入中开支的，还是从银行存款、手存现金以及其他所得中开支的，均应包括在内。

经常性赔偿支出 指调查户向因受到财产损失、人身伤害、精神损失的国家、单位、个人定期支付的赔偿支出，不包括一次性赔偿支出。

三、消费

消费支出 指住户用于满足家庭日常生活消费需要的全部支出，包括用于消费品的支出和用于服务性消费的支出。根据用途不同，消费支出可划分为食品烟酒、衣着、居住、生活用品及服务、交通通信、教育文化娱乐、医疗保健、其他用品及服务八大类。根据来源不同，消费支出可划分为现金消费支出、实物消费支出（含自产自用、来自单位、来自政府和其他社会组织）。

食品烟酒 指用于各种食品和烟草、酒类的支出，包括食品和烟酒两个中类。

饮食服务 包括食堂用餐、其他在外饮食和食品加工服务费。

食堂用餐 指在单位食堂、单位附近或居住地附近的食堂用餐的支出。

其他在外饮食 指在家庭和食堂以外地点的自费用餐支出，即包括在外面饭馆、小吃部、小卖部、茶馆、饮食摊内吃饭、喝茶、吃冷饮时消费各种食品的费用支出，也包括在亲友家用餐支付的支出。不包括在这些地方所购买的烟草（烟草类）。

食品加工服务费 指用于食品加工所支付的加工服务费，包括磨粉、爆米花、炒花生、做糕点等费用。

衣着 指与居民穿着有关的支出，包括服装、服装材料、鞋类、其他衣类及配件、衣着相关加工服务的支出。

居住 指与居住有关的支出，包括房租、水、电、燃料、物业管理等方面的支出，也包括自有住房折算租金。

租赁房房租 指调查户租赁公房或私房实际支付的房租。

自有住房折算租金 指现住房为自有住房（含自建住房、自购商品房、自购保障性住房、继承或获赠住房、免费借用房）的住户为自身消费提供住房服务的折算价值。提供的住房服务价值一般等于在市场上租用同样大小、质量和类型的房屋所要支付的租金。考虑到很多地方还不存在规范和成熟的房屋租赁市场，目前自有住房折算租金采用折旧法计算。具体方法是：自有住房折算租金=自有住房市场现价估值×年折旧率（城乡不同）。自有住房折算租金属于实物消费，不包括在现金消费支出中。

生活用品及服务 指家庭及个人的各类生活品及家庭服务。包括家具及室内装饰品、家用器具、家用纺织品、家庭日用杂品、个人用品和家庭服务。

家用器具 包括家庭使用的各种耐用消费品和小家电。

耐用消费品 指家庭使用的各类大型器具和电器，不包括文娱用家电（文娱耐用消费品）。包括冰箱、冷饮机、空调、洗衣机、吸尘器、干衣机、微波炉、洗碗机、消毒碗柜、炊具、炉灶、热水器、取暖器、保险柜、缝纫机等。

家庭服务 指家政服务支出及家庭设备用品的加工维修费用。

交通和通信 指用于交通和通信工具及相关的各种服务费、维修费和车辆保险等支出。

交通 指购置交通工具及零配件、支付各种交通费、修理服务费、油料费和车辆保险等支出。

交通工具 指家庭购买家用汽车、摩托车、自行车及其他家庭交通工具的支出。不包括购买经营用交通工具的支出。

交通费 指家庭成员乘坐各种交通工具所支付的交通费。不包括因公出差暂由个人垫付的交通费。

交通工具用燃料 指用于家庭交通工具的燃料。包括汽油、柴油、电瓶以及电瓶充电费。

交通工具使用及维修 包括交通工具零配件和维修、停车费、车辆使用税费、车辆保险支出、交通工具使用维修支出。

通信 指家庭用于通信方面的全部支出。包括通信工具、电话费、邮费及其他通信费用。

通信工具 指购买各种通信工具所支付的费用。包括固定电话机、移动电话机、寻呼机、传真机等。

通信服务 指家庭用于电话费、电话初装费、入网费、电信费、邮费等方面的服务支出。

教育、文化和娱乐 指用于教育和文化娱乐方面的支出。

教育 指按一定的目的要求，对受教育者的德育、智育、体育、爱好、技能等诸方面施以影响的一种有计划的活动，与这一活动直接相关的支出即为教育支出。包括学杂费、培训费、赞助费、一揽子教育服务、教育用品等。可按阶段分为学前教育、小学教育、初中教育、高中教育、中专职高教育、大专及以上教育、其他教育和培训7个阶段。

文化和娱乐 包括文娱耐用消费品、其他文娱用品和文化娱乐服务。

文娱耐用消费品 包括各种音像、摄影和信息处理设备，如彩色电视机、照相机、摄像机、组合音响、家用计算机，也包括中高档乐器、健身器材等，还包括文娱耐用消费品的零配件和维修。

其他文娱用品 包括除教材及参考书以外的各种书报杂志及音像制品、文具纸张、体育户外用品、玩具、用于花鸟虫鱼等业余爱好的相关用品、宠物及宠物用品等其他文娱用品，也包括以上文娱用品的维修支出。

文化娱乐服务 指和文化娱乐活动有关的各种服务费用。包括团体旅游、景点门票、体育健身活动、电影、话剧、演出票、有线电视费以及其他文化娱乐服务支出。

医疗保健 指用于医疗和保健的药品、用品和服务的总费用。包括医疗器具及药品，以及医疗服务。

医疗器具及药品 包括药品、滋补保健品、医疗卫生器具及用品和保健器具。

医疗服务 包括门诊和住院的医疗总费用。其中包括从各种医疗保险或其他医疗救助计划中获得的医药费和医疗费的报销款额。报销医疗费应按收付实现制记录，即仅当医疗费报销到手时才计入。

门诊医疗费包括全科医生或专科医生、医务辅助人员及附属人员提供给门诊病人的医疗和保健服务，这些服务可在家中、个人或团体诊所、医务室或门诊部等地方提供，包括挂号费、诊疗费、注射费、手术费、透视费、镶牙费、出诊费、送药费、陪侍费、住院费、救护车费等，还包括提供给门诊病人的药物、医疗器械和设备及其他保健产品。住院医疗费指病人在治疗过程中住在医院内，涵盖综合和专科医院的服务。不包括专门提供门诊治疗的手术室、门诊部和药房等所提供的服务。

其他用品及服务 指无法直接归入上述各类支出的其他用品与服务支出。

其他用品 指七大类支出以外的各种其他用品。包括首饰、手表和其他杂项用品。

其他服务 指用于个人消费中的服务费，包括旅馆住宿费、美容美发洗浴、其他杂项服务。无法归入七大类服务支出的其他各项服务支出，如迷信服务费、丧葬费、请律师的诉讼费、公证费、房地产中介服务费等也包含在内。

通过互联网购买的商品或服务 指住户在报告期内借助网络（包括家庭以外的网络）购买的商品或服务总额。付款方式可以是网上进行的，也可以是网下进行。

四、第一产业生产经营收支

生产经营收入 指住户在调查期内从事农业、林业、牧业和渔业获得的、现金或实物形态的全部经营收入（未扣除生产经营的成本）。

生产经营现金收入 指住户在调查期内从事农

业、林业、牧业和渔业获得的、现金形态的经营收入（未扣除生产经营的成本）。

生产经营费用 指住户在调查期内从事农业、林业、牧业和渔业经营活动中所投入的费用成本，包括生产经营活动中购买的商品和服务、雇工支出、消耗的自产自用产品等。

生产经营现金费用 指住户在调查期内从事农业、林业、牧业和渔业经营活动中所投入的、以现金形式表现的成本，包括生产经营活动中购买的商品和服务、雇工支出等。

生产性固定资产折旧 在农业生产经营中，所有使用年限在两年及以上、单位价值在1000元以上的房屋建筑物、机器设备、器具工具、役畜、产品畜等资产应作为固定资产统计。农业生产性固定资产原价是指固定资产当初的购进价、新建价或开始转为固定资产的价值。自繁自养的幼畜成龄转作役畜、产品畜、种畜，按市场同类牲畜的平均价格计价。国家奖励和外单位赠送的固定资产按购置同类固定资产的价格参照其新旧程度酌情计价。农业生产性固定资产折旧按照15年的使用期限来处理。

价格调查

简要说明

一、本篇资料的主要内容

本篇价格指数资料，反映生产、流通、消费与投资等环节的价格变动趋势和变动幅度。主要包括居民消费价格指数、商品零售价格指数、工业生产者出厂价格指数、工业生产者购进价格指数、固定资产投资价格指数等。

二、本篇的资料来源

价格指数编制由国家统计局组织实施，国家统计局各调查总队及抽中市、县调查队依据国家统计局统一制定的价格统计调查制度从基层采集原始数据汇总后上报。

三、居民消费、商品零售价格调查

编制居民消费、商品零售价格指数的资料采用抽样调查和重点调查相结合的方法取得，即在全国选择不同经济区域和分布合理的地区，以及有代表性的商品作为样本，对其市场价格进行定期调查。编制过程按下列几个步骤进行:

1. 选择调查地区和调查点。调查地区按照经济区域和地区分布合理等原则，选出具有代表性的大、中、小城市和县作为国家的调查地区，在此基础上选定经营规模大、商品种类多的商场(包括集市和服务网点)作为调查点。

2. 选择代表规格品。代表规格品是选择消费量大、价格变动有代表性的商品；代表规格品的确定是根据商品零售资料和全国城镇、农村住户调查户的消费支出记账资料，按照有关规定筛选的。筛选原则: (1)与社会生产和人民生活关系密切；(2)消费(销售)数量(金额)大；(3)市场供应稳定；(4)价格变动趋势有代表性；(5)所选的代表规格品之间差异大。

目前，居民消费价格调查按用途划分为 8 大类，262 个基本分类，各城市每月调查 600 种以上的规格品价格；商品零售价格按用途划分为 16 个大类，229 个基本分类，各地每月调查 500 种以上的规格品价格。

3. 居民消费价格调查方式。主要方法是定人、定点、定时应用手持电子采价器直接调查。

4. 权数的确定。商品零售价格指数的权数主要根据社会商品零售额资料确定;居民消费价格指数的权数主要根据城乡居民家庭消费支出构成确定。

四、工业生产者出厂价格调查

工业生产者出厂价格是工业品第一次出售时的出厂价格。该项调查采用重点调查与典型调查相结合的调查方法。重点调查对象为年主营业务收入 2000 万元及以上的工业法人企业;典型调查对象为年主营业务收入 2000 万元以下的工业法人企业。

1. 选择代表企业的原则: (1)按工业行业选择调查企业，各中类行业原则上都要有调查企业；(2)大型企业应尽量都选上(或占相当大比重)；(3)选择生产正常、稳定的企业作为调查对象。

2. 选择代表产品的原则: (1)按工业行业选择代表产品；(2)选择对国计民生影响大的产品；(3)选择生产较为稳定的产品；(4)选择有发展前景的产品；(5)选择具有地方特色的产品。

目前《工业生产者出厂价格调查目录》包括 11000 多种产品，并将其划分为 1702 个基本分类；《工业生产者购进价格调查目录》包括 6000 多种产品，并划分为 900 多个基本分类。

3. 价格调查方式。采用企业报表形式，每月近 6 万家工业企业上报数据资料。

4. 权数的确定。工业生产者出厂价格统计中，工业小类及小类以上的权数资料来源于工业统计中分行业工业销售产值数据资料；基本分类的权数资料来源于独立的工业企业产品权数调查。权数一般五年更换一次。

五、固定资产投资价格调查

固定资产投资价格调查采用重点调查与典型调查相结合的方法。固定资产投资价格调查所涉及的价格是构成固定资产投资额实体的实际购进价格或结算价格。调查的内容包括构成当年建筑工程实体的钢材、木材、水泥、地方材料(如砖、瓦、灰、沙、石等)、化工材料(如油漆等)等主要建筑材料价格；作为活劳动投入的劳动力价格（单位工资）和建筑机械使用费用；设备工器具购置和其他费用投资价格。

固定资产投资价格调查样本的选择遵循以下原则:

1. 选择建筑安装工程调查点的原则: (1)样本单位应具有一定覆盖面; (2)投资经济活动代表性强; (3)兼顾不同登记注册类型; (4)选择重点工程; (5)兼顾国民经济各门类及不同工程类别。

2. 选择其他费用调查点的原则: 在选择其他费用调查点时，所遵循的原则与建筑安装工程调查点的原则基本相同，特别是要注意选择那些投资额大的工程。但由于其他费用不易取得，所以在实际操作过程中，应同时在建设单位、施工单位开展重点调查，并辅以典型调查(从管理部门取得资料)。

3. 价格调查方式。采用企业报表和调查员走访相结合的方式。

4. 权数的确定。固定资产投资价格指数的计算权数是建筑安装工程、设备工器具购置和其他费用三者前三年的平均比重。

2-1 各种价格总指数（2008-2014年）

(上年价格=100)

年　份	居民消费价格总指数	商品零售价格总指数	工业生产者出厂价格指数	工业生产者购进价格指数	固定资产投资价格指　数
2008	105.8	105.4			
2009	100.8	100.0			
2010	104.2	103.6			102.9
2011	104.9	104.9	104.6	109.6	102.6
2012	103.1	102.0	99.2	96.8	101.1
2013	103.9	102.5	97.9	96.5	100.5
2014	103.1	101.8	97.3	97.9	100.7

2-2 各种价格定基指数（2008-2014年）

(2007年价格=100)

年　份	居民消费价格指数	商品零售价格指数
2008	105.8	105.4
2009	106.6	105.4
2010	111.1	109.2
2011	116.5	114.6
2012	120.1	116.9
2013	124.8	119.8
2014	128.7	122.0

2-3 居民消费价格分类指数(2008-2014年)

(上年价格=100)

项 目	2008	2009	2010
居民消费价格总指数	**105.8**	**100.8**	**104.2**
食品	116.4	101.4	109.1
粮食	111.5	104.1	112.6
淀粉	94.2	99.9	92.6
干豆类及豆制品	135.8	99.8	107.5
油脂	124.5	70.3	102.3
肉禽及其制品	131.4	90.4	102.3
蛋	98.4	101.8	110.8
水产品	120.1	97.5	109.2
菜	103.8	121.2	128.7
鲜菜	103.3	123.5	127.6
调味品	107.2	98.8	97.4
糖	106.0	98.8	119.1
茶及饮料	106.5	101.7	106.0
茶叶	104.6	101.7	115.7
饮料	107.2	101.7	100.4
干鲜瓜果	114.5	117.8	115.8
鲜瓜果	110.0	118.5	117.2
糕点饼干	118.3	105.1	104.5
液体乳及乳制品	109.2	103.5	106.3
在外用膳食品	113.4	99.0	101.8
其他食品	114.5	102.8	102.6
烟酒及用品	103.4	100.0	99.7
烟草	103.2	99.5	99.7
酒	106.0	103.0	100.1
衣着	86.3	99.7	94.9
服装	86.2	100.6	95.0
衣着材料	100.7	101.2	107.6
鞋袜帽	85.2	95.3	93.4
衣着加工服务费	100.7	124.5	100.0
家庭设备用品及维修服务	101.0	99.9	100.3
耐用消费品	101.3	98.8	98.6
家具	100.0	100.0	99.5
家庭设备	102.2	98.0	98.0
室内装饰品	92.1	101.9	100.2
床上用品	90.7	102.4	98.7
家庭日用杂品	102.2	96.9	99.0
家庭服务及加工维修服务	113.5	107.4	112.8

2-3 续表 1

(上年价格=100)

项目	2008	2009	2010
医疗保健和个人用品	106.7	101.1	106.1
医疗保健	107.0	102.7	106.9
医疗器具及用品	101.7	100.2	100.3
中药材及中成药	112.9	107.7	117.8
西药	106.1	100.2	102.3
保健器具及用品	103.6	101.9	102.9
医疗保健服务	97.3	99.7	100.0
个人用品及服务	105.5	96.0	103.2
化妆美容用品	102.0	101.1	100.0
清洁类化妆用品	98.4	105.5	103.3
个人饰品	107.7	91.7	112.3
个人服务	110.4	88.8	100.2
交通和通信	99.0	97.5	100.2
交通	100.8	97.9	102.7
交通工具	94.3	98.0	99.4
车用燃料及零配件	112.5	89.0	112.1
车辆使用及维修费	104.0	100.4	105.3
市区公共交通费	100.0	100.0	100.0
城市间交通费	102.5	102.7	103.1
通信	97.4	97.2	98.1
通信工具	80.6	80.7	85.9
通信服务	100.0	100.0	100.0
娱乐教育文化用品及服务	97.5	96.4	100.2
文娱用耐用消费品及服务	86.4	92.5	95.0
教育	99.4	101.5	105.5
教材及参考书	99.2	110.9	113.3
学杂托幼费	99.4	99.2	103.3
文化娱乐类	108.4	102.3	103.6
文化娱乐用品	100.4	101.6	99.8
书报杂志	107.9	107.8	98.5
文娱费	116.8	99.4	110.9
旅游	96.6	88.2	95.7
居住	103.7	107.4	105.7
建房及装修材料	109.6	106.2	100.7
租房	107.2	103.8	109.0
自有住房	101.9	100.7	117.4
水、电、燃料	101.8	110.3	103.5

2-3 续表 2

(上年价格=100)

项　　目	2011	2012	2013	2014
居民消费价格总指数	**104.9**	**103.1**	**103.9**	**103.1**
食品	110.8	107.7	106.8	105.6
粮食	111.5	104.3	103.0	102.4
淀粉及制品	104.5	110.8	100.7	98.9
干豆类及豆制品	100.9	102.7	108.9	103.8
油脂	118.4	104.9	97.1	92.1
肉禽及其制品	125.9	102.7	101.7	99.9
蛋	108.6	101.8	104.9	106.7
水产品	108.4	106.5	103.6	103.4
菜	94.6	118.8	103.9	109.5
鲜菜	94.4	120.5	103.1	110.4
调味品	103.0	104.5	107.6	121.5
糖	110.4	109.1	101.7	101.8
茶及饮料	107.0	108.2	112.1	97.4
茶叶	109.6	108.6	117.5	103.3
饮料	105.4	107.9	108.9	93.6
干鲜瓜果	104.7	100.5	107.7	113.1
鲜瓜果	105.6	100.1	109.0	116.0
糕点饼干面包	111.8	103.3	105.9	105.2
液体乳及乳制品	105.1	108.9	104.8	112.1
在外用膳食品	111.3	111.7	114.0	108.2
其他食品	109.1	109.0	107.7	101.6
烟酒	100.2	100.5	100.8	100.5
烟草	99.6	99.2	100.2	100.0
酒	104.0	108.8	104.2	103.3
衣着	100.6	95.9	101.9	100.4
服装	99.8	99.9	105.5	101.0
衣着材料	106.6	103.6	100.6	100.0
鞋袜帽	102.1	82.8	88.9	98.5
衣着加工服务费	107.3	112.7	114.3	95.1
家庭设备用品及维修服务	109.3	103.3	101.7	101.6
耐用消费品	102.5	99.8	100.7	100.1
家具	106.3	101.3	100.6	100.0
家庭设备	100.0	98.8	100.8	100.1
室内装饰品	100.0	97.0	95.8	96.7
床上用品	115.7	104.7	103.8	97.1
家庭日用杂品	108.4	105.7	99.1	100.2
家庭服务及加工维修服务	134.2	110.8	107.8	113.4

2-3 续表 3

（上年价格=100）

项　　目	2011	2012	2013	2014
医疗保健和个人用品	103.2	101.8	101.7	101.0
医疗保健	103.0	100.8	101.9	101.3
医疗器具及用品	104.9	103.5	101.8	100.0
中药材及中成药	108.4	101.5	104.4	102.7
西药	101.1	99.7	100.7	100.8
保健器具及用品	101.2	100.8	105.4	102.7
医疗保健服务	100.0	101.6	100.0	100.0
个人用品及服务	103.9	105.2	100.9	100.0
化妆美容用品	98.3	102.5	99.8	102.8
清洁类化妆用品	100.8	102.3	100.5	101.6
个人饰品	110.6	102.0	94.8	91.8
个人服务	106.4	112.4	106.9	102.8
交通和通信	101.2	100.7	99.7	100.6
交通	104.3	102.9	101.1	100.6
交通工具	99.7	101.3	100.0	99.8
车用燃料及零配件	113.3	102.1	99.0	100.1
车辆使用及维修费	109.2	108.7	109.7	105.1
市区公共交通费	102.5	102.1	99.8	99.8
城市间交通费	103.5	104.4	101.0	100.3
通信	98.3	98.5	98.3	100.5
通信工具	82.5	82.6	83.9	104.9
通信服务	101.1	100.8	100.0	100.0
娱乐教育文化用品及服务	99.0	101.8	102.6	100.2
文娱用耐用消费品及服务	92.6	94.8	98.5	96.6
教育	106.9	104.6	100.7	102.3
教材及参考书	109.1	100.5	92.2	102.7
教育服务	**106.3**	**105.6**	**102.8**	**102.2**
文化娱乐类	102.7	99.4	100.0	99.9
文化娱乐用品	96.9	95.8	100.8	99.0
书报杂志	101.0	100.9	100.2	100.0
文娱费	109.1	101.4	99.2	100.5
旅游	91.4	106.8	111.5	100.2
居住	103.5	101.8	104.6	104.6
建房及装修材料	102.9	99.6	104.3	102.2
住房租金	109.0	106.4	106.4	103.6
自有住房	103.8	103.0	102.7	107.5
水、电、燃料	101.2	99.2	107.0	102.3

2-4 居民消费价格分类指数(2014年)

(上年价格=100)

项　　目	全省			昆明
	合计	城市	农村	城市
居民消费价格总指数	**102.4**	**102.6**	**101.9**	**103.1**
食品	104.3	104.3	104.5	105.6
粮食	102.6	101.8	103.4	102.4
淀粉及制品	99.7	100.6	97.9	98.9
干豆类及豆制品	103.8	103.6	104.0	103.8
油脂	95.6	94.9	96.3	92.1
肉禽及其制品	100.7	100.1	101.5	99.9
蛋	106.3	106.1	106.6	106.7
水产品	103.4	103.3	103.5	103.4
菜	108.2	107.8	109.0	109.5
鲜菜	109.1	108.3	110.9	110.4
调味品	110.0	112.6	106.9	121.5
糖	99.7	100.0	99.4	101.8
茶及饮料	99.8	99.0	101.1	97.4
茶叶	102.1	102.1	102.0	103.3
饮料	98.4	97.4	100.4	93.6
干鲜瓜果	111.9	110.0	115.4	113.1
鲜瓜果	114.4	112.5	117.8	116.0
糕点饼干面包	102.5	103.3	100.8	105.2
液体乳及乳制品	109.8	110.7	105.0	112.1
在外用膳食品	105.6	105.7	105.3	108.2
其他食品	104.9	103.6	105.9	101.6
烟酒	100.5	100.8	100.2	100.5
烟草	100.5	100.7	100.2	100.0
酒	100.7	101.0	100.4	103.3
衣着	100.9	100.7	101.3	100.4
服装	101.3	101.0	101.7	101.0
衣着材料	100.4	100.3	100.4	100.0
鞋袜帽	100.0	99.7	100.4	98.5
衣着加工服务费	100.6	100.0	101.4	95.1
家庭设备用品及维修服务	101.3	101.2	101.3	101.6
耐用消费品	100.9	99.8	102.4	100.1
家具	100.7	99.6	101.9	100.0
家庭设备	101.0	99.9	102.8	100.1
室内装饰品	99.0	98.7	100.1	96.7
床上用品	99.0	98.5	100.2	97.1
家庭日用杂品	99.8	99.7	99.9	100.2
家庭服务及加工维修服务	111.7	113.2	104.6	113.4

2-4 续表

(上年价格=100)

项目	全省			昆明市
	合计	城市	农村	城市
医疗保健和个人用品	101.1	101.6	100.2	101.0
医疗保健	101.2	101.9	100.0	101.3
医疗器具及用品	100.8	101.2	100.3	100.0
中药材及中成药	102.0	103.3	99.5	102.7
西药	101.4	101.8	100.5	100.8
保健器具及用品	101.0	101.9	98.7	102.7
医疗保健服务	100.1	100.1	100.1	100.0
个人用品及服务	100.7	100.5	101.1	100.0
化妆美容用品	101.1	101.4	100.4	102.8
清洁类化妆用品	100.9	101.3	100.6	101.6
个人饰品	94.5	93.7	96.9	91.8
个人服务	103.9	103.4	105.4	102.8
交通和通信	100.3	100.2	100.5	100.6
交通	100.6	100.5	100.8	100.6
交通工具	99.5	99.2	100.3	99.8
车用燃料及零配件	100.1	100.2	100.0	100.1
车辆使用及维修费	104.2	105.1	102.6	105.1
市区公共交通费	101.9	101.2	103.8	99.8
城市间交通费	100.3	100.0	100.7	100.3
通信	99.8	99.8	99.9	100.5
通信工具	98.0	97.2	98.9	104.9
通信服务	100.1	100.1	100.2	100.0
娱乐教育文化用品及服务	100.6	101.0	99.8	100.2
文娱用耐用消费品及服务	97.6	97.1	99.0	96.6
教育	100.3	101.2	99.2	102.3
教材及参考书	101.1	101.2	100.9	102.7
教育服务	100.2	101.2	98.9	102.2
文化娱乐类	101.4	101.8	100.3	99.9
文化娱乐用品	99.3	98.9	100.0	99.0
书报杂志	100.5	100.6	100.2	100.0
文娱费	104.2	105.3	100.8	100.5
旅游	103.1	103.0	103.3	100.2
居住	102.7	104.1	100.6	104.6
建房及装修材料	99.7	100.3	98.9	102.2
住房租金	103.9	104.7	100.2	103.6
自有住房	104.9	107.1	101.3	107.5
水、电、燃料	101.6	101.6	101.7	102.3

2-5 商品零售价格分类指数(2008-2014年)

(上年价格=100)

项　　目	2008	2009	2010	2011	2012	2013	2014
商品零售价格总指数	**105.4**	**100.0**	**103.6**	**104.9**	**102.0**	**102.5**	**101.8**
食品	117.0	100.5	109.4	111.4	107.3	106.2	105.7
粮食	110.4	104.3	112.6	111.2	104.1	103.1	102.5
油脂	121.6	70.6	102.9	115.9	105.0	98.1	92.2
肉禽及其制品	132.1	89.9	102.4	126.2	102.6	101.5	100.1
蛋	98.4	101.9	110.8	108.6	101.9	104.9	106.6
水产品	120.9	97.4	108.7	108.1	106.2	103.6	103.0
菜	104.2	118.7	129.6	95.1	117.8	104.2	109.1
干鲜瓜果	114.8	118.0	115.9	104.7	100.4	107.8	113.4
其他食品	114.5	102.8	102.6	109.1	109.0	107.7	101.6
饮料、烟酒	104.6	100.6	102.0	102.9	104.0	104.8	98.9
茶及饮料	105.5	101.6	106.0	106.5	108.0	111.1	96.3
烟草	103.3	99.4	99.7	100.0	99.8	100.1	100.0
酒	106.8	102.3	99.8	103.3	107.8	102.4	104.0
服装、鞋帽	85.5	99.5	94.3	100.3	95.5	101.1	100.1
服装	85.1	100.8	94.3	99.8	100.8	105.1	100.5
纺织品	93.6	102.0	101.2	122.4	108.1	104.1	97.6
家用电器及音响器材	94.0	93.5	94.4	94.5	96.7	98.4	97.4
文化办公用品	92.2	97.6	99.4	99.2	97.4	99.9	99.8
日用品	103.0	102.2	100.5	103.8	104.3	99.9	99.8
体育娱乐用品	95.3	97.5	101.1	104.3	98.5	96.9	99.8
交通、通信用品	93.5	95.0	96.4	96.2	96.8	97.7	100.4
家具	100.0	100.0	99.5	110.2	102.0	100.7	100.0
化妆品	103.2	97.3	99.6	99.4	102.7	100.4	102.3
金银珠宝	125.4	92.3	122.4	114.0	100.7	91.2	87.6
中西药品及医疗保健用品	107.1	102.4	106.5	103.2	100.8	103.2	101.9
书报杂志及电子出版物	101.2	107.6	105.8	104.4	99.9	96.1	101.5
燃料	109.5	103.8	108.8	110.8	102.4	107.0	101.8
建筑材料及五金电料	108.9	103.3	101.3	104.3	100.8	103.1	101.9

2-6 商品零售价格(分类)指数(2014年)

(上年价格=100)

项 目	全省			昆明市
	合计	城市	农村	城市
商品零售价格总指数	**101.6**	**101.6**	**101.7**	**101.8**
食品	104.8	104.8	104.7	105.7
粮食	103.0	102.3	103.6	102.5
油脂	94.7	94.2	95.4	92.2
肉禽及其制品	100.8	100.4	101.3	100.1
蛋	106.4	106.1	107.0	106.6
水产品	102.9	102.8	103.3	103.0
菜	108.4	107.8	109.2	109.1
调味品	112.2	116.6	105.9	122.0
糖	100.1	100.6	99.3	101.4
干鲜瓜果	113.0	111.3	115.2	113.4
其他食品	103.8	102.6	106.1	101.6
饮料、烟酒	100.2	100.0	100.4	98.9
茶及饮料	99.0	97.8	101.4	96.3
烟草	100.1	100.4	99.8	100.0
酒	101.3	102.3	100.5	104.0
服装、鞋帽	100.5	100.0	101.3	100.1
服装	100.8	100.2	101.7	100.5
纺织品	99.1	98.4	100.3	97.6
家用电器及音响器材	98.9	97.4	101.8	97.4
文化办公用品	99.5	99.3	100.1	99.8
日用品	100.1	99.9	100.3	99.8
体育娱乐用品	100.1	100.3	99.8	99.8
交通、通信用品	99.6	99.4	100.1	100.4
家具	100.4	99.9	101.3	100.0
化妆品	101.3	101.8	100.4	102.3
金银珠宝	88.8	88.6	89.2	87.6
中西药品及医疗保健用品	101.0	102.1	99.2	101.9
书报杂志及电子出版物	100.9	101.2	100.4	101.5
燃料	101.0	101.2	100.6	101.8
建筑材料及五金电料	100.7	100.7	100.7	101.9

2-7 工业生产者出厂价格分类指数(2008-2011年)

(上年价格=100)

类　别	2008	2009	2010	2011
全部工业品	**106.0**	**92.6**	**111.4**	**104.6**
其中：轻工业	103.5	100.6	102.4	102.4
重工业	107.1	89.1	115.3	105.2
其中：生产资料	106.9	90.2	113.8	105.1
采掘	113.5	90.9	109.7	110.2
原料	100.2	88.9	122.1	105.3
加工	114.2	91.7	105.5	104.2
生活资料	102.8	101.1	102.4	102.8
食品	102.7	100.5	102.2	102.8
衣着	103.7	101.0	100.9	113.1
一般日用品	102.9	104.6	104.1	102.7
耐用消费品	105.7	101.4	100.1	101.2
按部门分				
冶金工业				109.5
电力工业				98.3
煤炭及炼焦工业				105.7
石油工业				100.0
化学工业				109.3
机械工业				102.3
建筑材料工业				99.9
森林工业				106.1
食品工业				102.0
纺织行业				123.2
缝纫工业				110.0
皮革工业				
造纸工业				102.5
文教艺术用品工业				102.6
其他工业				107.0
按工业行业大、中类分				
煤炭开采和洗选业				**92.8**
烟煤和无烟煤的开采洗选				113.2
褐煤的开采洗选				89.7
其他煤炭采选				

2-7 续表 1

(上年价格=100)

类　别	2008	2009	2010	2011
石油和天然气开采业				
天然原油和天然气开采				
黑色金属矿采选业				**125.1**
铁矿采选				125.1
其他黑色金属矿采选				
有色金属矿采选业				**120.5**
常用有色金属矿采选				120.5
贵金属矿采选				
稀有稀土金属矿采选				
非金属矿采选业				**105.9**
土砂石开采				109.4
化学矿采选				105.9
采盐				
石棉及其他非金属矿采选				
其他采矿业				
其他采矿业				
农副食品加工业				**105.6**
谷物磨制				110.8
饲料加工				102.3
植物油加工				117.9
制糖				
屠宰及肉类加工				104.5
水产品加工				
蔬菜、水果和坚果加工				104.6
其他农副食品加工				118.8
食品制造业				**112.8**
焙烤食品制造				106.3
糖果、巧克力及蜜饯制造				111.3
方便食品制造				105.9
液体乳及乳制品制造				108.9
罐头制造				122.5
调味品、发酵制品制造				100.8

2-7 续表 2

(上年价格=100)

类　别	2008	2009	2010	2011
其他食品制造				123.7
饮料制造业				**100.8**
酒精制造				
酒的制造				97.6
软饮料制造				101.6
精制茶加工				103.4
烟草制品业				**100.9**
烟叶复烤				102.2
卷烟制造				100.0
其他烟草制品加工				101.3
纺织业				**122.5**
棉、化纤纺织及印染精加工				131.7
毛纺织和染整精加工				
麻纺织				
丝绢纺织及精加工				107.4
纺织制成品制造				120.5
针织品、编织品及其制品制造				121.0
纺织服装、鞋、帽制造业				**106.6**
纺织服装制造				106.7
纺织面料鞋的制造				
制帽				102.1
皮革、毛皮、羽毛(绒)及其制品业				**96.5**
皮革鞣制加工				
皮革制品制造				
毛皮鞣制及制品加工				
羽毛(绒)加工及制品制造				96.5
木材加工及木、竹、藤、棕、草制品业				**106.1**
锯材、木片加工				103.0
人造板制造				102.2
木制品制造				108.2
竹、藤、棕、草制品制造				

2-7 续表 3

(上年价格=100)

类 别	2008	2009	2010	2011
家具制造业				**100.2**
木质家具制造				
竹、藤家具制造				
金属家具制造				101.1
塑料家具制造				
其他家具制造				100.0
造纸及纸制品业				**102.5**
纸浆制造				
造纸				105.4
纸制品制造				101.0
印刷业和记录媒介的复制				**102.6**
印刷				102.7
装订及其他印刷服务活动				102.4
记录媒介的复制				
文教体育用品制造业				100.0
文化用品制造				100.0
体育用品制造				
乐器制造				
玩具制造				
游艺器材及娱乐用品制造				100.0
石油加工、炼焦及核燃料加工业				**119.3**
精炼石油产品的制造				100.0
炼焦				119.9
核燃料加工				
化学原料及化学制品制造业				**111.0**
基础化学原料制造				102.3
肥料制造				115.9
农药制造				107.2
涂料、油墨、颜料及类似产品制造				106.7
合成材料制造				113.8
专用化学产品制造				105.4
日用化学产品制造				105.7

2-7 续表 4

(上年价格=100)

类　别	2008	2009	2010	2011
医药制造业				**105.3**
化学药品原药制造				99.9
化学药品制剂制造				99.4
中药饮片加工				106.3
中成药制造				108.3
兽用药品制造				103.3
生物、生化制品的制造				102.5
卫生材料及医药用品制造				
化学纤维制造业				**104.6**
纤维素纤维原料及纤维制造				104.6
合成纤维制造				
橡胶制品业				**115.6**
轮胎制造				
橡胶板、管、带的制造				112.9
橡胶零件制造				
再生橡胶制造				
日用及医用橡胶制品制造				109.2
橡胶靴鞋制造				126.0
其他橡胶制品制造				
塑料制品业				**108.2**
塑料薄膜制造				97.8
塑料板、管、型材的制造				114.9
塑料丝、绳及编织品的制造				105.5
泡沫塑料制造				107.3
塑料人造革、合成革制造				103.7
塑料包装箱及容器制造				99.6
塑料零件制造				
日用塑料制造				101.9
其他塑料制品制造				90.1
非金属矿物制品业				**100.0**
水泥、石灰和石膏的制造				99.9
水泥及石膏制品制造				101.8

2-7 续表 5

(上年价格=100)

类　别	2008	2009	2010	2011
砖瓦、石材及其他建筑材料制造				102.1
玻璃及玻璃制品制造				95.4
陶瓷制品制造				
耐火材料制品制造				89.0
石墨及其他非金属矿物制品制造				106.5
黑色金属冶炼及压延加工业				**106.0**
炼铁				118.6
炼钢				120.5
钢压延加工				102.4
铁合金冶炼				108.7
有色金属冶炼及压延加工业				**111.0**
常用有色金属冶炼				110.9
贵金属冶炼				122.9
稀有稀土金属冶炼				127.7
有色金属合金制造				91.7
有色金属压延加工				101.2
金属制品业				**97.7**
结构性金属制品制造				96.7
金属工具制造				100.2
集装箱及金属包装容器制造				96.9
金属丝绳及其制品的制造				107.8
建筑、安全用金属制品制造				100.3
金属表面处理及热处理加工				
搪瓷制品制造				
不锈钢及类似日用金属制品制造				101.2
其他金属制品制造				105.6
通用设备制造业				**109.4**
锅炉及原动机制造				103.5
金属加工机械制造				111.7
起重运输设备制造				110.6
泵、阀门、压缩机及类似机械的制造				101.8
轴承、齿轮、传动和驱动部件的制造				102.0

2-7 续表 6

(上年价格=100)

类　别	2008	2009	2010	2011
烘炉、熔炉及电炉制造				
风机、衡器、包装设备等通用设备制造				103.7
通用零部件制造及机械修理				102.0
金属铸、锻加工				105.3
专用设备制造业				**100.5**
矿山、冶金、建筑专用设备制造				100.0
化工、木材、非金属加工专用设备制造				103.3
食品、饮料、烟草及饲料生产专用设备制造				99.9
印刷、制药、日化生产专用设备制造				95.2
纺织、服装和皮革工业专用设备制造				
电子和电工机械专用设备制造				130.8
农、林、牧、渔专用机械制造				104.3
医疗仪器设备及器械制造				
环保、社会公共安全及其他专用设备制造				101.7
交通运输设备制造业				**98.4**
铁路运输设备制造				100.0
汽车制造				97.5
摩托车制造				
自行车制造				
船舶及浮动装置制造				
航空航天器制造				
交通器材及其他交通运输设备制造				100.0
电气机械及器材制造业				**101.1**
电机制造				100.7
输配电及控制设备制造				97.8
电线、电缆、光缆及电工器材制造				107.6
电池制造				85.9
家用电力器具制造				
非电力家用器具制造				101.9
照明器具制造				
其他电气机械及器材制造				103.9

2-7 续表 7

(上年价格=100)

类 别	2008	2009	2010	2011
通信设备、计算机及其他电子设备制造业				**96.1**
通信设备制造				94.5
雷达及配套设备制造				
广播电视设备制造				100.0
电子计算机制造				95.0
电子器件制造				
电子元件制造				104.7
家用视听设备制造				
其他电子设备制造				
仪器仪表及文化、办公用机械制造业				**100.5**
通用仪器仪表制造				92.8
专用仪器仪表制造				100.0
钟表与计时仪器制造				
光学仪器及眼镜制造				101.9
文化、办公用机械制造				
其他仪器仪表的制造及修理				
工艺品及其他制造业				**101.9**
工艺美术品制造				101.9
日用杂品制造				
煤制品制造				
废弃资源和废旧材料回收加工业				**100.0**
金属废料和碎屑的加工处理				
非金属废料和碎屑的加工处理				100.0
电力、热力的生产和供应业				**98.3**
电力生产				99.9
电力供应				98.2
热力生产和供应				
燃气生产和供应业				**100.0**
燃气生产和供应业				
水的生产和供应业				**109.8**
自来水的生产和供应				109.8
污水处理及其再生利用				

2-8 工业生产者出厂价格分类指数(新行业)(2014年)

(上年价格=100)

类　别	指数	类　别	指数
全部工业品	**97.3**	皮革工业	
其中：轻工业	101.1	造纸工业	98.3
重工业	96.2	文教艺术用品工业	96.5
其中：生产资料	96.4	其他工业	101.9
采掘	95.5	**按工业行业大、中、小类分(新行业)**	
原料	95.6	**煤炭开采和洗选业**	**94.6**
加工	97.3	烟煤和无烟煤开采洗选	85.6
生活资料	100.3	褐煤开采洗选	101.3
食品	100.6	其他煤炭采选	
衣着	102.2	**石油和天然气开采业**	
一般日用品	98.9	天然气开采	
耐用消费品	100.2	**黑色金属矿采选业**	**94.1**
其中：初级产品	95.5	铁矿采选	94.1
中间产品	97.1	锰矿、铬矿采选	
最终产品	99.5	**有色金属矿采选业**	**93.8**
按部门分		常用有色金属矿采选	93.8
冶金工业	93.5	铜矿采选	
电力工业	101.8	铅锌矿采选	
煤炭及炼焦工业	97.0	锡矿采选	
石油工业	95.1	其他常用有色金属矿采选	
化学工业	96.6	贵金属矿采选	
机械工业	100.1	金矿采选	
建筑材料工业	100.6	银矿采选	
森林工业	100.8	稀有稀土金属矿采选	
食品工业	101.5	钨钼矿采选	
纺织行业	96.1	**非金属矿采选业**	**97.5**
缝纫工业	102.6	土砂石开采	100.0

2-8 续表 1

(上年价格=100)

类　别	指数	类　别	指数
石灰石、石膏开采		糖果、巧克力及蜜饯制造	97.8
建筑装饰用石开采		糖果、巧克力制造	
耐火土石开采		蜜饯制作	
粘土及其他土砂石开采		方便食品制造	105.3
化学矿开采	97.5	米、面制品制造	
农副食品加工业	**100.8**	速冻食品制造	
谷物磨制	107.1	方便面及其他方便食品制造	
饲料加工	101.2	乳制品制造	109.4
植物油加工	100.0	罐头食品制造	101.5
食用植物油加工		肉、禽类罐头制造	
非食用植物油加工		蔬菜、水果罐头制造	
制糖业		调味品、发酵制品制造	102.8
屠宰及肉类加工	99.7	味精制造	
牲畜屠宰		酱油、食醋及类似制品制造	
肉制品及副产品加工		其他调味品、发酵制品制造	
水产品加工		其他食品制造	95.1
水产饲料制造		营养食品制造	
蔬菜、水果和坚果加工	99.8	保健食品制造	
蔬菜加工		冷冻饮品及食用冰制造	
水果和坚果加工		盐加工	
其他农副食品加工	99.1	食品及饲料添加剂制造	
淀粉及淀粉制品制造		其他未列明食品制造	
豆制品制造		**酒、饮料和精制茶制造业**	**103.7**
其他未列明农副食品加工		酒的制造	102.0
食品制造业	**102.6**	酒精制造	
焙烤食品制造	101.0	白酒制造	
糕点、面包制造		啤酒制造	
饼干及其他焙烤食品制造		葡萄酒制造	

2-8 续表 2

(上年价格=100)

类　别	指数	类　别	指数
其他酒制造		毛巾类制品制造	
饮料制造	102.4	窗帘、布艺类产品制造	
碳酸饮料制造		非家用纺织制成品制造	
瓶(罐)装饮用水制造		绳、索、缆制造	
果菜汁及果菜汁饮料制造		**纺织服装、服饰业**	**103.4**
含乳饮料和植物蛋白饮料制造		机织服装制造	103.5
固体饮料制造		**皮革、毛皮、羽毛及其制品和制鞋业**	**100.2**
茶饮料及其他饮料制造		羽毛(绒)加工及制品制造	100.0
精制茶加工	115.4	羽毛(绒)制品加工	
烟草制品业	**101.1**	制鞋业	100.2
烟叶复烤	109.1	橡胶鞋制造	
卷烟制造	100.0	**木材加工和木、竹、藤、棕、草制品业**	**100.8**
其他烟草制品制造	100.7	木材加工	100.0
纺织业	**97.5**	锯材加工	
棉纺织及印染精加工	93.7	木片加工	
棉纺纱加工		人造板制造	99.8
棉织造加工		胶合板制造	
棉印染精加工		纤维板制造	
麻纺织及染整精加工		刨花板制造	
麻染整精加工		其他人造板制造	
丝绢纺织及印染精加工	100.0	木制品制造	101.4
缫丝加工		木门窗、楼梯制造	
绢纺和丝织加工		地板制造	
针织或钩针编织物及其制品制造	100.6	木制容器制造	
针织或钩针编织物织造		**家具制造业**	**100.0**
家用纺织制成品制造	102.0	金属家具制造	100.0
床上用品制造		其他家具制造	100.0

2-8 续表 3

(上年价格=100)

类　　别	指数	类　　别	指数
造纸和纸制品业	**98.3**	无机酸制造	
纸浆制造		无机碱制造	
木竹浆制造		无机盐制造	
非木竹浆制造		有机化学原料制造	
造纸	94.9	其他基础化学原料制造	
机制纸及纸板制造		肥料制造	92.1
加工纸制造		氮肥制造	
纸制品制造	99.9	磷肥制造	
纸和纸板容器制造		钾肥制造	
其他纸制品制造		复混肥料制造	
印刷和记录媒介复制业	**96.5**	农药制造	101.2
印刷	96.6	化学农药制造	
书、报刊印刷		生物化学农药及微生物农药制造	
包装装潢及其他印刷		涂料、油墨、颜料及类似产品制造	99.2
装订及印刷相关服务	90.9	涂料制造	
文教、工美、体育和娱乐用品制造业	**99.5**	油墨及类似产品制造	
文教办公用品制造	100.0	颜料制造	
墨水、墨汁制造		合成材料制造	97.8
工艺美术品制造	99.4	初级形态塑料及合成树脂制造	
金属工艺品制造		合成橡胶制造	
珠宝首饰及有关物品制造		合成纤维单(聚合)体制造	
其他工艺美术品制造		专用化学产品制造	98.0
石油加工、炼焦和核燃料加工业	**91.8**	化学试剂和助剂制造	
精炼石油产品制造	95.1	林产化学产品制造	
原油加工及石油制品制造		信息化学品制造	
炼焦	91.7	动物胶制造	
化学原料和化学制品制造业	**95.7**	其他专用化学产品制造	
基础化学原料制造	98.4	炸药、火工及焰火产品制造	100.0

2-8 续表 4

(上年价格=100)

类　别	指数	类　别	指数
炸药及火工产品制造		泡沫塑料制造	
焰火、鞭炮产品制造		塑料包装箱及容器制造	
日用化学产品制造	104.1	日用塑料制品制造	
肥皂及合成洗涤剂制造		其他塑料制品制造	
口腔清洁用品制造		**非金属矿物制品业**	**100.6**
香料、香精制造		水泥、石灰和石膏制造	101.3
医药制造业	**96.8**	水泥制造	
化学药品原料药制造	106.4	石膏、水泥制品及类似制品制造	100.3
化学药品制剂制造	101.1	水泥制品制造	
中药饮片加工	118.9	砼结构构件制造	
中成药生产	93.7	石棉水泥制品制造	
兽用药品制造	111.4	轻质建筑材料制造	
生物药品制造	99.0	砖瓦、石材等建筑材料制造	102.5
卫生材料及医药用品制造		粘土砖瓦及建筑砌块制造	
化学纤维制造业	**100.0**	建筑陶瓷制品制造	
纤维素纤维原料及纤维制造	100.0	建筑用石加工	
人造纤维(纤维素纤维)制造		防水建筑材料制造	
橡胶和塑料制品业	**100.2**	其他建筑材料制造	
橡胶制品业	104.3	玻璃制造	100.0
轮胎制造		平板玻璃制造	
橡胶板、管、带制造		玻璃制品制造	97.8
再生橡胶制造		技术玻璃制品制造	
日用及医用橡胶制品制造		光学玻璃制造	
塑料制品业	100.0	玻璃仪器制造	
塑料薄膜制造		玻璃包装容器制造	
塑料板、管、型材制造		玻璃纤维和玻璃纤维增强塑料制品制造	100.2
塑料丝、绳及编织品制造		玻璃纤维增强塑料制品制造	

2-8 续表 5

(上年价格=100)

类　别	指数	类　别	指数
陶瓷制品制造		稀土金属冶炼	
日用陶瓷制品制造		其他稀有金属冶炼	
园林、陈设艺术及其他陶瓷制品制造		有色金属合金制造	78.7
耐火材料制品制造	96.7	有色金属铸造	105.0
耐火陶瓷制品及其他耐火材料制造		有色金属压延加工	95.2
石墨及其他非金属矿物制品制造	100.0	铜压延加工	
石墨及碳素制品制造		铝压延加工	
其他非金属矿物制品制造		贵金属压延加工	
黑色金属冶炼和压延加工业	**94.8**	稀有稀土金属压延加工	
炼铁	91.4	其他有色金属压延加工	
炼钢	88.2	**金属制品业**	**99.1**
黑色金属铸造	98.9	结构性金属制品制造	98.6
钢压延加工	96.1	金属结构制造	
铁合金冶炼	98.1	金属门窗制造	
有色金属冶炼和压延加工业	**92.4**	金属工具制造	98.0
常用有色金属冶炼	92.5	手工具制造	
铜冶炼		农用及园林用金属工具制造	
铅锌冶炼		集装箱及金属包装容器制造	100.0
镍钴冶炼		金属压力容器制造	
锡冶炼		金属包装容器制造	
锑冶炼		金属丝绳及其制品制造	105.7
铝冶炼		建筑、安全用金属制品制造	100.2
其他常用有色金属冶炼		建筑、家具用金属配件制造	
贵金属冶炼	91.9	其他建筑、安全用金属制品制造	
金冶炼		其他金属制品制造	99.6
银冶炼		锻件及粉末冶金制品制造	
其他贵金属冶炼		交通及公共管理用金属标牌制造	
稀有稀土金属冶炼	116.8	其他未列明金属制品制造	

2-8 续表 6

（上年价格=100）

类　别	指数	类　别	指数
通用设备制造业	**101.2**	机械零部件加工	
锅炉及原动设备制造	100.6	其他通用设备制造业	
锅炉及辅助设备制造		**专用设备制造业**	**100.5**
内燃机及配件制造		采矿、冶金、建筑专用设备制造	101.2
金属加工机械制造	100.3	矿山机械制造	
金属切削机床制造		建筑工程用机械制造	
金属切割及焊接设备制造		建筑材料生产专用机械制造	
机床附件制造		冶金专用设备制造	
其他金属加工机械制造		化工、木材、非金属加工专用设备制造	100.8
物料搬运设备制造	99.8	橡胶加工专用设备制造	
起重机制造		模具制造	
连续搬运设备制造		食品、饮料、烟草及饲料生产专用设备制造	101.3
电梯、自动扶梯及升降机制造		食品、酒、饮料及茶生产专用设备制造	
泵、阀门、压缩机及类似机械制造	96.3	农副食品加工专用设备制造	
泵及真空设备制造		烟草生产专用设备制造	
液压和气压动力机械及元件制造		印刷、制药、日化及日用品生产专用设备制造	86.6
轴承、齿轮和传动部件制造	100.0	印刷专用设备制造	
轴承制造		电子和电工机械专用设备制造	100.0
齿轮及齿轮减、变速箱制造		电子工业专用设备制造	
烘炉、风机、衡器、包装等设备制造	100.0	农、林、牧、渔专用机械制造	99.6
风机、风扇制造		拖拉机制造	
衡器制造		环保、社会公共服务及其他专用设备制造	99.8
文化、办公用机械制造		环境保护专用设备制造	
计算器及货币专用设备制造		社会公共安全设备及器材制造	
通用零部件制造	108.8	水资源专用机械制造	
紧固件制造		**汽车制造业**	**101.1**
弹簧制造		汽车整车制造	102.2

2-8 续表 7

(上年价格=100)

类 别	指数	类 别	指数
汽车车身、挂车制造		**仪器仪表制造业**	**97.8**
汽车零部件及配件制造	99.8	通用仪器仪表制造	82.7
铁路、船舶、航空航天和其他运输设备制造业	**98.6**	工业自动控制系统装置制造	
铁路运输设备制造	98.6	电工仪器仪表制造	
窄轨机车车辆制造		供应用仪表及其他通用仪器制造	
电气机械和器材制造业	**99.1**	专用仪器仪表制造	100.4
电机制造	103.1	其他专用仪器制造	
发电机及发电机组制造		光学仪器及眼镜制造	100.0
电动机制造		光学仪器制造	
输配电及控制设备制造	99.1	**其他制造业**	
变压器、整流器和电感器制造		日用杂品制造	
配电开关控制设备制造		鬃毛加工、制刷及清扫工具制造	
光伏设备及元器件制造		其他未列明制造业	
电线、电缆、光缆及电工器材制造	97.3	**废弃资源综合利用业**	**103.1**
电线、电缆制造		金属废料和碎屑加工处理	
绝缘制品制造		**金属制品、机械和设备修理业**	**100.0**
电池制造	100.0	金属制品修理	
其他电池制造		专用设备修理	100.0
非电力家用器具制造	100.4	电气设备修理	100.0
燃气、太阳能及类似能源家用器具制造		**电力、热力生产和供应业**	**101.8**
计算机、通信和其他电子设备制造业	**98.8**	电力生产	100.4
计算机制造	98.4	火力发电	
计算机外围设备制造		水力发电	
其他计算机制造		其他电力生产	
通信设备制造	100.0	电力供应	102.2
通信系统设备制造		**燃气生产和供应业**	**102.5**
电子元件制造	100.1	**水的生产和供应业**	**103.1**
电子元件及组件制造		自来水生产和供应	103.1
其他电子设备制造		污水处理及其再生利用	

2-9 工业生产者购进价格分类指数(2008-2014年)

(上年价格=100)

年 份	总指数	燃料、动力类	黑色金属材料类	有色金属材料及电线类	化工原料类	木材及纸浆类	建筑材料及非金属类	其他工业原材料及半成品类	农副产品类	纺织原料类
2008	112.6	119.9	124.3	97.6	111.6	109.3	118.4	108.8	107.6	105.6
2009	96.4	99.5	89.1	77.3	94.7	96.4	101.8	101.3	102.9	92.8
2010	109.7	106.5	110.8	129.7	105.6	102.6	107.4	106.9	110.0	107.1
2011	109.6	117.7	107.9	107.8	117.6	105.8	113.9	101.5	112.9	123.9
2012	96.8	98.5	93.8	89.8	98.2	100.6	109.8	99.8	112.8	100.4
2013	96.5	96.1	98.0	92.8	94.7	98.0	97.2	99.9	105.5	98.8
2014	97.9	97.7	99.5	93.8	100.1	99.3	95.8	101.6	101.7	101.9

2-10 固定资产投资价格分类指数(2008-2014年)

(上年价格=100)

年 份	总指数	建筑安装、装饰工程				设备、工器具购置	其他费用
			人工费	材料费	机械使用费		
2008							
2009							
2010	102.9	104.0	111.5	101.6	103.5	99.3	100.4
2011	102.6	103.5	105.3	103.2	102.2	101.2	100.8
2012	101.1	101.6	106.9	99.9	101.8	99.3	100.9
2013	100.5	100.7	104.4	99.4	100.7	99.3	100.6
2014	100.7	101.0	104.7	99.7	101.0	99.4	100.1

2-11 分月居民消费价格指数(2014年，同比)

(上年同月价格=100)

项 目	1月	2月	3月	4月	5月	6月	7月	8月	9月	10月	11月	12月
居民消费价格指数	**103.2**	**102.6**	**102.8**	**101.3**	**101.7**	**102.8**	**103.1**	**103.7**	**104.2**	**104.0**	**104.1**	**104.1**
其中：城市	103.2	102.6	102.8	101.3	101.7	102.8	103.1	103.7	104.2	104.0	104.1	104.1
农村(无)	—	—	—	—	—	—	—	—	—	—	—	—
其中：食品	105.7	104.8	106.9	102.4	103.4	106.2	106.6	106.7	106.5	106.1	105.9	106.4
非食品	101.8	101.3	100.6	100.6	100.7	101.0	101.2	102.0	102.9	102.8	103.0	102.8
其中：消费品	102.8	102.1	102.8	100.6	101.2	102.8	103.2	104.0	104.6	104.4	104.3	104.6
服务项目	104.3	103.9	103.1	103.1	103.0	102.9	103.0	102.8	103.1	103.0	103.6	102.6
食品	105.7	104.8	106.9	102.4	103.4	106.2	106.6	106.7	106.5	106.1	105.9	106.4
粮食	102.8	102.7	102.4	102.4	102.6	102.4	102.6	102.8	102.3	101.9	102.1	101.8
淀粉及制品	94.2	94.2	99.8	99.1	99.5	99.1	99.3	99.2	100.2	101.4	101.4	100.5
干豆类及豆制品	106.3	101.9	100.8	100.8	101.3	105.5	105.2	105.7	105.9	106.0	102.9	103.5
油脂	92.7	92.5	90.6	90.3	90.8	92.0	91.8	92.0	93.5	94.8	91.6	93.5
肉禽及其制品	100.8	96.7	98.8	98.6	100.6	101.9	100.9	100.6	99.7	100.2	100.8	99.9
蛋	97.5	97.1	101.8	103.1	107.2	109.1	110.3	109.1	108.9	110.5	112.5	113.1
水产品	106.1	102.6	103.4	102.6	100.8	101.6	100.7	104.1	105.7	104.5	104.6	104.2
菜	107.4	111.5	122.6	94.0	92.6	114.8	119.7	119.7	112.3	106.9	106.3	110.3
调味品	127.4	126.7	127.0	124.5	124.6	125.2	120.2	117.3	117.5	116.5	116.3	116.6
糖	102.6	102.3	103.0	104.4	102.9	103.3	102.6	101.4	100.3	99.8	100.0	99.1
茶及饮料	98.0	97.7	99.7	98.9	96.2	94.5	95.3	95.0	96.9	96.7	98.2	101.9
干鲜瓜果	120.0	115.5	111.1	113.7	114.0	109.1	110.5	113.5	114.3	111.5	112.9	112.1
糕点饼干面包	110.1	110.4	107.2	102.8	105.3	104.9	102.7	102.4	103.8	103.9	104.7	104.6
液体乳及乳制品	114.9	114.7	114.2	114.4	114.9	115.8	115.1	115.3	111.0	109.8	105.3	101.4
在外用膳食品	106.6	106.4	108.3	105.2	107.0	107.3	107.5	107.2	109.6	110.9	110.3	111.2
其他食品	106.3	106.5	105.9	100.0	101.6	99.8	100.0	100.4	100.9	100.1	100.1	98.2
烟酒	100.7	100.7	100.5	100.5	100.6	100.6	100.5	100.3	100.4	100.5	100.3	100.4
烟草	100.0	100.0	100.0	100.0	100.0	100.0	100.0	100.0	100.0	100.0	100.0	100.0
酒	104.7	105.1	103.2	103.2	104.3	103.8	103.2	101.8	102.4	103.4	102.1	102.7

2-11 续表

(上年同月=100)

项 目	1月	2月	3月	4月	5月	6月	7月	8月	9月	10月	11月	12月
衣着	94.3	94.7	95.0	94.9	95.3	96.7	98.1	103.2	108.7	108.8	108.8	108.8
服装	94.7	95.1	95.4	95.2	95.7	97.1	98.5	104.4	109.5	109.6	109.6	109.5
衣着材料	100.0	100.0	100.0	100.0	100.0	100.0	100.0	100.0	100.0	100.0	100.0	100.0
鞋袜帽	92.3	92.4	92.8	93.2	93.0	94.9	96.5	99.6	107.6	107.6	107.6	107.6
衣着加工服务费	96.0	95.3	94.7	94.7	94.7	94.7	94.7	94.7	94.7	94.7	94.7	97.2
家庭设备用品及维修服务	100.5	101.1	100.6	100.5	100.9	100.6	101.1	102.4	103.1	103.2	103.0	102.8
耐用消费品	100.1	100.2	100.4	100.3	100.2	99.9	99.6	100.0	100.0	100.2	100.1	99.8
室内装饰品	98.0	98.0	98.0	98.0	98.0	96.1	96.5	96.7	96.7	96.7	94.4	92.8
床上用品	94.4	94.0	93.6	93.6	93.2	92.9	92.9	99.2	103.2	103.2	103.2	103.2
家庭日用杂品	100.0	100.0	100.0	100.0	100.0	99.6	100.3	100.3	100.5	100.8	100.5	100.5
家庭服务及加工维修服务	109.7	113.7	109.8	109.8	112.7	112.7	115.3	115.3	115.3	115.3	115.3	115.3
医疗保健和个人用品	101.7	100.1	100.4	100.6	100.6	100.7	101.1	100.9	101.6	101.6	101.5	101.5
医疗保健	102.7	100.3	100.5	100.5	101.1	101.1	101.1	101.1	101.9	101.9	101.8	101.7
个人用品及服务	98.6	99.2	100.2	100.9	98.8	99.3	100.9	100.4	100.6	100.7	100.3	100.6
交通和通信	100.6	100.4	100.0	100.2	101.1	101.2	101.2	100.9	100.5	100.3	100.4	99.8
交通	101.9	101.6	100.5	100.9	101.6	101.7	101.7	100.9	99.9	99.4	99.5	98.3
通信	99.2	99.2	99.4	99.4	100.6	100.6	100.7	100.9	101.2	101.4	101.5	101.5
娱乐教育文化用品及服务	99.9	99.8	99.7	99.6	99.6	99.7	99.7	99.3	100.3	100.5	101.8	102.0
文娱用耐用消费品及服务	96.2	95.8	96.6	95.9	96.1	96.6	96.2	96.6	96.3	97.0	97.7	98.4
教育	100.3	100.3	100.2	100.2	100.2	100.2	100.9	100.9	104.4	104.4	107.9	107.9
文化娱乐类	100.9	100.9	100.6	101.1	100.8	100.6	99.6	99.6	98.6	98.6	98.5	98.5
旅游	101.7	101.2	100.7	100.7	100.8	100.8	100.7	99.1	99.1	99.1	99.1	99.1
居住	107.9	107.0	104.6	104.4	104.0	104.1	103.9	104.5	104.1	103.9	104.0	103.3
建房及装修材料	101.2	100.0	102.3	101.5	102.0	102.5	101.6	103.4	102.6	102.6	102.6	104.0
住房租金	108.3	106.2	104.2	104.2	104.2	104.2	104.2	104.2	102.5	100.8	100.8	100.0
自有住房	109.4	108.5	107.5	107.5	107.5	107.5	107.5	107.5	107.5	107.5	107.5	104.3
水、电、燃料	110.0	109.9	101.8	101.8	99.8	99.9	99.9	100.7	100.7	100.9	101.1	102.9

2-12 分月居民消费价格指数(2014年，环比)

(上月价格=100)

项　目	1月	2月	3月	4月	5月	6月	7月	8月	9月	10月	11月	12月
居民消费价格总指数	**101.5**	**100.2**	**100.2**	**99.3**	**100.1**	**101.0**	**100.5**	**100.0**	**100.7**	**100.2**	**100.1**	**100.2**
其中：城市(无)	101.5	100.2	100.2	99.3	100.1	101.0	100.5	100.0	100.7	100.2	100.1	100.2
农村(无)	—	—	—	—	—	—	—	—	—	—	—	—
其中：食品	103.2	100.4	99.9	97.9	100.0	102.3	101.0	99.6	101.0	100.6	100.0	100.5
非食品	100.6	100.1	100.4	100.1	100.1	100.2	100.3	100.2	100.5	100.0	100.2	100.1
其中：消费品	101.6	100.3	100.3	99.0	100.1	101.3	100.7	100.0	100.8	100.3	99.9	100.3
服务项目	101.2	100.0	100.0	100.0	100.2	100.0	100.1	100.0	100.4	100.0	100.6	100.0
食品	103.2	100.4	99.9	97.9	100.0	102.3	101.0	99.6	101.0	100.6	100.0	100.5
粮食	100.2	100.2	100.1	100.3	100.7	100.2	100.3	100.2	99.7	99.7	100.2	100.0
淀粉及制品	100.0	100.0	99.8	99.3	100.0	100.0	100.0	100.0	100.4	100.4	101.0	99.7
干豆类及豆制品	99.0	100.2	100.7	100.2	100.4	104.8	100.3	100.3	100.2	99.8	97.1	100.5
油脂	101.0	100.3	97.6	98.6	98.8	100.4	98.7	99.9	99.9	100.2	98.3	99.7
肉禽及其制品	100.3	99.2	97.8	97.5	100.4	101.5	100.7	100.3	100.4	101.6	100.8	99.6
蛋	100.4	99.1	99.5	101.2	103.9	103.2	100.3	100.9	101.1	101.6	101.2	100.2
水产品	102.1	101.9	98.1	98.9	100.1	100.5	99.8	101.7	102.5	99.6	99.4	99.4
菜	118.5	100.8	98.9	87.9	92.1	114.2	105.9	96.3	99.6	101.3	96.8	101.4
调味品	116.6	100.3	100.2	99.8	100.1	100.4	99.2	99.5	100.0	100.0	100.2	100.3
糖	97.6	100.2	101.3	101.6	98.8	101.5	100.0	100.0	100.4	99.5	100.3	97.9
茶及饮料	100.2	99.7	102.0	98.8	98.8	99.5	100.7	100.0	102.1	100.0	100.0	100.0
干鲜瓜果	109.6	104.6	99.2	100.9	103.9	99.1	98.7	97.3	99.8	95.8	102.1	101.1
糕点饼干面包	101.0	100.0	100.0	99.8	100.0	99.9	100.1	100.0	101.2	100.0	100.4	102.1
液体乳及乳制品	101.0	99.8	99.9	100.4	99.9	100.5	99.7	100.0	100.1	99.8	100.3	99.8
在外用膳食品	100.0	100.3	102.0	100.0	101.8	100.6	100.6	100.5	102.5	101.2	100.4	100.8
其他食品	100.0	100.2	99.5	98.4	100.0	99.8	99.4	99.6	100.5	100.9	100.0	100.0
烟酒	100.2	100.1	100.1	100.0	100.0	100.0	100.0	100.0	100.1	100.0	99.9	100.0
烟草	100.0	100.0	100.0	100.0	100.0	100.0	100.0	100.0	100.0	100.0	100.0	100.0
酒	101.3	100.6	100.9	100.2	100.3	99.7	99.7	99.8	100.6	100.3	99.3	100.0

2-12 续表

(上月价格=100)

项目	1月	2月	3月	4月	5月	6月	7月	8月	9月	10月	11月	12月
衣着	100.0	100.7	100.8	100.2	101.0	101.8	101.5	101.3	101.0	100.1	100.1	100.0
服装	100.0	100.8	100.9	100.2	101.1	101.8	101.6	101.5	101.1	100.1	100.1	100.0
衣着材料	100.0	100.0	100.0	100.0	100.0	100.0	100.0	100.0	100.0	100.0	100.0	100.0
鞋袜帽	100.0	100.4	100.8	100.4	101.1	102.0	101.7	100.7	100.4	100.0	100.0	100.0
衣着加工服务费	97.2	100.0	100.0	100.0	100.0	100.0	100.0	100.0	100.0	100.0	100.0	100.0
家庭设备用品及维修服务	100.0	100.6	100.0	100.0	101.0	99.9	101.0	100.2	100.5	100.0	99.9	99.8
耐用消费品	100.0	100.1	100.2	100.1	100.0	99.7	99.6	100.4	100.0	100.0	100.0	99.6
室内装饰品	100.0	100.0	100.0	100.0	100.0	97.7	100.0	100.0	100.0	100.0	97.6	97.5
床上用品	100.0	99.6	99.6	100.0	100.6	100.6	100.0	100.0	102.9	100.0	100.0	100.0
家庭日用杂品	100.0	100.0	100.0	100.0	100.0	100.0	100.8	100.0	100.0	100.0	99.7	100.0
家庭服务及加工维修服务	100.0	103.6	100.0	100.0	105.6	100.0	105.4	100.0	100.0	100.0	100.0	100.0
医疗保健和个人用品	99.9	100.1	100.2	100.0	100.0	100.0	100.2	99.9	101.3	99.9	99.9	100.0
医疗保健	100.0	100.0	100.1	100.0	100.0	100.0	100.0	100.0	101.7	100.0	100.0	100.0
个人用品及服务	99.6	100.5	100.7	99.8	100.1	100.1	100.8	99.8	100.1	99.6	99.8	99.9
交通和通信	100.2	99.8	100.2	99.9	100.6	100.1	100.0	99.9	99.9	99.7	100.0	99.6
交通	100.3	99.7	100.3	99.8	100.2	100.1	100.1	99.6	99.5	99.5	99.9	99.3
通信	100.0	99.9	100.0	100.0	101.0	100.0	100.0	100.2	100.3	100.0	100.1	100.0
娱乐教育文化用品及服务	100.0	99.8	99.9	100.0	100.0	99.9	99.9	100.0	101.2	100.0	101.2	100.0
文娱用耐用消费品及服务	100.0	99.4	100.6	99.9	99.9	99.7	99.0	100.3	99.7	100.0	100.0	100.0
教育	100.0	100.0	99.9	100.0	100.0	100.0	100.8	100.0	103.8	100.0	103.4	100.0
文化娱乐类	100.0	100.0	100.0	99.9	100.2	99.9	99.0	99.9	99.7	100.0	100.0	100.0
旅游	100.0	99.5	99.5	100.0	100.0	100.0	100.0	100.0	100.0	100.0	100.0	100.0
居住	102.0	100.0	100.8	100.2	99.4	100.0	100.0	100.1	100.0	100.1	100.0	100.6
建房及装修材料	100.4	100.1	101.3	101.1	100.0	100.1	100.0	100.8	100.1	100.0	100.0	100.0
住房租金	100.0	100.0	100.0	100.0	100.0	100.0	100.0	100.0	100.0	100.0	100.0	100.0
自有住房	104.3	100.0	100.0	100.0	100.0	100.0	100.0	100.0	100.0	100.0	100.0	100.0
水、电、燃料	100.4	100.0	102.1	100.0	97.8	100.0	100.0	100.0	100.0	100.2	100.2	102.1

2-13　分月工业生产者出厂价格指数(新行业)(2014年，同比)

(上年同月价格=100)

指　　标	1月	2月	3月	4月	5月	6月	7月	8月	9月	10月	11月	12月
工业生产者出厂价格指数	**98.3**	**97.8**	**96.5**	**96.3**	**97.4**	**96.9**	**97.9**	**98.2**	**97.6**	**96.9**	**97.0**	**96.5**
按轻重工业分												
轻工业	101.3	101.2	101.2	101.2	101.4	101.5	101.5	101.5	101.2	100.4	100.2	100.8
以农产品为原料	102.1	101.9	101.7	101.8	101.7	101.6	101.8	101.6	101.4	100.5	100.3	100.9
以非农产品为原料	97.9	98.4	98.6	98.3	99.9	101.1	100.1	101.0	100.6	100.0	99.5	100.4
重工业	97.5	96.9	95.2	95.0	96.3	95.6	97.0	97.2	96.7	96.0	96.1	95.3
采掘工业	98.6	100.0	95.0	95.8	95.5	94.1	95.1	97.6	96.0	93.9	93.3	91.0
原料工业	97.9	96.8	93.9	93.4	95.3	94.0	96.4	96.9	95.3	94.7	94.6	95.9
加工工业	97.0	96.6	96.5	96.5	97.3	97.4	97.8	97.6	98.0	97.5	97.9	95.2
按生产生活资料分												
生产资料	97.6	97.0	95.3	95.0	96.4	95.7	97.0	97.3	96.7	96.2	96.3	96.1
采掘	98.6	100.0	95.0	95.8	95.5	94.1	95.1	97.6	96.0	93.9	93.3	91.0
原料	97.9	96.9	94.1	93.5	95.4	94.2	96.5	97.1	95.5	95.0	94.8	96.1
加工	97.3	96.8	96.6	96.5	97.5	97.5	97.8	97.5	98.0	97.7	98.1	96.7
生活资料	100.5	100.5	100.6	100.9	100.9	101.0	101.1	101.2	100.8	99.5	99.5	97.8
食品	101.6	101.2	101.0	101.3	101.1	101.0	101.3	101.2	100.9	99.5	99.5	97.4
衣着	101.1	102.2	101.7	101.9	101.4	102.5	103.4	104.0	104.1	101.4	101.2	101.8
一般日用品	94.8	96.5	97.8	98.3	99.5	100.6	99.9	100.8	99.9	99.2	99.3	100.0
耐用消费品	100.0	99.5	100.0	100.0	100.0	100.0	100.5	100.5	100.5	100.5	100.5	100.5
按初级中间最终产品分												
初级产品	98.6	100.0	95.1	95.9	95.6	94.1	95.1	97.6	96.0	93.9	93.3	91.1
中间产品	98.0	97.4	96.1	95.9	97.1	96.7	97.8	97.9	97.4	96.8	96.9	96.4
最终产品	100.4	100.2	99.5	99.6	99.2	98.7	99.2	99.1	99.5	99.5	100.0	99.8
按工业行业大、中类分(新行业)												
煤炭开采和洗选业	88.8	88.2	87.2	89.6	95.7	90.2	88.2	91.3	99.3	106.5	106.9	107.7
烟煤和无烟煤开采洗选	72.7	79.7	77.8	83.2	85.6	83.5	77.5	81.6	96.2	98.4	99.5	101.4
褐煤开采洗选	102.9	94.7	94.4	94.4	103.5	95.2	96.7	98.7	101.5	112.2	112.2	112.2
其他煤炭采选												
石油和天然气开采业												

2-13 续表 1

(上年同月价格=100)

指 标	1月	2月	3月	4月	5月	6月	7月	8月	9月	10月	11月	12月
天然气开采												
黑色金属矿采选业	100.3	105.8	98.9	97.9	95.8	93.4	95.9	98.6	92.3	88.0	86.5	75.8
铁矿采选	100.3	105.8	98.9	97.9	95.8	93.4	95.9	98.6	92.3	88.0	86.5	75.8
锰矿、铬矿采选												
有色金属矿采选业	97.6	95.3	89.5	87.8	91.9	93.0	97.0	99.6	97.3	93.4	90.2	93.3
常用有色金属矿采选	97.6	95.3	89.5	87.8	91.9	93.0	97.0	99.6	97.3	93.4	90.2	93.3
贵金属矿采选												
稀有稀土金属矿采选												
非金属矿采选业	99.7	100.2	95.9	98.9	96.8	95.8	95.0	97.1	97.8	96.2	97.3	99.1
土砂石开采	100.0	100.0	100.0	100.0	100.0	100.0	100.0	100.0	100.0	100.0	100.0	100.0
化学矿开采	99.7	100.2	95.9	98.9	96.8	95.8	95.0	97.1	97.8	96.2	97.3	99.1
农副食品加工业	101.9	101.7	101.0	100.6	100.8	100.6	100.5	100.1	100.1	101.0	100.7	100.7
谷物磨制	104.2	105.5	105.4	110.1	111.8	111.2	111.3	110.0	107.6	104.7	103.0	101.5
饲料加工	102.9	102.4	101.5	100.7	101.1	101.0	100.9	100.1	99.9	101.4	101.3	101.4
植物油加工	100.0	100.0	100.0	100.0	100.0	100.0	100.0	100.0	100.0	100.0	100.0	100.0
制糖业												
屠宰及肉类加工	99.0	99.0	99.0	100.0	100.0	100.0	100.0	100.0	100.0	100.0	100.0	100.0
水产品加工												
蔬菜、水果和坚果加工	100.5	101.1	100.4	100.5	99.6	99.0	98.6	99.2	100.6	100.6	98.8	99.1
其他农副食品加工	102.4	102.4	100.3	98.1	98.1	98.1	98.1	98.1	98.5	98.5	98.5	98.5
食品制造业	101.2	101.7	101.1	103.0	101.7	102.8	104.1	104.1	101.3	100.3	100.7	108.6
焙烤食品制造	99.0	103.2	103.6	103.1	102.3	104.7	106.1	108.4	95.5	95.4	96.7	94.4
糖果、巧克力及蜜饯制造	93.8	93.8	93.8	93.8	100.0	100.0	100.0	100.0	100.0	100.0	100.0	100.0
方便食品制造	100.4	97.7	96.9	101.0	101.2	103.7	107.6	106.2	102.3	104.2	104.5	138.4
乳制品制造	105.5	108.1	108.2	113.8	113.6	112.7	113.4	112.6	111.1	105.5	105.0	104.1
罐头食品制造	105.6	105.6	105.6	105.6	99.7	99.5	99.5	99.5	100.0	99.5	99.5	99.5
调味品、发酵制品制造	102.9	103.2	102.1	102.2	102.5	102.7	103.3	102.9	102.9	102.9	103.1	102.7
其他食品制造	97.7	97.7	96.1	95.0	92.3	93.9	93.9	94.5	95.1	94.0	95.5	95.8
酒、饮料和精制茶制造业	107.4	105.6	105.2	105.1	104.1	102.6	104.2	103.4	103.0	102.4	101.4	100.7

2-13 续表 2

(上年同月价格=100)

指　　标	1月	2月	3月	4月	5月	6月	7月	8月	9月	10月	11月	12月
酒的制造	109.2	108.1	109.5	109.3	106.4	101.3	104.9	98.2	97.2	95.1	94.7	92.5
饮料制造	102.9	101.9	101.9	102.0	102.3	102.5	102.6	102.5	102.5	102.7	102.3	102.2
精制茶加工	133.7	122.8	115.2	114.2	109.4	105.1	112.1	120.7	119.3	116.4	111.0	109.7
烟草制品业	101.5	101.5	101.5	101.5	101.5	101.5	101.5	101.5	101.4	100.0	100.0	100.0
烟叶复烤	112.6	112.6	112.6	112.6	112.6	112.6	112.6	112.6	112.6	100.0	100.0	100.0
卷烟制造	100.0	100.0	100.0	100.0	100.0	100.0	100.0	100.0	100.0	100.0	100.0	100.0
其他烟草制品制造	101.1	101.1	101.1	101.1	101.1	101.1	101.1	101.1	99.2	100.0	100.0	100.0
纺织业	98.4	97.2	97.1	97.7	97.7	98.8	100.6	97.1	96.4	96.7	95.7	95.9
棉纺织及印染精加工	99.7	97.2	96.9	98.2	98.3	97.0	97.6	89.5	88.1	88.6	86.5	87.0
麻纺织及染整精加工												
丝绢纺织及印染精加工	100.0	100.0	100.0	100.0	100.0	100.0	100.0	100.0	100.0	100.0	100.0	100.0
针织或钩针编织物及其制品制造	94.9	94.9	94.9	94.9	94.9	100.2	105.6	105.6	105.6	105.6	105.6	105.6
家用纺织制成品制造	102.0	102.0	102.0	102.0	102.3	102.6	102.6	102.6	102.6	102.6	101.3	100.0
非家用纺织制成品制造												
纺织服装、服饰业	103.9	105.2	105.1	104.3	104.2	104.1	104.1	104.9	105.0	100.1	99.4	100.8
机织服装制造	104.0	105.4	105.2	104.5	104.3	104.3	104.3	105.0	105.2	100.1	99.4	100.8
皮革、毛皮、羽毛及其制品和制鞋业	99.5	100.8	98.6	101.9	99.7	99.7	98.8	99.4	99.7	101.2	102.3	100.9
羽毛(绒)加工及制品制造	100.0	100.0	100.0	100.0	100.0	100.0	100.0	100.0	100.0	100.0	100.0	100.0
制鞋业	99.5	100.9	98.5	102.1	99.7	99.7	98.7	99.3	99.7	101.3	102.4	101.0
木材加工和木、竹、藤、棕、草制品业	98.4	98.7	101.8	99.4	100.3	101.2	101.9	102.7	101.1	101.9	101.8	101.1
木材加工	100.0	100.0	100.0	100.0	100.0	100.0	100.0	100.0	100.0	100.0	100.0	100.0
人造板制造	99.4	100.0	100.0	100.3	100.0	101.8	100.1	100.2	100.0	100.1	98.6	97.6
木制品制造	97.9	98.0	102.8	98.9	100.5	100.9	102.8	104.0	101.7	102.8	103.5	102.9
家具制造业	100.0	100.0	100.0	100.0	100.0	100.0	100.0	100.0	100.0	100.0	100.0	100.0
金属家具制造	100.0	100.0	100.0	100.0	100.0	100.0	100.0	100.0	100.0	100.0	100.0	100.0
其他家具制造	100.0	100.0	100.0	100.0	100.0	100.0	100.0	100.0	100.0	100.0	100.0	100.0
造纸和纸制品业	97.3	96.7	97.6	97.5	97.9	97.1	99.0	98.8	99.1	99.4	99.4	100.3
纸浆制造												
造纸	91.2	89.6	90.5	90.1	91.3	92.3	98.7	98.0	99.1	99.8	99.8	100.3

2-13 续表 3

(上年同月价格=100)

指　　标	1月	2月	3月	4月	5月	6月	7月	8月	9月	10月	11月	12月
纸制品制造	100.2	100.2	101.1	101.1	101.1	99.3	99.1	99.1	99.1	99.1	99.1	100.3
印刷和记录媒介复制业	92.7	93.9	95.0	95.9	99.4	101.7	96.7	98.5	96.4	95.0	95.5	98.1
印刷	92.7	94.0	95.2	96.1	99.7	101.8	96.7	98.5	96.4	95.0	95.5	98.1
装订及印刷相关服务	89.2	86.9	82.1	81.0	81.9	92.0	97.2	95.1	99.4	98.0	97.9	96.4
文教、工美、体育和娱乐用品制造业	98.7	98.5	98.6	98.1	100.2	99.9	100.0	100.4	99.8	99.7	99.8	100.0
文教办公用品制造	100.0	100.0	100.0	100.0	100.0	100.0	100.0	100.0	100.0	100.0	100.0	100.0
工艺美术品制造	98.6	98.4	98.5	98.0	100.3	99.9	100.0	100.4	99.7	99.7	99.7	100.0
石油加工、炼焦和核燃料加工业	90.2	87.6	85.5	85.1	87.9	91.4	95.0	100.0	101.3	98.7	91.7	91.5
精炼石油产品制造	95.1	95.1	95.1	95.1	95.1	95.1	95.1	95.1	95.1	95.0	95.1	95.1
炼焦	90.0	87.3	85.2	84.7	87.6	91.2	95.0	100.2	101.5	98.9	91.6	91.4
化学原料和化学制品制造业	94.7	94.2	92.9	93.5	93.8	94.6	96.2	95.9	97.4	98.2	98.8	99.1
基础化学原料制造	99.4	99.8	99.5	98.1	97.2	98.6	98.1	97.9	98.1	97.8	97.5	98.2
肥料制造	89.0	87.7	86.0	87.9	89.3	89.9	93.1	92.3	95.6	97.7	99.6	99.7
农药制造	103.5	103.5	103.5	103.5	103.5	103.5	103.5	103.5	103.5	95.9	95.9	92.1
涂料、油墨、颜料及类似产品制造	95.9	96.8	98.0	97.5	99.5	99.9	99.8	100.8	100.6	100.0	100.6	101.0
合成材料制造	100.7	99.9	98.7	98.7	97.1	97.0	97.7	97.3	96.2	96.5	97.0	97.2
专用化学产品制造	101.8	104.9	99.8	100.3	96.9	97.4	96.7	97.8	97.8	93.6	95.1	94.3
炸药、火工及焰火产品制造	100.0	100.0	100.0	100.0	100.0	100.0	100.0	100.0	100.0	100.0	100.0	100.0
日用化学产品制造	100.6	101.2	100.7	98.3	101.4	103.8	106.3	108.1	109.2	109.5	104.7	105.7
医药制造业	97.1	96.8	97.3	98.1	97.6	97.8	99.1	99.5	98.8	97.2	97.7	86.3
化学药品原料药制造	91.2	96.7	101.0	105.6	112.7	108.8	119.0	118.9	106.0	106.0	108.9	105.6
化学药品制剂制造	94.0	97.1	99.7	100.3	100.3	100.8	104.0	104.3	104.1	104.0	103.3	102.7
中药饮片加工	120.2	120.2	120.2	120.2	120.2	120.2	120.2	120.2	116.6	116.5	116.5	116.5
中成药生产	97.8	95.6	95.5	96.2	95.6	95.2	95.9	96.1	95.3	92.7	93.7	78.2
兽用药品制造	100.0	100.0	106.9	106.9	106.9	106.9	106.9	120.4	120.4	120.4	120.4	120.4
生物药品制造	98.9	100.0	94.5	96.4	94.2	101.0	98.0	100.6	101.9	102.4	102.4	98.3
卫生材料及医药用品制造												
化学纤维制造业	100.0	100.0	100.0	100.0	100.0	100.0	100.0	100.0	100.0	100.0	100.0	100.0
纤维素纤维原料及纤维制造	100.0	100.0	100.0	100.0	100.0	100.0	100.0	100.0	100.0	100.0	100.0	100.0

2-13 续表 4

(上年同月价格=100)

指 标	1月	2月	3月	4月	5月	6月	7月	8月	9月	10月	11月	12月
橡胶和塑料制品业	100.1	99.9	99.6	99.3	99.3	99.6	99.7	100.2	101.4	101.4	101.3	100.2
橡胶制品业	102.8	103.8	103.5	103.5	103.6	104.5	104.2	103.7	103.7	104.8	106.8	106.6
塑料制品业	99.9	99.7	99.4	99.1	99.1	99.4	99.4	100.0	101.3	101.2	101.0	99.9
非金属矿物制品业	101.3	101.2	99.6	99.3	101.2	101.5	101.3	101.4	100.6	100.8	100.3	98.7
水泥、石灰和石膏制造	101.5	102.3	99.8	99.8	102.9	103.1	103.1	102.8	101.0	101.0	100.2	97.7
石膏、水泥制品及类似制品制造	101.9	101.5	100.6	99.0	100.2	100.3	99.8	100.2	100.4	100.4	100.2	99.6
砖瓦、石材等建筑材料制造	106.9	102.5	99.7	101.4	101.5	103.9	102.6	102.7	102.0	102.4	102.4	98.5
玻璃制造	100.0	100.0	100.0	100.0	100.0	100.0	100.0	100.0	100.0	100.0	100.0	100.0
玻璃制品制造	96.4	94.3	96.0	97.3	97.3	98.7	99.0	99.1	99.2	99.0	98.6	98.9
玻璃纤维和玻璃纤维增强塑料制品制造	100.0	102.7	100.0	100.0	100.0	100.0	100.0	100.0	100.0	100.0	100.0	100.0
陶瓷制品制造												
耐火材料制品制造	92.0	93.5	92.1	94.0	96.5	95.9	98.0	98.8	97.9	102.2	100.0	100.3
石墨及其他非金属矿物制品制造	100.0	100.0	100.0	100.0	100.0	100.0	100.0	100.0	100.0	100.0	100.0	100.0
黑色金属冶炼和压延加工业	98.5	98.0	98.1	96.6	98.7	95.8	93.7	94.3	92.3	91.0	91.4	88.5
炼铁	92.9	91.2	91.2	88.7	92.6	94.5	99.8	97.1	89.4	87.9	85.6	85.6
炼钢	102.1	100.9	99.2	99.7	99.7	79.6	79.7	79.6	79.6	79.7	79.7	79.7
黑色金属铸造	99.2	99.2	99.2	99.2	98.7	98.9	99.2	99.2	98.5	98.5	98.5	98.5
钢压延加工	97.9	97.7	98.2	96.3	98.7	99.0	96.3	97.1	94.8	93.1	93.8	90.2
铁合金冶炼	99.3	97.1	97.1	96.2	97.7	97.7	95.3	97.3	99.3	102.5	98.4	99.7
有色金属冶炼和压延加工业	92.2	90.8	87.7	87.3	92.0	92.3	96.5	96.8	94.5	93.3	92.7	93.0
常用有色金属冶炼	93.0	91.4	86.9	86.1	92.2	92.5	96.8	97.4	94.8	93.5	92.7	93.2
贵金属冶炼	84.6	84.4	88.4	89.3	93.4	94.0	99.8	96.0	92.2	93.6	94.8	95.3
稀有稀土金属冶炼	114.7	119.8	120.0	125.8	127.1	122.4	114.8	116.4	112.0	110.5	112.4	108.7
有色金属合金制造	94.3	94.3	94.3	92.5	74.0	74.0	74.0	74.0	74.0	63.4	66.6	69.1
有色金属铸造	106.1	107.0	104.2	104.5	104.9	105.5	104.8	103.1	106.5	104.2	104.0	105.1
有色金属压延加工	94.0	91.6	89.7	91.8	92.6	92.8	97.1	99.2	100.7	100.2	97.6	95.7
金属制品业	94.8	95.0	100.3	100.8	102.0	100.8	99.7	92.5	101.1	99.2	105.0	98.6
结构性金属制品制造	93.9	93.9	100.1	100.6	101.9	100.5	99.2	90.8	101.0	98.6	105.6	98.0
金属工具制造	96.1	96.1	96.1	96.1	96.1	96.1	100.0	100.0	100.0	100.0	100.0	100.0

2-13 续表 5

(上年同月价格=100)

指　　标	1月	2月	3月	4月	5月	6月	7月	8月	9月	10月	11月	12月
集装箱及金属包装容器制造	100.0	100.0	100.0	100.0	100.0	100.0	100.0	100.0	100.0	100.0	100.0	100.0
金属丝绳及其制品制造	98.8	105.4	105.4	105.1	109.7	109.1	106.6	106.7	106.0	105.9	106.0	103.8
建筑、安全用金属制品制造	100.0	100.0	100.2	100.2	100.2	100.2	100.2	100.2	100.2	100.2	100.2	100.2
其他金属制品制造	99.9	99.1	99.1	99.7	99.7	99.5	99.5	99.5	99.8	99.8	99.9	99.9
通用设备制造业	100.5	101.0	103.1	101.7	102.7	100.1	101.4	101.4	100.9	101.7	100.5	100.0
锅炉及原动设备制造	101.6	101.6	101.1	99.7	99.1	99.7	99.7	100.4	100.4	100.4	102.5	101.5
金属加工机械制造	99.7	99.6	102.9	100.9	102.1	98.6	100.4	100.4	99.7	101.1	99.4	99.4
物料搬运设备制造	99.8	99.8	99.7	99.2	99.8	100.2	100.0	99.8	100.0	100.0	100.0	99.7
泵、阀门、压缩机及类似机械制造	96.2	99.9	96.3	95.6	99.6	100.7	98.3	98.2	98.6	90.5	91.4	91.2
轴承、齿轮和传动部件制造	100.0	100.0	100.0	100.0	100.0	100.0	100.0	100.0	100.0	100.0	100.0	100.0
烘炉、风机、衡器、包装等设备制造	100.0	100.0	100.0	100.0	100.0	100.0	100.0	100.0	100.0	100.0	100.0	100.0
文化、办公用机械制造												
通用零部件制造	106.1	109.7	108.6	109.7	109.7	109.2	109.2	109.2	109.6	109.6	109.6	105.2
其他通用设备制造业												
专用设备制造业	98.3	98.2	97.5	96.9	101.2	101.7	102.3	101.5	101.5	103.3	102.5	102.0
采矿、冶金、建筑专用设备制造	102.2	102.4	102.3	102.4	102.3	102.4	102.4	100.0	100.0	100.0	99.5	99.0
化工、木材、非金属加工专用设备制造	98.6	99.0	99.8	99.9	99.9	101.3	101.3	102.0	102.0	102.0	102.0	102.0
食品、饮料、烟草及饲料生产专用设备制造	96.2	96.2	96.2	96.2	103.6	103.6	102.7	102.7	102.7	105.8	105.8	105.8
印刷、制药、日化及日用品生产专用设备制造	89.8	87.8	75.1	64.4	70.9	84.6	109.2	104.3	101.3	104.1	89.2	80.1
电子和电工机械专用设备制造	100.0	100.0	100.0	100.0	100.0	100.0	100.0	100.0	100.0	100.0	100.0	100.0
农、林、牧、渔专用机械制造	100.1	99.6	99.6	100.0	99.3	98.9	99.2	99.6	99.6	100.0	100.0	100.0
环保、社会公共服务及其他专用设备制造	102.5	102.5	102.0	100.5	100.4	98.0	98.1	98.1	99.5	100.0	98.1	98.2
汽车制造业	102.9	101.4	99.9	99.7	100.9	101.1	102.0	101.9	103.5	100.1	100.0	100.3
汽车整车制造	104.2	101.7	99.2	99.2	100.4	102.7	103.8	103.9	106.8	101.3	101.2	102.0
汽车车身、挂车制造												
汽车零部件及配件制造	101.3	101.1	100.8	100.4	101.5	99.0	99.6	99.3	99.5	98.5	98.4	98.2
铁路、船舶、航空航天和其他运输设备制造业	98.2	98.2	98.2	98.2	98.2	98.2	98.2	98.2	98.2	100.0	100.0	100.0
铁路运输设备制造	98.2	98.2	98.2	98.2	98.2	98.2	98.2	98.2	98.2	100.0	100.0	100.0
电气机械和器材制造业	99.2	99.5	98.9	99.7	98.7	99.0	99.3	99.3	99.6	99.1	98.5	98.7

2-13 续表 6

(上年同月价格=100)

指　　标	1月	2月	3月	4月	5月	6月	7月	8月	9月	10月	11月	12月
电机制造	100.3	104.8	104.6	104.3	103.9	104.1	103.6	103.3	103.1	103.2	100.6	101.7
输配电及控制设备制造	101.1	102.7	99.8	99.3	97.1	98.5	97.5	98.7	99.3	99.0	97.9	98.3
电线、电缆、光缆及电工器材制造	96.4	95.1	95.8	98.7	97.7	97.4	99.3	98.2	98.6	97.2	97.0	97.0
电池制造	100.0	100.0	100.0	100.0	100.0	100.0	100.0	100.0	100.0	100.0	100.0	100.0
非电力家用器具制造	100.0	99.0	100.0	100.0	100.0	100.0	101.0	101.0	101.0	101.0	101.0	101.0
计算机、通信和其他电子设备制造业	99.4	99.3	98.9	99.1	99.2	99.2	99.2	97.9	97.6	97.4	98.9	99.9
计算机制造	98.8	98.8	98.8	98.8	98.8	98.8	98.8	97.2	96.7	96.7	98.4	100.0
通信设备制造	100.0	100.0	100.0	100.0	100.0	100.0	100.0	100.0	100.0	100.0	100.0	100.0
电子元件制造	102.1	101.5	98.2	100.0	100.6	100.5	100.3	99.8	100.3	98.1	99.9	99.4
其他电子设备制造												
仪器仪表制造业	100.0	98.3	98.0	98.0	97.9	97.9	97.9	97.9	96.9	96.9	96.9	96.9
通用仪器仪表制造	99.7	84.5	84.5	84.5	83.5	83.5	83.7	83.7	76.1	76.1	76.1	76.1
专用仪器仪表制造	100.0	105.3	100.0	100.0	100.0	100.0	100.0	100.0	100.0	100.0	100.0	100.0
光学仪器及眼镜制造	100.0	100.0	100.0	100.0	100.0	100.0	100.0	100.0	100.0	100.0	100.0	100.0
其他制造业												
日用杂品制造												
其他未列明制造业												
废弃资源综合利用业	103.2	105.6	105.6	105.6	113.4	101.8	101.8	101.8	100.0	100.0	100.0	100.0
金属废料和碎屑加工处理												
金属制品、机械和设备修理业	100.0	100.0	100.0	100.0	100.0	100.0	100.0	100.0	100.0	100.0	100.0	100.0
金属制品修理												
专用设备修理	100.0	100.0	100.0	100.0	100.0	100.0	100.0	100.0	100.0	100.0	100.0	100.0
电气设备修理	100.0	100.0	100.0	100.0	100.0	100.0	100.0	100.0	100.0	100.0	100.0	100.0
电力、热力生产和供应业	106.5	105.9	107.8	106.7	100.8	96.9	96.9	98.4	97.8	98.0	100.2	105.2
电力生产	107.5	105.4	112.9	112.0	96.7	87.0	86.8	92.9	90.4	91.1	100.8	120.1
电力供应	106.1	106.0	106.0	104.8	102.1	100.0	100.0	100.0	100.1	100.0	100.0	100.8
燃气生产和供应业	133.4	133.2	98.0	97.7	97.4	97.3	97.1	97.2	97.3	99.2	98.9	99.3
水的生产和供应业	103.4	103.4	103.4	103.4	103.4	103.4	103.4	103.4	103.4	102.2	102.3	102.3
自来水生产和供应	103.4	103.4	103.4	103.4	103.4	103.4	103.4	103.4	103.4	102.2	102.3	102.3
污水处理及其再生利用												

2-14 分月工业生产者出厂价格指数(新行业)(2014年，环比)

(上年同月价格=100)

指 标	1月	2月	3月	4月	5月	6月	7月	8月	9月	10月	11月	12月
工业生产者出厂价格指数	**100.2**	**99.7**	**99.1**	**99.1**	**100.1**	**99.2**	**100.1**	**100.1**	**100.0**	**99.1**	**100.0**	**99.9**
按轻重工业分												
轻工业	100.0	100.1	100.0	100.0	100.1	100.0	100.0	100.1	100.0	100.0	99.9	100.6
以农产品为原料	100.0	100.1	100.1	100.0	100.1	100.0	100.1	100.0	99.9	100.2	100.0	100.6
以非农产品为原料	99.7	100.3	99.8	100.0	100.5	100.4	99.4	100.3	100.3	99.5	99.5	100.7
重工业	100.3	99.5	98.8	98.8	100.0	99.0	100.1	100.1	100.0	98.8	100.1	99.6
采掘工业	100.2	100.2	99.2	98.7	100.3	98.9	100.4	100.7	97.9	97.7	100.1	96.3
原料工业	101.3	99.7	98.1	98.1	99.5	98.6	100.6	100.5	99.7	98.9	99.8	101.1
加工工业	99.3	99.3	99.4	99.5	100.5	99.4	99.7	99.6	100.5	98.8	100.3	98.7
按生产生活资料分												
生产资料	100.9	99.6	98.8	98.8	100.1	99.0	100.1	100.1	100.1	99.0	100.0	99.6
采掘	100.2	100.2	99.2	98.7	100.3	98.9	100.4	100.7	97.9	97.7	100.1	96.3
原料	101.3	99.7	98.2	98.1	99.5	98.7	100.6	100.5	99.8	99.0	99.8	101.0
加工	100.7	99.4	99.4	99.4	100.6	99.4	99.6	99.6	100.6	99.1	100.2	98.7
生活资料	97.7	99.9	100.1	100.1	100.1	100.0	99.9	100.0	99.8	99.4	100.1	100.6
食品	97.5	99.7	100.0	100.1	100.0	100.0	100.1	100.0	99.8	99.4	100.2	100.6
衣着	99.6	100.4	100.4	99.9	99.9	101.1	99.9	100.5	100.0	100.3	99.6	100.3
一般日用品	98.8	101.1	100.1	100.3	100.4	100.5	99.0	99.9	100.0	99.2	99.9	100.8
耐用消费品	100.0	100.0	100.5	100.0	100.0	100.0	100.0	100.0	100.0	100.0	100.0	100.0
按初级中间最终产品分												
初级产品	100.2	100.2	99.2	98.7	100.3	98.9	100.4	100.7	97.9	97.7	100.1	96.3
中间产品	100.2	99.6	98.9	99.1	100.0	99.3	100.0	100.0	100.1	99.0	100.1	99.9
最终产品	100.1	99.7	100.0	99.8	99.6	99.0	100.1	99.7	100.4	99.6	100.6	101.1
按工业行业大、中类分(新行业)												
煤炭开采和洗选业	98.1	100.0	99.8	100.6	100.0	100.0	100.9	101.3	98.9	105.2	101.1	101.7
烟煤和无烟煤开采洗选	91.5	100.0	100.0	101.5	100.0	100.0	100.0	100.0	97.2	104.5	103.0	104.4
褐煤开采洗选	102.9	100.0	99.6	100.0	100.0	100.0	101.5	102.1	100.0	105.7	100.0	100.0
其他煤炭采选												
石油和天然气开采业												

2-14 续表 1

(上年同月价格=100)

指　　标	1月	2月	3月	4月	5月	6月	7月	8月	9月	10月	11月	12月
天然气开采												
黑色金属矿采选业	99.0	100.7	103.9	99.3	99.0	97.4	99.4	99.6	93.4	93.8	100.3	87.9
铁矿采选	99.0	100.7	103.9	99.3	99.0	97.4	99.4	99.6	93.4	93.8	100.3	87.9
锰矿、铬矿采选												
有色金属矿采选业	102.0	98.9	95.2	95.6	103.7	99.9	102.9	102.2	98.4	97.2	98.1	99.3
常用有色金属矿采选	102.0	98.9	95.2	95.6	103.7	99.9	102.9	102.2	98.4	97.2	98.1	99.3
贵金属矿采选												
稀有稀土金属矿采选												
非金属矿采选业	100.9	100.5	97.0	99.1	100.2	99.7	100.2	100.8	101.2	99.3	100.5	99.9
土砂石开采	100.0	100.0	100.0	100.0	100.0	100.0	100.0	100.0	100.0	100.0	100.0	100.0
化学矿开采	100.9	100.5	97.0	99.1	100.2	99.7	100.2	100.9	101.2	99.3	100.5	99.9
农副食品加工业	100.0	100.0	99.9	99.6	100.2	100.0	100.2	99.9	100.1	100.9	99.9	100.2
谷物磨制	100.0	101.7	100.0	101.8	101.6	100.0	101.2	97.2	99.4	99.9	99.5	99.2
饲料加工	100.0	100.0	99.8	99.3	100.4	100.0	100.3	100.0	100.0	101.4	99.9	100.3
植物油加工	100.0	100.0	100.0	100.0	100.0	100.0	100.0	100.0	100.0	100.0	100.0	100.0
制糖业												
屠宰及肉类加工	100.0	100.0	100.0	100.0	100.0	100.0	100.0	100.0	100.0	100.0	100.0	100.0
水产品加工												
蔬菜、水果和坚果加工	100.0	100.3	99.8	100.0	99.2	99.6	99.7	99.3	101.2	100.0	99.6	100.3
其他农副食品加工	98.1	100.0	100.0	100.0	100.0	100.0	100.0	100.0	100.4	100.0	100.0	100.0
食品制造业	99.3	101.1	99.8	100.8	99.5	100.5	99.9	100.4	98.4	100.3	100.3	108.4
焙烤食品制造	98.2	104.3	100.3	99.6	99.1	102.4	101.3	102.2	88.2	99.9	101.1	98.7
糖果、巧克力及蜜饯制造	100.0	100.0	100.0	100.0	100.0	100.0	100.0	100.0	100.0	100.0	100.0	100.0
方便食品制造	99.9	100.0	100.1	101.6	100.2	100.3	100.5	99.5	99.7	101.8	100.0	133.7
乳制品制造	97.7	102.1	100.6	104.5	101.6	99.3	98.4	100.9	100.0	99.6	100.1	99.5
罐头食品制造	100.0	100.0	100.0	100.0	99.5	100.0	100.0	100.0	100.5	99.5	100.0	100.0
调味品、发酵制品制造	101.0	100.0	100.2	100.1	100.3	100.3	100.6	99.9	99.9	100.1	100.3	99.9
其他食品制造	100.0	100.1	98.1	97.8	96.5	101.3	99.9	100.0	100.8	100.0	100.6	100.7
酒、饮料和精制茶制造业	101.1	99.8	100.7	99.5	100.1	99.8	100.7	100.0	99.9	99.7	100.1	99.2

2-14 续表 2

(上年同月价格=100)

指　　标	1月	2月	3月	4月	5月	6月	7月	8月	9月	10月	11月	12月
酒的制造	99.6	100.4	102.9	97.7	99.9	98.7	103.2	95.5	98.3	98.4	100.4	97.6
饮料制造	101.8	100.0	100.0	100.1	100.3	100.2	100.0	100.0	100.1	100.0	100.0	99.8
精制茶加工	100.0	97.1	100.0	100.0	100.0	100.0	100.0	110.7	102.5	100.8	100.0	98.8
烟草制品业	100.0	100.0	100.0	100.0	100.0	100.0	100.0	100.0	100.0	100.0	100.0	100.0
烟叶复烤	100.0	100.0	100.0	100.0	100.0	100.0	100.0	100.0	100.0	100.0	100.0	100.0
卷烟制造	100.0	100.0	100.0	100.0	100.0	100.0	100.0	100.0	100.0	100.0	100.0	100.0
其他烟草制品制造	100.0	100.0	100.0	100.0	100.0	100.0	100.0	100.0	100.0	100.0	100.0	100.0
纺织业	100.0	100.0	99.9	99.7	100.0	101.3	99.8	96.2	99.7	99.9	99.5	99.8
棉纺织及印染精加工	100.0	100.0	99.8	99.3	100.1	99.1	99.6	91.1	99.4	99.8	98.8	99.5
麻纺织及染整精加工												
丝绢纺织及印染精加工	100.0	100.0	100.0	100.0	100.0	100.0	100.0	100.0	100.0	100.0	100.0	100.0
针织或钩针编织物及其制品制造	100.0	100.0	100.0	100.0	100.0	105.6	100.0	100.0	100.0	100.0	100.0	100.0
家用纺织制成品制造	100.0	100.0	100.0	100.0	100.0	100.0	100.0	100.0	100.0	100.0	100.0	100.0
非家用纺织制成品制造												
纺织服装、服饰业	99.4	100.3	101.1	99.3	100.0	100.0	100.0	100.7	100.0	100.0	99.3	100.7
机织服装制造	99.4	100.3	101.1	99.3	100.0	100.0	100.0	100.7	100.0	100.0	99.3	100.7
皮革、毛皮、羽毛及其制品和制鞋业	100.0	100.8	98.5	101.7	99.3	100.0	99.4	100.1	100.0	101.6	100.0	99.4
羽毛(绒)加工及制品制造	100.0	100.0	100.0	100.0	100.0	100.0	100.0	100.0	100.0	100.0	100.0	100.0
制鞋业	100.0	100.9	98.4	101.8	99.2	100.0	99.4	100.1	100.0	101.7	100.0	99.4
木材加工和木、竹、藤、棕、草制品业	100.0	100.2	100.9	100.0	100.3	100.0	100.2	100.7	99.1	100.6	99.7	99.4
木材加工	100.0	100.0	100.0	100.0	100.0	100.0	100.0	100.0	100.0	100.0	100.0	100.0
人造板制造	100.0	100.0	100.0	100.0	100.0	100.0	100.0	100.0	100.0	100.0	98.6	98.9
木制品制造	100.0	100.2	101.5	100.0	100.5	100.0	100.3	101.0	98.6	101.0	100.2	99.7
家具制造业	100.0	100.0	100.0	100.0	100.0	100.0	100.0	100.0	100.0	100.0	100.0	100.0
金属家具制造	100.0	100.0	100.0	100.0	100.0	100.0	100.0	100.0	100.0	100.0	100.0	100.0
其他家具制造	100.0	100.0	100.0	100.0	100.0	100.0	100.0	100.0	100.0	100.0	100.0	100.0
造纸和纸制品业	99.9	99.9	100.6	100.0	100.0	98.7	100.3	100.0	100.0	99.9	100.0	101.0
纸浆制造												
造纸	99.6	99.7	100.0	100.0	100.0	99.8	101.1	100.0	100.0	99.7	100.0	100.5

2-14 续表 3

(上年同月价格=100)

指　　标	1月	2月	3月	4月	5月	6月	7月	8月	9月	10月	11月	12月
纸制品制造	100.0	100.0	100.9	100.0	100.0	98.2	100.0	100.0	100.0	100.0	100.0	101.2
印刷和记录媒介复制业	97.1	100.9	100.0	101.0	101.7	100.0	96.8	99.7	100.0	98.4	99.9	102.7
印刷	97.1	100.9	100.0	101.0	101.7	100.0	96.7	99.7	100.0	98.5	99.9	102.7
装订及印刷相关服务	98.1	100.0	98.2	99.0	101.2	100.9	98.5	100.4	100.6	96.4	102.0	101.1
文教、工美、体育和娱乐用品制造业	99.8	100.3	100.1	100.0	99.8	99.9	100.1	100.2	99.9	100.0	100.0	99.9
文教办公用品制造	100.0	100.0	100.0	100.0	100.0	100.0	100.0	100.0	100.0	100.0	100.0	100.0
工艺美术品制造	99.8	100.3	100.1	100.0	99.8	99.9	100.1	100.2	99.8	100.0	100.0	99.9
石油加工、炼焦和核燃料加工业	100.8	99.9	99.2	98.2	96.4	102.8	100.0	98.8	101.0	99.6	94.6	100.2
精炼石油产品制造	95.1	100.0	100.0	100.0	100.0	100.0	100.0	100.0	100.0	99.9	100.1	100.0
炼焦	101.0	99.9	99.1	98.1	96.3	102.9	100.0	98.8	101.0	99.6	94.4	100.2
化学原料和化学制品制造业	102.3	98.6	98.6	99.5	100.0	99.6	100.5	98.8	101.0	100.2	99.8	100.3
基础化学原料制造	100.6	99.9	99.9	99.6	99.5	100.6	99.0	99.0	99.9	99.9	100.2	100.1
肥料制造	104.3	97.3	97.3	99.7	100.8	98.6	101.4	97.7	102.0	100.6	99.8	100.6
农药制造	100.0	100.0	100.0	100.0	100.0	100.0	100.0	100.0	100.0	92.1	100.0	100.0
涂料、油墨、颜料及类似产品制造	99.9	100.6	97.9	101.1	100.7	99.8	100.2	100.2	99.9	100.2	99.9	100.6
合成材料制造	99.9	100.0	100.1	99.1	98.3	99.9	100.2	99.7	100.0	100.0	100.1	99.9
专用化学产品制造	100.0	100.0	98.2	98.1	98.9	102.2	99.2	100.2	99.9	98.9	99.1	99.4
炸药、火工及焰火产品制造	100.0	100.0	100.0	100.0	100.0	100.0	100.0	100.0	100.0	100.0	100.0	100.0
日用化学产品制造	101.8	100.1	100.0	98.9	101.5	101.7	101.7	102.1	101.3	99.6	97.5	99.5
医药制造业	88.7	98.7	100.1	100.4	100.1	100.2	100.4	100.1	99.4	97.1	100.6	100.2
化学药品原料药制造	99.9	107.4	103.8	98.2	104.9	100.3	100.0	99.9	100.0	100.0	94.8	97.0
化学药品制剂制造	99.6	101.9	100.7	100.3	100.3	101.0	100.3	100.0	99.9	99.3	99.8	99.6
中药饮片加工	116.5	100.0	100.0	100.0	100.0	100.0	100.0	100.0	100.0	100.0	100.0	100.0
中成药生产	83.0	97.1	99.8	100.3	100.1	99.8	100.5	100.2	99.1	95.7	101.2	100.5
兽用药品制造	100.0	100.0	106.9	100.0	100.0	100.0	100.0	112.6	100.0	100.0	100.0	100.0
生物药品制造	101.4	97.7	99.7	102.1	97.7	100.6	99.9	99.0	101.2	98.9	100.0	100.1
卫生材料及医药用品制造												
化学纤维制造业	100.0	100.0	100.0	100.0	100.0	100.0	100.0	100.0	100.0	100.0	100.0	100.0
纤维素纤维原料及纤维制造	100.0	100.0	100.0	100.0	100.0	100.0	100.0	100.0	100.0	100.0	100.0	100.0

2-14 续表 4

(上年同月价格=100)

指　　标	1月	2月	3月	4月	5月	6月	7月	8月	9月	10月	11月	12月
橡胶和塑料制品业	100.3	99.8	99.6	100.1	99.6	100.0	99.8	100.4	101.0	100.4	99.8	99.4
橡胶制品业	102.7	100.6	100.4	100.1	99.8	100.4	99.9	100.0	100.6	100.9	101.1	100.0
塑料制品业	100.2	99.8	99.6	100.1	99.6	100.0	99.8	100.4	101.0	100.3	99.8	99.4
非金属矿物制品业	99.7	100.0	99.0	99.7	101.1	100.1	100.1	99.9	100.0	100.5	99.7	99.0
水泥、石灰和石膏制造	99.2	100.0	99.1	99.3	101.7	99.8	100.0	99.8	100.3	100.5	99.4	98.5
石膏、水泥制品及类似制品制造	100.7	100.2	98.5	99.8	100.9	99.7	100.1	100.0	100.0	100.0	100.0	99.8
砖瓦、石材等建筑材料制造	100.0	100.0	100.0	100.0	100.0	103.2	100.0	100.0	98.8	100.4	100.0	96.2
玻璃制造	100.0	100.0	100.0	100.0	100.0	100.0	100.0	100.0	100.0	100.0	100.0	100.0
玻璃制品制造	99.9	99.6	99.7	101.4	100.1	99.9	99.8	99.8	99.8	99.2	100.0	99.7
玻璃纤维和玻璃纤维增强塑料制品制造	100.0	100.0	100.0	100.0	100.0	100.0	100.0	100.0	100.0	100.0	100.0	100.0
陶瓷制品制造												
耐火材料制品制造	95.8	99.8	97.7	101.0	101.4	100.4	100.0	101.0	99.8	104.0	99.5	100.2
石墨及其他非金属矿物制品制造	100.0	100.0	100.0	100.0	100.0	100.0	100.0	100.0	100.0	100.0	100.0	100.0
黑色金属冶炼和压延加工业	100.1	100.0	99.9	98.7	101.1	96.7	97.3	100.1	98.9	98.2	100.4	96.6
炼铁	100.0	98.9	100.5	97.9	100.5	100.0	99.8	98.9	93.9	97.4	96.9	100.0
炼钢	100.0	100.0	100.0	100.0	100.0	79.7	100.0	100.0	100.0	100.0	100.0	100.0
黑色金属铸造	100.0	100.0	100.0	100.0	99.5	100.2	99.6	100.0	99.2	100.0	100.0	100.0
钢压延加工	100.2	100.1	99.8	98.4	101.4	100.0	96.7	100.2	98.8	97.9	100.7	95.8
铁合金冶炼	100.0	97.8	100.0	98.8	99.8	100.0	100.0	100.0	103.6	101.2	97.4	101.3
有色金属冶炼和压延加工业	100.4	99.1	96.0	97.4	101.4	100.9	101.5	101.2	99.8	97.7	98.7	98.9
常用有色金属冶炼	101.1	99.2	94.9	96.4	102.4	101.2	101.6	101.4	99.7	98.1	98.5	98.8
贵金属冶炼	99.2	100.0	102.2	100.0	99.2	99.0	101.3	99.6	98.2	97.8	98.4	100.4
稀有稀土金属冶炼	101.4	103.2	101.2	103.4	100.0	100.0	98.8	100.7	100.7	99.6	100.0	99.5
有色金属合金制造	93.5	100.0	100.0	98.1	80.0	100.0	100.0	100.0	100.0	86.4	105.1	103.7
有色金属铸造	101.0	99.8	100.5	100.7	100.3	102.3	99.3	98.3	104.7	97.0	100.9	100.2
有色金属压延加工	98.6	96.7	96.0	101.9	102.5	100.3	102.2	101.8	102.4	97.7	98.4	97.5
金属制品业	100.1	102.7	100.0	100.2	101.3	98.3	100.0	94.1	109.2	94.2	105.9	93.7
结构性金属制品制造	100.0	102.9	100.0	100.1	101.6	98.0	100.0	93.0	111.1	93.2	107.2	92.7
金属工具制造	100.0	100.0	100.0	100.0	100.0	100.0	100.0	100.0	100.0	100.0	100.0	100.0

2-14 续表 5

(上年同月价格=100)

指 标	1月	2月	3月	4月	5月	6月	7月	8月	9月	10月	11月	12月
集装箱及金属包装容器制造	100.0	100.0	100.0	100.0	100.0	100.0	100.0	100.0	100.0	100.0	100.0	100.0
金属丝绳及其制品制造	101.7	105.9	100.0	99.9	100.0	99.4	99.8	100.0	100.0	99.9	99.3	98.0
建筑、安全用金属制品制造	100.0	100.0	100.2	100.0	100.0	100.0	100.0	100.0	100.0	100.0	100.0	100.0
其他金属制品制造	100.0	99.5	100.0	100.5	100.0	99.8	100.0	100.0	100.0	100.0	100.0	100.0
通用设备制造业	99.3	100.3	102.9	98.4	102.3	96.7	100.6	99.9	99.8	100.8	99.3	100.0
锅炉及原动设备制造	100.0	100.0	99.4	98.7	100.0	100.6	100.0	101.8	100.0	100.0	102.1	98.9
金属加工机械制造	98.5	100.4	103.8	98.0	102.9	95.5	100.8	99.8	99.6	101.5	98.9	100.1
物料搬运设备制造	100.0	100.0	100.1	99.4	100.6	100.0	99.8	99.8	100.2	100.0	100.0	99.7
泵、阀门、压缩机及类似机械制造	95.0	100.1	102.6	98.3	103.1	99.7	99.2	99.9	101.5	91.5	101.1	99.4
轴承、齿轮和传动部件制造	100.0	100.0	100.0	100.0	100.0	100.0	100.0	100.0	100.0	100.0	100.0	100.0
烘炉、风机、衡器、包装等设备制造	100.0	100.0	100.0	100.0	100.0	100.0	100.0	100.0	100.0	100.0	100.0	100.0
文化、办公用机械制造												
通用零部件制造	104.6	100.0	102.9	100.0	100.0	100.6	100.0	100.0	100.0	100.0	100.0	100.0
其他通用设备制造业												
专用设备制造业	103.6	100.0	100.0	99.4	99.9	100.6	99.4	99.9	100.1	100.2	99.4	99.5
采矿、冶金、建筑专用设备制造	100.0	100.2	99.9	99.9	100.0	100.1	100.0	99.9	100.0	100.0	99.6	99.5
化工、木材、非金属加工专用设备制造	100.0	100.0	100.5	100.0	100.0	101.4	100.0	100.0	100.0	100.0	100.0	100.0
食品、饮料、烟草及饲料生产专用设备制造	106.7	100.0	100.0	100.0	100.0	100.0	99.2	100.0	100.0	100.0	100.0	100.0
印刷、制药、日化及日用品生产专用设备制造	103.5	99.9	100.0	85.8	97.4	116.8	95.8	96.0	103.5	104.8	88.8	89.7
电子和电工机械专用设备制造	100.0	100.0	100.0	100.0	100.0	100.0	100.0	100.0	100.0	100.0	100.0	100.0
农、林、牧、渔专用机械制造	100.0	100.0	100.0	100.0	99.7	100.3	99.7	100.3	100.0	100.0	100.0	100.0
环保、社会公共服务及其他专用设备制造	99.5	100.0	100.0	100.0	100.0	100.0	100.0	100.0	100.0	100.0	98.7	100.0
汽车制造业	102.0	98.0	99.6	100.4	101.1	98.4	100.5	100.9	99.9	99.7	99.8	100.3
汽车整车制造	103.5	97.1	99.5	99.9	101.9	98.3	100.2	101.5	100.0	100.0	99.9	100.4
汽车车身、挂车制造												
汽车零部件及配件制造	100.0	99.1	99.8	101.0	100.0	98.5	100.9	100.0	99.7	99.3	99.7	100.1
铁路、船舶、航空航天和其他运输设备制造业	100.0	100.0	100.0	100.0	100.0	100.0	100.0	100.0	100.0	100.0	100.0	100.0
铁路运输设备制造	100.0	100.0	100.0	100.0	100.0	100.0	100.0	100.0	100.0	100.0	100.0	100.0
电气机械和器材制造业	99.6	100.1	99.7	99.9	99.4	99.9	100.1	100.8	99.8	99.5	99.8	100.1

2-14 续表 6

(上年同月价格=100)

指 标	1月	2月	3月	4月	5月	6月	7月	8月	9月	10月	11月	12月
电机制造	99.9	104.2	99.9	99.8	99.6	100.1	99.7	100.1	100.0	100.0	97.5	101.0
输配电及控制设备制造	98.5	101.3	98.4	99.3	98.8	99.9	100.0	102.9	99.3	99.7	99.8	100.6
电线、电缆、光缆及电工器材制造	100.1	98.4	100.5	100.4	99.3	99.6	100.4	100.0	100.0	98.6	99.9	99.6
电池制造	100.0	100.0	100.0	100.0	100.0	100.0	100.0	100.0	100.0	100.0	100.0	100.0
非电力家用器具制造	100.0	100.0	101.0	100.0	100.0	100.0	100.0	100.0	100.0	100.0	100.0	100.0
计算机、通信和其他电子设备制造业	100.1	99.9	99.8	100.2	100.0	100.0	100.0	100.0	100.0	100.0	100.0	100.0
计算机制造	100.0	100.0	100.0	100.0	100.0	100.0	100.0	100.0	100.0	100.0	100.0	100.0
通信设备制造	100.0	100.0	100.0	100.0	100.0	100.0	100.0	100.0	100.0	100.0	100.0	100.0
电子元件制造	100.5	99.4	98.3	101.7	100.0	100.0	100.0	99.5	100.0	100.0	100.0	100.0
其他电子设备制造												
仪器仪表制造业	100.0	98.0	100.0	100.0	99.9	100.0	100.0	100.0	99.0	100.0	100.0	100.0
通用仪器仪表制造	100.0	84.7	100.0	100.0	98.9	100.0	100.0	100.0	90.9	100.0	100.0	100.0
专用仪器仪表制造	100.0	100.0	100.0	100.0	100.0	100.0	100.0	100.0	100.0	100.0	100.0	100.0
光学仪器及眼镜制造	100.0	100.0	100.0	100.0	100.0	100.0	100.0	100.0	100.0	100.0	100.0	100.0
其他制造业												
日用杂品制造												
其他未列明制造业												
废弃资源综合利用业	100.0	100.0	100.0	100.0	100.0	100.0	100.0	100.0	100.0	100.0	100.0	100.0
金属废料和碎屑加工处理												
金属制品、机械和设备修理业	100.0	100.0	100.0	100.0	100.0	100.0	100.0	100.0	100.0	100.0	100.0	100.0
金属制品修理												
专用设备修理	100.0	100.0	100.0	100.0	100.0	100.0	100.0	100.0	100.0	100.0	100.0	100.0
电气设备修理	100.0	100.0	100.0	100.0	100.0	100.0	100.0	100.0	100.0	100.0	100.0	100.0
电力、热力生产和供应业	103.7	100.4	101.4	99.1	94.5	94.9	99.5	100.2	100.0	100.1	104.3	107.6
电力生产	111.1	102.2	105.9	99.4	86.5	89.1	97.7	100.9	100.0	100.4	108.7	121.1
电力供应	101.5	99.9	99.9	99.0	97.3	96.7	100.0	100.0	100.0	100.0	103.1	103.5
燃气生产和供应业	99.9	99.8	100.2	99.9	99.6	100.0	99.8	100.0	100.0	100.1	99.7	100.4
水的生产和供应业	102.2	100.0	100.0	100.0	100.0	100.0	100.0	100.0	100.0	100.0	100.1	100.0
自来水生产和供应	102.2	100.0	100.0	100.0	100.0	100.0	100.0	100.0	100.0	100.0	100.1	100.0
污水处理及其再生利用												

2-15 分月工业生产者购进价格指数(2014年，同比)

(上年同月价格=100)

指 标	1月	2月	3月	4月	5月	6月	7月	8月	9月	10月	11月	12月
工业生产者购进价格指数	**96.7**	**96.8**	**96.3**	**96.1**	**97.4**	**98.1**	**99.5**	**100.1**	**99.0**	**98.5**	**98.6**	**98.0**
燃料、动力类	97.5	97.7	94.6	94.7	98.0	99.2	98.6	100.6	97.5	98.5	97.6	97.7
黑色金属材料类	101.6	101.6	101.7	98.9	98.8	99.0	98.9	99.1	98.9	98.9	98.8	98.4
#钢材	97.5	97.6	97.9	93.5	92.3	96.2	95.5	96.3	95.8	95.9	96.3	95.5
有色金属材料及电线类	88.8	88.0	87.8	89.6	91.9	93.6	98.8	99.2	97.8	96.8	98.3	97.2
化工原料类	96.7	97.1	98.6	100.0	99.7	100.5	100.2	100.9	102.4	102.2	102.6	101.0
木材及纸浆类	98.8	99.5	99.6	99.8	100.3	100.1	99.4	99.1	98.9	99.3	98.4	98.5
建筑材料及非金属类	96.8	96.6	95.2	95.9	96.5	96.8	95.3	95.9	95.4	95.6	95.8	94.1
其他工业原材料及半成品类	103.5	104.9	104.5	102.2	102.2	101.5	101.6	101.4	100.8	99.4	98.7	98.5
农副产品类	104.3	103.9	105.9	103.1	101.8	100.5	100.9	101.8	101.5	99.2	98.4	99.2
纺织原料类	101.0	101.8	101.4	101.2	102.6	101.8	102.6	102.9	102.8	101.9	101.5	101.8

2-16 分月工业生产者购进价格指数(2014年，环比)

(上月价格=100)

指 标	1月	2月	3月	4月	5月	6月	7月	8月	9月	10月	11月	12月
工业生产者购进价格指数	**99.4**	**100.4**	**99.4**	**99.3**	**100.5**	**100.1**	**100.5**	**100.3**	**99.6**	**99.4**	**99.7**	**99.5**
燃料、动力类	100.2	100.1	98.7	100.5	101.5	100.2	98.8	99.7	99.5	98.9	99.6	100.0
黑色金属材料类	100.1	100.0	100.0	98.8	100.0	100.1	100.3	100.1	99.6	100.0	99.6	99.8
#钢材	100.9	100.1	100.1	95.0	99.9	100.5	101.4	100.4	98.5	99.7	99.4	99.5
有色金属材料及电线类	97.6	99.7	98.3	99.3	101.1	101.0	102.3	101.0	99.4	99.0	99.5	99.1
化工原料类	99.8	100.1	101.5	100.4	99.4	100.3	99.6	100.2	100.0	100.1	100.4	99.1
木材及纸浆类	99.9	100.2	99.6	99.8	100.2	99.8	99.3	99.6	99.9	100.3	99.5	100.3
建筑材料及非金属类	100.0	99.5	98.9	99.8	100.0	98.9	99.3	100.0	99.3	100.1	99.6	98.4
其他工业原材料及半成品类	100.7	102.0	99.3	98.4	100.1	99.4	100.1	100.0	99.5	99.4	99.7	99.9
农副产品类	99.5	100.0	103.4	97.3	99.3	99.3	100.6	100.9	100.3	99.3	99.5	99.9
纺织原料类	100.0	101.0	99.5	100.0	100.6	100.0	100.0	100.2	99.9	100.0	100.0	100.5

2-17 分季固定资产投资价格指数(2014年，同比)

(上年同季价格=100)

项 目	1季度	2季度	3季度	4季度
固定资产投资价格指数	**100.8**	**100.6**	**100.7**	**100.6**
建筑安装装饰工程	101.1	100.8	101.0	100.9
#人工费	104.9	103.1	104.6	106.3
工程管理人员	105.1	104.0	101.7	104.7
工程技术人员	104.0	103.3	102.7	104.5
普通人员	105.0	103.0	105.4	107.0
材料费	100.0	100.0	99.9	98.9
钢材	99.0	99.6	99.5	97.9
木材	101.8	106.3	101.8	100.4
水泥	101.6	101.0	100.2	102.2
地方建筑材料	100.5	100.1	100.6	99.2
化工材料	99.9	99.9	100.4	96.4
电料	96.9	100.0	98.3	98.5
其他材料	99.0	99.6	100.0	100.9
机械使用费	100.7	101.0	100.5	101.8
设备工器具购置	99.4	99.4	99.4	99.4
其他费用	100.0	100.2	100.1	100.1

2-18 各州市居民消费价格指数(2008-2014年)

(上年价格=100)

地 区	2008		2009		2010		2011	
	居民消费价格总指数	#食品	居民消费价格总指数	#食品	居民消费价格总指数	#食品	居民消费价格总指数	#食品
全 省	**105.7**	**115.4**	**100.4**	**101.6**	**103.7**	**108.4**	**104.9**	**111.5**
昆明市	105.8	116.4	100.8	101.4	104.2	109.1	104.9	110.8
曲靖市							104.9	110.7
玉溪市							104.7	111.1
保山市							104.2	110.2
昭通市							105.3	109.9
丽江市							104.6	111.8
普洱市							104.4	113.0
临沧市							104.8	112.5
楚雄州							104.5	109.0
红河州							104.5	111.4
文山州							104.5	111.8
西双版纳州							104.8	112.9
大理州							104.7	111.3
德宏州							105.6	114.0
怒江州							104.8	112.7
迪庆州							105.6	110.8

2-18 续表

(上年价格=100)

地 区	2012		2013		2014	
	居民消费价格总指数	#食品	居民消费价格总指数	#食品	居民消费价格总指数	#食品
全 省	**102.7**	**106.2**	**103.1**	**105.5**	**102.4**	**104.3**
昆明市	103.1	107.7	103.9	106.8	103.1	105.6
曲靖市	102.3	103.5	103.0	104.6	102.4	103.8
玉溪市	102.7	105.7	102.8	104.3	102.1	103.3
保山市	102.6	105.7	102.8	105.0	102.4	102.6
昭通市	102.7	107.5	102.7	105.8	101.6	102.3
丽江市	102.8	104.1	102.7	104.2	101.6	101.3
普洱市	102.6	105.6	102.5	104.7	101.8	103.7
临沧市	103.7	109.0	102.4	105.0	102.6	104.0
楚雄州	103.5	106.0	103.0	106.5	102.5	103.1
红河州	102.6	104.6	102.4	105.1	101.7	103.1
文山州	103.1	105.4	102.5	105.3	102.2	103.2
西双版纳州	102.9	106.8	102.6	106.3	101.8	103.8
大理州	103.3	106.2	102.7	106.9	101.9	103.9
德宏州	103.9	107.0	102.2	104.7	102.3	103.9
怒江州	102.4	104.1	102.7	104.1	102.4	104.0
迪庆州	103.1	108.0	103.0	106.2	101.9	103.5

2-19 各州市工业生产者出厂价格指数(2008-2014年)

(上年价格=100)

地 区	2008	2009	2010	2011	2012	2013	2014
全 省	**105.8**	**91.5**	**108.8**	**104.7**	**97.9**	**97.5**	**97.8**
昆明市	106.0	92.6	111.4	104.6	99.2	97.9	97.3
曲靖市				108.8	99.5	97.1	98.3
玉溪市				105.1	98.2	96.5	99.5
保山市				104.8	97.5	99.6	99.3
昭通市				105.7	94.0	90.3	98.6
丽江市				109.3	96.2	100.5	97.3
普洱市				103.7	94.4	97.8	102.4
临沧市				106.4	101.1	97.1	99.2
楚雄州				106.8	98.4	97.2	98.4
红河州				106.2	96.6	96.1	97.5
文山州				101.3	96.7	98.3	98.7
西双版纳州				107.9	99.6	100.4	101.7
大理州				108.4	98.3	99.4	100.3
德宏州				108.1	93.9	93.4	95.9
怒江州				103.6	89.0	98.8	105.3
迪庆州				106.2	100.5	99.6	97.5

2-20 各州市工业生产者购进价格指数(2008-2014年)

(上年价格=100)

地 区	2008	2009	2010	2011	2012	2013	2014
全 省	**111.6**	**95.0**	**109.0**	**108.0**	**99.3**	**98.8**	**99.0**
昆明市	112.6	96.4	109.7	109.6	96.8	96.5	97.9
曲靖市				107.5	103.3	100.3	99.6
玉溪市				110.6	101.0	99.0	103.0
保山市				108.7	102.7	101.5	100.4
昭通市				109.0	101.0	99.1	101.7
丽江市				105.6	104.3	102.6	99.8
普洱市				104.1	97.6	103.5	98.7
临沧市				103.7	106.5	104.6	101.2
楚雄州				103.1	102.7	100.2	102.7
红河州				108.8	97.1	97.6	98.7
文山州				108.8	105.9	100.5	98.6
西双版纳州				110.8	102.2	103.3	101.5
大理州				105.5	100.0	98.6	101.0
德宏州				107.3	103.6	100.2	101.0
怒江州				105.4	100.0	102.2	94.8
迪庆州				109.5	102.1	99.9	101.7

主要统计指标解释

居民消费价格指数 是反映一定时期内城乡居民所购买生活消费品和服务项目的价格水平变动趋势和程度的相对数，居民消费价格水平的变动在一定程度上反映了通货膨胀（或紧缩）的程度。通过该指数可以观察和分析消费品的零售价格和服务项目价格变动对城乡居民生活的影响程度。满足各级政府制定政策和计划、进行宏观调控的需要，以及为国民经济核算提供参考依据。

城市居民消费价格指数 是反映一定时期内城市居民家庭所购买的生活消费品价格和服务项目价格变动趋势和程度的相对数。通过该指数可以观察和分析消费品的零售价格和服务项目价格变动对城镇居民收入和消费支出的影响。

农村居民消费价格指数 是反映一定时期内农村居民家庭所购买的生活消费品价格和服务项目价格变动趋势和程度的相对数。该指数可以观察农村消费品的零售价格和服务项目价格变动对农村居民收入和生活消费支出的影响。

商品零售价格指数 是反映一定时期内城乡商品零售价格变动趋势和程度的相对数。商品零售价格的变动与国家的财政收入、市场供需的平衡、消费与积累的比例关系有关。因此，该指数可以从一个侧面对上述经济活动进行观察和分析。

工业生产者出厂价格指数 是反映一定时期内全部工业产品出厂价格总水平的变动趋势和程度的相对数，包括工业企业售给本企业以外所有单位的各种产品和直接售给居民用于生活消费的产品。该指数可以观察出厂价格变动对工业总产值及增加值的影响。

工业生产者购进价格指数 是反映工业企业作为生产投入，而从物资交易市场和能源、原材料生产企业购买原材料、燃料和动力产品时，所支付的价格水平变动趋势和程度的统计指标，是扣除工业企业物质消耗成本中的价格变动影响的重要依据。

目前，我国编制的工业生产者购进价格指数所调查的产品包括燃料动力、黑色金属、有色金属、化工、建材等九大类。

固定资产投资价格指数 是反映一定时期内固定资产投资品及取费项目的价格变动趋势和程度的相对数。固定资产投资额是由建筑安装工程投资完成额、设备工器具购置投资完成额和其他费用投资完成额三部分组成的。编制固定资产投资价格指数应首先分别编制上述三部分投资的价格指数，然后采用加权算术平均法求出固定资产投资价格总指数。

该指数可以准确地反映固定资产投资中涉及的各类投资品和取费项目价格变动趋势和变动幅度，消除按现价计算的固定资产投资指标中的价格变动因素，真实地反映固定资产投资的规模、速度、结构和效益，为国家科学地制定、检查固定资产投资计划并提高宏观调控水平，为完善国民经济核算体系提供科学的、可靠的依据。

三 农业调查

简要说明

一、本篇资料的主要内容及统计范围

本篇资料反映农业生产和农村经济的基本情况，内容方面主要包括农村粮食声场情况、畜牧业生产等方面的统计资料。

二、本篇的资料来源及统计调查方法

农业调查是由国家统计局组织实施，国家统计局昆明调查队及抽中县调查队依据国家统计局统一制定的调查方案收集资料，昆明调查队督导各县（市、区）统计局逐级审核。

1.昆明市抽中调查点粮食产量数据，由昆明调查队督导各抽样调查产粮大县审核、汇总、上报云南调查总队汇总整理，并由云南调查总队上报国家统计局农村司。省级粮食数据以国家反馈的数据为准，国家实行以省为总体的抽样调查，从抽样调查点取得的各季农作物播种面积、实测产量等各项资料。各农作物的播种面积和产量，包括全社会的数据，即包括调查季节的国有、集体单位及各种经济和个人经营的农作物。

2.畜牧业的猪、牛、羊和家禽等主要畜禽监测抽样调查属于国家统计调查，是国家统计局云南调查总队按照国家统计局《农林牧渔业统计调查制度》对全省各州（市），县（市、区）调查队、以及有关生猪调出大县统计局报送统计调查资料的要求。昆明调查队督导各县（市、区）统计局完成畜牧业统计调查。主要畜禽抽样实行分季定产，四个季度之和即为年度数据；生猪调出大县实行月度调查与季度调查相结合，主要数据开展月度调查，目前昆明市有生猪调出大县 2 个，即宜良县、寻甸县。

3-1 粮食生产情况(2008-2014年)

年 份	全年粮食			1. 夏收粮食		
	播种面积(公顷)	总产量(吨)	单位产量(吨/公顷)	播种面积(公顷)	总产量(吨)	单位产量(吨/公顷)
2008	256410	1151634	4.5	101164	214808	2.1
2009	255307	1131002	4.4	100876	202127	2
2010	282776	1167942	4.1	139077	97481	0.7
2011	274584	1198428	4.4	104511	262602	2.5
2012	280437	1206700	4.3	99227	201797	2
2013	273942	1230074	4.5	98884	197231	2
2014						

注：2010年的数据2012年和2011年数据有出入。

3-1 续表

年 份	2. 秋收粮食			3. 早稻		
	播种面积(公顷)	总产量(吨)	单位产量(吨/公顷)	播种面积(公顷)	总产量(吨)	单位产量(吨/公顷)
2008	155246.0	936826.0	6.0			
2009	154431.0	928875.0	6.0			
2010	143699.0	1070461.0	7.4			
2011	170072.0	935826.0	5.5			
2012	181210.0	1004903.0	5.5			
2013	175058.0	1032843.0	5.9			
2014						

3-2 主要粮食品种生产情况(2008-2014年)

年份	稻谷			玉米			小麦		
	播种面积(公顷)	总产量(吨)	单位产量(吨/公顷))	播种面积(公顷)	总产量(吨)	单位产量(吨/公顷))	播种面积(公顷)	总产量(吨)	单位产量(吨/公顷))
2008	44370.0	352361.0	7.9	63243.0	415719.0	6.6	34790.0	68440.0	2.0
2009	42629.0	343702.0	8.1	63437.0	415651.0	6.6	32936.0	67145.0	2.0
2010	37086.0	305493.0	8.2	84117.0	547568.0	6.5	35244.0	21297.0	0.6
2011	35775.0	279906.0	7.8	82022.0	458945.0	5.6	34320.0	89433.0	2.6
2012	29089.0	233067.0	8.0	95740.0	556371.0	5.8	32106.0	59344.0	1.8
2013	28612.0	227674.0	8.0	89357.0	587491.0	6.6	32312.0	58789.0	1.8
2014									

3-2 续表

年份	薯类			豆类		
	播种面积(公顷)	总产量(吨)	单位产量(吨/公顷))	播种面积(公顷)	总产量(吨)	单位产量(吨/公顷)
2008	32652.0	145000.0	4.4	45651.0	95611.0	2.1
2009	33538.0	150926.0	4.5	45248.0	89466.0	2.0
2010	38490.0	169992.0	4.4	49734.0	80385.0	1.4
2011	40438.0	184730.0	4.6	45232.0	102221.0	2.3
2012	43925.0	198720.0	4.5	43697.0	89113.0	2.0
2013	42680.0	196955.0	4.6	45047.0	89042.0	2.0
2014						

3-3 主要畜禽生产情况(2008-2014年)

指标	单位	2008	2009	2010	2011	2012	2013	2014
年末出栏量								
生猪	(头)	3336714.0	3519790.0	3712464.0	3861950.0	4145779.0	4315603.0	
牛	(头)	220003.0	238818.0	259520.0	269461.0	280479.0	296476.0	
羊	(只)	673278.0	703620.0	783066.0	800512.0	836981.0	890834.0	
家禽	(只)					70751645.0	68800361.0	
年末存栏数								
生猪	(头)	2157839.0	2248200.0	2358105.0	2428897.0	2581221.0	2623513.0	
#能繁母猪	(万头)							
牛	(头)	562193.0	561068.0	587452.0	591959.0	608886.0	609854.0	
羊	(只)	1193819.0	1212965.0	1244048.0	1282729.0	1343808.0	1375403.0	
家禽	(只)					28575750.0	29483016.0	
肉类总产量	(吨)	406647.9	431002.0	476893.2	502859.6	553380.3	573724.9	
猪肉	(吨)	291313.4	307303.0	329368.1	346998.0	373706.0	393860.3	
牛肉	(吨)	25974.0	28290.0	30886.7	31476.2	34132.7	36044.5	
羊肉	(吨)	14438.4	14898.0	16874.8	16903.9	17958.7	19331.6	
禽肉	(吨)	73482.1	79069.0	98435.7	106422.0	126282.0	123289.1	
其他肉类	(吨)	1162.9	1199.0	1007.3	787.7	1075.4	1047.1	
奶类产量	(吨)	115823.0	108200.0	112918.4	113488.5	120110.8	118292.7	
牛奶产量	(吨)	106236.5	97707.0	100761.2	101246.0	108575.1	107105.1	
禽蛋产量	(吨)	75938.0	70731.0	78293.0	75393.4	82154.2	88734.9	

3-4 云南生猪调出大县生猪生产基本情况(2012-2014年)

单位：万头、万吨

县名	年份	生猪出栏数	生猪存栏数	能繁母猪数	猪肉产量
宜良县	2012	45.99	32.59	3.60	3.78
	2013	48.07	39.82	3.74	3.95
	2014	50.43	33.77	3.32	4.20
寻甸县	2012	48.07	36.86	4.72	4.16
	2013	55.61	40.21	4.57	4.58
	2014	57.17	39.89	4.44	4.76

3-5 云南生猪调出大县生猪生产基本情况(2008-2014年)

单位：万头、万吨

县 名	年份	生猪出栏数	生猪存栏数	能繁母猪数	猪肉产量
宜良县	2008				
	2009				
	2010	35.2	27.7	3.1	2.9
	2011	35.9	28.2	3.2	3.0
	2012	46.0	32.6	3.6	3.8
	2013	48.1	39.8	3.7	3.9
	2014				
寻甸县	2008				
	2009				
	2010	41.5	29.9	3.9	3.4
	2011	42.3	30.5	3.9	3.5
	2012	50.5	36.9	4.7	4.2
	2013	55.6	40.2	4.6	4.6
	2014				
麒麟区	2008	67.1	41.5	4.5	5.0
	2009	71.6	42.9	4.6	5.4
	2010	75.6	43.6	5.0	5.7
	2011	76.6	43.5	4.6	6.3
	2012	77.0	42.4	4.6	6.2
	2013	80.7	48.0	5.6	6.5
	2014				
陆良县	2008	104.5	76.7	7.8	7.8
	2009	107.4	79.6	7.9	8.1
	2010	111.4	80.3	8.0	9.4
	2011	114.0	81.0	8.1	10.0
	2012	114.9	75.5	8.2	10.0
	2013	121.2	78.4	9.0	10.5
	2014				
师宗县	2008				
	2009				
	2010	50.7	31.9	8.0	4.1
	2011	51.7	32.5	8.1	4.3
	2012	51.9	32.9	4.7	4.3
	2013	57.4	38.9	5.1	4.7
	2014				
罗平县	2008	68.4	43.7	5.2	5.6
	2009	74.9	53.9	6.0	6.1
	2010	77.3	55.5	6.2	6.3
	2011	79.0	56.1	6.3	6.5
	2012	79.2	52.8	6.0	6.5
	2013	75.9	60.3	6.6	6.2
	2014				

3-5 续表 1

单位：万头、万吨

县 名	年份	生猪出栏数	生猪存栏数	能繁母猪数	猪肉产量
富源县	2008	99.0	62.5	7.4	7.4
	2009	103.7	63.8	7.6	7.8
	2010	110.1	65.3	7.6	11.3
	2011	108.2	66.1	7.7	10.8
	2012	108.1	63.9	7.7	10.3
	2013	111.3	64.6	8.2	10.5
	2014				
会泽县	2008	121.0	81.5	9.5	9.1
	2009	129.3	82.7	9.8	9.7
	2010	138.0	84.3	10.0	12.3
	2011	144.4	85.9	10.2	12.7
	2012	140.5	82.8	10.2	12.1
	2013	148.4	85.0	12.5	12.8
	2014				
沾益县	2008	71.1	48.0	4.7	6.2
	2009	75.9	49.5	4.9	5.7
	2010	81.5	50.9	4.9	6.1
	2011	82.2	51.4	5.0	6.6
	2012	82.2	48.6	5.0	6.5
	2013	96.6	58.6	4.8	7.6
	2014				
宣威市	2008	219.0	154.2	12.6	16.4
	2009	233.8	156.7	13.1	17.5
	2010	247.0	157.2	13.1	23.6
	2011	250.1	156.7	13.1	23.7
	2012	245.6	148.5	13.1	22.3
	2013	245.3	132.2	13.3	21.9
	2014				
隆阳区	2008	78.6	67.0	7.8	6.6
	2009	83.4	68.5	7.9	6.3
	2010	88.0	70.1	8.1	6.6
	2011	89.4	70.6	8.0	6.6
	2012	92.2	73.0	8.8	7.4
	2013	93.9	69.8	7.6	7.5
	2014				
腾冲县	2008				
	2009				
	2010	42.5	33.6	3.3	3.5
	2011	43.4	34.3	3.4	3.6
	2012	65.4	49.7	4.8	5.4
	2013	68.1	53.9	4.9	5.6
	2014				

3-5 续表 2

单位：万头、万吨

县 名	年份	生猪出栏数	生猪存栏数	能繁母猪数	猪肉产量
昌宁县	2008				
	2009				
	2010	39.7	29.0	3.1	3.3
	2011	40.5	29.5	3.1	3.4
	2012	48.9	41.9	4.4	4.0
	2013	57.4	46.2	4.5	4.7
	2014				
昭阳区	2008				
	2009				
	2010	32.6	26.8	3.2	2.7
	2011	33.2	27.4	3.2	2.7
	2012	48.8	40.7	4.7	4.0
	2013	56.1	42.7	5.0	4.6
	2014				
镇雄县	2008	61.1	52.4	5.6	4.6
	2009	64.2	52.3	5.7	4.8
	2010	67.8	53.7	5.5	5.1
	2011	71.2	54.2	5.8	5.4
	2012	72.0	51.2	5.8	6.1
	2013	63.8	53.3	7.5	5.4
	2014				
禄丰县	2008				
	2009				
	2010	32.9	25.9	2.9	2.7
	2011	33.6	26.4	3.0	2.8
	2012	53.7	42.8	4.7	4.4
	2013	50.6	38.7	4.3	4.2
	2014				
蒙自市	2008				
	2009				
	2010	33.7	26.8	3.0	2.7
	2011	34.3	27.4	3.0	2.8
	2012	39.4	31.7	3.4	3.2
	2013	48.5	38.7	3.8	4.0
	2014				
建水市	2008	68.9	44.0	4.4	5.6
	2009	73.5	45.4	4.5	5.5
	2010	79.0	46.7	4.7	5.9
	2011	82.0	47.5	4.6	6.2
	2012	86.5	51.7	5.0	6.9
	2013	86.6	53.8	5.2	6.9
	2014				

3-5 续表 3

单位：万头、万吨

县 名	年份	生猪出栏数	生猪存栏数	能繁母猪数	猪肉产量
石屏县	2008				
	2009				
	2010	44.3	30.5	3.9	3.6
	2011	45.2	31.2	4.0	3.7
	2012	51.7	39.6	5.0	4.3
	2013	59.8	44.1	4.9	4.9
	2014				
弥勒市	2008				
	2009				
	2010	45.0	30.0	3.5	3.7
	2011	45.9	30.6	3.6	3.8
	2012	49.8	39.0	4.5	4.2
	2013	58.4	48.9	4.9	4.8
	2014				
泸西县	2008				
	2009				
	2010	34.7	27.9	3.1	2.8
	2011	35.4	28.5	3.1	2.9
	2012	44.1	35.9	3.9	3.6
	2013	48.0	39.4	4.5	3.9
	2014				
丘北县	2008				
	2009				
	2010	48.8	33.9	4.1	4.0
	2011	49.8	34.6	4.2	4.1
	2012	54.4	41.1	4.9	4.5
	2013	63.1	49.1	5.5	5.2
	2014				
广南县	2008				
	2009				
	2010	58.3	39.2	5.1	4.7
	2011	59.5	39.9	5.2	4.9
	2012	68.6	52.5	6.7	5.6
	2013	60.3	41.2	6.0	4.9
	2014				
大理市	2008				
	2009				
	2010	36.4	27.1	3.3	3.0
	2011	37.1	27.6	3.3	3.1
	2012	43.8	33.0	3.9	3.6
	2013	43.1	28.9	3.9	3.5
	2014				

主要统计指标解释

粮食产量 指全社会的产量。包括国有经济经营的、集体统一经营的和农民家庭经营的粮食产量，还包括工矿企业办的农场和其他生产单位的产量。粮食除包括稻谷、小麦、玉米、高粱、谷子及其他杂粮外，还包括薯类和豆类。其产量计算方法，豆类按去豆荚后的干豆计算；薯类(包括甘薯和马铃薯，不包括芋头和木薯)1963 年以前按每 4 公斤鲜薯折 1 公斤粮食计算，从 1964 年开始改为按 5 公斤鲜薯折 1 公斤粮食计算。城市郊区作为蔬菜的薯类(如马铃薯等)按鲜品计算，并且不作粮食统计。其他粮食一律按脱粒后的原粮计算。1989 年以前全国粮食产量数据主要靠全面报表取得，1989 年开始使用抽样调查数据。

农作物播种面积 指实际播种或移植农作物的面积。凡是实际种植有农作物的面积，不论种植在耕地上还是种植在非耕地上，均包括在农作物播种面积中。在播种季节基本结束后，因遭灾而重新改种和补种的农作物面积，也包括在内。目前，农作物播种面积主要包括粮食、油料、棉花、麻类、糖料、烟叶、药材、蔬菜、瓜类和其他农作物等十大类。

猪、牛、羊肉产量 指当年出栏并已屠宰、除去头蹄下水后带骨肉(即胴体重)的重量。包括全社会范围内的产量。1996 年以前为全面统计并逐级上报数据。1996 年第一次农业普查以后，根据普查结果，对畜牧业主要年报数据进行了修正。1999 年以后，国家统计局在部分地区开展了猪、牛、羊、禽等主要畜禽品种的抽样调查，并用抽样数据作为国家定案数据使用。未开展抽样调查的地区和品种，仍使用各级统计部门逐级上报数据。2007 年，根据第二次农业普查结果，对 2000-2006 年畜牧业主要年报数据进行了修正。2008 年，建立了主要畜禽监测调查制度，猪、牛、羊、禽等主要畜禽数据均以抽样调查数为法定数据。

期初(末)畜禽存栏头(只)数 指报告期初(末)农村各种合作经济组织和国营农场、农民个人、机关、团体、学校、工矿企业、部队等单位以及城镇居民饲养的大牲畜、猪、羊、家禽等畜禽的存栏数。数据上报方式及数据调整情况同猪、牛、羊肉产量。

四 规模以下工业调查

简要说明

一、本篇资料的主要内容及统计范围

本篇资料反映规模以下工业调查的基本情况。

二、规模以下工业调查

规模以下工业调查由国家统计局组织实施，国家统计局各调查总队及抽中市、县调查队依据国家统计局统一制定的规模以下工业统计调查制度从基层采集原始数据汇总后上报。

根据国民经济核算要求，将规模以下工业总体划分成两个子总体，即年主营业务收入 2000 万元以下的工业企业和全部个体经营工业单位。具体包括，调查年份年初在册的年主营业务收入 2000 万元以下的工业企业、全部个体经营工业单位以及当年新建的年主营业务收入 2000 万元以下的工业企业和新增的全部个体经营工业单位。

规模以下工业统计采用抽样调查的方法。企业子总体中有企业名录的部分采用一阶段分层随机抽样，没有企业名录的企业和个体工业子总体采用分层随机整群抽样方法。抽样精度在 95%的概率保证程度下，最大相对误差控制在 10%以内。

云南省规模以下工业抽样调查按照国家现行制度和方法，分别开展了以省为总体的抽样调查和以州市为总体的抽样调查，具备省级，州市级代表性，以州市为总体的相关数据是由云南省调查总队核定。

4-1 以市为总体规模以下工业抽样调查主要经营指标（2008-2013年）

指 标	单位	2008	2009	2010	2011	2012	2013
总体估计量							
营业收入	万元				159820.35	139322.39	154138.03
从业人数	人				9900	9576	8799
企业子总体估计量							
资产总计	万元				277680.40	208358.27	228183.3
主营收入	万元				143624.54	114455.77	130369.23
税金总额	万元				6427.92	5160.62	4490.82
营业利润	万元				4947.51	6276.19	6745.25
职工薪酬	万元				13571.78	14047.21	15308.83
从业人数	人				6907	6115	5813
个体经营单位子总体估计量							
从业人数	人				2993	3461	2986
营业收入	万元				16195.81	24866.62	23768.8
职工薪酬	万元				3522.8	4754.03	4803.87
资产总计	万元				14969.21	17829.90	18354.1

注：此表按照2011年划线标准推算，推算值已提出升规模企业，2008-2010年开始州市为总体的规模以下工业抽样调查。

4-2 以市为总体规模以下工业企业分行业主营业务收入（2008-2013年）

指　标	单位	2008	2009	2010	2011	2012	2013
总　计	**万元**				**143624.54**	**114455.8**	**130369.2**
采矿业							
煤炭开采和洗选业	万元						
石油和天然气开采业	万元						
黑色金属矿采选业	万元				365.60	733.20	1424.50
有色金属矿采选业	万元				6276.07	2771.57	3333.20
非金属矿采选业	万元				3764.60		1860.00
开采辅助活动	万元						
其他采矿业	万元						
制造业							
农副食品加工业	万元				17648.50	4470.30	7004.20
食品制造业	万元				4698.90	5720.20	6009.60
酒、饮料和精制茶制造业	万元				488.80	97.20	103.30
烟草制品业	万元						
纺织业	万元				1593.80	1265.50	92.50
纺织服装、服饰业	万元				2825.40	2780.20	2060.20
皮革、毛皮、羽毛及其制品和制鞋业	万元				848.86	916.50	1057.84
木材加工和木、竹、藤、棕、草制品业	万元				7630.75	345.99	10468.19
家具制造业	万元				3509.80	3742.20	3771.30
造纸和纸制品业	万元				4886.30	5140.20	6141.05
印刷和记录媒介复制业	万元				3262.10	4228.70	4313.14
文教、工美、体育和娱乐用品制造业	万元				890.20	3339.80	3662.80
石油加工、炼焦和核燃料加工业	万元				1578.00	163.80	1800.00
化学原料和化学制品制造业	万元				4464.75	5549.93	6017.64
医药制造业	万元				9373.50	3781.60	5879.80
化学纤维制造业	万元						
橡胶和塑料制品业	万元				2418.90	5525.40	4930.70
非金属矿物制品业	万元				2500.20	19414.86	18493.83
黑色金属冶炼和压延加工业	万元				15986.20	1668.20	2069.93
有色金属冶炼和压延加工业	万元				893.10	3422.50	1245.50
金属制品业	万元				1914.00	1262.20	1527.10
通用设备制造业	万元				1761.40	5484.80	5816.67
专用设备制造业	万元				5083.91	4288.60	5727.10
汽车制造业	万元				4400.60	1528.50	1865.40
铁路、船舶、航空航天和其他运输设备制造业	万元				3069.99	918.50	1124.80
电气机械和器材制造业	万元					1734.90	2198.45
计算机、通信和其他电子设备制造业	万元				1317.21	7377.08	3924.32
仪器仪表制造业	万元				4528.10	4677.00	3930.50
其他制造业	万元				3788.50	1248.00	1587.00
废弃资源综合利用业	万元				3415.80	1278.04	1447.50
金属制品、机械和设备修理业	万元				9412.19	1093.80	1107.00
电力、热力、燃气及水生产和供应业							
电力、热力生产和供应业	万元				1076.80	2404.40	2517.08
燃气生产和供应业	万元				1073.90	1113.40	1226.93
水的生产和供应业	万元				6877.80	4968.70	4630.16

4-3 以市为总体规模以下工业企业分类型主营业务收入（2008-2013年）

指　　标	单位	2008	2009	2010	2011	2012	2013
总　　计	**万元**				**143624.54**	**114455.77**	**130369.23**
内资企业	**万元**				**132454.94**	**105898.97**	**125205.83**
国有企业	万元				6723.60	7836.80	8204.80
集体企业	万元				6069.39	5186.30	5087.78
股份合作企业	万元				1164.70	679.10	915.60
联营企业	万元						
有限责任公司	万元				25006.08	20246.88	26830.87
股份有限公司	万元				458.50	613.90	573.20
私营企业	万元				91233.87	68684.79	80895.18
其他企业	万元				1798.80	2651.20	2698.40
港、澳、台商投资企业	**万元**				**4587.90**	**775.90**	**417.50**
合资经营企业(港或澳、台资)	万元				393.20		
合作经营企业(港或澳、台资)	万元						
港、澳、台商独资经营企业	万元				767.40	775.90	417.50
港、澳、台商投资股份有限公司	万元				3427.30		
其他港、澳、台商投资企业	万元						
外商投资企业	**万元**				**6581.70**	**7780.90**	**4745.90**
中外合资经营企业	万元				6581.70	7780.90	4745.90
中外合作经营企业	万元						
外资企业	万元						
外商投资股份有限公司	万元						
其他外商投资企业	万元						

主要统计指标解释

工业 指从事自然资源的开采，对采掘品和农产品进行加工和再加工的生产活动部门。工业行业划分标准及代码依照国家标准《国民经济行业分类》执行。工业生产活动主要包括：对自然资源的开采，如采矿、晒盐等，但不包括禽兽捕猎和水产捕捞；对农副产品的加工、再加工，如粮油加工、食品加工、缫丝、纺织、制革等；对采掘品的加工、再加工，如冶金加工、石油加工、化学加工、机械加工、木材加工等，以及电力、煤气及水的生产和供应等；对工业品的修理、翻新，如机器设备、交通运输的修理等，不包括属于居民服务业的日用品修理、摩托车修理和自行车修理。

工业企业 必须同时具备下列条件：有固定或相对固定的生产组织、场所、设备和从事工业生产的人员；常年从事工业生产活动，或全年开工三个月以上的季节性工业生产活动；能够同农业及其他生产行业分开核算(会计上独立核算)；向当地工商行政管理部门领取了营业执照。

五　附　录

附录1 中西部城市历年农村居民人均纯收入

	2002	2003	2004	2005	2006	2007	2008	2009	2010	2011	2012	2013	2014
全 国	**2475.6**	**2622.2**	**2936.4**	**3254.9**	**3587**	**4140.4**	**4760.6**	**5153.2**	**5919**	**6977.3**	**7916.6**	**8895.9**	**10489**
西部城市	**1820.9**	**1935.9**	**2157.9**	**2378.9**	**2588.4**	**3028.4**	**3517.7**	**3816.5**	**4417.9**	**5246.7**	**6026.6**	**6833.6**	
昆明市	2441	2581		3258	3520	4003	4610	5080	5810	6985	8040	9273	10366
成都市	3377	3655		4485	4905	5642	6841	7129	8205	9895	11501	12985	14478
贵阳市	2352	2510		3135	3450	4088	4818	5316	5976	7381	8488	9592	10826
西安市	2641	2838		3460	3808	4399	5212	6275	7750	9788	11442	12930	14462
兰州市	2268	2398		2713	2898	3103	3503	4001	4587	5252	6224	7114	8067
西宁市	1839	2054		2593	2951	3398	3944	4699	5521	6634	7802	9004	10097
银川市	2932	3087		3493	3700	4302	4917	5389	6161	7070	8068	9036	10275
南宁市	2524	2224		2677	3037	3462	4001	4385	5005	5848	6777	7685	8576
乌鲁木齐市	3832	4154		4249	4651	5251	6116	6666	7471	8436	10356	11496	
呼和浩特市	2822	3169		4631	5308	6121	7051	7802	8746	10038	11361	12736	12538
拉萨市	1975	2245		2960	2943	3250	3732	4149	5000	6019	7082	8265	9258
中部城市	**2278.5**	**2368.7**	**2692.3**	**2956.6**	**3283.2**	**3844.4**	**4453.4**	**4792.8**	**5509.6**	**6529.9**	**7435.2**	**8376.5**	
哈尔滨市	2777	2943		4006	4405	5069	5961	6776	8020	9608	11443	10800	12125
武汉市	3295	3497		4341	4748	5371	6349	7161	8295	9814	11190	12773	16160
郑州市	3377	3631		4744	5559	6594	7548	8121	9225	11050	12530	14009	15470
长沙市	3462	3745		4908	5653	6613	8003	9432	11206	13400	15763	19713	21723
南昌市	2614	2808		3879	4392	5034	5774	6296	7193	8484	9730	10806	12414
合肥市	2229	2384		3207	3690	4486	5368	6065	7118	7862	9081	10352	14407
太原市	3077	3356		4402	4917	5561	6355	6828	7611	8888	10079	11288	12616
长春市	3147	3411		4210	4480	4780	5292	5662	6665	7400	9064		

附录2　中西部城市历年城镇居民人均可支配收入

	2002	2003	2004	2005	2006	2007	2008	2009	2010	2011	2012	2013	2014
全　国				**10493**	**11760**	**13786**	**14781**	**17175**	**19109**	**21810**	**2454.7**	**26955**	**28844**
西部城市				**8783.2**	**9728.5**	**11310**	**12971**	**14214**	**15807**	**18159**	**20600**	**22710**	
昆明市	7381	7979		9616	10766	12803	14482	16496	18876	21966	25240	28354	31295
成都市	8972	9641		11359	12789	14849	16943	18659	20835	23932	27194	29968	32665
贵阳市	7306	7985		9928	11222	12781	13817	15041	16597	19420	21796	23376	24961
西安市	7184	7748		9628	10908	12662	15207	18963	22244	25981	29982	33100	36100
兰州市	6555	7094		8529	9418	10271	11677	12761	14062	15953	18443	20767	23030
西宁市	6724	7748		8397	9335	10636	11929	12911	14085	15842	17634	19444	21291
银川市	6845	7245		8852	10068	12185	14458	15715	17073	19481	21901	23776	26118
南宁市	8796	9162		9203	10938	12597	14446	16254	18032	20005	22561	24817	27075
乌鲁木齐市	8653	9081		9605	10342	11373	12328	13075	14402	16141	18385	21304	23755
呼和浩特市	6996	8230		12539		17000	20267	22397	25174	28877	32646	35629	34723
拉萨市	8079	8765		9500	10272	11590	13941	15114	16567	17654	19545	21427	23057
中部城市				**8808.5**	**9902.3**	**11634**	**13226**	**14367**	**15962**	**18323**	**20697**	**22736**	
哈尔滨市	7004	7893		10065	11231	12772	14589	15887	17557	20031	22499	25197	28816
武汉市	7820	8525		10850	12360	14358	16712	18385	20806	23738	27061	29821	33270
郑州市	7495	8647		10977	12187	14084	16120	17417	19376	22477	25301	26615	29095
长沙市	9021	9933		12434	13924	16153	18282	20238	22814	26451	30288	33662	36826
南昌市	7021	7793		10301	11243	13076	15112	16472	18276	20741	23602	26151	29091
合肥市	7145	7785		9684	11013	13427	15591	17158	19051	22459	25434	28083	29348
太原市	7376	8264		10476	11741	13745	15230	15607	17258	20149	22587	24000	25768
长春市	6900	7905		10065	11358	12811	15003	16072	17922	20487	22970	26034	27299